U0492426

知识产权经典译丛（第6辑）

国家知识产权局专利局复审和无效审理部◎组织编译

地理标志法的重构

[英] 德夫·甘杰（Dev Gangjee）◎著

李 静 段晓梅 赖晓敏◎译

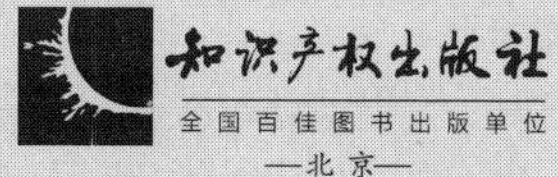

图书在版编目（CIP）数据

地理标志法的重构/（英）德夫·甘杰（Dev Gangjee）著；李静，段晓梅，赖晓敏译. —北京：知识产权出版社，2023.1

书名原文：Relocating the Law of Geographical Indications

ISBN 978－7－5130－8206－8

Ⅰ.①地… Ⅱ.①德… ②李… ③段… ④赖… Ⅲ.①国际法—知识产权法—地理—标志—研究 Ⅳ.①D997.1

中国版本图书馆 CIP 数据核字（2022）第098591号

内容提要

本书主要研究地理标志保护的起源以及地理标志是如何发展成为国际知识产权法保护的专门客体的过程。“风土”的内涵发生着不同的变化，强调产品与产地的关联性，重视“自然因素”和“人文因素”，其对于理解地理标志十分关键。本书运用历史分析法从《巴黎公约》《马德里协定》《里斯本协定》《与贸易有关的知识产权协定》等视角对地理标志在各个时期的名称演变进行分析，比较法国、英国、德国等国法律，并从“传播逻辑”和“风土逻辑”两种叙事视角对相关法律进行评析，对未来全球地理标志立法发展的理论基础、规律和趋势进行有益探讨和深入研究，是一本具有极高学术价值的专著，也是一部关于地理标志发展的史诗般巨著。本书适合知识产权研究人员、地理标志司法审判和行政执法机关、地理标志从业者阅读，也适合于对国际地理标志法律制度感兴趣、对高品质美好生活有追求的所有读者。

选题策划：黄清明　　**责任校对**：潘风越

责任编辑：张利萍　　**责任印制**：刘译文

知识产权经典译丛

国家知识产权局专利局复审和无效审理部组织编译

地理标志法的重构

［英］德夫·甘杰（Dev Gangjee）　著

李　静　段晓梅　赖晓敏　译

出版发行：知识产权出版社有限责任公司　　**网　　址**：http：//www.ipph.cn

社　　址：北京市海淀区气象路50号院　　**邮　　编**：100081

责编电话：010－82000860转8387　　**责编邮箱**：65109211@qq.com

发行电话：010－82000860转8101/8102　　**发行传真**：010－82000893/82005070/82000270

印　　刷：三河市国英印务有限公司　　**经　　销**：新华书店、各大网上书店及相关专业书店

开　　本：720mm×1000mm　1/16　　**印　　张**：20.75

版　　次：2023年1月第1版　　**印　　次**：2023年1月第1次印刷

字　　数：392千字　　**定　　价**：139.00元

ISBN 978－7－5130－8206－8

京权图字：01－2022－4001

《知识产权经典译丛》
编审委员会

总　序

当今世界，经济全球化不断深入，知识经济方兴未艾，创新已然成为引领经济发展和推动社会进步的重要力量，发挥着越来越关键的作用。知识产权作为激励创新的基本保障、发展的重要资源和竞争力的核心要素，受到各方越来越多的重视。

现代知识产权制度发端于西方，迄今已有几百年的历史。在这几百年的发展历程中，西方不仅构筑了坚实的理论基础，也积累了丰富的实践经验。与国外相比，知识产权制度在我国则起步较晚，直到改革开放以后才得以正式建立。尽管过去三十多年，我国知识产权事业取得了举世公认的巨大成就，已成为一个名副其实的知识产权大国。但必须清醒地看到，无论是在知识产权理论构建上，还是在实践探索上，我们与发达国家相比都存在不小的差距，需要我们为之继续付出不懈的努力和探索。

长期以来，党中央、国务院高度重视知识产权工作，特别是十八大以来，更是将知识产权工作提到了前所未有的高度，作出了一系列重大部署，确立了全新的发展目标。强调要让知识产权制度成为激励创新的基本保障，要深入实施知识产权战略，加强知识产权运用和保护，加快建设知识产权强国。结合近年来的实践和探索，我们也凝练提出了“中国特色、世界水平”的知识产权强国建设目标定位，明确了“点线面结合、局省市联动、国内外统筹”的知识产权强国建设总体思路，奋力开启了知识产权强国建设的新征程。当然，我们也深刻地认识到，建设知识产权强国对我们而言不是一件简单的事情，它既是一个理论创新，也是一个实践创新，需要秉持开放态度，积极借鉴国外成功经验和做法，实现自身更好更快的发展。

自 2011 年起，国家知识产权局专利复审委员会*携手知识产权出版社，每年有计划地从国外遴选一批知识产权经典著作，组织翻译出版了《知识产权经典译丛》。这些译著中既有涉及知识产权工作者所关注和研究的法律和理论问题，也有各个国家知识产权方面的实践经验总结，包括知识产权案

* 编者说明：根据 2018 年 11 月国家知识产权局机构改革方案，专利复审委员会更名为专利局复审和无效审理部。

件的经典判例等，具有很高的参考价值。这项工作的开展，为我们学习借鉴各国知识产权的经验做法以及了解知识产权的发展历程提供了有力支撑，受到了业界的广泛好评。如今，我们进入了建设知识产权强国新的发展阶段，这一工作的现实意义更加凸显。衷心希望专利复审委员会和知识产权出版社强强合作，各展所长，继续把这项工作做下去，并争取做得越来越好，使知识产权经典著作的翻译更加全面、更加深入、更加系统，也更有针对性、时效性和可借鉴性，促进我国的知识产权理论研究与实践探索，为知识产权强国建设作出新的更大的贡献。

当然，在翻译介绍国外知识产权经典著作的同时，也希望能够将我们国家在知识产权领域的理论研究成果和实践探索经验及时翻译推介出去，促进双向交流，努力为世界知识产权制度的发展与进步作出我们的贡献，让世界知识产权领域有越来越多的中国声音，这也是我们建设知识产权强国一个题中应有之义。

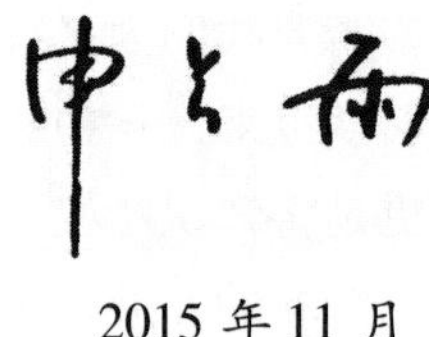

2015 年 11 月

作者简介

德夫·甘杰（Dev Gangjee），世界知识产权组织专家，法学博士，牛津大学法学院教授，研究领域为商标、地理标志和版权，为欧盟、世界知识产权组织、多国政府部门和律师事务所提供知识产权专业意见。

译者简介

李静 法国农业国际合作研究发展中心（CIRAD）访问学者，英国伯明翰大学国际商法LLM，法学博士，应用经济学博士后，现为暨南大学社会科学部副教授，知识产权研究院特聘研究员，广东省地理标志专家库专家。

段晓梅 英国布鲁内尔大学知识产权LLM，1997年进入原国家工商行政管理总局商标评审委员会工作，现任国家知识产权局商标局评审八处处长。

赖晓敏 英国伯明翰大学国际商法LLM，执业律师（反不正当竞争法），曾担任深圳市调解委员会调解员，曾参编《中国网络市场之竞争法博弈》。

致谢

写开心的致谢总是令人心情愉悦。您手中的这本书是十多年前我在牛津大学读博时的毕业论文。这些年欠下不少人情债。我的博士生导师 Michael Spence 是一位杰出的楷模，如果这本书提出了任何有意义的正确问题，那都要归功于导师的专业指导，指导我将法律难题明晰化。我的论文评审导师 David Vaver 从不吝惜与我们分享他的真知灼见，并提携后人。他不仅是对我，对当年牛津所有的研究生都是如此慷慨。Lionel Bently 使我的博士论文答辩变得十分具有价值和值得铭记，很明显，他对于历史的法学分析方法已经常常影响了我的写作风格。他们三人是应邀审阅我那早期厚重的论文，而其他人则是自愿阅读的。十分感谢 Delphine Marie - Vivien、Barton Beebe 和 Dwijen Rangnekar 建设性的评论和建议。更多的感谢要送给 Justin Hughes 和 Latha Nair 这两位在地理标志研究领域的同行者。David Higgins 是一位十分优秀的同事，他也是《夺宝奇兵》（Indiana Jones）系列图书检索专家，我从他身上学到很多。我还要感谢我在伦敦政经学院（LSE）法学院的同事，法学院是学者们十分喜爱的智慧空间，我在书中采用的概念分析法得益于我在伦敦政经学院的同事和朋友。

还要感谢这些年一直支持我写作和研究的基金。我的博士论文获得罗斯奖学金的资助。圣凯瑟琳学院真是研究圣地，如果没有牛津大学博德利图书馆和伦敦政经学院英国政治经济图书馆的文献资料，本人不可能顺利地开展跨学科研究。世界知识产权组织图书馆馆员们十分耐心地为我邮寄资料，还为我扫描档案，希望这些数字化服务未来更加普及繁荣。牛津大学知识产权研究中心、卡多佐学院、纽约大学、芝加哥 - 肯特法学院、慕尼黑知识产权法研究中心和剑桥大学为我提供了发表不同阶段研究成果的机会，本书第一部分就得益于此。由于语言的局限，我邀请了 Martin Ilmer、Bahne Seivers、Cesar Ramirez - Montes、Amelie Labbe 和 Essi Maglo 来协助非英语资料的翻译。Derena Kern 是一位优秀的研究助理，他在完稿最后阶段系统校对和理顺了我行文上的问题。与剑桥大学出版社的合作十分愉快，Kim Hughes 待人十分友善，但对截止日期又十分严格，简直是

“温柔而坚定”的完美结合。

时间无尽延绵，永恒始终如一。有些美好的存在亘古不变。我要真诚感谢Deepa、Zahid和Kabir。Nikitarr的智慧、忠诚和爱心一直是指引我的明灯。Adil不断地提醒我，世界上除了科研，还有其他值得重视的东西，像橡皮鸭、小熊故事或可以吃的书。

缩略语

AIPPI	Association Internationale pour la Protection de la Propriété Industrielle 国际工业产权保护协会
Annuaire	Annuaire de l'Association Internationale pour la Protection de la Propriété Industrielle 国际工业产权保护协会年鉴
AO	Appellation of Origin or *Appellation d'Origine* 原产地名称
AOC	Controlled Appellation of Origin or *Appellation d'Origine Contrôlée* 受监控原产地名称
BIRPI	Bureaux Internationaux Réunis pour la Protection de la Propriété Intellectuelle 保护知识产权联合国际局
BGH	Bundesgerichtshof 联邦法院
CAP	Common Agricultural Policy 共同农业政策
CTM	Community Trade Mark 欧共体商标
EC	European Community 欧洲共同体
ECJ	Court of Justice of the European Union (formerly European Court of Justice) 欧洲联盟法院
ECtHR	European Court of Human Rights 欧洲人权法院

EIPR	European Intellectual Property Review 欧洲知识产权评论
ETMR	European Trade Mark Reports 欧洲商标报告
FAO	Food and Agriculture Organisation 联合国粮食及农业组织
FSR	Fleet Street Reports 英国媒体报告（舰队街报告）
FTA	Free Trade Agreement 自由贸易协定
GATT	General Agreement on Tariffs and Trade 关贸总协定
GC	General Court of the ECJ (formerly Court of First Instance) 欧洲法院总法院（原初审法院）
GI	Geographical Indication 地理标志
GRUR	Gewerblicher Rechtsschutz und Urheberrecht 知识产权和版权
IGO	Indication of Geographical Origin 地理来源标志
IIC	International Review of Intellectual Property and Competition Law 知识产权与竞争法国际评论
INAO	Institut National des Appellations d'Origine 国家原产地名称局
INTA	International Trade Mark Association 国际商标协会
IP	Intellectual Property 知识产权
IPQ	Intellectual Property Quarterly 知识产权季刊
IS	Indication of Source 货源标记

JWIP	Journal of World Intellectual Property 世界知识产权杂志
Lisbon Agreement	Lisbon Agreement for the Protection of Appellations of Origin and their International Registration 1958 保护原产地名称及其国际注册里斯本协定
Madrid Agreement	Madrid Agreement for the Repression of False or Deceptive Indications of Source on Goods 1891 制止商品来源虚假或欺骗性标记马德里协定
OHIM	Office of Harmonisation for the Internal Market 内部市场协调局
Paris Convention	Paris Convention for the Protection of Industrial Property of 1883 保护工业产权巴黎公约
PDO	Protected Designation of Origin 受保护的原产地名称
PGI	Protected Geographical Indication 受保护的地理标志
PP	Parliamentary Papers 议会文件
RPC	Reports of Patent Cases 专利案件报告
SC	Supreme Court 最高法院
SCT	WIPO Standing Committee on the Law of Trademarks, Industrial Designs and Geographical Indications 世界知识产权组织商标、工业设计和地理标志法常设委员会
TCE	Traditional Cultural Expression 传统文化表达
TFEU	Treaty on the Functioning of the European Union 欧洲联盟运行条约
TK	Traditional Knowledge 传统知识

TMR	Trade Mark Reporter 商标报道
TRIPS	Agreement on Trade – Related Aspects of Intellectual Property Rights 与贸易有关的知识产权协定
TTAB	Trade Mark Trial and Appeal Board (US) 商标审判与上诉委员会（美国）
UWG	Gesetz gegen den unlauteren Wettbewerb 反不正当竞争法
WIPO	World Intellectual Property Organization 世界知识产权组织
WTO	World Trade Organization 世界贸易组织

案例目录

et Autres [1935] *Propriété Industrielle* 76 (Cour de Cassation, 21 November 1933) 110

Chambre Syndicale des Fabricants de Dentelles et Passementeries de la Haute – Loire v. Gouteyron et Jérôme [1931] *Propriété Industrielle* 188 (Le Puy – en – Velay Civil Court, 19 February 1931) 111

Chapin et Cie v. Le Syndicat du Commerce des Vins de Champagne [1893] *Propriété Industrielle* 111 (Court of Appeal, Paris 1st Chamber, 18 November 1892) 97

Institut National des Appellations d'Origine v. Yves Saint Laurent [1994] EIPR D74 (Court of Appeal, Paris 1993) 123

Kronenbourg Breweries v. Budějovický Budvar Národní Podnik (RG 2002/04572) (Tribunal de Grande Instance of Strasbourg, 30 June 2004) 140

Societe Empresa del Tabaco Cubatabaco v. Aramis Inc & Ors (Court of Appeal, Paris 4th Chamber, Reg No. 1998/10814, 17 May 2000) 169

Syndicat du Commerce des Vins de Champagne v. Ackerman Laurance [1892] *Propriété Industrielle* 145 (Angers, Court of Appeal, 15 December 1891) 97

Syndicat Général des Vignerons de la Champagne Viticole Délimitée v. Syndicat Régional des Vignerons de Champagne [1928] *Propriété Industrielle* 183 105

Syndicat Viticole de Sauternes et de Barsac v. Chaumel et Autres [1935] *Propriété Industrielle* 76 (Court of Appeal, Bordeaux, 19 February 1934) 110

Tea Board of India v. Jean – Luc Dusong (Paris, Court of Appeal, 4th Chamber, Reg No. 05/20050, 22 November 2006 123, 169

Veuve Rodie's v. Société Civile d'Yquem et Autres [1931] *Propriété Industrielle* 230 (Cour de Cassation, 4 –6 June 1931) 110

德国

"*A Champagne among Mineral Waters*" [1988] IIC 682 (BGH) 123

Bocksbeutelflasche [1971] GRUR 313 (BGH) 216

"*Get Champagne, Pay for Sparkling Wine*" [2002] 33 IIC 990 (BGH) 166

Rügenwalder Teewurst [1956] GRUR 270 (BGH) 117

"*Scotch Whisky*" [1970] IIC 402 (BGH) 119

Shamrock Trade Mark [1986] FSR 271 (BGH) 27

匈牙利

以色列

意大利

新西兰

葡萄牙

南非

瑞典

瑞士

英国

美国

Schweizerische Kaeseunion Bern v. Saul Starck Inc 293 NYS 816 (1937) (Swiss cheese)　250

Scotch Whisky Association v. Barton Distilling Company 489 F 2d 809 (7th Cir 1973)　44

Tea Board of India v. The Republic of Tea Inc 80 USPQ 2d 1881 (TTAB 2006)　27, 250

Two Pesos Inc v. Taco Cabana Inc 505 US 763 (1992)　164

United Drug Co v. Theodore Rectanus Co 248 US 90 (1918)　257

欧盟

Abadía Retuerta, SA v. OHIM (T–237/08) 11 May 2010 (CFI)　241

Alberto Severi v. Regione Emilia – Romagna (C–446/07) [2009] ECR I–8041; [2009] ETMR 64　12, 245

American Clothing Associates v. OHIM (C–202/08 P) [2009] ECR I–6933; [2010] ETMR 3　276

Amrut Distilleries Ltd v. OHIM (R 635/2005–1) 1st BoA, 26 September 2005　243

Anheuser–Busch Inc v. Portugal [2007] ETMR 24 (ECHR Grand Chamber)　227

Apple and Pear Development Council v. KJ Lewis Ltd (C–222/82) [1983] ECR 4083　202

Bavaria NV, Bavaria Italia Srl v. Bayerischer Brauerbund eV (C–343/07) [2009] ECR I–5491; [2009] ETMR 61 (Bavaria)　230, 246, 252–3

Bayerischer Brauerbund eV v. Bavaria NV (C–120/08) [2011] ETMR 11 (Bavaria)　225

Belgium v. Spain (C–388/95) [2000] ECR I–3123; [2000] ETMR 999 ('Rioja II')　209

Björnekulla Fruktindustrier AB v. Procordia Food AB (C–371/02) [2004] ECR I–5791; [2004] ETMR 69　251

Budějovický Budvar Národní Podnik v. OHIM (Joined Cases T–53/04 to T–56/04, T–58/04 and T–59/04) [2007] ECR II–57 (CFI)　174

Budějovický Budvar Národní Podnik v. OHIM (Joined cases T–225/06, T–255/06, T–257/06 & T–309/06) [2008] ECR II–3555 (CFI)　144

Budějovický Budvar Národní Podnik v. Rudolf Ammersin GmbH (C–478/07) [2009] ECR I–7721; [2009] ETMR 65 (ECJ Grand Chamber)　14, 144

WTO 与 GATT

目　　录

第一部分

第二部分

第一章
概述：界定地理标志

本书主要研究地理标志保护的起源以及地理标志是如何发展成为国际知识产权法保护的专门客体的过程。一个世纪以来，地理标志的发展经历了不同法律论述的变迁。本书将探讨两个相关的问题：

（1）标记产品地理来源的标志是在什么情形下开始纳入国际知识产权法的？

（2）理解目前国际地理标志使用和违法使用的法律制度，能给我们带来什么有益的启示？

这两个问题都很重要，因为地理标志领域的法律规定十分混乱。事实上，在过去的一个世纪里，这些规定都是混乱的。虽然香槟、哥伦比亚咖啡、大吉岭茶和其他原产地产品[1]已被大家广为熟知，但是不同国家对于地理标志的性质、保护范围和立法模式各不相同。虽然各国已经努力协调了近一百年，但是现状却是不容乐观的，越来越多的利益相关人——生产者、消费者、政策制定者，都期待能参与这些原产地标志的立法。这些讨论缓慢推进，表面上很热闹，但并无实质亮点。《与贸易有关的知识产权协定》（TRIPS）[2] 是所有讨论争议的汇集平台，大家都在试图阐明现有的法律条款或者对未来的改革框架提出建议。虽然争议意见各不相同，但是主要的分歧还是在于不同国家对地理标志的不同态度。地理标记（geographical signs）在功能上与商标相似，商标是大家更熟悉的知识产权保护客体。两者都标示着市场上商品的（商业或地理）

---

[1] 出于行文需要，原产地产品（regional product）是指市场上独具原产地区域特色的产品。参见A. Tregear, "What is a 'Typical Local Food'? An Examination of Territorial Identity in Foods Based on Development Initiatives in the Agrifood and Rural Sectors", Centre for Rural Economy, Working Paper 58 (January 2001), 1. 地理标志主要是集中于农产品和酒类饮料，也开始适用于工艺品、纺织品和其他类别。

[2] Agreement on Trade - Related Aspects of Intellectual Property Rights, 15 April 1994, in the Marrakesh Agreement Establishing the World Trade Organization, Annex 1C (1994) 33 ILM 1125, 1197（以下简称 TRIPS）.

来源和有价值的声誉。赋予这些标记独占权，有利于确保市场上统一的标志，也保护消费者和合法的生产者。不过，虽然有这些相似点，但是主张保护地理标志的倡导者在寻求国际统一的保护标准，禁止第三方滥用。这种区别对待的理论基础是基于这样的考虑：特定的产品与它们的原产地区域有着独特的联系。这种联系最有影响力的表达简述为“风土”概念，这一概念与法国葡萄酒业密切相关。不过，TRIPS 第 22.1 条成为国际引用的准则：

> 本协定的地理标志，用于标示某一商品来源于某一成员地域内，或来源于该地域中的某一地区或地方，该商品的特定质量、声誉或其他特性，主要归因于该地理来源。（着重点为作者所加）

因此，产品、生产者和产地之间的关联性，让地理标志在知识产权体系中占据了独特的位置。接下来，本书将梳理过去几十年不断发展的关联性概念及其功能价值。只有先对地理标志保护的历史进行系统梳理，才能更好地评估现在各种有关地理标志保护的制度重构。现有的这些重构尝试，要么对现有的认知范式漠然观望，要么偶尔创造完全无法融入现有制度框架的全新概念。

1 混乱之局：概念、制度和认知

确定讨论的中心议题之后，有必要在一开始就对地理标志的发展进行更广泛的诊断，以期更好地回应未来的发展目标。我们先探讨现在的混乱局面，解构现在的法律制度。现在的混乱主要是概念上的，即如何确定合适的客体。一个表征就是关于地理标志术语表述的不统一。在几个国际公约中，有几种标记被纳入地理标志的范畴，作为知识产权的保护客体。请读者们原谅，为了论述方便，本书写作顺序是按照字母排序的，第二章先研究货源标记，第三章和第四章分别研究原产地名称和法国的受监控原产地名称，第五章和第六章论述欧盟的“受保护的原产地名称”（PDO）和“受保护的地理标志”（PGI），这也是继 TRIPS 之后世界知识产权组织（WIPO）试图构建的地理标志框架。这还只是众多不同词汇的一部分。世界贸易组织（WTO）对各国国内法做过一次深度调查，发现在地理标志领域总共有 23 种不同的定义。[1] 这是因为“在这

[1] 参见 Annex B to the WTO, “Review under Article 24.2 of the Application of the Provisions of the Section of the TRIPS Agreement on Geographical Indications”, 24 November 2003（IP/C/W/253/Rev.1）.

个领域没有公认的统一术语，不同国家的具体保护方式不尽相同”。[1] 这与知识产权的其他类型大不相同。“地理标志保护和专利、商标都不同，专利、商标等知识产权保护在全球有基本统一的规则和共识。”[2]

由于缺乏统一的内容框架，立法协调比较困难。[3] 正如一位学者评论道，“我们必须面对杂乱的声音（《圣经》里的巴别塔）”。[4] 按照诺尔玛·道森（Norma Dawson）的观点，整个20世纪，地理标志已经成为“一种由于没有统一术语而备受争议的知识产权”。[5] 因此，在国际谈判中，对立的双方往往会互相推诿。连司法机关也加入了这场有着不同声音的争论。欧盟法院总法律顾问乔·科布斯（Jo Cobs）指出，“这个领域的术语不统一，是地理标志保护混乱局面的源头”。[6] 由于这些词汇通常来自特定的多边条约义务，WTO 秘书处采用了一个中立词汇“地理来源标志”（IGO）作为统一标准，以此规避踩到雷区。[7] 本书也采纳秘书处的这个通用词汇。根据我们的写作目的，地理来源标志界定为“注明相关产品的地理产地的标记种类、该种类之前就已属于知识产权的范畴”。希望这样符合我们的写作目标，能避免将 TRIPS 地理标志不恰当地运用于功能不同的产品类型上。

如前所述，唯一能够确定的地理来源标志的功能就是，它们是在市场上可以见到的标明地理产地的标记。不过，这也为其他要传递的信息提供了理论基础。例如，它们是不是标明：（1）纯粹的产品产地；（2）与特定产地相关的声誉；（3）与产地相关的不同质量；或者（4）基于产地的独特质量？如果我们再加入时间和空间因素，事情会变得更复杂。如果某一标记满足所有的功能，但是局限于某一个国家，是否应该先发制人在其他地方也保留这一功能？很明显，术语的不同导致了对标记的功能和保护范围有不同的期待。我们基本

---

[1] G. B. Dinwoodie, W. O. Hennessey and S. Perlmutter, *International Intellectual Property Law and Policy* (Lexisnexis, New Jersey 2001), 315. See also C. M. Correa, *Trade Related Aspects of Intellectual Property Rights: A Commentary on the TRIPS Agreement* (Oxford University Press 2007), 211（知识产权法的某些领域和地理标志一样，也有各种各样的定义）。

[2] A. Jokuti, “Where is the What if the What is in Why? A Rough Guide to the Maze of Geographical Indications” [2009] EIPR 118.

[3] F. Gevers, “Topical Issues in the Protection of Geographical Indications”, October 1997 (WIPO/GEO/EGR/97/5), 2 (also referring to GIs as the “sleeping beauty” of IP on this basis).

[4] M. Ficsor, “Challenges to the Lisbon System”, 31 October 2008 (WIPO/GEO/LIS/08/4), [5].

[5] N. Dawson, “Locating Geographical Indications: Perspectives from English Law” (2000) 90 TMR 590.

[6] *Schutzverband gegen Unwesen in der Wirtschaft eV v. Warsteiner Brauerei* (C-312/98) [2000] ECR I-9187, [2] (AGO).

[7] WTO, “Review under Article 24.2”, [6].

上对“保护”[1] 标识的意思有一个共识，但是我们应该基于什么来界定其范围呢？

> 地理标志，与其他类型的标识符号一样，同样会触及众多利益和敏感地带，从最基本的地域划界到更复杂的市场与文化公平。虽然滥用地理归因会引发很多不满情绪，但只有某些特定的滥用会受到法律的制裁。[2]

要确定合适的高质量的标记，已经被证实不受欢迎的滥用和可能的法律回应会长期处于分裂状态。在这个论点上，有一个小范围的共识：如果使用某地理标识会引起消费者对产品产地或质量的误导或误认，这种使用就要被禁止。

但是，除此之外，第三方在产品上使用地理标识，在多大程度上属于侵权呢？这种模糊性导致了很多没有解决的争议。是否只有瑞士生产商才能生产菲达奶酪（Feta）？是否法国生产者有香槟名称的独占权，而美国和澳大利亚的红酒生产者则不行？我们在多大程度上保护发展中国家的地理标志——特定区域的咖啡、工艺品、玩具和纺织品？在这些平衡利益的行动中，谁的利益应当纳入考虑范畴？正如我们会在第四章中讨论的，滥用的种类可以分为：（1）误导性或令人混淆的使用；（2）会导致其他损害的使用，例如，第三方使用会影响地理来源标志的独特性或有损于其声誉；（3）滥用或搭便车的行为；（4）绝对的保护，认为只要是在特定区域外使用某地理标识都应被禁止。

第一类（已被普遍接受）和其他三类（尚有争议）可以区分开来。还有观点将前三类（关注消费者的感知）和第四类（更形式化，更少语境区分）相区别。这需要更宏观地思考问题。我们如何确定关于范围的问题？这个领域的认知框架——能将正确的和错误的诉求区分开来的标准——是什么？

不一致的术语和认知上的不确定也导致各个国家在制度构建上的不统一。由于不同的法律制度在处理原产地标记（origin marking）上采用不同的做法，这使得问题更为复杂。WIPO 指出，由于不同国家的法律传统、历史和经济背

---

[1] J. Audier, “Protection of Geographical Indications in France and Protection of French Geographical Indications in Other Countries”, October 1997（WIPO/GEO/EGR/97/8 Rev）, 7（保护是一个有多重含义的概念，各有各的理论依据。一般而言，保护是指“使用某一地理名称的权利”……保护也指禁止他人非法使用地理名称的权利）。

[2] WIPO, *Report of the Second WIPO Internet Domain Name Process – The Recognition of Rights and the Use of Names in the Internet Domain System*（3 September 2001）, [205].

景不同，导致对地理标志的法律界定各不相同。[1] 既然有这么多不同的保护模式，到底哪一种是更佳的？全球趋同化努力面临的最大障碍就是“各国的地理标志概念不同。不同的国家保护地理标志的方式不同，地理标志通过反不正当竞争法、商标法、广告法、食品法或者专门法来保护”。[2]

我们通常认为各国的知识产权保护应该由知识产权局或者专利局负责，然而即使地理标志被公认为知识产权的一种类型，地理来源标志也经常是由其他机构负责，由不同法律调整[3]。在法国，地理标志由消费者保护法典来规范，[4] 在英国是由环境、食品和农村部来登记，[5] 瑞士是由农业法来规范。[6] 几十年来，税收法也发挥了很大的作用。[7] 根据 WIPO 的一项调研发现，地理来源标志在不同国家的保护各不相同，包括反不正当竞争法、公平贸易法、市场营销与标签（labelling）法、消费者保护法、原产地名称保护法。[8] 本书第二章详细解释了多种保护且互相冲突的模式并存的原因。相应地，不同阶段也有对相应的类型进行梳理的尝试。

第一类与商业惯例有关。比较典型的是，因为使用地理标志引起的诉

[1] WIPO，“Document SCT/6/3 Rev. on Geographical Indications：Historical Background，Nature of Rights，Existing Systems for Protection and Obtaining Protection in Other Countries”，2 April 2002（SCT/8/4），4.

[2] A. Conrad，“The Protection of Geographical Indications in the TRIPS Agreement”（1996）86 TMR 11，14. 有关立法差异的其他调研成果，参见 A. Devletian，“The Protection of Appellations of Origin and Indications of Source”（1968）*Industrial Property* 107，111 – 13；O'Connor & Co，*Geographical Indications and TRIPS：10 Years Later... Part II – Protection of Geographical Indications in 160 Countries around the World*［Report commissioned for European Commission（DG Trade）2007］.

[3] I. Kireeva and B. O'Connor，“Geographical Indications and the TRIPS Agreement：What Protection is Provided to Geographical Indications in WTO Members?”（2010）13 JWIP 275，284（在有些欧共体国家，如意大利、西班牙、希腊、爱尔兰和芬兰，相应的管理部门是农业部，是负责向欧共体提交申请的主要机构）。

[4] Arts. L 115 – 1 to L 115 – 33 of the Code de la Consommation.

[5] 参见 www. defra. gov. uk/food – farm/food/protected – names/.

[6] 参见 Art. 63 of the Federal Law on Agriculture adopted on 29 April 1998. 法国版本，见 WTO，“Main Dedicated Intellectual Property Laws and Regulations Notified Center Art. 63. 2 of the Agreement”，7 July 2003（IP/N/1/CHE/G/6）. 也见 F. Brand，“Protection of Geographical Indications：The Experience of Switzerland”，18 November 2003（WIPO/GEO/DEL/03/3）.

[7] 这些立法会将这些地方产品作为原产地标记进行征税。例如苏格兰威士忌一开始是适用 1933 年《金融法》第 24 条，后来又受 1952 年《关税与消费税法》第 243 条第（1）款第（b）项的规制。参见 John Walker & Sons Limited *v.* Henry Ost and Co Ltd［1970］FSR 63，67.

[8] WIPO，“Protection of Geographical Indications：General Introduction，International Protection and Recent Developments”，June 2001（WIPO/GEO/CIS/01/1），［28］.

> 讼，争议焦点不是地理标志是否属于受保护的客体，而是与使用地理标志有关的特定行为是否与其他法律，如反不正当竞争法、消费者保护法、贸易说明（trade description）、食品标准等的一般标准相违背。第二类与商标法有关。一种是将地理标志产品注册为一般商标来保护。另一种是通过集体商标、保证商标、证明商标来保护。与第一种和第二种保护方式不同，第三种保护方式是制定专门的法律来保护。有些是对有特别定义的特征或独特工艺的产品予以地理标志的专门保护，有些做法没有对地理标志进行特别的定义。[1]

值得一提的是，任何一种方法“都反映了特定团体的特定需求，它整合了这些团体的不同利益，但是这种方法放到另外一个国家或地区，却不一定能产生同样的效果”。[2]

立法各不相同，概念含糊不清，术语也各不相同。我们必须增强这个领域法律的确定性。地理标志被视为“知识产权花园中不曾预期的一簇”[3]，有着蜘蛛网般复杂的结构[4]，是一直被视为“维护一小部分葡萄酒和奶酪生产国的垄断利益，没有人能真正理解，只有一小撮专家才弄得明白的领域”。[5] 有种观点认为“与地理标志有关的概念从未被认真检视过”。[6] 学术界的忽视、概念和形式的异质，是更深层次的问题。地理标志仍然被某些人认为是消费者保护法的分支、实现农业政策的工具或者属于食品质量法的一部分，因此很难被归入知识产权的范畴。斯蒂芬·斯特恩（Stephen Stern）最直接地质疑过，其

---

[1] D. De Sousa, “Protection of Geographical Indications under the TRIPS Agreement and Related Work of the World Trade Organization (WTO)”, November 2001 (WIPO/GEO/MVD/01/2), 4-5.

[2] A. Taubman, “The Way Ahead: Developing International Protection for Geographical Indications: Thinking Locally, Acting Globally”, November 2001 (WIPO/GEO/MVD/01/9), 10. 毫无疑问，适用什么制度取决于保护客体的利益。参见 G. R. d'Imperio, “Protection of the Geographical Indications in Latin America”, November 2001 (WIPO/GEO/MVD/01/5), 2（因此，有一些国家对葡萄制品和农产品进行保护，而有一些国家基于经济利益的考量会保护农产品之外的其他产品，例如矿泉水、啤酒、瓷器和稀有的石头）。

[3] B. O'Connor, *The Law of Geographical Indications* (Cameron May, London 2004), 21.

[4] Jokuti, “A Rough Guide to the Maze”, 118.

[5] WIPO, “International Protection of Geographical Indications: The Present Situation and Prospects for Future Developments”, 1 September 1999 (WIPO/GEO/CPT/99/1), [1].

[6] K. Raustiala and S. R. Munzer, “The Global Struggle over Geographical Indications” (2007) 18 *European Journal of International Law* 337, 339-40.

他学者也有过类似的批判。[1] 这是一个值得思考的问题，也是本书试图回答的问题。从本质上而言，知识产权是排他的，需要清晰的合法的依据，因为它们会影响"人们怎么做、怎么说和如何谋生"。[2] 否则的话，它们将受制于地方保护主义，只实现特定群体的利益。这些观点经常出现在国际争论之中。

2 争议与利益

如果说概念和立法的含糊不清是导火索，那么地理来源标志的现实价值和潜在价值则点燃了争论的火焰。具有独特质量的标识的广泛使用，刺激了消费者对特定地理原产地产品的需求，地理标志的经济和政治影响也因此扩大。[3] 在国际贸易谈判中一般是从经济角度来衡量其价值，其历史文化价值以及作为农业发展的载体的作用也日显重要。这些共同作用，使事情变得更复杂，"有关地理标志的讨论变得棘手，缺乏统一定义，而且很多时候都过于感性"。[4] 现在以 TRIPS 为中心的制度安排引发了各种敏感的讨论，究其原因，是"各国对地理标志商业价值的认可，特别是农产品和食品，依赖农业出口的国家希望地理标志产品带来附加值"。[5] 因此，地理来源标志的保护一直是国际贸易

---

[1] S. Stern, "Are GIs IP" [2007] EIPR 39. See also J. Belson, *Certification Marks* (Sweet and Maxwell, London 2002), 23; W. van Caenegem, "Registered Geographical Indications: Between Rural Policy and Intellectual Property – Part II" (2003) 6 JWIP 861, 874; E. Meltzer, "Geographical Indications: Point of View of Governments", 30 June 2003 (WIPO/GEO/SFO/03/3), [12]; J. Hughes, "Champagne, Feta, and Bourbon – The Spirited Debate about Geographical Indications" (2006) 58 *Hastings Law Journal* 299, 331 –4. H. Ilbert and M. Petit, "Are Geographical Indications a Valid Property Right? Global Trends and Challenges" (2009) 27 *Development Policy Review* 503. 对 Stern 的回应，参见 D. Rangnekar, "The Intellectual Properties of Geography" [2009] EIPR 537.

[2] J. Waldron, "From Authors to Copiers: Individual Rights and Social Values in Intellectual Property" (1993) 68 *Chicago – Kent Law Review* 841, 887.

[3] Communication from New Zealand, "Geographical Indications and the Art. 24. 2 Review", 18 September 2000 (IP/C/W/205), [3].

[4] Taubman, "The Way Ahead", 2; See also L. Bendekgey and C. Mead, "International Protection of Appellations of Origin and Other Geographical Indications" (1992) 82 TMR 765; L. Beresford, "Trade Marks and Geographical Indications 101: What Trade Mark Owners Should Know" (2008) 1 *Landslide* 19 (当今知识产权领域面临的最具争议的议题就是如何对待地理标志)。

[5] De Sousa, "Protection of Geographical Indications under the TRIPS Agreement", 2.

战略框架中的重要内容。[1] 举例说明，大吉岭茶每年的大部分产量都供出口[2]，凸显了建立国际法律制度防止地理标志滥用的要求。这里要考虑的一个重要因素就是知识产权的地域性。地理来源标志有可能在母国得到法律的承认[3]，但是这种承认与保护也仅限于本国国内。[4] 双边条约和国际公约可以突破这一局限，确立最低保护标准，签约国对某些术语达成共识后，可以沿用这些术语。地理标志的保护不再仅限于欧盟几个有经验的国家了，越来越多的国家开始意识到地理标志的价值，期待获得更多的国际保护，因此积极参与到这场国际谈判中。本书第六章将谈到，超过 100 个 WTO 成员方支持扩大地理标志的国际保护范围和增强法律认可。在这些谈判的背后，慢慢达成一种共识：有来源标记的产品本土化和国际市场的拓展与价值增值密不可分。事实上，专注出口的生产者学会在国际上运用“本土思维”。这让我们在确认和保护地理标志时明确了什么是最关键的因素。[5] 同时，与地理标志保护相应的价值增值也会被一并讨论。“在亚洲，地理标志保护的重要性已经超越经贸领域，应从更广的范围来理解，在文明古国保护知识产权，有助于保育传统文化、历史遗产和制作工艺。”[6] 对于那些新加入地理标志保护行列的发展中国家（Global South），已经将最新的利益考量和争议焦点纳入本国的法律制度之中。[7] 这要重新审视地理标志保护的理论基础和具体技术，因为这些新晋国家要适应甚至重新设计欧盟的专门法保护模式。[8] 例如，有些国家特别希望保护工艺品和纺织品，或者

---

[1] W. van Caenegem, “Registered GIs: Intellectual Property, Agricultural Policy and International Trade” [2004] EIPR 170; A. F. R. de Almeida, “The TRIPS Agreement, the Bilateral Agreements Concerning Geographical Indications and the Philosophy of the WTO” [2005] EIPR 150; T. Josling, “The War on Terroir: Geographical Indications as a Transatlantic Trade Conflict” (2006) 57 *Journal of Agricultural Economics* 337.

[2] N. K. Das, “Protection of Darjeeling Tea”, 3 July 2003 (WIPO/GEO/SFO/03/8), [26].

[3] 本书所称“母国”，是指地理标志的原产地国家或地区。

[4] A. Kamperman Sanders, “Incentives for Protection of Cultural Expression: Art, Trade and Geographical Indications” (2010) 13 JWIP 81, 84.

[5] Taubman, “The Way Ahead”, 7.

[6] S. Wagle, “Protection of Geographical Indications and Human Development: Economic and Social Benefits to Developing Countries”, November 2003 (WIPO/GEO/DEL/03/7), 3.

[7] Ilbert and Petit, “Are Geographical Indications a Valid Property Right?”, 516; S. Escudero, “International Protection of Geographical Indications and Developing Countries” Working Paper No. 10, South Centre (July 2001); D. Rangnekar, “Protecting Indications of Geographical Origin in Asia: Legal and Practical Issues to Resolve”, in R. Meléndez - Ortiz and P. Roffe (eds.), *Intellectual Property and Sustainable Development: Development Agendas in a Changing World* (Edward Elgar, Cheltenham 2009), 273.

[8] M - C. Wang, “The Asian Consciousness and Interests in Geographical Indications” (2006) 96 TMR 906; D. Marie - Vivien, “The Role of the State in the Protection of Geographical Indications: From Disengagement in France/Europe to Significant Involvement in India” (2010) 13 JWIP 121.

农产品与酒。每个国家的政府机构在承认和保护过程中的参与力度也各不相同。

一些国家希望在 TRIPS 框架内保护地理标志并乐见由此带来的持续增长利益，也有一些国家持相反的态度，选择直接学习欧盟的专门法立法模式，这些国家的立法者更注重保护地理标志生产者的利益。这样的话，商标持有人或将地理名称当成通用名称去使用的人的利益就会受到挑战。在某些条件下，地理标识可以注册为个人所有的商标，如果同时注册为地理标志的话，就会存在两种权利的冲突。[1] 如果之后注册的地理标志具有超越商标的效力，这将威胁现有的所有权人的利益。[2]这些国家还希望能继续援引商标法通用名称的规定，不管其产地如何，均可以对该类产品命名。几乎达成普遍共识的是车达（Cheddar）是一种奶酪的通用名称。也有一些国际协议对菲达奶酪（Feta）和帕尔玛奶酪（Parmesan）持不同态度，认为它们不是通用名称。[3] 正如，在美国众议院组织的一次关于国际地理标志保护的正式听证会上，美国种植业主协会主席声称：

> 失去对一个名称（如帕尔玛奶酪）的使用权意味着协会的会员公司将面临百亿美元的损失。这些公司将被迫更换产品包装，更严重的是要花更多的推广经费来重新获得消费者的认可。协会十分关切那些已经提高了产品价值的公司不得不放弃对这些商品的利益。我们认为，这些商品不再是来源地的代称，而是某一类商品的品种。[4]

商标和通用名称的使用面临的挑战在 TRIPS 讨论地理标志条款的乌拉圭回合谈判中得到证实，[5] 正如第二章描述的，这些争论从 19 世纪末就已经开始，一直持续到今天。在很多案例中，都能发现这种无法忽视的关切。接下来，本

---

[1] D. Gangjee, "Quibbling Siblings: Conflicts between Trade Marks and Geographical Indications" (2007) 82 *Chicago - Kent Law Review* 1253.

[2] J. Phillips and I. Simon, "Geographical Indications: The Biggest Threat to Trade Marks?" *Marques Newsletter* (Spring 2004), 2; H. Harte - Bavendamm, "Geographical Indications and Trade Marks: Harmony or Conflict?", September 1999 (WIPO/GEO/CPT/99/6); WIPO, "Possible Solutions for Conflicts between Trade Marks and Geographical Indications and for Conflicts between Homonymous Geographical Indications", 8 June 2000 (SCT/5/3).

[3] 详细论述参见第五章第 2 节。

[4] Prepared statement of Sarah Thorn, Director of International Trade, Grocery Manufacturers of America in Hearings before the Committee on Agriculture, House of Representatives on the Status of the World Trade Organization Negotiations on Agriculture, (108 - 5) 108th Congress (2003) 273, 276.

[5] 参见 GATT, "Minutes of Negotiating Group of 12 - 14 July 1989", 12 September 1989 (MTN. GNG/NG11/14), [56] - [57], [61], [62].

章将指出现有地理标志专门法保护模式中存在的一些问题和假设。当然，那些反对专门法保护的回应也有其偏见，而且把问题简单化了。这种回应有两个大的组成部分。由于与地理标志有关的概念含糊不清，反对者认为这些地理标志最好是和商标法结合使用，特别是证明商标和集体商标。由于这种声音听起来更为“理性”，也被广泛认可，他们通常反对对地理标志进行专门立法，认为这种专门法是一种地方保护主义。美国担任“领头羊”，认为既然地理标志和商标功能等同，前者应当并入后者。因此，地理标志可以被视为商标的一种类型。它们的功能与商标相同，因为地理标志有着与商标类似的功能：（1）识别来源；（2）质量保证；（3）有价值的商业利益。❶ 美国认为，“这两种方法都是为了防止消费者被误导，不管他们买的商品有何质量或特征”。❷ 在 Parma 诉 Asda 案中，英国上议院认为保护地理标志的目标主要有两个。其不仅要保护产品生产者免受不正当竞争，也要保护消费者避免受到有关产品的虚假或误导性表述的影响。❸ 斯科特（Scott）法官指出，“商标和欧盟的受保护的原产地名称（PDO）有着十分类似的目标”。❹ 无独有偶，瑞士联邦法院法官也指出，“商标保护与原产地名称的保护都是为了凸显该名称的独特功能，防止错误的利用——不管是对制造者还是对原产地”。❺ 最后，欧盟法院指出，欧盟的地理来源标志注册制度“既满足消费者保护的要求……又满足确保生产者之间公平竞争的要求”。❻

用专门法保护地理标志颇具争议，而且地理标志与商标的功能等同，因而国际游说团体鼓吹要将这些集体使用的标识纳入商标法的范畴，通过证明商标或集体商标来保护。❼ 美国在与其他国家签订的诸多双边贸易协定中都将地理

---

❶ 参见 USPTO，“Geographical Indication Protection in the United States”，available at www. uspto. gov/web/offices/dcom/olia/globalip/pdf/gi_system. pdf.

❷ EC - Protection of Trademarks and Geographical Indications for Agricultural Products and Foodstuffs, First Submission of the United States，23 April 2004（WT/DS174 and 290），[132].

❸ *Consorzio del Prosciutto di Parma v. Asda Stores Limited and Others* [2001] UKHL 7；[2002] FSR 3，[58]（Lord Scott of Foscote）.

❹ 同上，[100].

❺ *Anheuser - Busch Inc v. Budějovický Budvar Národní Podnik* [2001] ETMR 7，[82]（Swiss FC）.

❻ *Alberto Severi v. Regione Emilia - Romagna*（C - 446/07）[2009] ECR I - 8041；[2009] ETMR 64，[53]（ECJ）.

❼ USPTO 的立场，参见 www. uspto. gov/ip/global/geographical/index. jsp；Statement of Jon W. Dudas, Deputy Director，US Patent and Trade Mark Office in Hearings before the Committee on Agriculture, House of Representatives on the Status of the World Trade Organization Negotiations on Agriculture，（108 - 5）108th Congress（2003）349；Communication from the US，“Suggested Method for Domestic Recognition of Geographical Indications for WTO Members”，11March1999（IP/C/W/134）；WIPO，“Report to the 7th Session of the SCT”，27 May 2002（SCT/7/4），[33].

标志置于商标法的框架之内。[1] 与这些建议相适应，反对者还指出专门法的强保护可以理解为一种地方保护主义。如果商标法足以规制的话，为什么还要另外单独创造一个偏向于地理标志集体组织的制度呢？因此，有不少评论家认为地理标志是欧洲部分生产者和农业团体的地方保护主义工具。[2] 作为一种本土化对抗全球化的行动，“维护本土的人常被视为地方保护主义者”。[3] 认为菲达奶酪（Feta）是受保护的名称的人拒绝承认 Feta 是一个通用名称，他们禁止竞争者将 Feta 作为通用名称来使用。我们必须知道，地理标志保护并不禁止其他人生产放在盐水里的白色奶酪。他们不能简单地把这些奶酪叫作 Feta，但是这会阻碍可替代产品的标注。在谈判过程中，地理标志被描绘成追求经贸利益的现实政治博弈的手段，显示了不同的谈判立场，而不是用来体现知识产权原则的精细巧妙之处。[4] 虽然欧盟坚持认为风土原则和地理标志具有独特的传播功能，欧盟委员会有一个更简单的目标，即在市场上牢牢控制地理名称的使用权来实现价值最大化。这种绝对控制带来的垄断收益促使欧盟在国际谈判中持上述的立场。[5] 有不少证据支持这种观点。例如，由于面临美洲、澳洲和南非的竞争者，欧洲的葡萄酒市场份额在不断下降，于是欧洲开始更加强调地理标志的重要性。[6] 然而，将地理标志制度塞进功能等同的商标法（可怜的近亲）中，将专门法的存在解释为纯粹的地方保护主义是过于简单化了。

对专门法保护模式的批评，引发了另一种声音，认为地理标志和商标之间的差别只是部分存在。这种观点对之前提到的商标法具有完全等同功能的论断

---

[1] 美国签订的自由贸易协定名单参见 www. ustr. gov/trade – agreements/free – trade – agreements.

[2] 参见，例如 J. Armistead，“Whose Cheese Is It Anyway? Correctly Slicing the European Regulation Concerning Protections for Geographic Indications”（2000）10 *Transnational Law & Contemporary Problems* 303，318；D. B. Shalov，“Will the European Union Prove to be Lactose Intolerant?”（2004）11 *Cardozo Journal of International and Comparative Law* 1099，fn 8；L. B. Nieuwveld，“Is This Really about What We Call Our Food or Something Else? The WTO Food Name Case over the Protection of Geographical Indications”（2007）41 *International Lawyer* 891；T. Broude，“Taking ‘Trade and Culture’ Seriously：Geographical Indications and Cultural Protection in WTO Law”（2005）26 *University of Pennsylvania Journal of International Economic Law* 623，655（通俗而言，和其他农业保护主义类型相似，地理标志也被视为保育生产农场文化的必要手段）。

[3] M. Echols，*Geographical Indications for Food Products：International Legal and Regulatory Perspectives*（Kluwer，Alphen aan den Rijn 2008），3.

[4] S. Stern，“Geographical Indications and Trade Marks：Conflicts and Possible Resolutions”，13 June 2003（WIPO/GEO/SFO/03/13），[4].

[5] Hughes，“Champagne，Feta，and Bourbon”，305.

[6] 57 The crisis is acknowledged in Recital 2 of Council Regulation（EC）No 479/2008 of 29 April 2008 on the Common Organisation of the Market in Wine［2008］OJ L148/1. 也参见 M. Torsen，“Apples and Oranges（and Wine）：Why the International Conversation Regarding Geographical Indications is at a Standstill”（2005）87 *Journal of the Patent and Trade Mark Office Society* 31，40 – 5.

提出了挑战。从某种意义上而言，地理标志保护是出于保护消费者利益和保护合法生产者免受市场上的不正当竞争。然而，这还只是论证的开始。地理标志（通常指向原产地名称）所代表的集体利益与个人商业利益是不同的；它标志着特定产品与特定地理来源的联系，并且是一种公权，政府参与度更高，❶ 这些形式上和功能上的特征使得一些国家制定了不同的政策。

> 保护地理标志有着不同的目标：一是保护消费者免受欺诈；二是保护产品的生产者；三是促进区域农业发展；四是保育生态、生物多样性和文化多样化。❷

第六章分析地理标志制度设计的独特之处是如何实现其制度的独特目标和重点的。❸ 为了证实这一独特性，我们引用了一些法学文献运用的语言如“意识形态……”“本质的哲学冲突”❹“不同法律制度和信仰的差异”❺ 和“深层的文化差异”❻，然而这些区别并没有被充分利用。今天的地理标志作为一个特别的概念，还从来没有自己的年代宗谱。

3 学术贡献与内容框架

地理标志是怎样发展出今天这样的定义和功能的呢？在考察了国际知识产权法的保护客体后，本书将重点研究探讨与 TRIPS 有关的各种分歧。

不讲法律传承的话，根本无法真正了解 TRIPS。由于现有的概念和术语都十分模棱两可，在研究地理标识（geographical sign）时难免会进行图式推演。

---

❶ 分别参见 *Budějovický Budvar Národní Podnik v. Rudolf Ammersin GmbH*（C-478/07）［2009］ECR I-7721；［2009］ETMR 65，［82］（AG Ruiz-Jarabo Colomer）；M. Agdomar，“Removing the Greek from Feta and Adding Korbel to Champagne：The Paradox of Geographical Indications in International Law”（2008）18 *Fordham IP Media and Entertainment Law Journal* 541，577；OECD，Appellations of Origin and Geographical Indications in OECD Member Countries：Economic and Legal Implications（COM/AGR/APM/TD/WP（2000）15/FINAL），10.

❷ Marie-Vivien，“The Role of the State”，121.

❸ Torsen，“Apples and Oranges（and Wine）”，32.

❹ INTA Resolution，Protection of Geographical Indications and Trademarks，24 September 1997.

❺ L. A. Lindquist，“Champagne or Champagne? An Examination of US Failure to Comply with the Geographical Provision of the TRIPS Agreement”（1999）27 *Georgia Journal of International and Comparative Law* 309，312.

❻ Ilbert and Petit，“Are Geographical Indications a Valid Property Right?”，503.

不过，相关的后续任务太过繁重。[1] 地理标识被摒弃了，现在更倾向于对相关法律种类的分析，比如对马克思·韦伯式理想类型，即概念化而非规范化理想类型的 IS（货源标记）、AO（原产地名称）、GI（地理标志）进行分析。在对相关的概念进行分析的同时，也对地理标志家族的所有概念进行了系统梳理。现在的学术界似乎对 TRIPS 着了魔，好像它是一个自我包容的法典，但是它不过是暴露出来的冰川一角。除了增加多边协议的偶发性和恢复不同分类间的转化，这一方法还揭示了这个领域至少两个相关的认知框架。简言之，我们保护这些原产地标识，是基于确保传播一致性（传播逻辑），还是因为我们认为与特定地域的关联性有关的标记产品有独特价值而在全球对特定群体进行特别保护（风土逻辑）？这两种逻辑会打架，国家层面的传播逻辑经常会演变为国际层面的风土逻辑，正因为不同国家的不同做法会引发认知上的混乱，因此，国际保护被视为恰当的分析层面。这一分析最后建议：在认真重新评估法律主体（消费者和生产者）的同时，我们也要重新思考其客体（标识和地方产品）的构成方式。历史分析法弥补了新古典主义的法经济学分析的局限性，后者占据了理论界重要的位置。

国际地理标志保护的几大原则，表述是不准确的，或者根本没有提及，这些规范性的描述与商标保护的目标有部分重叠，地理标志的内容远不止这些——法律的本质影响和使其具有合法性的功能，作为定义目的来优先考虑生产还是消费？在全球化中避免同质化的努力，对大自然的认同，对产地的维护，奠定了现代知识产权法律理论的个人自由主义，与原产地名称相关的集体理念相并列，市场和政府关系的不断演化，甚至是摹仿了当前的真实性问题。

本书采用的历史分析法的优点是对我们熟知的问题进行新的论证，让我们在论证过程中能更有意义地进行重新建构。这种研究方法也提供了某种情形下的各种解释路径，并且可以揭示现有理论局限。

综观现有文献，它们主要回答了以下问题：

（1）为什么在地理标志领域有如此多的术语和交叉保护的制度？

（2）产品与产地之间的关联性这一理念是如何形成的（在何种程度上承认人的因素）？

（3）为什么欧洲的地理标志注册制度有两种不同的定义却只有一种统一的保护标准？

（4）为什么 TRIPS 的定义将质量、特征或声誉作为产品与产地关联性的

---

[1] 推演倾向于简单化，也容易被扭曲。这种图式推演注重清晰的边界和原则、穷尽式的分类，但是我们的研究显示这个领域的模糊地带很多，要通盘考虑。

三种替代判断方法?

(5) TRIPS 第 22、第 23 条两种不同层面的保护是否有相应的解释?

(6) 我们应当如何确定通用名称的保护状态?

(7) 从更广泛的意义而言,地理标志保护与商标法的目标有何不同?

由于地理标志一直未被充分研究,本书将提供一个系统思考该议题的框架,进行理论解构而非理论建构,尽可能地勾勒这样的轮廓。本书还雄心勃勃地试图填补现有文献的解释空白并打破令人尴尬的沉默。细节则更为有趣。本书还有一个目标就是梳理地理标志的发展脉络。现今的研究主要集中于对国际条约无休止的描述,其实还有更为有趣的研究维度。

本书先进行了纵向的历史沿革梳理。第一部分是与"原产地"有关的历史。如果要回答"地理标志是否是一种知识产权",就必须回应 1883 年《巴黎公约》中对货源标记的归纳。在一个工业产权条约中单纯表明地理来源的标记是指什么?与知识产权保护有关的有价值的无形财产是指什么?重新回顾《巴黎公约》和《马德里协定》中的货源标记具有重要的指导意义,因为:(1)它代表了规范原产地标记的各种不同的制度安排;(2)它揭示了作为工业产权客体的有价值的无形财产的集体声誉;(3)明确将这些标记作为与商标不同的独立类型来保护的理由(概念的和范式的)。

知识产权学者感兴趣的可能是探寻不同的解决方案。反不正当竞争、从货源标记到原产地名称的转变,也是第一次适用风土逻辑。

在讲解了特定类型的产品和它们的原产地之间的特别关联性后,第三章将葡萄酒作为地理来源标志保护的客体,葡萄酒也是最初保护的模板和客体的边界。"风土"在地理来源标志成为受保护标记的单独类型这一合法性过程中十分关键。这一章对风土的起源和影响作了深入探讨。

考虑到法国的独特经验,第三章最后提出能否将保护葡萄酒的经验推广适用于全球所有的地理标志。

第四章研究《里斯本协定》。里斯本体系尝试将地理标志保护范围从葡萄酒扩展至农产品,甚至手工艺品。在这个过程中,产品与产地之间的关联性被再次强调,承认人文因素与自然因素同样的价值。不过,该协定也做出一些妥协,定义更为抽象,以包容更多的利益诉求。本章还详细分析了协定在不同国家法院的解释。最后,还解析了地理标识被第三方滥用的各种可能性,强调这种"绝对"保护的例外。这一层面无法用反不正当竞争理论或者传播逻辑的传统原则所证实。

本书的第二部分重点转到今天的法律制度。TRIPS 是当今地理标志国际保护的主要框架,第五章对 TRIPS 相关条款进行分析,特别是对现有规则的框架和形成过程进行论述。确定和解释之前论述的各种妥协方案的重要性。TRIPS 反映着由反不正当竞争衍生的传播范式和风土范式之间模棱两可的情况。因此，本书最后试图基于历史基础，以反不正当竞争为逻辑主线，依赖标记本身的含义，重新建构或创建地理标志保护的理论依据。

现在和未来都是建立在过去的基础上，但这一点被很多人忽视。与本书第一部分相呼应，第五章确认并拆解了 TRIPS 这幢大厦尚未完成的基业。第六章做出系统分析，回顾 TRIPS 委员会面临的各种现实争论，以及认知体系上的一些推测。有关第 23 条应否扩大保护或者建立多边注册制度的讨论有望将地方产品与标记一起作为地理标志保护的额外客体。第七章结论重新强调了之前的一些重要洞见。最后是收尾之言。本书中涉及非英语的内容均由作者本人翻译为英文，另有标准说明的除外，在引用其他文献资料时，把引用部分里包含的注释删除了。为了行文方便，拼写都做了统一（如 trademark 改为 trade mark）。所有的网络参考文献均访问于 2011 年 5 月 31 日前。

第一部分

第 二 章
货源标记——《巴黎公约》和《马德里协定》

1 引 言

指示地理来源的标识是如何被认定为知识产权法律合适的保护客体的？这是本书第一部分探寻的主线。尽管现在的谈判立场有其深厚的历史基础，但很多历史已经被淡忘了。在 1994 年前，由世界知识产权组织（World Intellectual Property Organization，WIPO）管理的三部多边协定都有关于地理标识的保护。他们引入了两个截然不同的客体概念——“货源标记”（Indication of Source，IS）和“原产地名称”（Appellation of Origin，AO），前者对应于对真实表示的最低限度的监管，后者则被植入更精细复杂的注册体系，这些为后续的谈判设定了参量。本书这一部分将回顾从“货源标记”到“原产地名称”的变迁。驱动这一转型的主要争论是：这些地理标识是否应该在知识产权制度规则中构成一个独特的类别？因此，保护范围是基于向特定受众传递的信息，还是基于其他更有价值的因素而不管受众如何理解语义上的意思，对这些问题的回答决定了授予其保护的形式和范围。

第二章关于货源标记将就以下问题展开研究：许多监管模式，包括防止欺诈的刑罚制度、基于关税分类目的的原产地规则制度以及植物检疫制度，关注的都是真实原产地标记。那么，为什么一个简单的地理来源标识会被纳入一个调整无形资产使用的制度内呢？关于所有权的语言是在什么情况下出现在法律语境中的呢？1883 年《保护工业产权巴黎公约》（简称《巴黎公约》）❶ 是这些研究的起点。

这个公约同时引入了货源标记和原产地名称，尽管它调整的只是前者。《巴黎公约》强调通过边境措施禁止对商品来源的虚假标记，包括海关扣押或者仅只是阻止进口。紧随《巴黎公约》的是 1891 年签订的《制止商品产地虚假或欺骗性标记马德里协定》❷。该协定扩大了货源标记的保护范围。更重要的是，它提高了葡萄制品的保护水平，并且标志着从“货源标记”向“原产地名称”的过渡。在这一进程中，《马德里协定》首次揭示了概念上的重新界定，这一调整为 1958 年《保护原产地名称及其国际注册里斯本协定》❸ 的签订奠定了基础。关于地理标识保护的这第三部世界知识产权组织条约，将是本书第四章的内容，这份条约为原产地名称建立起了国际注册制度，并对其提供类似财产权标准的保护，超越了以损害行为（如误导使用）为条件的保护范围。

这一领域的发展传统上是以自上而下的方式驱动的，因此，仔细研究这些国际条约，我们会获益匪浅。“与地理标志保护相关的国际法律规则并不是源于 1994 年 TRIPS 签署前长期或者普遍存在的国内法类似规则的权威，因此这些国际规则可以被视作法律的一般原则”❹。这些条约形成了一种制度环境，在这个环境中，不同地理来源标志（Indications of Geographical Origin，IGO）保护模式或被倡导或被抵制。经过一个世纪以来的国际条约谈判，这些术语或概念形成了这一领域的法言法语。当代学术研究把这些形成性术语和概念工具作为主要事件的开场白，为了完整起见，其中某些会被浮光掠影地提一下。这种象征性的承认，其实是因为它们被认为在后 TRIPS 时代无关紧要，或者缺乏执行机制，或者专门条约的缔约方数量实在有限❺。

---

❶ 《保护工业产权巴黎公约》（1883 年 3 月 20 日签订，1967 年 7 月 14 日在斯德哥尔摩修订）。

❷ 《制止商品产地虚假或欺骗性标记马德里协定》（1891 年 4 月 14 日），828 UNTS 389（1972），以下简称《马德里协定》。

❸ 《保护原产地名称及其国际注册里斯本协定》（1958 年 10 月 31 日），923 UNTS 205（1974），以下简称《里斯本协定》。

❹ 世界知识产权组织《地理标志的定义》（2002 年 10 月 1 日），（SCT/9/4），[3].

❺ 如 L. A. Lindquist，“Champagne or Champagne? An Examination of U. S. Failure to Comply with the Geographical Provisions of the TRIPS Agreement”（1999）27 *Georgia Journal of International and Comparative Law* 309，314 – 15；M. Blakeney，“Geographical Indications and Trade”（2000）6 *International Trade Law and Regulation* 48，52；R. Harle，“AIPPI and the Appellations of Origin，Indications of Source and Geographical Indications”，in AIPPI，1897 – 1997 *Centennial Edition*（AIPPI Foundation，Basle 1997），255，257；X – T. N. Nguyen，“Nationalizing Trade Marks：A New International Trade Mark Jurisprudence?”（2004）39 *Wake Forest Law Review* 729，758 – 60；M. Torsen，“Apples and Oranges（and Wine）：Why the International Conversation Regarding Geographical Indications is at a Standstill”（2005）87 *Journal of the Patent and Trade Mark Office Society* 31，34 – 6.

很不幸，这种轻视忽略了他们对于形成当代保护模式的决定性贡献。这些条约为地理来源标志（IGO）是否应该成为知识产权法律保护客体相关条款的论战提供了依据。这些谈判的官方记录（travaux préparatoires）揭示出为什么关键概念和反对观点形成经久的模式后被固定下来。一方面，制止公然欺骗行为的论点有着传统的充分依据；另一方面，即使没有混淆或误导，也存在着对商业上有价值的商誉进行保护的不断尝试❶。挖掘这些早期的框架机制、类比、论证及其批判，以及相关的制度机制，揭示出“地理来源标志”应运而生成为独立保护客体的过程。这个焦点问题并非表明本书意在囊括各种法律术语，这从第三章关于葡萄酒生产的跨学科研究视角就可见一斑；而意在通过考察一个世纪以来地理来源标志的特定概念，试图阐明不同的地理来源标志概念在知识产权话语体系中的作用方式。

2 《巴黎公约》

《巴黎公约》缔结于1883年并在20世纪历经几次修订❷。它的国民待遇原则❸、优先权制度❹以及最低保护标准原则❺，使其依然成为国际知识产权或工业产权❻保护的早期里程碑。它的重要性还在于建立了保护知识产权联合国际局（Bureaux Internationaux Réunis pour la Protection de la Propriété Intellectuelle，BIRPI），作为世界知识产权组织的前身，它融知识产权各技术层面为一体，并影响了国际规则的制定❼。在TRIPS之前，《巴黎公约》是国际知识产

❶ 依据不同的司法制度和具体情况，欺骗通常被视为不同于误导或混淆性使用。它通常要求更多的构成要件，如证明欺骗的意图（关注被告的主观状态）或者对于消费行为的显著影响，即欺骗将影响购买决定（关注结果）。

❷ 1900年12月14日在布鲁塞尔修订，1911年6月2日在华盛顿修订，1925年11月6日在海牙修订，1934年6月2日在伦敦修订，1958年10月31日在里斯本修订，1967年7月14日以及1979年9月28日在斯德哥尔摩修订。

❸ 第2条。

❹ 第4条（A）（1）。

❺ 就本部分内容，指第1条（工业产权的定义），第9条（处罚措施，包括进口时扣押），第10条（禁止虚假表示），第10条之二（不正当竞争）以及第10条之三（启动法律程序或救济手段）。

❻ 本书中“知识产权”和“工业产权”依据所提及的历史资料可互换使用。通常，前者被视为涵盖了“著作权”和“工业产权”的总称。见WIPO，*Introduction to Intellectual Property - Theory and Practice*（Kluwer Law International，London 1997），3；参见J. Hughes，“Notes on the Origin of Intellectual Property：Revised Conclusions and New Sources”，Cardozo Legal Studies Research Paper No. 265（11 July 2009）.

❼ BIRPI，*L'Union Internationale pour la Protection de la Propriété Industrielle - Sa Fondation et son Développement*（Bureau de l'Union，Berne 1933），127 - 48.

权规则的集大成者，多年来吸引了数量可观的缔约方❶。然而，《巴黎公约》一个公认的缺陷是各国履行其实体标准时自由度比较大。《巴黎公约》“给予联盟成员方相当大的自由，让它们可以依据其自身利益或偏好对工业产权问题进行立法”❷。它也缺乏一个有效的争议解决机制以解决对违反条约行为的投诉❸。也许更主要的是，对当代观察家们来说，《巴黎公约》关于地理标志的条款看起来乏善可陈❹。尽管有这些不足，基于其在分类学上的启示作用，《巴黎公约》依然是我们的出发点。它在工业产权国际分类中正式认可了“货源标记”作为一个单独范畴的存在。在这一领域温和派专家学者们一致认为“在岁月的进程中……紧接 1880 年之后，我们看到了保护规则的发展，现在已达成一致，应被称为地理标志”❺。在知识产权多边保护的最初几十年，斯蒂芬·拉达斯（Stephen Ladas）指出，“在 1883 年公约前，很少有国家通过其国内法保护原产地标志，对于制止原产地虚假标记的补救措施也非常不充分，而差不多自 1883 年公约同时起，货源标记才开始被国际法和大多数国家的国内法所承认并且监管”。❻

对地理标志的国际认可实际上是始于《巴黎公约》第 1 条第（2）款关于“工业产权”的定义，它不仅包括货源标记，还包括原产地名称❼，以及其他更多我们熟悉的范畴：

> 工业产权的保护对象有专利、实用新型、工业品外观设计、商标、服务标记、商号、货源标记或原产地名称，和制止不正当竞争。

将货源标记和原产地名称纳入工业产权广义范围的过程给了我们两点重要

---

❶ 目前有 173 个缔约方，参见 www. wipo. int/treaties/en/ip/paris/.

❷ G. H. C. Bodenhausen, *Guide to the Application of the Paris Convention for the Protection of Industrial Property*（Bureau de l'Union, Geneva 1968）, 15.

❸ 尽管第 28 条规定关于公约理解和适用的争议可以向国际法院（ICJ）提出，但又阐明缔约方可以选择不受该条规定约束。至今没有任何这类诉讼程序提交到国际法院的记录。

❹ WIPO, “The Need for a New Treaty and its Possible Contents”, 9 April 1990（GEO/CE/I/2）[18]; W. Moran, “Rural Space as Intellectual Property”（1993）12 *Political Geography* 263, 268（《巴黎公约》提供的保护相当弱）; Lindquist, “Champagne or Champagne?”, 315（在 TRIPS 协定之前，地理标志得到的国际保护非常少）。

❺ Harle, “AIPPI and the Appellations of Origin”, 255.

❻ S. P. Ladas, *The International Protection of Industrial Property*（Harvard University Press, Cambridge MA 1930）, 658 -9.

❼ 原产地名称是在 1925 年海牙修订会议后增加的，要区分这两类客体，参见第四章。

启示。首先，它引入了自然产品和制成品的区分，尽管这种区分是有争议的❶。我们在本书第一部分会看到，在解释地理标志保护的独立性和保护范围时，这标志着一个重要的边界。因为地理标志习惯成自然地被与葡萄酒、烈性酒、农产品和食品联系在一起，第一条第（3）款明确地指向“农业和采掘业”：

> 对工业产权应做最广义的理解，它不仅应适用于工业和商业本身，而且也应同样适用于农业和采掘业，适用于一切制成品或自然产品，例如：葡萄酒、谷物、烟叶、水果、牲畜、矿产品、矿泉水、啤酒、花卉和面粉。

农产品（特别是酒）在最开始的巴黎谈判❷中就被提及，并被列入1883年最终公约的草案中。为正式纳入农产品，在1911年华盛顿会议上引入了这一特定条款，并在1925年海牙会议上进一步修订以提及农业的具体例证。修正案的拥护者包括那些被“工业”产权是否可适用于“自然”产品这一问题直接影响的人，解释了古巴要求将烟叶纳入列举清单的原因❸。除自然产品是否包括在内的问题外，有关法国国家立法规范产品标识的经验也希望得到说明❹。这部具有重要影响的1824年刑法❺，旨在制止欺诈性标记，曾被认为仅适用于制成品（objet fabriqué）❻。一些法国法院起初裁定该法不适用于自然产品的标识，它们只能在公平竞争原则下寻求庇护，即在法国侵权行为学说范畴内制止不正当竞争❼。特别是，当时还曾经有关于葡萄酒到底是自然产品还是制成品的争论。因此，有必要明确工业产权可以适用于“所有制成品或自然产品”这一规则。

《巴黎公约》对知识产权范畴的列举给我们的第二点启示，源于协商研讨

---

❶ 此处的分析并非认同或归入这种二元的区分法，只是追溯其在这些形成性论战中是如何运用的。

❷ Actes de la Conférence Internationale pour la Protection de la Propriété Industrielle（Ministère des Affaires Etrangères，Impr. Nationale，Paris 1880），32－3，（以下简称巴黎文本）.

❸ 见 Actes de la Conférence de la Haye（Bureau International de l'Union，Berne 1926），535，（以下简称海牙文本），535.

❹ 同上，536.

❺ Loi du 28 juillet 1824 Relative aux Altérations ou Suppositions de Noms dans les Produits Fabriques（1825）7 *Bulletin des Lois* No. 19，65，（以下简称《1824年法》）。Reproduced in E. Calmels，*De la Propriété et de la Contrefaçon*（Cosse，Paris 1856），838－9. For an English translation，see C. E. Coddington，*A Digest of the Law of Trade Marks*（Ward and Peloubet，New York 1878），380－1.

❻ N. Olszak，*Droit des Appellations d'Origine et Indications de Provenance*（TEC & DOC，Paris 2001），35.

❼ L. Jaton，*La Répression des Fausses Indications de Provenance et les Conventions Internationales*（Librairie Générale de Droit et de Jurisprudence，Paris 1926），25.

过程中尝试将货源标记纳入更广泛的反不正当竞争范畴。例如，在海牙会议上，当考虑定义中的列举类别时，意大利代表建议将来源虚假标记列入更广泛的反不正当竞争范畴❶。在后续的讨论中也提到波兰的一个提案，就是合并对商标、商号、货源标记的保护更合乎制止反不正当竞争的逻辑❷。尽管这种具体梳理没有成功，但它还是提出了这样一个观念，即对地名的规范一直以来都属于反不正当竞争的大范畴。正如我们在本章结尾将看到的，反不正当竞争的范围既庞大又多样，因此从这一视角得到的启示是有限的。判定竞争者之间的行为何时应被认为属于法律意义上的不正当仍然是有争议的，而地理来源标志是否落入这个范围内需要被审慎地判定。然而，货源标记经常被纳入反不正当竞争确实为我们提供了线索，让我们认识到这一需要保护的宝贵无形资产，以及它为什么一开始就被纳入工业产权法的范畴。

2.1　货源标记

虽然《巴黎公约》第1条第（2）款及第10条，以及整部《马德里协定》都使用了“货源标记”一词，但都没有提供定义。我们也许可以从《马德里协定》第1条第（1）款作出推定，该条款规定所有商品“凡带有虚假或欺骗性标志……系将本协定所适用的一个国家或其境内的某地直接或间接地标作原产国或原产地的，上述各国应在进口时予以扣押”。因此，“货源标记”指作为产品原产地的一个国家或其境内的一个地区。世界知识产权组织建议的定义是“表示商品或服务来源于一个国家、一个地区或者一个特定地点的表述或标识”❸。

对地理来源的强调，相对于产品的商业来源或贸易来源，传统上被认为属于商标的传播功能❹，例如，产品上的地名、“巴布亚新几内亚产品”或者

---

❶ 海牙文本，412.

❷ 同上，535.

❸ 世界知识产权组织《发展中国家原产地名称和产地标志示范法》第1条（b），（世界知识产权组织，日内瓦 1975）。另见世界知识产权组织《地理标志简介及其 WIPO 最新进展》，2003年6月12日（WIPO/GEO/SFO/03/1），[4]（“因此，货源标记可以被定义为指示作为产品原产国或原产地的某一国家，或该国某一地点的标识”）。

❹ 关于商标，见案例，如 *Hanover Star Milling v. Metcalf* 240 US 403，412（1916）（“商标最首要和特有的功能是识别其所贴附物品的来源或所有者。当一个当事人已经习惯在他的货物上贴上某个区别性标志作为标签，使购买者可以识别出这样标记的货物是他生产的货物时，其他人就被禁止在相同商品上使用相同的标志”）；*Philips Electronics NV v. Remington Consumer Products Ltd*（C-299/99）[2002] ECR 1-5475；[2002] ETMR 81（ECJ）（“商标的基本功能就是确保消费者或者终端用户能够识别出所标识产品的来源，使其没有任何混淆可能地将该商品与其他来源的他人商品或服务区别开来，[从而] 确保该商标标识的所有商品或服务在一个对其质量负责的单一经营者控制之下”）。

“马其顿制造”之类的标识。一个“标志”是一个相当宽泛的符号，涵盖了地名（如与东印度茶叶产区相关的“大吉岭”[1]）、标志性形象（如鸟巢体育场、狮身人面像或者三叶草[2]）甚至可以是一个独特的桶[3]或瓶子[4]的形状。一般而言，只要是在与商品销售相关的材料上使用的任何符号，并且传递产品特定地理来源的信息，就符合条件。至于所标示的地域，可以是一个国家、一个地区、一个城市、一个城镇甚至更小的单位。因此，识别哪种符号是货源标记这个本体论问题的答案，借鉴了首先从商标法语境下发展出来的原则[5]。其方法依赖于符号的传播功能——它是否向相关受众表明了产品的地理来源？

一旦建立起这种货源标记法理，大多数评论家迅速向前推进。但是，它引发的质疑比它解决的问题还多。如果一个货源标记仅仅只是表示来源地或生产地，那么它为什么就应该被纳入工业产权的范围内呢？毕竟，另有很多其他法律涉及标签的真实表示。奥迪耶（Audier）教授坚持认为货源标记指示“商品或产品的‘原产地’是为了海关事宜”[6]，而欧盟法院佐审官科洛梅尔（Colomer）在欧洲菲达（*Feta*）案中认为，货源标记与消费者保护更相关[7]。从这些历史记录中得出的结论是，这些形形色色保护模式不仅在保护客体方面与货源标记重叠，它们还在操作层面上被运用于防止具有误导性地理来源标识的使用，并因此被认可为履行《巴黎公约》国际义务的一种手段。1902 年，一篇重要的论文确认了以下一系列国家履行《巴黎公约》要求对货源标记的保护情况：德国适用的是 1896 年反不正当竞争法，辅之以 1894 年商标法；奥

---

[1] *Tea Board of India v. The Republic of Tea Inc* 80 USPQ 2d 1881（TTAB 2006）.

[2] *Shamrock Trade Mark*［1986］FSR 271（BGH）. 在爱尔兰与德国之间的国家集体推广活动中，被告使用三叶草作为指示源自爱尔兰的标志使用。

[3] 波尔多葡萄酒的酒桶有特别的形状和尺寸，以保持其独特性。W. van Caenegem，“Registered Geographical Indications：Between Rural Policy and Intellectual Property – Part II”（2003）6 JWIP 861，862. 他进一步指出，这些更大的酒桶使葡萄酒制造商享有独家使用的竞争优势，因为葡萄酒的运输条件将更好，而且每桶征收的运费也更低。

[4] *Bergkelder Bpk v. Vredendal Koöp Wynmakery*［2006］SCA 8（RSA），［2］. 本案中南非最高法院批评德国制造商不顾意大利和葡萄牙葡萄酒制造商使用这种瓶型由来已久，仍试图将大肚瓶的形状作为原产地标志保护。

[5] L. Bently，“The Making of Modern Trade Marks Law：The Construction of the Legal Concept of Trade Mark（1860 – 80）”，in L. Bently，Jane C. Ginsburg，Jennifer Davis（eds.）*Trade Marks and Brands：An Interdisciplinary Critique*（Cambridge University Press，2008），3，28.

[6] J. Audier，“Protection of Geographical Indications in France and Protection of French Geographical Indications in Other Countries”，October 1997（WIPO/GEO/EGR/97/8 Rev），3.

[7] 见案例 *Federal Republic of Germany and Kingdom of Denmark v. Commission of the European Communities*（C – 465/02 & C – 466/02）［2005］ECR I – 9115，［70］（“保护所谓的简单货源标记并非基于对工商业产权的保护，而是在适用情况下，基于对消费者的保护”）。

地利没有具体法律但正在考虑制定；比利时适用的是其刑法典，意大利和荷兰也是如此；巴西适用的是1897年商标法，其中包括关于海关扣押的详细条款；西班牙专门制定了制止在特定产品上的欺骗性标记的法令；英国依据的是商品标志制度中的刑罚规定，并辅之以海关条例；俄罗斯运用海关规则及程序监管原产地标记；日本、挪威、多米尼加、塞尔维亚和突尼斯还没有相关法律，等等[1]。这种多样性随后继续蓬勃发展。《巴黎公约》问世大概30年后，英国议会对40个司法管辖区进行了官方调查，再一次表明法律涵盖的范围明显符合第10条中规定的义务[2]。1913年对42个国家法律的进一步调查表明，尽管这些国家中很多都是《巴黎公约》的签署国，但是几乎没有建立什么专门制度用以制止使用原产地虚假标识的产品的销售或进口[3]。这在保护知识产权联合国际局1925年的立法一览表里也很明显，针对欺诈的刑法、侵权行为民事诉讼、税收立法、反不正当竞争制度、贸易及商品标志法规、海关规章以及制止在啤酒花或棉纺织品等特定产品上使用误导性标签的专门立法等，都被兼用作履行《巴黎公约》国际义务制止地理来源误导表示的手段[4]。

尤其突出的是海关规章制度频繁地被提及，因为这凸显了对外贸易或世界贸易对货源标记保护的关切。此外，这些保护制度每一个都代表着消费者、普通公众、合法生产者与竞争者利益的不同结构设置。这将决定着谁可以启动法律程序（被欺骗的消费者、蒙冤的生产商、有代表性的生产商协会）；法律程序的性质（民事、刑事、行政）；可获得的救济（禁令、损害赔偿、监禁）以及重要的是由谁承担费用这一问题（个体贸易商、检察官、海关当局）。在这些早期概念迭代中，地理来源标志保护分散在各种立法和制度设置中。举个例子，虽然（扩展的）仿冒侵权被普遍认为是普通法对地理来源标志保护的主要回应[5]，但它显然可以追溯到早在1862年的一系列刑事商品标志法案。对这一制度下商品说明包括地理来源说明监管的文献研究，揭示了著名地域性产品

---

[1] M. Pelletier and E. Vidal – Naquet, *La Convention d'Union pour la Protection de la Propriété Industrielle du* 20 *Mars* 1883 (Larose & Forcel, Paris 1902), 258 – 62.

[2] Reports from His Majesty's Representatives Abroad on the Laws in Force in the Principal Foreign Countries to Prevent the Sale or Importation of Goods *Bearing a False Indication of Origin* 86 PP 739 [Cd 5531] (1911).

[3] B. Singer, *Trade Mark Laws of the World and Unfair Trade* (Hammond Press, Chicago IL 1913), 602 – 18.

[4] 海牙文本，150 – 9.

[5] 见第三章。

的概念和常见的法律问题[1]。然而，这种多样性的结果却是货源标记已不再符合现代知识产权学说的期待。在里斯本修订会议上，保护知识产权联合国际局在区分货源标记和原产地名称时，提出在反不正当竞争监管的消费者保护范围内禁止使用虚假标识[2]。它还强调了为出口目的在产品上标注来源或原产地的强制属性，与之形成鲜明对比的是，原产地名称的非强制标注似乎更应该受到知识产权保护[3]。所有这一切只是放大了这个未解之谜：为什么一个简单的地理来源标识起初会被纳入知识产权公约？

在本章接下来的部分，对这个问题的回答将沿着以下思路展开。第一步是确认作为保护对象的这一宝贵无形资产。从法律语境中得到的明确答案是，它对应着某些著名地域性产品的声誉。然而，这种声誉不是典型的，而是围绕着地理描述性词汇集体产生并累积的。事实证明，将这种词汇纳入商标注册制度是有挑战性的，因为该制度本是为单个所有者使用显著性标识而设置的。同时，在这些早期商标注册制度之外，还存在着其他类别的标识符，如商号。因此，到 19 世纪后期，商号和原产地标志经常被相提并论。这两者以及未注册商标，在市场参与者之间不正当竞争不利于消费大众时，往往可以通过一系列旨在制止不正当竞争的法律制度得到保护[4]。由于对声誉的保护被植入众多既有法律规范，而这些法律的立法宗旨和制度设置各不相同，这一宝贵的无形资产就在后续对货源标记的分析中偏离了焦点。这些制度之间确实存在着一个共同的平台，那就是防止误导。尽管防止虚假标记起初是一面很有希望的大旗，在这面旗帜下，在国家层面，它既可以获得支持又极具潜力；但在寻求国际保护的过程中，地理标识涉及的问题就各式各样了。简单来说就是，地理标识的含义是不确定的，虽然一个标识在其所属国法域内标示特定原产地和质量，但并不能保证其进入一个新市场时，这些含义能被固定下来。在一个语境中被理解为是地理意义的名字，在另一个语境中可能会被臆想性使用（如 AMAZON.COM）、通用化使用［如第戎（Dijon）芥末或车达（Cheddar）奶酪］或者暗示性使用（如伦敦的“泰国餐馆”）。产品上的正式地名（对应着地图上的一个地方）并不总是表示这些产品的同名来源地。发展到此阶段，防止欺骗的

---

[1] 见 D. Higgins and D. Gangjee, “‘Trick or Treat?’ The Misrepresentation of American Beef Exports in Britain during the Late Nineteenth Century”（2010）11 *Enterprise and Society* 203.

[2] 见 Actes de la Conférence de Lisbonne（Bureau de l'Union, Geneva 1963）（以下简称里斯本文本）, 771.

[3] 里斯本文本，772.

[4] C. Wadlow, *The Law of Passing Off: Unfair Competition by Misrepresentation*, 3rd edn（Sweet & Maxwell, London 2004）, 61（这些制度包括“民事、刑事及行政法律的各种组合”）。

论点开始失去了吸引力。

此外，在此期间，在自由贸易的背景下，原产地标记也成了激烈辩论的主题[1]。一个国家或帝国的原产地标记[2]被视为促进设定非关税优惠议程的载体，因此与自由贸易承诺关系紧密。后来，随着国际贸易的发展和消费者偏好的改变，某些特定产品应有单一的界限清晰的原产地这样的观念也开始瓦解。如果原材料来源地不同于加工地，或者一个产品是由来源地不同的构成部分组成的，那么严格僵化的原产地标识方法就变得越来越不可取。基于这些原因，保护宝贵的集体声誉可以通过原产地标记监管来实现，但只是在一定程度上实现，因为原产地标记自身也处在大讨论的交汇点上。

因此，我们首先回顾考证的是，类似于商标保护的逻辑，一种集体形成的声誉构成了将货源标记纳入《巴黎公约》的基础。一个重要的基础问题就是，为什么我们选择这部国际条约作为我们的出发点。尽管寻找一个确定的起始点不是那么重要，但《巴黎公约》依然是我们开始研究的首选出发点。早在将这些标记与知识产权学说联系在一起之前，就已经存在了在产品上标注地理来源的做法。事实上，几个世纪以来，各种各样的产品通常都被冠以一个地理名称［阿提卡蜂蜜（honey from Attica）、波西米亚或沃特福德水晶（Bohemian or Waterford crystal）、香槟起泡酒（Champagne sparkling wine）、伊朗鱼子酱（Iran Caviar）、锡兰茶（Ceylon tea），等等］[3]。路易斯·捷登（Louis Jaton）将这一现象追溯到中国瓷器和罗马陶器上的标记，这些标记是精湛技艺的保证，也是来源的证明[4]。还有人认为，从历史上看，“鉴别产品的地理来源一直是一种受欢迎的产品标识方法”[5]。迈克尔·布莱克尼（Michael Blakeney）认为，地理来源标记是一种惯例，因为在工业革命之前，“进入国际贸易的商品是初级产品，如矿产品、农产品以及简单制成品，如陶器和织物”[6]。因此，

---

[1] 关于自由贸易辩论的背景，见 J. V. Nye，“The Myth of Free - Trade Britain and Fortress France：Tariffs and Trade in the Nineteenth Century”（1991）51 *Journal of Economic History* 23；M. Flandreau and O. Accominotti，“Does Bilateralism Promote Trade? Nineteenth Century Liberalization Revisited”，CEPR Discussion Paper No. 5423（2005）. 关于食品出口的意义，见 A. Nützenadel，“A Green International? FoodMarkets and Transnational Politics，c. 1850 - 1914”，in A. Nützenadel and F. Trentmann（eds.），*Food and Globalization：Consumption，Markets and Politics in the Modern World*（Berg，Oxford and New York 2008），153.

[2] 参见 *Union Syndicate's Application*［1922］39 RPC 346（就法国 UNIS 标志而言）；Report of the Imperial Economic Committee，13 PP 799［Cm 2493］（1925）（就大英帝国标志而言）。

[3] Audier，“Protection of Geographical Indications in France”，2.

[4] Jaton，*Répression des Fausses Indications*，1 - 4.

[5] L. Bendekgey and C. H. Mead，“International Protection of Appellations of Origin and Other Geographic Indications”（1992）82 TMR 765.

[6] Blakeney，“Geographical Indications and Trade”，48 - 9.

地理标志被认为是最早的区分产品的方法之一[1]，例证比如希腊的Calcide剑用来装备亚历山大的东征大军[2]，或者参考罗马时代标记“灯的制造者姓名，或者生产地的地名和城镇名”这样的做法[3]。著名的区域性产品被认为具有优越的质量，这或者是源于其自然地理优势，或者是源于当地的制造技艺。“洛克福（Roquefort）羊乳奶酪”就是这样一个例子，它得名于法国阿韦龙（Aveyron）一个小镇的名字，就是这里最早生产出了这种奶酪。文献资料表明，这个地区的奶酪在古罗马时期就为人所知，对其法律上的认可则可以追溯到1666年8月31日图卢兹议会通过的一项法律，该法律为在洛克福天然洞穴里熏制的奶酪保留了名称专有使用权[4]。购买者将这种地理名称视为质量的保证，而该地区的生产者则希望保护其商业上的声誉，这样就引发了对原产地标志真实使用加以监管的需要。这两方面的不同之处在于当涉及相应的制度设置时，这些标识系统通常是某一特定区域内同业公会组织结构的一方面特征[5]，或者被官方认可的监管机构监控[6]，这些机制强调的是这种标识的强制属性和监管层面[7]。与之形成鲜明对照的是，现代知识产权学说强调的两个关键维度是标记的自愿属性[8]和所获得权利的专有权属性[9]。

---

[1] H. Harte - Bavendamm, “Geographical Indications and Trade Marks: Harmony or Conflict?”, 1 September 1999 (WIPO/GEO/CPT/99/6), 2; M. Blakeney, “Proposals for the International Regulation of Geographical Indications” (2001) 4 JWIP 629.

[2] L. de Javier, “Appellations of Origin in the Viticultural Sector: The Vision of the Wine Producers”, November 2001 (WIPO/GEO/MVD/01/3), 3.

[3] E. Rogers, “Some Historical Matters Concerning Trade Marks” (1910) 9 *Michigan Law Review* 29, 30 - 1.

[4] L. W. Pollack, “‘Roquefort’ - An Example of Multiple Protection for a Designation of Regional Origin under the Lanham Act” (1962) 52 TMR 755.

[5] Jaton, *Répression des Fausses Indications*, 3.

[6] P. B. Hutt, “Government Regulation of the Integrity of the Food Supply” (1984) 4 *Annual Review of Nutrition* 1.

[7] 指的是同业公会标志的权益和一般监管功能，而不是对个体商贩的商品进行广告宣传。F. I. Schechter, *The Historical Foundationsof the Law Relating to Trade Marks* (Columbia University Press, New York 1925), 38 - 63.

[8] Jaton, *Répression des Fausses Indications*, 5; M. Amar, “Des Marques Collectives” [1901] *Annuaire* 112, 112 - 13.

[9] 迈克尔·斯彭斯（Michael Spence）将知识产权描述为“一种（i）可以被视为财产；（ii）控制具体用途；（iii）属于特定类型的无形资产的权利”。他阐明所有权的保护对象是法律权利，而不一定是无形资产本身。见 M. Spence, *Intellectual Property* (Oxford University Press, 2007), 12 - 16. 此外，还有一些归属于专有权的特定属性，如，在普通法传统中，专有权涉及那些（1）可以让渡的利益；（2）标的物消亡或无迹可寻时灭失；（3）在那之前，可以对不限数量的人主张权利；（4）为受保护利益提供一定程度的破产保护。见 F. H. Lawson and B. Rudden, *Law of Property*, 3rd edn, (Oxford University Press, 2002), 14.

尽管有这些先例，但更多的迹象表明，《巴黎公约》代表着对这种标志的根本性概念转变，因为货源标记条款是依据一个特定模板精心打造而成的。当代有研究资料证实，国际保护产业联盟项目的草案受到了法国的影响，法国政府传播该文本并发出参加最初巴黎会议的邀请❶。特别是，法国《1857 年法》❷ 第 19 条被认为是最初巴黎谈判期间草案第 6 条的灵感来源。该草案包含禁止来源虚假标记的建议，并最终作为第 9 条和第 10 条颁布❸。《1857 年法》确立了最早的现代商标注册制度之一，并对伪造或欺骗性使用商标的行为提供相对强有力的救济。在国内法层面，包括依据第 14 条扣押违法产品；依据第 19 条对从国外进入法国港口或者过境法国的货物，如标签不准确，可被海关扣押。尽管《1857 年法》主要涉及的是注册商标，但第 19 条也禁止对法国制造地的误导性使用❹。

《1857 年法》的立法基础是《1824 年法》，后者对误导使用商标的行为加以处罚。《1824 年法》针对的是欺诈性使用制造商的商号（贸易名称）❺ 或者生产地点（地名），从而补充《1810 年刑法典》第 423 条对欺诈的一般性处罚。法国大革命将旧制度下专制同业公会享有在先特权令人不快的余味一扫而空。但事实证明，完全没有监管也是混乱无序的，这些法律代表着重新引入某些秩序的早期尝试。依据《1824 年法》第 1 条：

> 凡以贴附、附加、删减或其他任何变化的形式在产品上标识生产者的

---

❶ Ladas, *International Protection of Industrial Property*, 61 – 8；关于构成讨论核心的项目草案文本，见巴黎文本，23，26 – 9。关于 1878 年会议的基础工作，见 J. Bozérian, *La ConventionInternationale du 20 mars* 1883 *pour la Protection de la Propriété Industrielle* (impr. De C. Pariset, Paris 1885), 6 – 8.

❷ Loi sur les Marques de Fabrique et de Commerce, du 23 Juin 1857（以下简称《1857 年法》）。转载于有关外国商标立法的报告英文译本 54 PP 585（C. 596）（1872）32 – 47.

❸ Pelletier and Vidal – Naquet, *La Convention d'Union pour la Protection de la Propriété Industrielle*, 266 (*Au point de vue des fausses indications de provenance*, *la Convention d'Union a édicté des règles qui trouvent leur origine dans l'article* 19 *de la loi française de* 1857)；L. Donzel, *Commentaire et Critique de la Convention Internationale du* 20 *Mars* 1883 (Marchal & Billard, Paris 1891), 266 – 9.

❹ 这意味着对外国地名的误导使用最初超出了第 19 条的范围。《1857 年法》同当时的其他国内法一样，区别对待本国国民和外国人可以享有的权利。它只调整错误指示法国制造商或法国原产地的商标的使用行为。关于国民待遇和对等问题的背景，见 P. Duguid, "French Connections: The International Propagation of Trade Marks in the Nineteenth Century"（2009）10 *Enterprise & Society* 3.

❺ 个人的商号通常是他自己的名字或者他所经营的企业所采用的名字。当一个标识用于商业交易但未作为商标注册，则可归类为商号，第三人未经授权使用造成损害时，受到保护。见 M. de Marafy, *Grand Dictionnaire International de la Propriété Industrielle*, Vol. 6, (Chevailier – Marescq et cie, Paris 1892), 194 – 5；D. M. Kerly, *The Law of Trade Marks*, *Trade Name and Merchandise Marks* (Sweet & Maxwell, London 1894), 392 – 3.

> 名字但并非真实的生产者姓名、厂名但并非真实的商号，或者地名但并非真实制造地的地名，应依据《刑法典》第 423 条予以处罚，无论是否因此另有必要判决损害赔偿。任何批发商、代理人或零售商，如明知公开销售或在市场中流通的货品是以这种虚假或变化的名字标识的，均应承担法律责任❶。

《1824 年法》的起草资料充分说明，正如个人的商号可以获得商业上的声誉一样，与某一特定产品相联系的地名也可以获得这种有价值的声誉❷。下议院讨论这一论述的理由时，提到了这样一个概念“*Il est des villes de fabrique dont les produits ont aussi une réputation qu'on peut appeler collective, et c'est encore une propriété*”（有些制造业城镇的产品享有的声誉可能是集体性质的，其依然是一种产权）❸。这可以用卢维埃和塞丹的著名面料来举例说明❹，制造商关注的是禁止在其他地方生产的布料上误用这些地理名称。防止虚假标记将使诚实的生产商避免蒙受信誉受损和误导买家的双重损失❺。这关乎保护某一特定区域产品集体声誉并影响该地域内所有合法生产者，这种关切在这部法律的立法过程中经常被提及。❻

这部法律从一开始实施，辨别真实原产地的过程就引发了其他重要的问题，即区分合法使用与非法使用的标准。第一，合法设立在指定地点内的生产商或制造商都有权为其产品上的地名进行广告宣传，特别是那些因某些特定商品而闻名的地点，如葡萄酒商品上的香槟或波尔多。第二，尽管是集体利害关系人，每个生产商依然有权以其个人身份介入对本区域外生产商虚假使用该地名的诉讼中，因为这种集体性的商誉并未以一种法律认可的形式而存在❼。第三，地名无须在地图上完全对应着行政区划的正式名称。它可以是葡萄园或葡萄酒产区的名称，如庄园、酒庄❽。第四，对于分散在不同地点制造的产品，

---

❶ The translation is by Coddington, *Digest of the law of Trademarks*, 380 -1.

❷ Reproduced in the Appendix to E. Pouillet, *traité des Marques de Fabrique et de la Concurrence Déloyale en tous Genres*, 2nd edn, (Marchal & Billard, Paris 1883), 805 -17.

❸ 同上，805 -6.

❹ 关于立法记录中提到的奢侈品羊毛和亚麻集中在 Sedan、Louviers 和 Elbeuf 等法国城镇交易的历史，见 W. M. Reddy, *The Rise of Market Culture: The Textile Trade and French Society*, 1750 -1900 (Cambridge University Press, 1984). 大约在两个世纪的时间里，昂贵的塞丹呢绒是欧洲贵族和高级官员的首选面料。

❺ Pouillet, *Traité des Marques de Fabrique*, 806.

❻ 同上，808 -9，812 -13.

❼ Calmels, *De la Propriété et de la Contrefaçon*, 265 -6.

❽ Pouillet, *Traité des Marques de Fabrique*, 386 -7.

如何确定真正的原产地呢？虽然这最终是一个有待法庭裁决的事实问题，但法国司法部门最初在涉及葡萄酒生产的纠纷中举步维艰。原产地应该被定义为葡萄收获的地方，还是葡萄被压榨、发酵并最终生产的地方呢？每个地方都被认为是生产创造过程中的一个重要方面❶。第五，某些情况证明，通过划定一个城镇或地区来界定生产者的外部边界也是有争议的。例如就有关于中世纪的城墙是否应成为官方界限的讨论，而随着时间的推移，城镇的规模已经超出了这些中世纪城墙的范围。这依然是一个需要依据具体案情裁定的事实问题❷，但研究应聚焦于这些界限不明的区域出产的产品与核心产区产品是否采用了相同的制造技术、具有相同的质量，而这些制造技术和质量决定了核心产区产品的声誉，或者这些区域的产品是否已经在长期实践中得到认可❸。后两种情况的外部边界其实是可以明确的：如果其使用容易在消费者头脑中造成误导性印象，则不可容忍。这些原则，尽管是在管控欺诈的刑法背景下发展起来的，但也可以用于围绕地域性产品集体声誉设定和管理地域边界❹。评论家们因此认为《巴黎公约》中的货源标记借鉴了法国既存的国内立法，并确认了货源标记的声誉这一核心❺。

回顾1880年巴黎会议的初期，有迹象表明保护生产者商业声誉的利益是一个独立的问题。草案第6条同时提到了商标和货源标记，表明对这两者的滥用引发了类似的关切：

> 任何产品不正当地使用了一个联盟成员方生产商或贸易商的商标或者该国的货源标记，除过境运输和仓储外，将被禁止进入所有其他缔约国，

❶ Pouillet, *Traité des Marques de Fabrique*, 389 -90.

❷ Marafy, *Grand Dictionnaire International*, Vol. 6, 2.

❸ Pouillet, *Traité des Marques de Fabrique*, 388 -9.

❹ A -J. Gastambide, *Traité Théorique et Pratique des Contrefaçons en Tous Genres* (Legrand et Descauriet, Paris 1837), 458 (*En effet, la provenance des marchandises n'est pas chose indifférente dans le commerce. Telle localité est renommée pour ses draps, telle autre pour sa coutellerie, etc.; cette bonne réputation est la propriété de la ville ou de la contrée qui a su l'acquérir, elle est la propriété de tous les fabricans établis dans celle contrée ou dans cette ville*)（其实，货物的原产地在贸易中不是一个无所谓的问题。某些地方因其布匹而闻名，某些地方因其刀剪产品而闻名；这种良好的声誉是懂得开发该产品的城镇或地区的财产，也是该城镇或地区所有生产者的财产）。

❺ Bozérian, *La Convention Internationale*, 44 -6. Bozérian 在 1880 年会议上当选为主席，并且是审议的积极参与者。他承认尽管草案的第 6 条是以《1857 年法》的第 19 条为基础，但由于会议中遭到反对，最终的第 10 条走得还不够远。另见 Donzel, *Commentaire et Critique de la Convention Internationale*, 48 -9, 268 -9; Pelletier and Vidal -Naquet, *La Convention d'Union pour la Protection de la Propriété Industrielle*, 258 -67.

如有必要，可通过法律程序予以扣押❶。

世界知识产权组织的翻译将“货源标记”（indications of source）等同于“原产地标志”（indications de provenance）❷，但这并未准确传达“原产地”（provenance）的本质概念。拉达斯认为，英语中“来源”（source）没有体现出法语中“原产地”（provenance）地理来源的全面含义❸。“原产地”（origin）的含义有所消减，仅简单地指向产品的地理来源，而“原产地标志”（indications de provenance）还传递着一个地点传统上就与某一特定产品联系在一起的感觉❹。由于这一区别最终显现为难以确定的细微差别，后续谈判对此不了了之，并将“原产地”（origin）等同于“原产地”（provenance）以克服翻译上的困难❺。

对声誉保护的更多直接支持，可以在1880年会议关于草案第6条的讨论中看到。匈牙利代表对将来源虚假标记纳入草案提出质疑，认为这个问题纳入刑法更好，而不是工业产权❻。葡萄牙代表则回应认为，保留这一条款是必要的，因为地理标志误导使用特别有害，将导致广泛的伪造行为❼。必然的后果将会使得地域性声誉成为对不诚信交易者来说颇有吸引力的目标，从而不公平地损害合法交易者的利益，正如法国代表所举的著名区域性产品的例子，如香槟，这种情况已经发生❽。著名的地理来源标志在国际贸易中特别容易受到损

---

❶ 巴黎文本，27（*Tout produit portant illicitement soit la marque d'un fabricant ou d'un commerçant établi dans l'un des pays de l'Union, soit une indication de provenance dudit pays, sera prohibé à l'entrée dans tous les autres Etats contractants, exclu du transit et de l'entrepôt, et pourra être l'objet d'une saisie suivie, s'il y a lieu, d'une action en justice*).

❷ 对《巴黎公约》历年不同版本的翻译，见WIPO, *The Paris Convention for the Protection of Industrial Property From* 1883－1983 (WIPO, Geneva 1983), 215－23, [以下简称《巴黎公约》(1883—1983)].

❸ S. P. Ladas, *Patents, Trademarks and Related Rights: National and International Protection* (Harvard University Press, Cambridge MA 1975), 1574.

❹ L. Berard and P. Marchenay, *From Localized Products to Geographical Indications: Awareness and Action* (Centre national de la recherche scientifique, Bourg－en－Bresse 2008), 10 (Provenance implies "to issue from a place", while for source it is merely "to be from a place").

❺ 海牙文本，535；里斯本文本，796.

❻ 巴黎文本，64.

❼ 同上，65.

❽ 同上，(*Il y a des contrefacteurs qui vendent a l'étranger du vin qualifie de Champagne, par exemple, et qui mettent sur les bouteilles, pour mieux tromper l'acheteur: M. Martin, négociant, à Reims. Or, il n'y a pas à Reims de marchand de vin de Champagne du nom de Martin. De telle sorte que la fraude demeurerait impunie, si l'on ne pouvait pas faire saisir les bouteilles comme portant une fausse indication de provenance*)（有一些造假者在国外卖所谓的“香槟”酒，例如，他们在酒瓶写上“Martin先生，来自兰斯的批发商”来欺骗买家。然而，在兰斯并没有名为Martin的香槟商。因此，如果这些瓶子不会因带有虚假的原产地标识而被扣押，那么欺诈行为就不会受到惩罚）。

害，这可以由生产者们渴望掌握保护其利益的法律手段得以印证❶。如果外部竞争对手把其产品虚假描述为它们并非本来的样子，则将对诚信生产商的销售和声誉造成损害。马克·麦肯纳（Mark McKenna）在回顾早期普通法权威意见时提醒我们，当时确立的不正当竞争概念是将合法生产商的利益置于核心地位，并将消费者保护作为一种限制手段，以帮助界定哪些情况下的竞争行为是不正当的❷。因此，这一时期的法律只是捎带着涉及消费者保护。

尽管货源标记与消费者保护更相关这一论点在后续的修订会议上确实会被偶尔重提❸，这种转变强调的是通过防止欺诈来保护与声誉相关的无形价值这样相互交织的逻辑，并在商标法的演变中得到了共鸣。对照英国的经验，布拉德·谢尔曼（Brad Sherman）和莱昂内尔·本特利（Lionel Bently）曾经指出，对将商标纳入知识产权规范的主要反对意见是，专利和著作权关心的是无形人工产物的创造和保护，而商标只是旨在防止欺诈，更类似于刑法对伪造和欺诈的防范❹。商标所象征的商誉基础逐渐被视为无形资产的标的❺，并且，在英国，将其列为财产的动力源自获得禁令救济的需要❻。

结果就是人们认为货源标记和商标有着类似的获得保护的理由。《国际工业产权保护协会（AIPPI）年鉴（1897）》第一卷包含了对货源标记立法的比较调查。其所确定的目标是保护本国消费者免受关于商品性质和质量的欺骗，保护以该产品闻名的区域内的所有生产者，以及保护国内产业和诚信的外国生

❶ 巴黎文本，63（依据葡萄牙代表：“*De plus, elle pourra rendre des services importants en prévenant ceux dont les produits seront contrefaits; en un mot, elle aidera celui qui aura la volonté de défendre ses intérêts*”）（此外，地理来源标志将对防止假冒产品提供重要帮助，总之，可以帮助那些有意愿捍卫自己利益的人）。

❷ M. P. McKenna, “The Normative Foundations of Trade Mark Law”（2007）82 *Notre Dame Law Review* 1839. 这一逻辑推理随后也将在《马德里协定》的框架内阐明，见里斯本文本，792。

❸ Conférence Internationale de l’Union pour la Protection de la Propriété Industrielle（Imprimerie Héritiers Botta, Rome 1886）, 118 – 19, 125（以下简称罗马会议）（意大利代表认为这是消费者保护的问题，刑法将防范这种不诚信行为）；Procès – Verbaux de la Conférence de Madrid de 1890 de l’Union pour la Protection de la Propriété Industrielle（Impr. Jent et Reinert, Berne 1892）, 84 – 5（以下简称马德里文本）（同样，反对拟议中《马德里协定》的理由也很充分）。

❹ B. Sherman and L. Bently, *The Making of Modern Intellectual Property Law: The British Experience, 1760 – 1911*（Cambridge University Press, 1999）, 167 – 72. 另见 E. Lloyd, “On the Law of Trade Marks: Nature of the Right to Use a Trade Mark（I）”（1860 – 1）5 *Solicitor’s Journal and Reporter* 486, 486 – 7.

❺ 帕克（Parker）勋爵的观点倾向于认为产权是基于商誉而非基于标识或商业外观本身，这一观点被认为是权威的。见 *Spalding & Brothers v. A. W. Gamage Ltd*［1915］32 RPC 273, 284（HL）.

❻ Sherman and Bently, *The Making of Modern Intellectual Property Law*, 196 – 9. 另见 L. Bently, “From Communication to Thing: Historical Aspects of the Conceptualisation of Trade Marks as Property”, in G. Dinwoodie and M. Janis（eds.）, *Trade Mark Law and Theory: A Handbook of Contemporary Research*（Edward Elgar, Cheltenham 2008）, 3.

产者不受外国骗子的欺骗❶。1898 年，菲利普·杜南特（Philippe Dunant）指出，盗用著名的原产地标志是无良商人青睐的一种手段，其方式类似于对商标的误导性使用。但一个关键的不同之处在于清晰界定的私权不能借用到这些情况中，而只能诉诸于一般的侵权行为或不法行为❷，焦点是被告的非法行为本身。类似地，若阿尼·佩伊（Joanny Pey）主张当一个城市、地区或国家的产品集体性地获得了声誉，法律就应当通过授予其所有权来保护这种声誉❸。1907 年，一位评论家甚至指出，一旦在商业中使用商标的基础形成了，对原产地地理标志（geographical indications of source）就没必要有任何补充意见了❹。规范了它们的使用，就可以既保护依赖它们如实指示来源和质量的消费者，也保护合法厂商，否则他们就会由于不正当竞争遭受消费者流失❺。因此，到了 19 世纪末，货源标记同商号一起被列入注册名称保护的概念范畴❻。正如拉达斯所指出的：

> 商标只是区分不同厂商的商品的一种手段，并且通常是保护其中具有优势地位商业关系的一种手段。厂商的商号、产品的原产地标志或者任何其他具有显著性的标记，也可以实现这一目的❼。

拉达斯阐明了这种保护的性质，即“该地所有生产商、制造商或贸易商使用该地名的共同权利，以及这些人排除他人使用相同地名的权利”❽。

我们已经考察了《巴黎公约》在保护集体性声誉的基础上将货源标记纳入其中的依据，再思考当时它为什么会被排除在注册商标保护之外也是有益的，尽管它与商标在传播功能与无形利益属性上有着明显的相近之处。货源标记与标准的商标有两方面显著的不同：（1）它的可用性和由来自指定地点生产者使用都体现了集体利益；（2）依其定义，它涉及地理符号的使用，这会

---

❶ J. F. Iselin，“Des Indications de Provenance”［1897］*Annuaire* 266，279.

❷ P. Dunant，*Traité des Marques de Fabrique et de Commerce*，*des Indications de Provenance et des Mentions de Récompenses Industrielles en Suisse*，*Comprenant l'Étude du Droit Comparé et du Droit International*（Ch. Eggimann，Geneva 1898），443.

❸ J. Pey，“Protection des Marques Communales，Regionales，Nationales”［1901］*Annuaire* 119.

❹ L. di Franco，*Le Indicazioni di Provenienza dei Prodotti*（Cavotta，Naples 1907），31 – 2.

❺ 同上，13 – 14.

❻ Donzel，*Commentaire et Critique de la Convention Internationale*，48 – 9；G. D. Cushing，“On Certain Cases Analogous to Trade Marks”（1891）4 *Harvard Law Review* 321，325 – 6；P. Roubier，*Le Droit de la Propriété Industrielle*，Vol. 2（Editions du Recueil Sirey，Paris 1954），487，753.

❼ Ladas，*Patents*，*Trademarks and Related Rights*，36.

❽ 同上，658.

被初步认定为具有描述性，因此，依据国际公认的规则，不是商标注册的适格对象。这两方面的每一方面都使得这种符号实际上无法作为普通商标获得注册。

早期的商标注册制度，包括英国[1]、美国[2]以及（要求更严格的）法国[3]的制度，都禁止地理词汇本身的注册。在19世纪末，美国专利局助理局长亚瑟·格里利（Arthur Greeley）的文章里很肯定地声称，指示来源地的名称只在极少数国家能作为商标获得注册，这是一项被普遍接受的原则，因为任何人都有权在其生产或销售的商品上标明商品生产地的地名。[4] 符号的地理属性反过来又是集体性利益的原因之一。如果某一商人排他使用是一个符号具有了显著性并因此被认为具有注册保护价值的前提，向集体使用者的转移是怎么被纳入商标注册制度的呢？商标理论，如获得显著性或第二含义，使相关公众明白描述性词汇已可指向特定商品的特定来源，对地理符号问题不会有任何帮助，因为它一开始就有众多使用者。还有一种与将来其他合法生产者可以使用地理符号相抗衡的利益。"像'宾夕法尼亚小麦''弗吉尼亚烟叶'或者'海岛棉'这样的词组能被作为商标保护吗？任何人可以阻止其他所有人使用这些词汇吗？或者阻止他人销售这些名称所描述地区出产的货品吗？这将严重阻碍贸易，并且保护的是个人对众人公共权利的独占权"[5]。格里利总结认为，"商品来源地的名称在绝大多数国家不能作为商标注册，因为其具有描述性，并且是一种他人可以合法使用的标志"[6]。这一排斥原则可以在《巴黎公约》第6条之五（B）找到，该条款规定商标"缺乏显著性，或仅由交易中指示商品品种、质量、数量、功能、价值、原产地的符号或标识构成的"（着重点为作者所加），可被拒绝注册或宣告无效。因此，回顾货源标记的历史是有益的，它对各种迥然不同规范来源地标记的制度机制作出了说明，并且揭示出了集体形成的声誉是宝贵的无形资产，应成为工业产权的保护对象，确认了将其作为商

---

[1] 见 s. 10 of the Patents, Designs and Trade Marks Act 1888, 51 and 52 Vict, ch. 50. 该条款将地名严格地排除在可注册范围外，无论相关公众如何理解该地名。

[2] R. Brauneis and R. E. Schechter, "Geographic Trade Marks and the Protection of Competitor Communication" (2006) 96 TMR 782, 783（依据1905年商标法的权威解释，包含地名的品牌名称不可注册为商标，无论该地多么遥远或不知名，理由是所有地名对所有竞争者都应该是可用的）。

[3] Pouillet, *Traité des Marques de Fabrique*, 76－7. 地理标记可以被个人以修改了的形式或作为一个更复杂标志的一部分主张权利，只要该简单地理标记属于公有领域他人可用。

[4] A. P. Greeley, *Foreign Patent and Trade Mark Laws: A Comparative Study* (John Byrne & Co, Washington DC 1899), 134.

[5] *Delaware and Hudson Canal Company v. Clark* 80 US 311, 324 (1871).

[6] Greeley, *Foreign Patent and Trade Mark Laws*, 160.

标的一个独特类别的概念性和实用性理由。

2.2 保护范围：第9条和第10条

前文我们已经明确了货源标记的作用是不言而喻的。它不仅传达关于原产地的信息，而且还传递着基于原产地质量的某些著名的地域性产品，如波尔多葡萄酒或者谢菲尔德餐具的声誉信息。为保护这一声誉，《巴黎公约》最初采取的方式是将这一地理名词的使用保留给那些位于该地区的厂商，并且严格禁止外部竞争者使用。但事实证明这种模式并不成功，公约提供的只是一种普通水平的保护。这样的保护标准，众多其他规范标签的法律制度均可满足，并且原则上这些制度在大多数法域都可以适用。尽管如此，即使达到第10条这样温和的保护水平，也需要持续不断的努力，而第10条从一开始围绕地理标志保护就存在争议。

追溯这些围绕保护范围的争论，可以说明本领域当初奠定基础时所暴露出来的裂痕和分歧。《巴黎公约》目前依据下列条款禁止对来源虚假标记：

> 第10条
>
> (1) 直接或间接使用虚假的商品货源标记或者生产者、制造者或经销商身份标识的，适用本法［第9条］的规定。
>
> (2) 任何生产者、制造者或经销商，无论其为自然人或法人，只要从事该商品的生产、制造或贸易，且其营业所位于被虚假标记的商品来源地，或位于该地所在的地区，或位于被虚假标记的国家，或位于使用该虚假货源标记的国家，在任何情况下均应被视为利害关系人。

这里引用第9条是因为它概括了商标和商号侵权的可能救济。依据第9条的现行条文，使用了虚假货源标记的商品，必须（1）进口时予以扣押；（2）在粘附虚假标记的国家予以扣押；（3）经海关放行的，在进口国境内扣押；（4）禁止进口；或者（5）受其本国法律在此情况下对本国国民可以采取的其他诉讼和救济手段管制[1]。然而，通过本联盟国家过境的货物不受本公约

---

[1] 第9条规定：（1）凡非法标有商标或商号的商品，在进口到该商标或商号有权受到法律保护的本联盟国家时，应予以扣押；（2）在非法粘附上述标记的国家或商品进口国，扣押应同样予以执行；（3）扣押应依检察官或其他主管机关或利害关系人（无论为自然人或法人）的请求，按照各国国内法进行；（4）主管机关对于过境商品没有执行扣押的义务；（5）如果一国法律不准许在进口时扣押，应代之以禁止进口或在国内扣押；（6）如果一国法律既不准许在进口时扣押，也不准许禁止进口或在国内扣押，则在法律作出相应修改以前，应代之以该国国民在此种情况下按该国法律可以采取的诉讼和救济手段。

义务的影响。关于谁可以启动程序的问题，扣押应依检察官或其他主管机关或利害关系人的请求进行（第 9 条第（3）款）。如上所述，第 10 条第（2）款对利害关系人的定义包括来自虚假标示地的相关商品合法生产者、制造者或经销商。由于地理名称的利益是集体性的❶，第 10 条之三允许代表生产者利益的联盟或协会提起诉讼，只要这些联盟或协会受本联盟国家法律的认可，并且这种集体性的诉讼为其国内法所允许❷。

对于第 10 条，一个关键的问题是什么情况下对一个货源标记的使用会被认为是虚假的。拉达斯（Ladas）提出了一个两步测试法❸。第一步，产品上假定的地理符号是否会被相关公众❹确实理解为地理来源的标志。第二步，简单测试这些产品是否确实来自所标示的地方。评估一个词汇的地理含义“完全取决于公众的理解和提供保护的国家的法律解释。正是这些决定了一个地理标志是受保护的货源标记，还是不受限制的通用名称或者臆想名称”❺。如果消费者的预期在某种意义上发生了背离，就将触发禁令。假如消费者确实希望产品来自所指的地方，那么就可以通过这个简单的两步测试法来判定真假。如果产品确实不是来源于那里，则测试完成❻。美国一份关于苏格兰威士忌的判决，直接引用了第 10 条，就是一个例证❼。被告来自巴拿马，生产销售“调和苏格兰威士忌”，一种苏格兰麦芽酒与本地产烈酒的混合物。地方法院裁定这违反了美国商标法和《巴黎公约》的相关规定，因为这是一个暗示了整个产品都源自苏格兰的虚假标识。

---

❶ Bodenhausen, *Guide to the Application of the Paris Convention*, 140（这些情况的困难之处在于地理标志通常不是个人所有的，因此，与商标的普遍情况相反……没有一个权利所有人或其他明显适格的人可以去反对虚假地理标志的使用）。

❷ 这很重要，因为一般原则是要以原告证明一项法律承认的利益受到威胁作为前提。而对于有代表性的行业协会来说，在此基础上确立诉讼主体资格是困难的，因为它并不实际销售任何产品。

❸ Ladas, *Patents, Trademarks and Related Rights*, 1581.

❹ 有一些将这一“公众”概念具体化的尝试。见，如 WIPO Director General's Memorandum,“Basic Proposals – Supplement to PR/DC/3”, 30 August 1979（PR/DC/4）, [37]（误导必须是“公众”意义上的误导，在此情况下，“公众”指的是普通消费者，即考虑购买行为或者购买某一商品的人，其具有一般的地理知识，并且对于该商品与特定国家的可能联系施以一般的注意力）。

❺ R. Knaak,“The Protection of Geographical Indications According to the TRIPS Agreement”, in F – K Beier and G Schricker（eds.）, *From GATT to TRIPS – The Agreement on Trade – Related Aspects of Intellectual Property Rights* IIC Studies, Vol. 18,（Weinheim, New York 1996）, 117, 120.

❻ L. Baeumer,“Protection of Geographical Indications under WIPO Treaties and Questions Concerning the Relationship between those Treaties and the TRIPS Agreement”, October 1997（WIPO/GEO/EGR/97/1 Rev）, [24]（关于“虚假标识”一词，是一种不符合事实的标识，即标示产品的地理区域但产品并非来源于该区域）。

❼ *Scotch Whisky Association v. Barton Distilling Company* 489 F 2d 809（7th Cir. 1973）.

此外，如果一个标识保留其地理内涵，一般消费者保护法、侵权法或审查标签标准的行政制度，即旨在防止不正当竞争且往往间接涉及知识产权保护的法律制度，也将禁止这种意义上的使用❶。在一个“香槟”被用于从法国以外他国进口的葡萄酒的广告案件中，法国香槟生产商未能成功地援引澳大利亚《1974年公平交易法》第52条。因为“香槟”在澳大利亚被认为已经通用化，而非地理来源标志，这种使用行为既不误导也不具有欺骗性❷。与之形成鲜明对比的是，新西兰裁定认为澳大利亚生产商使用“香槟”的行为违反了《1986年公平交易法》第9条，这可真应该开香槟庆祝了❸。该判决禁止误导或欺骗行为，且本案中关于仿冒❹的论证也证实确已存在误导使用。因此，货源标记保护的形式和程序因某一法域可以适用的保护模式而异。其效力最终取决于争议发生国对该名称的语义上的认识。它是否会被理解为指示了所述产品的原产地？如果没有，权利受到侵害的生产商团体就得不到救济，即使他们认为自己的声誉正在以其他方式被盗用或误用。

考虑到这些限制，当前版本的第10条看起来令地理标志的支持者们有些失望。为更充分地认识第10条所代表的成就，我们必须还原历次修订，研究1883年版本的本来面目。如前所述，草案第6条貌似严格禁止对货源标记的任何非法使用，但是，什么情况下地理词汇的使用会被认为是非法的呢？对地理标志保护的支持者们来说，任何“字面上虚假”使用地理名称都被推定是禁止的。这条可明确适用的规则成为国际货源标记强保护支持者们的终极目标❺。它可被解析如下：

（1）产品使用了地理来源标志“X”；

（2）但事实上并非在“X”生产；

（3）这种使用就应被严格禁止。

这里的“字面上虚假”用词不当，因为目标本来是为那些位于“X”的厂

---

❶ 见“Laws Focusing on Business Practises”, in WTO, “Review under Article 24.2 of the Application of the Provisions of the Section of the TRIPS Agreement on Geographical Indications”, 24 November 2003 (IP/C/W/253/Rev.1), 6-9.

❷ *Comité Interprofessionnel Du Vin De Champagne v. N. L. Burton Pty Ltd* [1981] 38 ALR 664 (FCA).

❸ *Wineworths Group Ltd v. Comité Interprofessionnelle du Vin de Champagne* (1991) 23 IPR 435 (CA NZ).

❹ 普通法仿冒之诉的典型非法行为是“一个人假借他人之名销售自己的商品”。*Perry v. Truefitt* (1842) 6 Beav 66, 73 (Lord Langdale, MR). 在 *Wineworths* 案中，误导使用是暗示澳大利亚和法国的香槟在质量上没有区别，使其成为扩展的仿冒之诉的一员。

❺ 见，如海牙文本，471（法国建议一个词汇若在其所属国不是通用词汇则应适用该规则）；WIPO, “Report Adopted by the Committee of Experts”, 15 November 1974 (TAO/I/8), [35].

商保留使用地理来源标志的权利，而不论任何特定的受众实际上是怎么理解该标识的使用的。经过一个多世纪的国际谈判，TRIPS 第 23 条才最终实现了这一目标，这将在本书第二部分详述。这种方法被证明令人难以接受，这并不奇怪，因为相较于一个符号是被怎么感知的，它对仅在地图上的存在给予了过分的重视。早期对抗这种形式主义方法的案例是金属制品上的“Magnolia”商标申请案，该案中英国商标法将地理词汇的注册排除在外❶。据证实一个美国的相当不知名的小镇名为“Magnolia”，上诉法院面临的核心问题就是确定鉴别地理术语的标准。如果该商标的主要含义对（英国）目标受众来说并非地理意义上的含义，则可以被注册。在 1880 年的巴黎会议上也出现了类似的关切，辩论的焦点是保护范围是否应该是假定的，有待根据争议中标识所传达的意义来确定。

1880 年 11 月 10 日，瑞典代表颇有远见地指出，对货源标记的保护是一个“微妙”的问题。关于瑞典与英国之间使用“兰开夏”（Lancashire）一词的争议，瑞典认为它对一种特殊工艺生产的金属来说是通用词汇。要解决这一问题，可以在金属上在“兰开夏”后附加“瑞典”，以表明它是通用意义上而非地理意义上的使用❷。这就引发了通用性使用是否属于非法使用的问题。欧洲联盟法院（ECJ）以下述方式描述了这一语义转变的过程：

> ［一个］地理标识很可能随着时间推移并通过使用变成通用名称，消费者不再将其视为产品地理来源的标志，而是仅将其视为某一特定品种产品的标志。这种意义上的转变发生在例如“卡门贝尔奶酪”（Camembert）和“布里奶酪”（Brie）的命名上❸。

这里讨论的符号不再具有原产地意义上的显著性，而是指产品的同一种类。因此，如果保护货源标记的基础是其传递产品原产地信息的能力，那么通用化使用对这种能力是致命的。通用化的状态持续激烈地被争论，形成《巴黎公约》的谈判当时就是有争议的。挪威代表认为“香槟”是一个生产过程的通用词汇，类似于科隆（Cologne）香水（古龙水）❹，而会议主席澄清说草案第 6 条的目的是限制虚假（即误导）并因此为非法的标识（*l'indication*

---

❶ *In Re Magnolia Metal Company's Trade – Marks*［1897］2 Ch 371（CA）.

❷ 巴黎文本，85.

❸ *Commission of the European Communities v. Federal Republic of Germany*（C – 132/05）［2008］ECR – I 957；［2008］ETMR 32，［36］（Parmesan）.

❹ 巴黎文本，86.

mensongère de provenance, *et dans le mot illicitement*)，而不是阻止通用标识的使用，如俄罗斯皮革、乌得勒支（Utrecht）天鹅绒或科隆香水（古龙水）这些公有领域的通用描述❶。除了原地理术语的通用化使用之外，瑞士代表指出，贸易商不准确使用地名积习难改，导致任何这种法律禁令的实际可执行性打了问号❷。比利时代表对紧张对峙的两种对立观点都做出了妥协，既承认拟议条款的道德分量，又谴责这种字面上的虚假使用，但也表示，根深蒂固的贸易惯例惯性太大，难以遏制❸。在此期间，有证据表明，允许国内行业游说团体随意使用（loose usage）外国地理词汇的利益，可能被认为与保护消费者在诚实标记上的利益同样重要❹。最终，有意见坚决反对草案第 6 条强制禁止进入一国的规定，特别是因为海关当局将成为决定一个货源标记是否为虚假的仲裁者。荷兰和意大利的代表关注的是执行机制，特别是没有任何关于侵权的司法裁决情况下的执行机制，而俄罗斯代表对海关官员要核查标识合法性的额外负担表示关切❺。瑞士、土耳其和委内瑞拉的代表❻也担心对过境货物可能因这些理由而滞留，这可能会影响他们的运输服务行业。这支持了本书的论点，即尽管文献资料突出的是学说意义上的发展，但国际地理标志保护从一开始就是在更广阔的国际贸易关系网络内进行谈判的。

基于这些担忧，形成了一个适用要求很高的禁用条款。第 10 条的原始官方文本如下：

> 第 9 条适用于虚假使用特定地点的名称作为货源标记且该标识与虚构的商号相结合或其使用具有欺诈意图的任何商品。（着重点为作者所加）

---

❶ 巴黎文本，88.

❷ 同上，84－5.

❸ 同上，88（*Trouve la disposition très morale*, *mais bien difficile à mettre en pratique. Il faut*, *en effet*, *reconnaître qu'un nombre considérable de produits portent une indication mensongère de lieu de provenance. Il considère qu'il est dangereux de vouloir entrer en lutte avec des habitudes*, *des usages*, *certainement mauvais et blâmables*, *mais absolument invétères*, *et qu'en agissant ainsi*, *on compromettrait le succès de la Convention*, *car il n'y a aucun Gouvernement qui puisse s'engager sérieusement à exécuter les dispositions de l'article* 6）（认为该条款是合乎道德的，但很难付诸实施。因此，我们必须认识到，相当多的产品都带有虚假的来源地标识。他认为想要和风俗习惯进行斗争是很危险的，这些风俗习惯诚然不道德且可耻，却已根深蒂固，如果执行该条款，会影响到《公约》的成功履行，因为没有一个政府能够认真承诺执行第 6 条的规定）。

❹ 见 Ladas, *Patents*, *Trademarks and Related Rights*, 40; T. Trinchieri, "Moyens d'Obtenir de Nouvelles Adhésions, Particulièrement l'Adhésion de l'Italie à l'Arrangement de Madrid sur les Fausses Indications de Provenance"［1902］*Annuaire* 17 被（认为是意大利反对加入马德里的基础）。

❺ 巴黎文本，79－80.

❻ 同上，81－2，82－3，87.

任何从事该商品的生产或贸易且其营业所位于被虚假标记为原产地的生产者或经营者，均应被视为利害关系人❶。

这样，它就被限制在很少见的明目张胆的复合欺诈案件中，从而使它实际上是多余的了，因为刑法或其他标签法总是可以涵盖这种情况。鉴于有人认为有必要保留“根深蒂固的贸易惯例”和通用化使用，第 10 条已成为一个谨慎的妥协方案。复合欺诈的例子如非法使用“伯纳德（Bernard），日内瓦手表制造商”，但其实既没有所谓的厂商伯纳德，手表也不是在日内瓦生产的❷。可替代虚构商号的是证明欺诈意图，这形成了一个很高的证据门槛。因此，焦点仍然是确定有没有不容置疑应受谴责的行为，而不是标识对其受众可能产生的影响。第 10 条的原始版本并不包括单独误导性使用货源标记的情况。同样，第 9 条也打了折扣，规定使用虚假标志或标识的商品在进口时“可以”被扣押，是否扣押取决于每个联盟签署国是否认为适当且在其国内法中有相关规定❸。

对第 10 条这一软弱无力版本的不满迅速浮现出来，要求修订的建议早在 1886 年罗马举行的第一次修订会议上就被提出。法国代表希望厘清第 9 条和第 10 条的关系，以便扣押（在可能的情况下）不仅限于所属国，即虚假标记的地点所在的国家，也可对任何成员方产生影响❹。比利时代表希望保证贸易商从国外订货并要求在产品上标注贸易商住所国的行为不应因欺诈意图而承担责任❺。例如，英国制造商从比利时列日（Liège）订购来福枪，但要求来福枪上标注自己的名字和营业地点❻。这两项提案再次暗示了围绕地理标志保护论争的复杂的国际贸易网和受第 10 条影响各方的不同利益。然而，令人惊讶的是，最早的实质性改革提案之一来自英国，而英国通常并不会出现在地理标志保护运动的前沿。英国提议从第 10 条中取消欺诈性商号的要求，只要求每种非法使用虚假货源标记的产品在所有缔约方进口时予以扣押❼。但有一项但书

---

❶ 原文英文译文见《巴黎公约》（1883—1983），216 页。

❷ 巴黎文本，100－2.

❸ 扣押经华盛顿会议才成为强制性的，是指国内法已经有扣押机制的，成员方有义务将其付诸实施。见 Actes de la Conférence de Washington（Bureau de l'Union，Berne 1911），302－3（以下简称华盛顿文本）。

❹ 罗马会议，12－13.

❺ 同上，91.

❻ 同上，121.

❼ 同上，92（*Tout produit portant illicitement une indication mensongère de provenance pourra être saisi à l'importation dans tous les pays contractants*）.

条款，即在争议发生国，由法院判定为通用名称的，仍可自由使用❶。

这种不寻常的热情，起源于谢菲尔德（Sheffield）刀具公司、英国外交部和英国贸易委员会1884年至1886年间的通信❷。这家刀具公司诉称法国和德国出现了虚假使用"谢菲尔德"标识的五金器具，更具体地指餐具如刀具❸。由于各种原因，包括国内法关于互惠原则的要求和形成单一国际规则的愿望，当时既有的国内保护模式被认为不足以解决这一问题。第10条原始文本中关于虚假商号的额外要求，使其对德国生产商只是在产品上标记"谢菲尔德"标识的这种情形毫无用武之地❹。刀具公司对"谢菲尔德"的欺诈性使用十分关注，派了两名代表参加罗马会议❺。因此，英国提案的背景介绍就提到了对"谢菲尔德"的欺诈性使用，并且提到了常见的当地声誉被错误牵连所遭受的双重攻击，以及对消费者的损害，消费者将基于这种声誉而被误导消费❻。英国提案中保留通用化使用的关切也被提及，因为一国国内法院保有判定一个词汇是否已通用化的权力。英国提案还公开提到了需要在《巴黎公约》的框架内认可并保护社团的权利❼。来自法国的M. 尼古拉斯也提出了这个议题，他赞同城镇制造者可以通过几个世纪的诚实辛勤劳作获得声誉，这种声誉应以类似于个体交易声誉保护的方式归属于制造者团体❽。突尼斯代表M. 佩尔蒂埃（M. Pelletier）附议赞同市镇名称保护的合法性，将他们等同于对个人名称的保护❾。因此，这就形成了一种合意，支持以货源标记为载体对集体地方性或

---

❶ 罗马会议，(*Les tribunaux de chaque pays auront a décider quelles sont les appellations, qui, a raison de leur caractère générique, échappent aux présentes dispositions*).

❷ 罗马工业产权会议相关文件；关于欺诈性使用商标的信件，60 PP 413［C. 4837］(1886)，(以下简称罗马通信)。

❸ 见餐具公司的信件及附件，概括了其向英国外交部的投诉，英国外交部又与英国贸易委员会通信，罗马通信，1－2。

❹ 因此，目标是去除虚假商号的额外要求。见1885年4月4日英国贸易委员会致英国外交部的信件，罗马通信，5。

❺ 英国贸易委员会任命专利、外观设计和商标局长亨利·里德·拉克（Henry Reader Lack）先生为英国代表。谢菲尔德刀具公司的刀具大师查尔斯·贝尔克（Charles Belk）先生和谢菲尔德商会秘书赫伯特·休斯（Herbert Hughes）先生陪同参会，协助他争取拟议的修正案。英国外交部条约司司长伯格内（Bergne）先生也参加了会议。罗马通信，14－15。

❻ 罗马会议，92－3.

❼ 同上，93（*La Convention de* 1883 *consacre les droits des individus. Consacrons dans cette Conférence des droits plus étendus, ceux des communautés, qui étant composées de plusieurs individus, sont à plus forte raison dignes d'être protégées*).

❽ 同上，117（*Cômme les fabricants, les villes, telles que Sheffield, Paris, ont aussi un nom, une réputation, acquis par des siècles de travail honnête et glorieux; ce nom appartient à la collectivité des fabricants de ces villes, il a le même droit â la protection que celui des particuliers*).

❾ 同上，118.

区域性声誉的保护。

然而，这一概念的传播推广并非没有遇到异议。意大利代表蒙兹利（M. Monzilli）认为这些修正案与保护工业产权无关。一方面，加强对原产地标记的限制可能会增强保护主义，并实施利于民族工业产品的狭隘地方主义保护计划，因为所有的地理来源标志都将会受到保护，而不仅仅只是那些有名的才受保护。他质疑为什么谢菲尔德的帽子或巴黎的纽扣等相对不知名的东西需要被纳入这项旨在保护集体性声誉的提案的范围。他质疑的第二点是这些规则旨在保护消费者，但保护消费者利益本身并不能证明将它们纳入工业产权公约是合理的❶。这种欺诈行为被认为是犯罪行为，那最好适用刑法来处理❷。尽管有来自意大利的反对意见，最终修正案还是得以通过❸，但收效甚微，因为在罗马会议上签署的法案后续并未得到联盟国家的批准❹。然而，为此问题的这些前期工作并没有完全浪费。下一节，我们将看到这一提案最终促成了《马德里协定》的形成，但是，第 10 条本身保持不变，仍因其范围有限而受到批评❺。

直到 1958 年里斯本会议上才出现了重大变化，保护知识产权联合国际局（BIRPI）提议在第 10 条禁止“任何直接或间接使用虚假或误导性原产地标识的产品”的进口❻。误导但并非严格意义上虚假的使用包括在密歇根米兰生产的时尚衬衫上突出提及“米兰”❼。由于南非有疑虑，提出异议认为“误导”是一种模糊的标准且各国法院适用标准不同，因此这项提案未能获得通过❽。然而，还是取得了一些进展：（1）禁止的不仅包括直接使用虚假标识，还包括间接使用虚假标识；（2）“虚构的或欺诈性的商号”这一附加要求终于被取消。关于直接使用虚假标识的例证，请读者考虑“巴黎”一词对在法国首都以外生产的香水是多么具有吸引力。位于布鲁塞尔的香水生产商，即便曾在法国居住多年，也会被剥夺在其商号中使用“巴黎”一词的权利，因为这将被

❶ 罗马会议，116 - 7.

❷ 同上，119.

❸ 同上，120 - 1.

❹ Ladas, *Patents*, *Trademarks and Related Rights*, 74 - 5.

❺ 这种限制是很明显的：扣押不是强制的而只是可选的；禁止只限于特定地点的名称，且这一虚假货源标记需要与一个虚构的商号相结合或者其使用具有欺诈意图；并且仅适用于出现在产品本身上的标识。WIPO, “Present Situation and Possible New Solutions”, 28 June 1974（TAO/I/2），[14] - [22].

❻ 里斯本文本，777 - 9.

❼ WIPO, “The Need for a New Treaty and its Possible Contents”, [13]（两个“不同国家有两个地区的名称相同，但只有其中一个地区因其特定产品而在国际上知名”的情况，即误导性使用，但并非字面意义上虚假的使用）。

❽ 里斯本文本，788.

解读为对一个以香水闻名的城市名称的误导性使用❶。在巴西工业产权部1966年12月6日关于“Principe de Paris”案的判决和苏黎世州最高法院1949年5月26日的判决中，均认为“巴黎”被其他地方的人使用，令人极其反感❷。在美国，香水上的“巴黎女仆”被认为具有地理欺骗性，因此不适合作为商标，因为这将对消费者的购买决定产生实质影响❸。相反，间接使用虚假标识虽仍然要求目标受众将该符号视为地理标识（而非臆想性词汇或通用词汇），但包含暗示意味的符号范围则更广。贝尔（Beier）教授依据德国判例法举了几个例子，如将科隆大教堂的形象使用在来自科隆以外的商品上，将英国的盾徽或外国的国旗使用在德国生产的商品上，以及将斯拉夫字母使用在并非俄罗斯生产的伏特加上❹。

因此，第10条的范围可以概括重述如下：不再要求以欺诈性商号的额外要求为触发点，(1) 系争标识（无论文字还是图形、直接还是间接）必须被相关消费者理解为指示了产品的地理来源；(2) 产品实际上并非来源于那个地区。保持真实商业信息传播的愿望仍然是这种保护的核心。即使是这样温和的保护，也要付出艰苦的努力才能取得，这提醒我们，标志的地理信息只是或有事项，其被认为对于贸易利益的重要性对谈判代表来说才是利害攸关的。在地理来源标志保护的早期辩论中，争议并不令人陌生。

2.3 有无其他的可能性

《巴黎公约》还包括另外两个版本的条款，引发了关于地理来源标识保护的讨论，但随后被边缘化❺。它禁止不正当竞争行为，并要求所有成员方在注册商标保护范围内接受集体商标保护。这些条款值得参考，因为本书试图挑战的观点是，当代地理标志保护，作为知识产权法中的一种独特保护模式，有其本质或天然的形式。对替代性选择的早期试验也值得回顾，因为每一种选择都

---

❶ *Paris Perfume* [1963] *Industrial Property* 225 (Brussels CA, 17 November 1961).

❷ Cited by A. Devletian, “The Protection of Appellations of Origin and Indications of Source” (1968) *Industrial Property* 107, 114 – 15.

❸ *In re Richemond* 131 USPQ 441 (TTAB 1961).

❹ F – K. Beier, “The Protection of Indications of Geographical Origin in the Federal Republic of Germany”, in H. C. Jehoram (ed.), *Protection of Geographic Denominations of Goods and Services* (Sijthoff & Noordhoff, Netherlands 1980), 11, 28.

❺ 第三种可能性是第6条之三，其目的是保护《巴黎公约》签署国的徽章、旗帜和其他国家标志以及表明控制和保证的官方标志和印记。由于有表明控制和保证的国家印记和官方标志的注册制度，似乎并没有太多保护地理来源标志的空间。见 WIPO，“Article 6*ter* of the Paris Convention: Legal and Administrative Aspects”, 14 October 2003 (SCT/5/3), [10] – [12]; Bodenhausen, *Guide to the Application of the Paris Convention*, 94 – 103.

继续出现在当代的辩论中。因此，我们来简要考察一下它们作为货源标记面临局限时变通方法的可行性，同时，强化一种认识，就是集体性声誉在关于货源标记的争论中具有无形的利害关系。

2.3.1 依据第 10 条之二反不正当竞争

在本章之前的部分考察工业产权的定义时，我们注意到，禁止制造、贸易或地理来源的虚假标识偶尔会被归集到反不正当竞争的概念体系中。这反映了几个国家所采取的保护模式立场："大多数国家认为，对包括原产地名称在内的地理来源标志的保护，属于不正当竞争的领域。"❶ 特别是在欧洲法域内，有一种经久不衰的观点认为，调整原产地标识的规则是这一更大范畴下的子集❷。这再次凸显了商标和地理来源标志保护最初的平行轨迹。正如商标也曾被置于反不正当竞争更广阔的领域中❸，货源标记保护最初也是以类似的方式被构想的❹。此外，TRIPS 在设定地理标志保护范围时，也明显引用了《巴黎公约》中的不正当竞争条款❺。然而，还保留了一个问题就是：像商标法一样，货源标记也被认为属于反不正当竞争规则的大家族，这意味着什么呢？此外，由于第 10 条已经被证明相当无力，第 10 条之二是否具有保护地理来源标志的更大潜力？在展开回应前，我们首先考察第 10 条之二的条文：

---

❶ F－K. Beier，"The Contribution of AIPPI to the Development of International Protection against Unfair Competition"，in AIPPI 1897－1997 *Centennial Edition*（AIPPI Foundation，Basle 1997），299，309.

❷ 见 M. Dufourmantelle，*De la Concurrence déloyale à l'aide de fausses indications sur la provenance des produits*（impr. de Berger－Levrault，Nancy 1895）；E. Ulmer，"Unfair Competition Law in the European Economic Community"［1973］IIC 188，199－200；F. Henning－Bodewig and G. Schricker，"New Initiatives for the Harmonisation of Unfair Competition Law in Europe"［2002］EIPR 271，273；C. Wadlow，"Unfair Competition in Community Law－Part 1：The Age of the 'Classical Model'"［2006］EIPR 433，440.

❸ O. R. Mitchell，"Unfair Competition"（1896）10 *Harvard Law Review* 275，275（从逻辑上讲，反不正当竞争实际上是一个总的大标题，商标是其中一个特定的部门）；E. Rogers，"Industrial Property"（1929）27 *Michigan Law Review* 491，497（不公平竞争，或者更好的说法是，不公平贸易在我们看来是属的概念——商标侵权、仿冒、虚假地理来源标识、虚假的商品说明书……看起来仅仅只是属下种的概念）。

❹ Actes de la Conférence Réunie a Londres（Bureau de l'Union，Berne 1934）423（以下简称伦敦文本）（根据意大利代表的说法，尽管回应各不相同，相似之处还是显而易见的："*Les marques，les indications de provenance et la répression de la concurrence déloyale sont，affirma－t－elle，des instruments destinés à protéger la bonne foi et à faciliter l'industrie et le commerce. Leurs rapports sont communs et leur action est souvent parallèle；seule la réglementation est différente*"）。

❺ 第 22.2 条（b）规定"成员方应为有关各方提供法律手段，以防止……构成《巴黎公约》（1967）第 10 条之二所指不公平竞争的任何使用行为"。

(1) 本联盟国家有义务对各该国国民保证给予制止不正当竞争的有效保护。

(2) 凡在工商业事务中违反诚实信用惯例的竞争行为构成不正当竞争行为。

(3) 下列各项特别应予以禁止：

① 采用任何手段对竞争者的营业所、商品或工商业活动造成混淆的一切行为；

② 经营中损害竞争者营业所、商品或工商业活动的信誉的虚假指控；

③ 经营中使用易使公众对商品的性质、制造工艺、特点、用途或数量产生误解的标识或说法。

乍看之下，第10条之二似乎足够广泛，不仅包括使用他人标识以制造关于来源的虚假描述，还包括在没有虚假描述的情况下，可能只是单纯盗用或“搭便车”[1]。因此，这就有两个问题：(1) 第10条之二实质规范的内容是什么？什么内容是必须转化为国内法的？(2) 它在多大程度上特指标识地理来源的标志？

在试图解释不正当竞争的内容时，我们仿佛被引入凡尔赛宫的镜厅（镜厅的空间被镜子的排列组合无限放大。——译者注），因为这一法律范畴在不同法域的形式和效果差异相当之大。然而，这种看法很容易理解：

反不正当竞争法的发展，在一定程度上也是为了回应一种普遍的感觉，即诚实和公平交易的商人有权享有其技术和产业的成果，商业竞争对手使用欺诈和不公平方法对其造成损失时，必须受到保护。这是司法对商业生活所有关系中诚实和公平义务的认可……这一学说在司法上的逐步发展体现了合理常识和商业道德原则，尽管它涉及的是诚信商业竞争中什么可以做和什么不可以做之间的细微差别[2]。

---

[1] 这在知识产权论争中是有争议的行为。P. Drahos, “Introduction”, in P. Drahos and R. Mayne (eds.), *Global Intellectual Property Rights: Knowledge, Access and Development* (Palgrave MacMillan, New York 2002), 3–4（“搭便车”者是指从经济活动中获益却不付出产生这种利益所需成本的人。就知识产权而言，“搭便车”者从信息［或商业标识的商誉］中获益，而这些信息的成本……已由其生产者支付）。对防止“搭便车”的本能冲动的批评，见 M. A. Lemley, “Property, Intellectual Property, and Free Riding” (2005) 83 *Texas Law Review* 1031; D. Gangjee and R. Burrell, “Because You're Worth It: *L'Oréal* and the Prohibition on Free Riding” (2010) 73 *Modern Law Review* 282.

[2] H. D. Nims, *The Law of Unfair Business Competition* (Baker, Voorhis & Co, New York 1909), iii–iv.

一位评论家强调，对市场行为的详细审查是反不正当竞争的目标。

> 尽管存在种种分歧，所有欧洲国家都建立起了以公平原则为基础的机制来控制商业活动。细节中存在有争议的事实……不影响基本的共同信念，即为了所有市场参与者的利益，市场行为应当是公平的，并且必须有一些规则来确保这种公平❶。

在不同时期，下列不当市场行为已被纳入不正当竞争的广义范围：

（1）与他人企业或经营活动造成混淆；

（2）导致公众对自己的商品与他人商品产生误认；

（3）诋毁他人企业或经营活动；

（4）以非混淆性联想（如弱化形式的淡化）损害商誉或声誉；

（5）未经授权擅自使用商业秘密或机密信息；

（6）导致违约；

（7）贿赂；

（8）盗用他人投入或完全“搭便车”；

（9）虚报用户评价；

（10）业务往来中进行威胁、故意妨害；

（11）不正当广告，包括骚扰广告、误导性广告和对比广告；

（12）模仿；

（13）掠夺性销售促销❷。

为了分析得更清楚，迈克尔·斯彭斯（Michael Spence）指出，从知识产权的角度看，反不正当竞争包括相互交叉的三个类别的规范：反对虚假描述、诋毁和盗用❸。这些分类不是静态的，而是需要灵活调整。布兰代斯（Brandeis）法官大约一个世纪前得出的结论是，“任何现有不正当竞争手段的列举，无论多么全面，都必将被证明是不完整的，因为新情况总会不断引发不正当竞争新

---

❶ F. Henning - Bodewig, *Unfair Competition Law: European Union and Member States* (Kluwer Law International, The Hague 2006), xv.

❷ WIPO, *Model Provisions on Protection against Unfair Competition: Articles and Notes* (WIPO Publication No 832, Geneva 1996); K. Misegades, “The Scope of the Law of Unfair Competition” (1932) 14 *Journal of the Patent and Trademark Office Society* 763, 764 - 5; WIPO, *Protection against Unfair Competition: Analysis of the Present World Situation* (WIPO Publication No. 725 (E), Geneva 1994), 48, 54 - 60; T. Alkin, “Should there be a Tort of ‘Unfair Competition’ in English Law?” (2008) 3 *Journal of Intellectual Property Law and Practice* 48, 49.

❸ Spence, *Intellectual Property*, 37.

手段的发明和发展”❶。

即使这一初步考察也表明了以下三点。首先，浏览这份清单就能看出一些类型的不当行为与知识产权几乎没有关系，而更适合定位在合同、侵权、消费者保护或刑法领域。虽然有人认为指定的分支如版权或商标的侵权也应被认为属不正当竞争行为，进而将反不正当竞争作为所有知识产权保护的背景舞台❷，但是某些类别的不当行为与产权全然无关，与知识产权的重叠也只是部分的❸。因此，这种一般禁令的理论基础❹与各个法域的制度表现有显著分歧也就不足为奇了。各法域制度形式上的区别通常有：（1）基于特定立法的保护，如《德国反不正当竞争法》[German Gesetz gegen den unlauteren Wettbewerb (UWG)]❺；（2）基于一般侵权或不法行为导致民事责任的保护，如《法国民法典》第 1382 条和第 1383 条❻；（3）采用混合保护模式❼。其次，由于模式不同，在这一法律范畴内协调竞争者、消费者和普通公众利益最合适的制度结构存在相当大的不确定性。侵权法模式要求以竞争者之间具有相关权利义务为先决条件，而制定法模式可能会更好地顾及一般消费者的利益，并独立给予消费者（或其代表）必要的法律地位以便其提起诉讼。这些差异意味着，即使是在欧洲，不公平竞争的协调也有着特别纷扰的历史❽。不正当竞争法所保护

---

❶ *Federal Trade Commission v. Gratz*, 253 US 421, 437 (1920).

❷ Ladas, *Patents, Trademarks and Related Rights*, 1675; Sanders, *Unfair Competition Law*, 8.

❸ Bodenhausen, *Guide to the Application of the Paris Convention*, 20, 23.

❹ Wadlow, *The Law of Passing Off*, 37 提出了四种相互交叉的理论，包括基于造成损害行为的初步侵权理论。从知识产权角度看，参见 R. M. Hilty, “The Law against Unfair Competition and its Interfaces”, in R. M. Hilty and F. Henning - Bodewig (eds.), *Law Against Unfair Competition: Towards a New Paradigm in Europe?* (Springer, Berlin and New York 2007), 1, 19（指出保护投资免受盗用，否则将导致市场失败）; A. Kamperman Sanders, *Unfair Competition Law* (Clarendon Press, Oxford 1997) (arguing for an unjust enrichment or restitutionary basis)。

❺ 最著名的版本是 the Gesetz gegen den unlauteren Wettbewerb (UWG) of 7 June 1909 [1909] RGBl 499（以下简称 UWG 1909）。该法 2004 年进行了大幅修订，新法见 F. Henning - Bodewig, “A New Act against Unfair Competition in Germany” [2005] IIC 421.

❻ A. Tunc, “Unfair Competition - French and European Approaches” (1974 - 5) 1 *Monash University Law Review* 34.

❼ WIPO, *Protection against Unfair Competition*, 19 - 21; Sanders, *Unfair Competition Law*, 6, 23; Ladas, *Patents, Trademarks and Related Rights*, 1693 - 6.

❽ C. Wadlow, “Unfair Competition in Community Law - Part II: Harmonization becomes Gridlocked” [2006] EIPR 469.

的生产者利益和消费者利益之间仍存在着概念上的紧张关系❶。尽管这些利益往往是一致的，但在特定问题上也会出现分歧，对生产者甚至竞争对手利益的孤立保护不再是任何协调工作的主要组织概念❷。最后，“公平竞争和不可接受的竞争行为之间的界限应该在哪里”的问题产生了大量的争论和研究文献❸。比较广告是为潜在购买者提供了产品可替代性的实用信息，还是允许好逸恶劳的竞争者将他们自己与市场领导者拉在一起而提升自己的形象？在任何一件专利或外观设计保护期满后，非混淆但照搬模仿的产品，是会压低价格、提高市场的质量，还是仅仅只是搭上创造者努力的便车？如果我们以他人的努力为基础是为了更有效地学习、创新和竞争❹，那么，什么情况下应该禁止抄袭或参照呢？很显然，可接受的商业行为受具体情境的细微变化影响，“世界是有分歧的，就如人们已经讨论了整个世纪之久，就是民事责任延伸到多远是合法的，而扩张民事责任必然抑制交易者在竞争过程中竞争的自由”❺。

上述总览清楚地表明，由于不正当竞争的内容在国家层面存在分歧，第10条之二未能设定一个广泛的强制性规范。相反，它将充实这一范畴的任务交给了有争议发生的巴黎联盟的各国法院。某些国家对什么是不正当竞争的概念很宽，而另一些国家则很窄，因此，很难一概而论。第10条之二最具有规范意义的是，它提供了一种归纳的方法来确定什么情况下的行为是不公平的。例如，克里斯多夫·瓦德洛（Christopher Wdalow）认为，受审查的行为仅限于竞争者之间，公平的标准不是基于抽象的伦理戒律而应基于实用主义的考虑，被禁止的行为必须是与公平交易的一贯做法相冲突，所谓公平交易的一贯

---

❶ F. Henning – Bodewig, “International Unfair Competition Law”, in R. M. Hilty and F. Henning – Bodewig (eds.), *Law Against Unfair Competition: Towards a New Paradigm in Europe?* (Springer, Berlin 2007), 53, 57; R. W. De Vrey, *Towards a European Unfair Competition Law: A Clash between Legal Families* (Martinus Nijhoff, The Hague 2006), 15, 45 – 8; P. J. Kaufmann, *Passing off and Misappropriation: An Economic and Legal Analysis of the Law of Unfair Competition in the United States and Continental Europe IIC Studies*, Vol. 9 (Max Planck, Munich 1986), 8.

❷ Wadlow, “Unfair Competition in Community Law – Part I”, 441（到［1973 年］，人们普遍认为，法—德不公平竞争的“经典模型”，仅根据竞争对手之间的利益来定义，需要考虑消费者和其他市场参与者的利益进行修改）。

❸ M. Hopperger and M. Senftleben, “Protection against Unfair Competition at the International Level – The Paris Convention, the 1996 Model Provisions and the Current Work of WIPO”, in R. M. Hilty and F. Henning – Bodewig (eds.), *Law againstUnfair Competetion: Towards a New Paradigm in Europe* (Springer, Berlin 2007), 61.

❹ M. Boon, *In Praise of Copying* (Harvard University Press, Cambridge MA 2010); R. Tushnet, “Copy this Essay: How Fair Use Doctrine Harms Free Speech and How Copying Serves It” (2004) 114 *Yale Law Journal* 546.

❺ W. R. Cornish, “Genevan Bootstraps” [1997] EIPR 336.

做法就如它们在相关市场上被实际观察到的那样，而不只是对良好行为虔诚的指南宣言❶。

起草历史证明了一项核心义务的确定，即便其相对薄弱。第 10 条之二（1）规定的实质性国民待遇义务 1900 年被引入，至今基本没有改变❷，只是在华盛顿修订会议上增加了“有效保护”一词❸。在华盛顿会议上，英国提议列举一份非穷尽但通常被禁止行为的清单，但遭到反对，因为这可能导致将其他形式的不当行为排除在外❹。第 10 条之二（2）关于不正当竞争的开放性定义为“在工商业事务中违反诚实信用惯例”，是在 1925 年海牙修订会议上被首次引入的，同时引入的还有第 10 条之二（3）列举的前两种不良行为，即混淆的可能以及诋毁性虚假描述。围绕这两个具体例子的辩论表明，将它们纳入进来正是因为关于这两点可能达成一致协议，尽管一个宽泛但模糊的定义也是可取的❺。但是，在第 10 条之二中明确列入地理来源标志的修正建议没有成功❻。总而言之，鉴于各国既有的分歧，第 10 条之二没有强制要求所有签约国必须采用广义规范反不正当竞争，虽然对此偶有反驳，但这些反驳也不令人信服❼。试图引入货源标记保护特别条款没有成功，相反，该条款“建立起了一个灵活、开放的反不正当竞争保护最低标准……它转化为国内法实施可以反映出反不正当竞争法的不同传统和历史渊源”❽。

最后一种可能性有待思考。从表面上看，第 10 条之二（3）第三款禁止可能误导公众的标识，可被用于货源标记保护。然而，这里也有一些阻碍。就我们的目的而言，第 10 条之二（3）中第三款转瞬即逝的呈现令人很感兴趣。在 1958 年的里斯本会议上，奥地利提出了增加的第三款，涉及“易使公众对商品的性质（包括制造方式）、原产地、特点、用途或价格产生误解的标识或说法”❾。而美国随后在大会全体会议上投了仅有的反对票，使“原产地”被

---

❶ Wadlow, *The Law of Passing Off*, 61 –4.

❷ 关于法国对公平竞争的最初提议及其最终被采纳的情况，见 Actes de la Conférence de Bruxelles 1897 et 1900（Bureau de l'Union, Berne 1901）, 140, 164, 411（以下简称布鲁塞尔文本）.

❸ 华盛顿文本，255.

❹ 同上，105，254，305.

❺ Reviewed by Wadlow, *The Law of Passing Off*, 81 –7.

❻ 例如法国和意大利的提议，见海牙文本，349 –50.

❼ C. Gielen, “WIPO and Unfair Competition”［1997］EIPR 78（表明世界知识产权组织示范条文范围广泛，“旨在使［第 10 条之二］的义务生效”）; *L'Oréal SA and others v. Bellure NV and others*［2007］EWCA Civ 968［135］–［161］.

❽ Hopperger and Senftleben, “Protection against Unfair Competition at the International Level”, 63.

❾ 里斯本文本，711，725.

删除❶。这就导致限制了第10条之二（3）禁止误导性使用的适用，将误导性的货源标记情况排除在外❷。由于第10条之二现在已通过第22条之二（b）纳入了TRIPS的地理标志条款，这就产生了相当大的歧义。TRIPS的第22条是不是隐含了缺失的“原产地”一词？另一种可能性是由于很多地理标志都提高了对商品性质、生产工艺或特征的预期，基于此而误导消费者的应可提起诉讼❸。它再次表明这一条约义务很容易通过一般欺诈或消费者保护立法得以履行。总之，第10条之二的简要分析再次显示了商标、地理来源标志和其他商业标识之间的本体论近似性，不当使用这些标识被认为是不正当竞争的一个方面。消费者保护和声誉保护都被认定为理想的结果。基于上述原因，第10条之二不太可能为那些寻求强有力的地理标志保护国际规范的国家提供额外资源。

2.3.2 依据第7条之二的集体商标

本章认为将货源标记纳入《巴黎公约》是为了保护有价值的集体性声誉。在这个意义上，关于货源标记的辩论与注册商标保护的基本原理相重合。然而，事实证明，对于一个只认可指示独特或个别商业来源的符号的注册制度来说，认可一个地理词汇上的集体利益是困难的。相比之下，《巴黎公约》第7条之二明确提到承认集体商标的义务。这一条款相当古老，1911年首次以实质承认的形式被引入文本❹，但更令人惊讶的是它没有经过充分的研究。如果部分原因在于货源标记不能嵌入注册商标制度，有一种方法可以使其相合。第7条之二相对来说好像被忽视了，这值得探究一番。

依据一份最近对各国商标注册实践的全面调查，集体商标在国家和地区层面受到广泛保护❺。综合这些结果，世界知识产权组织将集体商标描述为一种俱乐部会员形式，如下：

---

❶ 里斯本文本，790.

❷ 有人认为这是一个蓄意的行动以遏制国际地理标志保护制度的扩大。见 J. T. McCarthy and V. Colby Devitt，“Protection of Geographical Denominations：Domestic and International”（1979）69 TMR 199，203.

❸ R. W. Benson，“Toward a New Treaty for the Protection of Geographical Indications”［1978］*Industrial Property* 127，131（考虑第10条之二下对质量的误导性使用）。关于这一原则适用的例子，见 *In re Salem China Co*，157 USPQ 600（TTAB 1968）［商标审判与上诉委员会支持商标审查员对“AMERICAN LIMOGES”（美国里摩日）的驳回决定，理由是虽然它可能不会造成原产地误导，但关于质量可能具有欺骗性，暗示其质量等同于法国里摩日瓷器］。

❹ 华盛顿文本，253（讨论与采纳），304（委员会报告），333（最终文本）.

❺ WIPO，“Summary of Replies to the Questionnaire on Trade Mark Law and Practice（SCT/11/6）”，25 January 2010（WIPO/STrad/INF/1 Rev），36－8.

> 区分协会作为标志所有人的商品或服务与他人商品或服务的标志。集体商标的主要特征是它向相关公众表明商品或服务来自某个特定协会的会员。其他特征可能包括共同的质量或精确度，共同的地理来源或者协会设定的其他特征❶。

在此阶段，区分集体商标和证明商标是有帮助的，因为它们将在本书第二部分详细论证。证明商标的构成可以说是：

> 用于或意在用于区分贸易中交易或提供的由证明商标所有人证明的商品或服务与他人未经证明的商品或服务的标志。证明涉及商品的原产地、材料、制造方法或服务的效能、质量、精确度或其他特征❷。

证明商标在国际条约中并没有特别规范，但证明商标的普遍存在可以追溯到《巴黎公约》要求在国内立法中承认它们的相关义务。

第7条之二相应部分规定：

> 如果协会的存在不违反其原属国的法律，即使该协会没有工商业营业所，本联盟各国也承诺接受其集体商标的申请并予以保护。

在《巴黎公约》确定承认集体商标的条款时，对各国法律秩序作出了重大让步❸，这一类型的商标得到国际承认已近一个世纪之久。集体成员资格的条件之一可以是关于地理来源的要求，并且有证据表明，从一开始，集体商标就被认真考虑作为一个媒介以实现货源标记保护的目标。

除了集体商标，“区域商标”于1890年在比利时对《马德里协定》的一项提案中被首次提及，该提案是为了修订关于禁止虚假货源标记的协定草

---

❶ WIPO, “Technical and Procedural Aspects Relating to the Registration of Certification and Collective Marks”, 15 February 2010 (SCT/23/3), [11].

❷ 同上，[15].

❸ 依据第7条之二（2）和（3），各国应确定集体商标应受保护的特别条件，如违反公共利益，可拒绝保护。但是，如果该协会在其原属国合法，则不得因为该协会在寻求保护的国家没有营业所或者不是依据该国法律组成的而拒绝保护。

案❶。随后在布鲁塞尔举行的修订谈判中，保护知识产权联合国际局提出了另一个注册“原产地集体商标”（Marques d'Origine Collectives）的议题❷。这里的原产地集体商标，在国家级别或地区级别，被研究得相当详细。前者借鉴了德国和法国“国家品牌”的经验❸，而区域商标的模板是里昂市的纺织品城市标志。审议的问题包括谁是申请这种国家或地区商标的最佳人选（一国的政府、所涉区域地方政府的代表还是私营生产者集体组织），是否应以在其原产国已受承认和保护为先决条件，以及该方案是否只包含图形或其他显著性标识❹，以避免注册地理词汇被认为具有描述性的问题。比利时代表还关注社团申请这种商标的能力，否则其将缺乏法律承认的地位，以及监管的程度以使这种团体商标能持续表征一定的质量标准❺。

采纳原产地集体商标的单独协议未能成形，会议转而投票以类似于第 6 条规定的普通商标的方式对待集体商标❻。因此，保护知识产权联合国际局 1911 年华盛顿会议提案提醒联盟，为了确保某产品来源于某个地区或确定的地点，尤其需要对集体商标进行保护，这一直是一个值得关注的问题❼。正如我们所看到的，第 7 条之二最终采用的解决方法是将所有集体商标简化为商标注册制度的常规工作流程。在此期间，地域原产地标志作为集体商标的一个重要类别❽继续被研究。国际工业产权保护协会（AIPPI）1911 年发布的两项全面研究中讨论了这种可能性。摩西・艾玛尔（Moise Amar）认为，与特定地区相关的集体商标制度将为仅仅只保护地名引发的困难提供一个解决方案❾。佩伊甚至进一步认为：“毫无疑问，原产地标志已经取得了显著进展，这个问题与集

---

❶ 马德里文本，64（proposed as draft Art. 3*bis*：“*Les marques régionales*，*municipales ou collectives seront protégées au même titre que les marques individuelles*”）.

❷ 布鲁塞尔文本，69 – 81.

❸ 关于“Unis France”标志的研究，见 Études Générales，“Un Exemple de Marque Collective la Marque《Unis – France》”［1934］*Propriété Industrielle* 191.

❹ 当代的例子包括与帕尔玛火腿（Prosciutto di Parma）一起出现的鸭冠形象以及大吉岭茶上女性采茶者的风格化形象。

❺ 布鲁塞尔文本，91 – 2.

❻ 同上，288 – 9.

❼ 华盛顿文本，51 – 2（“*On se préoccupe depuis longtemps de la protection des marques collectives destinées à garantir que certains produits sont originaires d'une région ou d'un centre déterminés*，*ou bien fabriqués ou mis en vente par les membres d'un certain groupement*”）.

❽ 其他类别包括表明最低质量标准、专业协会成员资格或工会会员资格的标志。关于商标法这最后一个类别及其与主流商标法整合所遇阻碍的精彩研究，见 S. Ricketson，“The *Union Label* Case：An Early Australian IP Story”，in A. T. Kenyon，M. Richardson and S. Ricketson（eds.），*Landmarks in Australian Intellectual Property Law*（Cambridge University Press，Melbourne 2009），15.

❾ Amar，“Des Marques Collectives”，115（作者的翻译）.

体商标的问题联系如此紧密，几乎可以说引导前者的讨论也可能适用于后者。”❶ 1934 年对集体商标的一份国际全面审查得出的结论是，这种商标不仅是极好的原产地保护工具，而且生产者集体使用来表明产地来源也是设立这种商标的主要动机之一❷。那么，尽管前景光明，这个选择为什么没有实现呢？

对这个问题有两种可能的答案。一是与商标注册制度并未把集体商标完全包含进来有关。把集体商标并入商标注册制度的过程迟缓且参差不齐，因此其可注册性在 1911 年之后的几十年里仍然不明确❸。《海牙公约》记录了到 1925 年为止，至少有 13 个联盟成员方仍然没有关于注册集体商标的规定❹。在一个围绕个体商标设计的体系中，仅是引入一项吸收这种团体商标（group marks）的义务就引发了一系列额外的复杂问题。以可注册性为基础的显著性测试存在着根本障碍。如果显著性指通过指示个体的商品交易来源区分注册人的商品与他人商品的能力，那么，地理集体商标按其定义就不能通过这个测试。即使地理集体商标可以注册，其协会申请人也可能不得不放弃对地理词汇的任何独占性使用❺。如果位于该地区的非协会成员的他人可以继续使用该地理标识，如何证明其作为质量保证是有效的呢？

二是对于普通商标来说，申请人需要在申请书上指明商标将适用的商品类别。但集体商标在种类繁多的商品类别上仅指示国家来源（如德国鹰标），这将被证明是困难的。而且，为保持注册的有效性，什么算是在贸易过程中集体商标的使用呢？关于协会成员的使用是否足以被视为使用，而不同于默认的商标所有人使用才视为使用的规则，并没有达成明确的共识❻。此外，在货源标记被误导使用的情况下，由于需要证明损害，损害赔偿可能难以获得。因为虽然个别协会成员可能损失了销售机会，但作为代表的协会可能难以证实其遭受了任何相关损失❼。

---

❶ Pey, “Protection des Marques Communales, Regionales, Nationales”, 119（作者的翻译）.

❷ Études Générales, “La Marque Collective” [1934] *Propriété Industrielle*, 31 - 2 (*La marque collective est, dans ce domaine, un instrument excellent, car elle se prête fort bien à être utilisée à titre d'appellation d'origine, par le fait qu'elle n'est mise qu'à la disposition des membres de la collectivité. Aussi fut - il souvent soutenu naguère que la fonction d'indication de provenance était la seule raison d'être de la marque collective*).

❸ 同上, 39. 参见 Jaton, *Répression des Fausses Indications*, 60 - 1; Roubier, *Le Droit de la Propriété Industrielle*, 647.

❹ 海牙文本, 248 - 9.

❺ 布鲁塞尔文本, 282 - 3.

❻ Études Générales, “La Marque Collective”, 36. 参见 Études Générales, “La Marque Collective (Part II)” [1934] *Propriété Industrielle* 64, 64 - 5.

❼ Études Générales, “De la Protection Internationale des Marques d'Origine” [1896] *Propriété Industrielle* 21, 24.

因此，口头承诺接受集体商标纳入商标制度里虽好，但是魔鬼在于细节。它们作为货源标记保护之另一种形式的可行性也受到与这种标志信息传播功能有关的第二组问题的影响。原产地集体商标的范围广至足以包括国家（甚至帝国）标志，有人担心，国有的国家标志将成为保护主义议题的焦点。自由贸易的阻碍可以通过鼓励购买国货的运动形成，也可以成为抵制外国产品的基础❶。另一个问题与没有任何机制确保监督管理程序到位有关，这样就难以确保这些商标能持续表明质量可靠❷，这个问题部分解释了英国为什么一直反对集体商标提案。只要少数不道德的成员生产不合格的产品，就能摧毁集体商标作为原产地或质量保证的能力，而且没有保障措施防止这种内部违规。最后，如果一个集体商标指示明确界定的地理来源，那么就必须为该区域划定边界，这种程序各国不同。并没有一套一致的规则来为原产地划界❸。这些因素汇总在一起，就会缩小国际保护的可能性，并将大大拖延在注册商标制度内保护地名这一重要措施的选择。然而，在这些形成性辩论中，第 7 条之二强化了这样一种认识，即捍卫集体形成的声誉是国际货源标记保护的推动力。

3 《马德里协定》

本章最后回顾 1891 年《制止商品产地虚假或欺骗性标记马德里协定》（简称《马德里协定》）。19 世纪末，以符号传播的内容为前提进行保护的局限性对货源标记支持者来说变得非常明显，而且这些局限性持续至今。如果对侵权行为的测试取决于潜在购买者是否会混淆或误认，那就不能适用于系争标识被认为是某个类别通用词汇的情况（就像香槟在美国那样）、相关公众对原产国产品不熟悉的情况（如孟加拉传统纺织品在澳大利亚境外生产但在其境内市场销售）或标识的使用方式可以避免错误指示原产地的情况（如“瑞士香槟”或“洛克福型奶酪”）。随后，原产地名称这一载体及支持它的“风土”逻辑被调动起来，以应对“说真话”模型的局限性。《马德里协定》很有意思，因为它代表着这一过渡的开始。

---

❶ Roubier, *Le Droit de la Propriété Industrielle*, 653 – 8; Études Générales, “La Marque Collective”, 32; Pey, “Protection desMarques Communales, Regionales, Nationale”, 121 – 2.

❷ 马德里文本，125 – 6; Papers and Correspondence relative to Conference at Madrid on Industrial Property and Merchandise Marks 67 PP 725 [C. 6023] (1890), 40; Papers and Correspondence relative to Conference at Brussels on Industrial Property and Merchandise Marks 92 PP 155 [C. 9014] (1898), 54.

❸ Amar, “Des Marques Collectives”, 115 – 16; Pey, “Protection des Marques Communales, Regionales, Nationales”, 124.

3.1 保护范围：第1条

《马德里协定》是依据《巴黎公约》第19条制定的，该条款允许成员间达成特别协定。它几乎是在《巴黎公约》墨迹未干之际，就因对《巴黎公约》原第10条之二的不满应运而生。虽然其意在保护一个以"著名商品"而闻名的地方所出产的"著名商品"❶，但它被证明并没有如最初所希望的那样大获成功，目前的缔约方只有35个国家❷。然而，它的审议过程揭示出了在地理标志保护基础上一系列饶有兴味的认知转变。1886年法国和英国在罗马会议上扩大第10条范围的建议❸被整合成一个新的折中方案，即只要每个成员方的法院能够确定哪些表达是通用的，就可以禁止所有虚假的原产地标识。在此基础上，1890年马德里会议上提出了一份协定草案供讨论。其志在超越"虚假和欺诈性要求"，防止任何形式虚假或歪曲的标识❹。尽管这一雄心只取得了有限的成功，它对于引入关于葡萄酒的特殊条款仍具有重要意义，而葡萄酒正是地理标志专门保护模式的典型客体。某些产品与其原产地具有特殊甚至独特关联的概念被正式提出。事实证明，这不仅影响了TRIPS标准的形成，而且继续支持了当前有利于扩大地理标志保护的提案。

《马德里协定》在若干方面完善了《巴黎公约》。与第10条原限制性条文相比，《马德里协定》涉及更大范围的误导行为：

> 第1条第（1）款
>
> 凡带有虚假或欺骗性标志的商品，其标志系将本协定所适用的国家之一或其中一国的某地直接或间接地标作原产国或原产地的，上述各国应在进口时予以扣押。

通过废弃第10条的额外欺诈性商号要求，呈现出了一个重大进展，尽管它只适用于进口国和所属国都是签署国的情况。第1条原条文的其他改进❺还

---

❶ M. Ostertag, "International Unions for the Protection of Industrial, Literary and Artistic Property" (1926) 25 *Michigan Law Review* 107, 115.

❷ 见 www. wipo. int/treaties/en/ip/madrid/.

❸ 分别见罗马会议，12-13，92-3.

❹ 马德里文本，11（[*I*] *l s'agit maintenant d'atteindre toutes les fausses indications de provenance, quelle que soit la forme sous laquelle elles se produisent*）.

❺ 原始文本及英文翻译，见 Arrangement between Great Britain, Spain, France, Switzerland and Tunis for Prevention of False Indications of Origin on Goods, Madrid, April 1891 Treaty Series No. 13 [C. 6818] (1892).

包括强制的扣押规定，而不再严格要求证明由于使用虚假标识造成伤害或损害❶，此外还涵盖了直接或间接的标识❷。由于巴西代表对诸如“巴西棕榈蜡”名称的关切，间接标识的含义得到了澄清。巴西棕榈蜡是一种产自巴西棕榈叶的植物蜡，并不是直接或字面上的地名，然而有人认为该产品“不可分割地关联”❸ 其在某个特定地区的原产地，即巴西东北部的热带和亚热带草原。因此，这种间接的原产地标识将被列入受保护标志的范围。最后一点是“fallacieuse”一词 1958 年在里斯本会议上被引入❹。尽管世界知识产权组织文本将“fausse ou fallacieuse”翻译为“虚假或欺骗性”❺，但“虚假或误导性”应更为准确❻。为了测试是否存在误导性使用，裁决者通常会考察标识的使用对相关公众的影响，即便被告的使用是无恶意的。这一禁令也适用于因暗示或影射造成误导的标志，如使用特定的语言或注明国家纪念碑的形象，而不是直接使用虚假的地名❼。

尽管有这些改进，对强化地名保护的支持者来说，该模型的内在局限性实在太明显了。禁令最终还是要依赖于消费者被误导产品来源这个动因。因此，英国可以宣称它完全履行了《马德里协定》的义务，因为它的海关规定在禁止标有误导性标识的同时，将允许使用如“开普（Cape）波特酒”或“瑞士香槟”。在这种情况下，“原产地标识由精确提及商品来源的地点构成”，而根据这些标签，对这些产品的来源地点没有人会被误导❽。

第 1 条和第 2 条的其他各段阐明了可以要求以类似于《巴黎公约》第 9 条的方式对侵权商品扣押或禁止进口的情况。根据第 2 条的规定，海关成为最前线，有义务扣押有误导性标识的商品。另一种办法是要求检察官或其他主管机

---

❶ Considered at Actes de Madrid, 77, 85.

❷ 同上，11.

❸ 伦敦文本，424.

❹ 里斯本文本，792 - 3.

❺ Madrid Agreement for the Repression of False or Deceptive Indications of Source on Goods 14 April 1891, 828 UNTS 389 (1972) (WIPO Publication No. 261), 3.

❻ 在普通法国家，欺骗与主观意图的要求有着历史上的共鸣，并且重点在于被告的行为，与欺诈侵权行为相似。

❼ 里斯本文本，792 (*Afin d'éviter tout doute et d'éliminer la difficulté de reconnaître l'intention trompeuse, il y aurait lieu d'ajouter tout simplement a l'article premier - ainsi qu'aux autres articles - l'expression《fallacieuse》aux termes《fausse indication》. Cette dernière se rapporte inexactement a un lieu détermine de production, tandis que la première peut se rapporter a une indication d'origine fictive utilisée comme indication de provenance, ou a toute autre indication qui pourrait être considérée de provenance*).

❽ 布鲁塞尔文本，303；Report on Unfair Competition, Particularly in Relation to False Marks and Indications [1922] *League of Nations Official Journal* 625, 627.

关依职权或依受害方要求实施扣押。但并没有强制性规定以便受害方可以直接与海关当局接触，在这点上，《马德里协定》不如《巴黎公约》目前的规定积极。第3条有一项明显的让步，允许在注明生产地点的情况下将销售方的名称和地址使用在原产地为外国的商品上。谈判期间，比利时的 M. Morisseau 指出，管理原产地标识必须谨记商业惯例的演变。制造商和零售商是不同主体很常见，他举了一个老牌贸易商"F. M."的例子，F. M. 在布鲁塞尔进口独立生产于美国的炉灶或其他铸铁产品。如果应其要求在产品上印上"布鲁塞尔 F. M."，从美国发货，将违反《马德里协定》的条款。然而，客户明白该产品是在国外生产的，并会将比利时贸易商的标识理解为是他选择了该产品并愿意以其商号销售，第3条就是这样一个折中方案，允许在注明生产地点的情况下使用这种标记。

第3条之二是一项创新的规定，扩大了误导性使用的范围：

> ［签署国］适用本协定的国家也承诺，在销售、陈列和推销商品时，禁止在招牌、广告、发票、葡萄酒单、商业信函或票据以及其他任何商业信息传播中使用具有广告性质并且可能使公众误认商品来源的任何标志。

这项规定将保护范围扩大到与产品有关的其他信息材料，这一条款是在伦敦会议上被引入的[1]。基于这些条款，与《巴黎公约》同步比较，《马德里协定》对侵权使用的保护显著增强。然而，法国等国阻止在字面上对地名虚假使用的雄心，受到了允许通用化使用例外的威胁。

3.2 通用词汇：第4条

《马德里协定》折中的核心是第4条。它规定：

> 各国法院应确定由于其通用性质而不适用本协定条款的名称。葡萄产品的地区性产地名称不在本条款规定的范围之内。

因此，如果一个国家的法院判定某一特定词汇已通用化（如第戎芥末），根据第1条，该词用于并非其所标识地点的其他地方的产品不应被认为具有误导性。然而，葡萄栽培制品被排除在司法审查之外，它们的名称在法律上是受保护的。第4条的总体规定是可预见的，因为通用化使用的问题在巴黎谈判期

---

[1] 伦敦文本，201.

间已经一直被广泛讨论。就本书的目的而言，葡萄产品的特殊地位更令人感兴趣。

该条款最初的草案包含一条从第 1 条审查中直接豁免所有通用表达的规则，并获得了代表们的通过，于是葡萄牙代表提议对该条款增加附加条款❶。奥利韦拉·马蒂亚斯（M. De Oliveira Martins）建议所有农产品都应该排除在外，因为它们永远也不会仅仅描述一种类型或类别。他将工业或制成品与农产品区分开来，工业或制成品，如科隆水（古龙水）或俄罗斯皮革，因为可以在任何地方复制生产，易受通用化变幻莫测的影响；但农产品，如波尔多葡萄酒，它与特定地区的气候和风土有着独特的因果关联。这类产品的名称永远不可能在通用名称意义上被合法使用❷。

因此，1890 年 4 月 8 日，“风土”（terroir）一词出现在地理来源标志多边谈判中。这个术语，表明某些与特定区域相关联的产品是独一无二的，或者至少是与众不同的，概括了从“货源标记”到“原产地名称”的认知转变，我们将在接下来的两章里进一步分析。谈判中，对这一提法当时的反应是，像任何其他术语一样，农产品的命名也会由于日常语言运用而变成通用词汇，而人为地固定其含义，不承认任何含义的演变，这一例外规则将妨碍司法对特定语境下含义的准确判定❸。这一分歧的影响意义深远。实际上，有一种方式主张法律保护应追踪消费者和交易中的理解，以判定有争议的使用行为是否应被允许。其采用的方法要求向争议所在国的当地受众解释该标识的含义。相反的观点则寻求基于一个标识所指商品与一个独特地点之间不可模仿的关联，通过在其所属国地理意义上的以指为印来固定一个标识的“真正”意义。一旦确立了这一定义，重点就转移到对域外模仿者在类似商品上对这一术语通用化使用行为的审查上来。因为它并不是“真的”，无论消费者怎么想，这种使用肯定都是错的。在此期间，法国的 M. 佩尔蒂埃（M. Pelletier）为弥合不断扩大的

---

❶ 马德里文本，82.

❷ 同上，87（*Le terme caractère générique, employé dans cet article, s'applique à des produits de nature tout à fait différente. Les dénominations telles que eau de Cologne, cuir de Russie, etc. comprennent, il est vrai, des noms de localités ou de pays; mais l'emploi de noms géographiques a une portée tout autre quand ils servent à désigner des produits industriels que quand ils s' appliquent à des produits agricoles, comme par exemple dans la dénomination vin de Bordeaux. Dans le premier cas, la dénomination est de nature abstraite; dans l'autre, elle désigne spécialement un produit qui ne peut être obtenu que dans une contrée déterminée. Les dénominations de produits agricoles, dont la contrefaçon est générale, correspondent toujours à des conditions particulières de climat et de terroir qui ne sauraient être changées ni transportées*）. 参见 L. Lacour, *Des Fausses Indications de Provenance: Contribution à L'étude de la Propriété Industrielle en Droit Français* (Rousseau, Paris 1904), 15 – 17.

❸ 分别由瑞典、挪威代表和英国代表提出，马德里文本，87 – 8；参见 Papers and Correspondence relative to Conference at Madrid (1890), 39.

认知鸿沟，将特殊类别仅限制在葡萄栽培产品上。因为葡萄酒本身并不是一种直接的农产品，需要额外的人为转化干预。佩尔蒂埃的推理充其量也只是模棱两可的，但意味着在人为参与阶段防止掺假（很可能是假借通用化使用之名）是葡萄酒得以豁免的基础❶。这样，例外的类别从所有农产品缩小到葡萄栽培产品，并随后获得通过。

鉴于形成第 4 条的序幕相当简短，获得通过很突然，即使是很宽厚的解读，也表明其是妥协的产物。因此，潜在的紧张关系持续发酵，并将在后续谈判中引发争论。这些讨论不仅发热而且发光，因为扩大或缩小第 4 条范围的尝试创造了一个平台来讨论产品与产地间特别关联这个理念。这为近 70 年后的《里斯本协定》奠定了基础。作为例外类别基础的“特有关联”或风土的推理逐渐被确立了下来。在 1900 年的布鲁塞尔谈判中，佩尔蒂埃再次承认制成品如麂皮手套的名称被通用化使用是可以接受的，但是，“自然”本身对葡萄栽培制品设置了通用化使用的限制❷。依据奥利韦拉·马蒂亚斯的观点，正是妥协的务实需要，与原产地具有独特关联的所有农产品类别被缩减到仅剩下葡萄酒❸。因此，将例外的类别重新扩大到具有这种关联的所有产品上只是时间问题，虽然最终尚未成功。在此过程中，有人曾尝试明确以葡萄酒为范例的例外类别成员的标准。

1911 年华盛顿谈判期间，法国提议对第 4 条加以增补，以使那些具有与土壤和气候的特定地理条件相关的自然质量的所有产品得以对通用化免疫（immunising）❹。具有本质性和确定性的自然理论的版本站在了舞台中央。1925 年海牙会议上提出了一个更微妙的修改版本，保护知识产权联合国际局通过一项提案，即建立一个差异序列来对自然产品与制成品进行二元区分。虽然对某些（原本是）自然的产品来说，制造过程在很大程度上决定了质量，但对其他产品而言，气候和地形的影响是主要的。由气候和地形而非制造技术的影响而形成“特有质量”（即独特特征）的产品，有资格以类似于葡萄酒名

❶ 马德里文本，88（*Cette dénomination s'applique en effet aux produits qui sont créés par les seules forces de la nature, sans que le travail de l'homme leur ait fait subir une transformation qui en ferait des produits manufacturés. La restriction qu'on propose d'apporter au droit d'appréciation des tribunaux se justifierait mieux en faveur des produits qui, originairement agricoles, sont fréquemment frelatés après avoir été rendus utilisables par des manipulations industrielles. La proposition de M. le délégué du Portugal gagnerait à être restreinte aux produits vinicoles, auxquels la fraude s'attaque souvent*）.

❷ 布鲁塞尔文本，268.

❸ 同上，271.

❹ 华盛顿文本，218（*De même ne seront pas comprises dans ladite réserve les appellations régionales de provenance de tous autres produits tenant leurs qualités nature lies du sol ou du climat*）.

称的方式享有绝对保护，并从通用化使用的状态中豁免❶。这一差异序列将被纳入那些对风土产品给予特殊地位的国家的保护模式中。捷登阐述了法国法律区分具有或不具有自然影响的产品的方式。依据这种方法，有必要设定在制造工艺中人为干预的程度，以确定一个产品应归属哪个类别。他认为，就此意义而言，自然提取产品如大理石、石油和煤炭、葡萄酒、矿泉水、啤酒、某些品种的奶酪和烈酒属于广义的“自然”产品❷。然而，在国际谈判中，这种对风土产品的分类方法因其模糊性和主观性遭到反对❸。

尽管经常遭到拒绝，但将例外类别扩大到葡萄酒之外的尝试一直持续到1958 年的《里斯本协定》。在这次会议上，保护知识产权联合国际局关于第 4 条的提案是其应指天然质量取决于土壤和气候且其特有的特征已得到原属国主管机关认定的产品，这样就又引入了一条额外的主管机构认可的评判标准❹。葡萄牙建议采用受当地环境或生态条件影响的产品这样更完整的用语来重新定义自然因素❺，并明确指出葡萄酒属于此类产品❻。最终，捷克斯洛伐克的提案是其应指依土壤和气候以及人类的经验、技艺和当地制造传统而形成天然质量的产品的地区命名，并以矿泉水、葡萄栽培产品、啤酒、奶酪和传统工艺品为例❼。这一提案标志着这一主题的重新登场，因为区域生产者的作用与自然条件一并得到承认。人文因素的维度多年来日益突出，这个主题将在下两章进一步探讨。捷克斯洛伐克使团也热心支持将例外类别扩大到葡萄酒之外，并不断呼吁将矿泉水和啤酒，包括风土相近基础上的皮尔森和捷克布杰约维采的矿泉水和啤酒也列入其中❽。当地品种的酵母、大麦、啤酒花、水和当地气象条件，对特定地区来说都是独特的。然而，不仅扩大范围的尝试没有成功，还有一些成员方对葡萄酒本身的例外地位仍持保留意见❾。

围绕着通用化使用例外的辩论也使审议与其相关的第 4 条“特殊待遇”

---

❶ 海牙文本，312.

❷ Jaton，*Répression des Fausses Indications*，24 – 38.

❸ 海牙文本，365（德国）；里斯本文本，800（丹麦），803（瑞典）.

❹ 里斯本文本，797.

❺ 同上，807（*La Délégation du Portugal proposa de remplacer*，*dans l'alinéa* 1，*les mots* “*...tirant leurs qualités naturelles du sol et du climat*” *par* “*...tirant leurs qualités naturelles des facteurs mésologiques locaux*”）.

❻ 同上，809.

❼ 同上，804，809（［*L*］*es appellations régionales d'origine des produits tirant leurs qualités naturelles du sol*，*du climat et du travail humain qui sont reconnues comme caractéristiques par l'autorité compétente du pays d'origine*，*comme des eaux minérales*，*des produits vinicoles et des brasseries*，*des fromages et des produits de mains – d'oeuvre traditionnelles*，*n'étant pas comprises dans la réserve spécifiée par cet article*）.

❽ 华盛顿文本，292 – 3；海牙文本，365，480 – 1；伦敦文本，296 – 7；里斯本文本，804.

❾ 里斯本文本，801（意大利），802（英国），808（日本）.

成为可能。焦点之一是关于定义的问题以及国家层面上制度的需要以确定受益于第 4 条例外对待的适格的风土产品。早在 1911 年，就有人提议分两步进行，首先包括国家层面通过立法或法令、司法或行政决定的认可，作为从特别豁免中获益的先决条件。然后，应将这些明确认定且地理上清晰界定的名称提交给保护知识产权联合国际局，由其随后通知其他国家❶。西班牙曾抱怨生产地区经常与其在所属国所指的行政区划边界不一致——如哈瓦那烟草来自哈瓦那周边广阔的内陆地区，而马尼拉烟草来自其他邻近的岛屿，因此以所属国的权威判定作为基准是很有帮助的❷。这个提案如果成功了，将在 20 世纪初建立起一个国际通告机制。以具有法律约束力的划界为先决条件再次意味着某种形式的体系化承认或国家注册制度。事实证明，这对《马德里协定》的某些成员方来说法律责任过重❸。

除了定界和通知外，讨论的第二种可能性是附加禁令以防止诸如“香槟特色”或“瑞士香槟”这种限定性使用。拉达斯认为，“仿制香槟”“香槟特色”或“香槟类型”等限定词的使用应属于《马德里协定》第 1 条禁止的间接误导性货源标记❹。然而，这种理解不太可能基于起草的历史。恰恰是这些限定性使用在随后的会议中被寻求明确列入侵权的范围内，但没有成功。例如，1934 年，保护知识产权联合国际局曾提议增加第 4 条第（2）款：

> 葡萄栽培制品的虚假原产地标志，如附有旨在赋予其通用化特征（方法、流派、类型）或真实来源地的表述，仍属于前述条款所述措施的范围❺。

对于限定性使用的支持者来说，这些标签技术（labelling technique）清楚表明了该名称是在通用化意义上的使用（特色、类型）或者说明了真正来源地，因此不会产生误导（如澳大利亚勃艮第）。反对者则担心两种损害后果。首先，限定性使用如“瑞士香槟”只会增加香槟本身的通用化使用，而防止葡萄酒的通用化使用正是第 4 条的目标。“特色”或“类型”使问题进一步严重了，暗示一种风土产品可以在任何地方被精确地复制，从而鼓励了其沦为通用词汇。其次，限定性使用不会误导的假设并不总是成立。购买者对标签的理解取决于“仿制”或“方法”与“香槟”相较的相对大小和突出程度，而购

---

❶ 华盛顿文本，99 - 100，218；海牙文本，312.

❷ 布鲁塞尔文本，261 - 2.

❸ 见，例如，里斯本文本，808（瑞士），810（德国）.

❹ Ladas，*Patents*，*Trademarks and Related Rights*，1586 - 7.

❺ 伦敦文本，202，见布鲁塞尔文本，262 - 273；里斯本文本，798.

买者倾向于关注突出的名称❶。对第 4 条的修改再次遭遇失败就不难理解了，但是今天我们在 TRIPS 第 23.1 条发现了几乎相同的条款。这使我们得以更好地了解这一条款的根本动机，及其所涉及的酝酿过程。它也强调了这些形成性法律文件的价值。只有通过对几乎已被遗忘的货源标记的详细研究，我们才能更好地理解原产地名称的出现，它有可能迂回绕过 19 世纪末 20 世纪初论战中出现的特定障碍。

这些基础辩论中值得注意的最后一点是欧洲各派之间的强烈分歧和微妙定位，特别是由于现在的地理标志论战往往瓦解为单一的旧世界与新世界的较量。在此期间，具有代表性的制造商或法律专家协会如国际工业产权保护协会和国际商会内部也存在一系列不同意见。每一份修订会议记录都记载有这些组织就货源标记保护范围和通用化使用等问题的决议案和提案的摘要。历年来，始终有人冒着通用化的风险，支持加强对风土产品的保护，并要求有效禁止误导性使用，但关于通用化使用仍存分歧❷。1920 年《马德里协定》研究报告的第三部分详细记述了各国的利益和立场❸。更引人瞩目的是欧洲官方使团间立场的差距，例如西班牙代表团与法国、葡萄牙代表团之间相当尖锐的争吵❹，或者如德国，需要将货源标记条款纳入《凡尔赛公约》才能让它接受对葡萄酒名称的强化保护❺。我们将在第二部分再回到这些欧洲保护模式的纷争中，因为它解释了 TRIPS 中地理标志定义的最终妥协形式。

4 结 论

本领域基础法律论述的历史揭示出了许多有用的内容。我们对关于货源标记是否适合知识产权范畴以及为什么适合的问题，找到了一个令人信服的答案。按照讨论参与者的说法并基于当代的理解，作为一个指示地理来源的符号，货源标记也能支持集体形成的声誉。这样一来，我们在任何知识产权保护模式核心必须找到的宝贵无形资产就得以确定。通过禁止欺诈或误导性使用，以确保这种标识清晰的传播渠道，将有益于普通消费公众和诚实的生产者。在

---

❶ 伦敦文本，201－2；里斯本文本，798，855.

❷ 见，如海牙文本，105－6；里斯本文本，963－5，970.

❸ Études Générales，“La Question des Fausses Indications de Provenance et l'Arrangement de Madrid”［1920］*Propriété Industrielle* 18，（Part I），31（Part II），40（Part III），53（Part IV）.

❹ 布鲁塞尔文本，262－73.

❺ 《凡尔赛公约》（1919 年 6 月 28 日）第 274、第 275 条。详细内容见 Études Générales，“La Question des Fausses Indications de Provenance”，53－5；Wadlow，*The Law of Passing Off*，73－6.

集体商标国际规范的形成过程，以及防止不正当竞争中，也有保护特定地点声誉这一推动力。这种认知逻辑也与同时代的商标理论相吻合。然而，这种宝贵声誉的集体维度将被证实是一个持久的障碍，特别是在界定权利的时候。商标理论的发展围绕的是显著性这一法律要件或者是作为区分基础的在市场上指示单一交易来源的能力。而将一个不稳定的使用者群体而非特定商业实体纳入其中，是格格不入的。这可能是现代知识产权法自由个人主义倾向的另一个表现，在现代知识产权法中，对团体或集体的承认已被证明是具有挑战性的❶。在此情况下，其效果是将这些标识从商标法重新导向反不正当竞争的汪洋大海中。

货源标记不可避免地被移植到一系列围绕防止虚假标签的法律上，但是在制度形式和目的愿景上差异显著。除了由此产生的概念混乱之外，原产地标志本身也受制于利益竞争。最后，货源标记制度的构想在很大程度上着眼于国际保护，并受到跨司法边界贸易的影响。由于语言的意义不是一成不变的，符号随着空间和时间可能获得新的内涵（包括通用化使用和限定性使用），这种因情况而异的保护并不令人满意。货源标记代表着产品与其原产地间简化的关联，而“风土”意味着某些产品与其原产地间更紧密的固定关联，并因此更强烈地反对它被其地域范围以外的人使用。在这个阶段，支持货源标记保护的与商标法共同的传播逻辑，是与风土逻辑叠加在一起的。正如我们在下一章将要看到的，围绕着原产地名称出现的监管制度关注的远远不止知识产权保护，但是，重要的是要记住，声誉保护始终是一个基本因素。真正有所改变的是确定这种符号适格使用人的程序，以及确定保护对象和保护范围的基础。这些改变开始与依据商标法或反不正当竞争法的标准保护模式分道扬镳。风土逻辑被用来证明创造一个独特的受法律保护标识类别的合理性，而原产地名称，代表着 TRIPS 中地理标志曲折道路的 2.0 版本，将贯穿本书第一部分的其余内容。可以预见的是，在接下来的篇幅里会有很多关于葡萄酒的内容。

---

❶ 无形资产的产权通常是在创造的基础上授予，个人是主要创造者，创造性产出不可避免地被商品化，其市场价值得到普遍认可。这种观点现在正受到挑战。WIPO，“The Protection of Traditional Knowledge：Revised Objectives and Principles”，22 January 2010（WIPO/GRTKF/IC/16/5 Prov），Annex 3（[对传统知识] 保护的目标应是……承认传统知识的整体性质和其内在价值，包括其社会、精神、经济、知识、科学、生态、技术、商业、教育和文化价值，承认传统知识体系是持续创新和独特的知识和创造性生活的结构，对原住民和当地社区至关重要，与其他知识体系具有等同的科学价值）。

第 三 章
法国的原产地名称

1 法国经验的重要性

在地理来源标志（IGOs）正式成为独立的受保护标志类别的过程中，“风土”（Terroir）是一个关键因素（重要组成部分）。前一章指出，与产品相关的地理标志（geographical designations）有越来越多的特定功能：（1）带有地域性的标记（它们与地图上的某个地名相对应）不一定总是意味着产品来源于此。它们可能是构想的或是含有隐喻的，又或只是一种通称。例如，“大斯诺林”（Great Snoring）是英国一个村庄的名字，但消费者们不太可能把它视为地理标志。（2）所有注有产品原产地的标记（sign）都在货源标记的范畴内。无处不在的“中国制造”就是一个例子。（3）作为这类产品的子集，原产地信息提示了产品的声誉，基于此信息，消费者形成对产品质量的主观感受。在这一点上，采用《德国反不正当竞争法》上“合格的货源标记”术语是有益的，因为在产品和产地之间存在着声誉联系。[1] 在这个阶段，合格的货源标记的功能类似于商标，但其对地理要素和集体利益的考量，使其无法纳入传统商标法的保护框架。保留清晰的原产地标记对于购买者和合法的生产者都很重要，间接地起到保护声誉的作用。（4）作为更为精细的子集，“风土”的逻辑构建了产品和产地之间的关系，即产品的质量是由独一无二的产地决定的。按照这个逻辑，“真货”无法在产地以外的地方获得，产地之外的仿冒生产应该受到严格禁止。根据定义，所谓等同性的说法根本不正确，而且必然会损害原产地产品的声誉。因此，在第四种客体类型中，商标和地理标志之间的差异最为明显。第四章讨论的《里斯本协定》正是围绕“原产地名称”展开

[1] F－K. Beier, “The Need for Protection of Indications of Source and Appellations of Origin in the Common Market” [1977] *Industrial Property* 152, 159（高质量的货源标记符合“产品与地理区域的关联性”虽无法客观证明，但是由于得到贸易实践的认可而一直存在）。

的，因此本章作为过渡，将解读这一受争议的联系。它回顾了20世纪法国产品、产地和人之间的联系的演变历程，这一联系最初是如何设定的，然后又是如何重新构建的。现今有观点赞成地理标志独特的本体地位，如果我们希望对此予以支持，就必须对风土的出现及其随后的制度安排作更详尽的叙述。因此，我们要先回顾法国葡萄酒监管制度的历史。

为了避免冷静理性的人质疑这种狂热式的转向，需要指出的是，特定的传统保护类型，或者可能是理想的类型，为现代知识产权法中的客体类型提供了不少支撑。机械和化学发明历来是专利制度的核心，当专利制度遇到计算机软件或生物技术发明时，会产生各种尴尬的概念问题。[1] 同样地，对于商标注册来说，由文字和比喻方式构成的视觉符号也成为典型的客体。试图将气味、声音、味道、纹理和动作注册为商标引起了实体法和程序法的双重关注。[2] 布拉德·舍曼（Brad Sherman）和莱昂内尔·本特利（Lionel Bently）关注保护客体所带来的长期影响，其中“客体特定保护类型及其解释方式强烈影响了知识产权法的立法框架和解读方式”。[3] 在原产地名称制度下，葡萄酒一直被认为是典型的客体，法国立法影响了南欧邻国的葡萄酒监管制度，继而塑造了欧盟的葡萄酒标记制度，也为新世界国家葡萄酒地域划分规则提供了参考，保护客体也逐渐扩展到其他产品，如奶酪。法国的经验引领了欧盟农产品和食品地理标志政策的制定，同时也促进了扩大地理标志保护范围的国际讨论。[4]

---

[1] *Biogen Inc v. Medeva plc* [1997] RPC 1, 31 –2 (HL)（Mustill 法官指的是“与传统专利法相关的机械和化学发明”）；B. Sherman, “Regulating Access and Use of Genetic Resources: Intellectual Property and Biodiscovery” (2003) EIPR 301（考虑到专利法大部分的规则和原则都是源自对机械和化学发明的回应，立法者又花了很多精力来回应生物技术发明带来的挑战）。Cf. A. Pottage and B. Sherman, *Figures of Invention: A History of Modern Patent Law* (Oxford University Press, 2010).

[2] WIPO, “New Types of Marks”, 1 September 2006 (SCT/16/2), [3]（现在被视为构成商标的标识种类，已经不限于文字和修辞工具）。

[3] B. Sherman and L. Bently, *The Making of Modern Intellectual Property Law: The British Experience*, 1760 –1911 (Cambridge University Press, 1999), 142.

[4] C. Foulkes (ed.), *Larousse Encyclopedia of Wine*, 2nd edn, (Hamlyn, London 2001), 130（法国的葡萄酒保护制度是欧洲各国相关法律和欧盟法律的起源）；E. Barham, “Translating Terroir: The Global Challenge of French AOC Labeling” (2003) 19 *Journal of Rural Studies* 127, 128（受监控的原产地名称制度是欧洲最早对原产地进行标记标签的法律制度，被公认为是最严格和最完整的法律体系。从这一意义来说，是所有关于原产地产品的法律原型。这个制度的核心概念是“风土”）；O. Brouwer, “Community Protection of Geographical Indications and Specific Character as a Means of Enhancing Foodstuffs Quality” (1991) 28 *Common Market Law Review* 615, 618（此为法国最初提出建立欧盟农产品和食品地理标志登记制度的原始文献）；B. Lehman, “Intellectual Property under the Clinton Administration” (1993 –4) 27 *George Washington Journal of International Law and Economics* 395, 409（认为 TRIPS 的地理标志条款源于法国对香槟、勃艮第和夏布利等名称利益的强烈保护）；Lisbon Assembly, “Report of the Twenty Third Session”, 29 September 2008 (LI/A/23/2), [7]（保护原产地名称对于法国而言特别重要）。

既然法国模式成为一个参照点，沃伦·莫兰（Warren Moran）提醒我们，它有潜在的局限性：

> 名称制度［作为独特的制度］的合理性依赖于其假设的有效性，其中最重要的是产品的特征（有时称之为质量）来源于它生产地区的自然和人文环境。这句话乍一听似乎是公认的真理，但是，这种表述的准确性实际上取决于赋予农产品独特特征和质量的各种因素在多大程度上与地域不可逆转地联系在一起。在不同的地方可以生产出具有完全相同特征的产品吗?❶

此外，如果说葡萄酒占据了地理标志的核心地位，那么手工艺品一直徘徊在地理标志法之外，很多人对其是否应受保护表示怀疑。因此，如果说法国葡萄酒名称制度塑造了专门的地理标志法律，那么，对风土的不同阐释反过来又影响了法国制度的发展。法国从一开始的原产地名称到受监控的原产地名称突出了产地具有代表意义并受法律认可的这一转变，而这一变化过程正是本章的论述重点。

2　原产地在葡萄酒监管规则中的地位

在第二章中，我们了解到了“风土”的出现成为多边谈判的核心。支持这一概念的观点认为，一个地区多种独特的地理影响因素应结合在一起，并在该地区适宜接受的“自然”产品上留下烙印。从战略意义上讲，这种逻辑可以隔离保护这些标记。在这个范式中，它们可以抵御语义风暴和商业侧风向，避免给葡萄酒原产国带来冲击，削弱它们的地理显著性。消费者对这一标志的理解不再是衡量真实性的标准，因为，也许我们可能会误以为仿制品是完美的复制品（香槟型起泡酒或澳大利亚香槟），这就需要我们有更高的认知标准，即承认“由于真正的产品与无与伦比的地方之间具有特殊联系，这些产品在其他地方是不可再生产的”。因此，原产地是质量的代名词，而葡萄酒就是这类产品的典范。地理标志的概念依赖于这样的假设，即不同的环境生产不同的

---

❶ W. Moran, “Rural Space as Intellectual Property” (1993) 12 *Political Geography* 263, 266 – 7. Cf. G. Teil, “The French Wine ‘Appellations d’Origine Contrô lée’ and the Virtues of Suspicion” (2010) 13 JWIP 253（本文回顾了法国名称制度的各种评论，认为“基于质量来评判产品的差异性”是无效的。审视了法国名称制度的这种评论，认为没有必要基于质量来作出区分）。

葡萄，而不同的葡萄则生产出不同特征的葡萄酒，这一假设在今天的葡萄酒行业中几乎被普遍接受。当一个地区或生产商因为独特和令人满意的产品来源而获得声誉时，仿冒就出现了，反欺诈运动应运而生。❶

产地与质量的联系最早可以追溯到古希腊和罗马在葡萄酒监管方面的实践。产地与质量之间的联系变成了一个被广泛接受的概念，到了 19 世纪，这已不是荒诞的说法，而是被爱酒之人奉为圭臬了。❷ 因此，防止虚假来源被更普遍地认为是防止葡萄酒欺诈的一个重要措施，其总体监管目标是确保质量。由于在国际地理标志保护历史早期就出现了对风土和产地的生物物理影响的决定性理解，本章的写作目标就是追溯“风土”在法国的曲折命运。其来源在多大程度上归因于“自然”？换句话说，地理来源本身是否能成为保证产品质量的充分条件？如果葡萄酒是农产品类别的缩影，其特征和质量由特定的气候和风土条件决定，那么，基于保证地理来源的监管制度，在多大程度上是令人满意的？在回答这些问题时，首先要更宏观地描述原产地标记在葡萄酒行业中的作用，以突出风土给这常见的要求带来的明显变化。

酿酒葡萄受法律管制已有相当长一段时间了。这一监管主要包括要求真实标明原产地的规定，以满足这一过程中的一组政策目标。葡萄酒市场国际化已有一段时间了，可以预见的是，税收的前提是真实的原产地标记（marking）。举个例子，14 世纪莱茵河沿线的 62 个海关站点，要求途经这条线路的葡萄酒必须适当标有原产地标记。❸ 在追溯波特（Port）葡萄酒的商业财富时，原产地标记的重要性再次受到关注。保罗·杜吉德（Paul Duguid）指出，葡萄牙贸易得益于英法之间跌宕起伏的关系。由于波特葡萄酒在 18 世纪至 19 世纪享有优惠关税，英国海关官员谨慎地核实了这一原产地。❹ 另一些国家则提供了针对出口或进口这类税收的补充说明，其目的有时是征收沉重的税收以抑制出口。❺

原产地标签（labelling）的意义，除了对创收和控制贸易流动具有重要性外，另一个关键原因是长期存在的欺诈。解决这一问题需要确保真实的原产地

---

❶ M. Maher, “On Vino Veritas? Clarifying the Use of Geographic References on American Wine Labels” (2001) 89 *California Law Review* 1881, 1884.

❷ L. A. Loubère, *The Wine Revolution in France – The Twentieth Century* (Princeton University Press, 1990), 114.

❸ H. Johnson, *The Story of Wine* (Mitchell Beasley, London 1989), 120.

❹ P. Duguid, “Networks and Knowledge: The Beginning and End of the Port Commodity Chain, 1703 – 1860” (2005) 78 *Business History Review* 453.

❺ K. Andrerson, D. Norman and G. Wittwer, “Globalisation and the World's Wine Markets: Overview”, CIES Discussion Paper No. 143, Adelaide University (2002), 3.

标记。国际葡萄酒贸易的一个特点在于交易所跨越的距离，这促使商人要将质量低劣的葡萄酒换成更优质的或能在经历长途海上运输后从晕瓶中“苏醒”过来的葡萄酒。❶ 在中世纪的英格兰，食物和饮料的质量是通过城市法令和议会来共同管理的。1419 年英国颁布了一项法令，要求“来自一个地理区域的葡萄酒必须贴上该区域的标签而不能与别的酒混在一起”。❷ 因为原产地被认为是质量的代名词。有人提到，早在 1560 年，西班牙里奥哈（Rioja）就建立了一个葡萄酒生产者联盟，通过制定规则以集体控制葡萄酒的生产并建立质量管控区。❸ 一个类似的例子是佛罗伦萨美第奇大公科西莫三世的倡议，他在 1716 年颁布法令，规定了托斯卡纳葡萄酒的产区范围，其中最著名的是基安蒂、卡米纳诺和波米诺红酒。这就限制了这些区域名称的使用仅限于来自划界区域的葡萄酒。❹ 与此类似，在 18 世纪和 19 世纪，波特地区的商品贸易链也在与欺诈作斗争。❺ 再看英国的酒精饮料市场，出现在广告中的饮料通常是按地区划分的，包括爱丁堡啤酒、法国干邑、香槟、夏利和波特。根据档案研究，杜古德（Duguid）指出，商业报刊经常抗议酒精饮料商因为贪婪或者愚蠢而发布虚假来源广告。❻ 因此，对原产地的执法保护通常是通过长期有效打击欺诈行为实现的。

还值得注意的是，其中一些提议导致了更有争议的话题。这里的一个主要问题就是寻租。❼ “所有根据产区划界分类的葡萄酒，基本特征是生产者试图说明种植葡萄的土地具有独特性来保证葡萄酒的质量。然而，这样的分类制度通过标榜质量保证使得这片土地的所有者从其葡萄园获得比垄断租金更高的利润。”❽ 这就出现了对名称的专有权保护，虽不合理但仍受法律支持。波尔多和勃艮第的某些分类做法根源于既得利益集团希望持续获得利润。❾ 波尔多受

---

❶ 包括添加向日葵或者接骨木汁。T. Unwin, *Wine and the Vine*: *An Historical Geography of Viticulture and the Wine Trade* (Routledge, London 1991), 241 -4, 276 -7.

❷ P. B. Hutt and P. B. Hutt II, “A History of Government Regulation of Adulteration and Misbranding of Food” (1984) 39 *Food*, *Drug*, *Cosmetic Law Journal* 2, 16.

❸ Foulkes, *Larousse Encyclopedia of Wine*, 131.

❹ Maher, “On Vino Veritas?”, 1884.

❺ Duguid, “Networks and Knowledge”, 520 -3.

❻ P. Duguid, “Developing the Brand: The Case of Alcohol, 1800 -1880” (2003) 4 *Enterprise and Society* 405, 425 -6.

❼ 经济学家将房租定义为比投资回报更高的收入。这种消耗资源来获得超额收益的行为被称为“寻租”。这是财产权需要考虑的一个问题。W. M. Landes and R. A. Posner, *The Economic Structure of Intellectual Property Law* (Harvard University Press, Cambridge MA 2003), 17 -18.

❽ Unwin, *Wine and the Vine*, 312.

❾ 同上，278. 不过，这里指的是产区的酒庄等级分类法。

益于这样一条规定，即只有来自邻近地区的葡萄酒才允许进入其港口设施。❶它的生产者和经销商也受益于“运输特权”（其他地区的葡萄酒在每年11月份之前不得通过河运运至波尔多地区销售）和“装桶特权”（只有波尔多葡萄酒有权使用更大更好的木料制成的木桶，因此运输更方便，同时也降低了每桶运费的成本）。❷ 因此，罗伯特·乌林（Robert Ulin）认为，波尔多葡萄酒的声誉体现了一个被创设的新传统的许多特征。“波尔多现在之所以拥有至高无上的地位，不仅因为它的政治和经济历史，还因为将社会和文化因素都用‘自然’这一外衣进行包装的‘创新’。”❸ 总之，众所周知，原产地标记在葡萄酒贸易中涉及一系列政策目标，偶尔也会促成党派议程。值得注意的是，在本书撰写期间，风土逻辑为这些传统实践带来了一些新内容。

3 风土的地理学分析❹

法国的名称（appellation）制度产生于19世纪，当时迫切需要国家干预来直接回应根瘤蚜灾害，风土（不断演化的概念）是进行干预的前提假设。每一种根本影响都能很好解释如何确定一个名称的合法使用者范围和它为什么排除外来者。风土是区分不同原产地葡萄酒的关键因素，是解释为什么原产地影响质量的密码。根据伊丽莎白·巴勒姆（Elizabeth Barham）的观点，这个“产地的表达”（expression of place）指的是，“一个通常相当小的地区或地域（terrain），其土壤和微气候赋予食品以独特的质量”。人类能动性与地域一样被认可，因为“解释或诠释当地生态以充分展示其质量”需要人和产地的完美搭配。要取得成功，需要对当地地域有大量了解，也需要尊重经由葡萄酒展现出来的当地自然环境。❺ 罗杰·鲍姆里奇（Roger Bohmrich）认为它（产地的表达）指的是土壤、地形和气候与人类贡献的结合，其中“享有特权的”风土反映了为适应自然环境的进化，并被认为是这些因素之间复杂的相互作用，尽管有些（因素）仍是未知的。❻ 另一些人则赞同在泥土的味道（goût de

---

❶ W. van Caenegem, “Registered Geographical Indications: Between Rural Policy and Intellectual Property – Part II” (2003) 6 JWIP 861, 861 –3.

❷ 同上，862.

❸ R. C. Ulin, “Invention and Representation as Cultural Capital: Southwest French Winegrowing History” (1995) 97 *American Anthropologist* 519.

❹ 感谢 Alain Pottage 建议使用这个小标题。

❺ Barham, “Translating Terroir”, 131.

❻ R. Bohmrich, “Terroir: Competing Perspectives on the Roles of Soil, Climate and People” (1996) 7 *Journal of Wine Research* 33.

terroir）或地方的味道中所表达的“某处”（somewhereness）的明显感觉，在那里，人们认为重要的是让葡萄酒靠自身质量来凸显它的产地，而不需要酒商过多的精心设计和干预。❶ 然而，衡量一个物理位置对终端产品质量的具体影响一直是激烈但悬而未决的争议主题。❷ 消除这一概念的歧义是一项很重要的任务，因为神化或过分强调地方对质量的影响的论点，可能会引起法院的注意。

> 香槟最重要的两个特点是葡萄生长的土壤和气候，以及技术熟练的工人的生产方法。第一个因素在世界上任何地方都不可能完全复制，但是第二个因素可以。很明显，葡萄酒专家认识到，葡萄树生长的精确地理位置（即气候和土壤）是决定最终产品的突出的、不变的因素。因此，地名在名称中占主导地位。❸
>
> 发现香槟葡萄园的地区位于巴黎以东约 100 英里处，靠近兰斯（Reims）和埃佩尔奈（Épernay），那里有一片白垩质、坚硬的土壤，气候受到极端冷和热的影响。显然，这些因素赋予了葡萄酒独特的质量。❹
>
> 毫无疑问，“伟大的西方”（Great Western）用于形容无论是蒸馏还是起泡的葡萄酒，都是一个地理术语。当地的自然特征使当地生产的葡萄酒具有独特的质量。❺（着重点为作者所加）

因此，风土具有法律意义，法院通常是根据地理上或生物物理上的决定论断来解释这种“独特质量”。而这又是独占使用名称的理论基础。整个解释范式也在特定时期受到挑战。引用国际联盟 1992 年的报告：

> ［有人认为］葡萄树的某些产品是从某一特定地区的土壤或气候的特殊特征中获得它的独特质量的，因此，从本质上讲，也无法在其他地区生产出有同样质量的产品。只要这是真的，生产它们的特定地区就可以说拥

---

❶ M. Kramer, “The Notion of Terroir”, in F. Allhoff (ed.), *Wine & Philosophy: A Symposium on Thinking and Drinking* (Blackwell, Oxford 2008), 225.

❷ R. E. White, *Soils for Fine Wines* (Oxford University Press, New York 2003), 3 (Terroir “evokes passion in any discussion”); J. Robinson (ed.), *The Oxford Companion to Wine*, 2nd edn (Oxford University Press, 1999), 700（这是哲学和商业的最大区别）。

❸ *Comité Interprofessionnel du Vin de Champagne v. Wineworths Group Ltd* [1991] 2 NZLR 432, [10] (Wellington HC).

❹ *J. Bollinger v. Costa Brava Wine Co Ltd* [1961] 1 All ER 561, 563 (Ch D) (Danckwerts J).

❺ *Thomson v. B. Seppelt & Sons Ltd* [1925] 37 CLR 305, 313 (HCA) (Isaacs J).

> 有其生产的绝对自然垄断，而且似乎任何地理名称在其标题中都不可能由于使用或习惯而在“一般”意义上得到恰当适用。不幸的是，人们对于区域垄断的事实或是拥有这种垄断地位的地区边界很难达成共识。人们容易自然地夸大解释，认为葡萄酒的独特质量实际上是一种“区域”垄断，而且很多情况下，人们对可以单独生产一种特产的地区的界限（如果真实存在）有极大争议。[1]

法律制度在多大程度上进行合并，风土成为法律术语，以及风土内涵进行整合与叠加，开始变得非常重要。在这方面，至少可以找出三种重叠的叙述，认为风土是：(1) 一个整体的或神秘的立足点（anchor），与地域认同的形成相关联；(2) 强调自然地理和环境条件的决定性影响；或 (3) 自然因素和人文因素的动态组合，根据时势进行创新。前两个假设场所的静态概念，而第三个则允许采用更具有适应性的方法。

根据第一个学派的观点，风土是一个被广泛讨论的术语，用来描述任何葡萄栽培区的整个自然环境。这个典型的法语术语概念，没有准确的英语对应词。[2] 国际知名专家休·约翰逊（Hugh Johnson）认为，它的意义远远超过表面发生的事情。从恰当的理解来看，它意味着整个葡萄园的生态……不排除葡萄园的照料方式，甚至连葡萄树的灵魂也不例外。[3] 有人认为，它可以表明“气候、土壤和景观的结合”，超越了土壤的化学成分的作用。[4] 还有一些学者认为“这是一个神话般的整体概念，风土指的是特定葡萄园与众不同的难以模仿的环境”。[5] 因此，风土通过强调精神纽带来重申地方的独一无二。这类陈述含蓄地假定这一地方既是容易界定的又是静态的。这些观点似乎是对以前更复杂概念版本的重新定义。科林·盖（Kolleen Guy）将这一词追溯到了13世纪末，那时候它最初是指各种土壤生产葡萄的自然倾向，而到了18世纪，它已经超越了土壤与葡萄酒的联系，并被隐喻地用来描述许多质量或缺陷，不

---

[1] Report on Unfair Competition, Particularly in Relation to False Marks and Indications ［1922］ *League of Nations Official Journal* 625, 630.

[2] Robinson, *Oxford Companion*, 700.

[3] 参见 J. E. Wilson, *Terroir*: *The Role of Geology*, *Climate*, *and Culture in the Making of French Wines* (Mitchell Beazley, London 1998), 4, 前言.

[4] B. Prats, “The Terroir is Important” (1983) 8 *Decanter* 16 *cited in Unwin*, *Wine and the Vine*, 45.

[5] W. Zhao, “Understanding Classifications: Empirical Evidence from the American and French Wine Industries” (2005) 33 *Poetics* 179, 185.

仅在葡萄酒领域，还包括特定领域的人。❶ 这种转变与当地法国医疗实践是一致的，即通过对风土产品的消费，研究了地方精髓对本地居民的生理和心理状态的造血式赋能。

一些学者将“精神纽带”置于环境决定论这一更广泛的主题，于是就产生了“高度建构、深度本质化和静态的场所概念”。❷ 虽然这一学科观点暗示了风土具有某种特定的合法化作用，但另一种完全更有说服力的说法是，有意识地推广这种神秘的产品 - 产地联系，可以溯及法国大革命之前旧制度（Ancien Régime）瓦解而形成的政治生态，当时一个现代化的国家建设工程正在进行，后革命时代的法国需要象征符号来凝聚共识，区域特色成为这一进程的重要内容，这些“与以区域和地方多样性为基础的国家认同密切相关”。❸ 烹饪遗产的观念和烹饪美学的兴起都是在保留当地风俗、语言和民俗以对抗第三共和国的中央集权压力的政治背景下进行的。❹ 工业革命和交通运输的发展导致了国家市场的发展，这也反过来促进著名的区域特色食品的销售。❺ 作为烹饪遗产突出的一部分，“葡萄酒消费和风土是 19 世纪末共和制下的法国集体为自己做出的注解”❻。真正的法国是一个由景观和居住其中的人之间的共生关系组成的有机实体。法国被认为是环境决定一种生活方式的“珍宝之地”，因此法国成为一个独特的民族，而不同于其他以民族理想为前提的国家，如德国。❼ 不可否认，葡萄树的产出受到地方的影响，且这种影响介于艺术和手工艺之间，从而令它成为这方面的典型符号。风土的这一社会构成作用是民俗学家最近研究的主题，他们探讨了独特的区域特性的形成。例如，菲利普 · 惠伦（Philip Whalen）通过这一更具政治色彩的风土证明了，勃艮第人身份的各个

---

❶ K. M. Guy, *When Champagne Became French*: *Wine and the Making of a National Identity* (Johns Hopkins University Press, Baltimore 2003), 42.

❷ B. Parry, “Geographical Indications: Not All Champagne and Roses”, in L. Bently, J. C. Ginsburg and J. Davis (eds.), *Trade Marks and Brands*: *An Interdisciplinary Critique* (Cambridge University Press, 2008) 361, 364（环境决定论是研究特定领域和原住民的行为之间的协作和相互促进的关系，例如环境和地势对当地工作伦理和艺术美感的影响。这又相应地取决于民族主义的生物学知识模式）。

❸ M. Demossier, “Culinary Heritage and Produits de Terroir in France: Food for Thought”, in S. Blowen, M. Demossier and J. Picard (eds.), *Recollections of France*: *Memories*, *Identities and Heritage in Contemporary France* (Berghahn Books, New York 2000), 141, 145.

❹ 同上，146.

❺ X. de Planhol, *An Historical Geography of France* (Cambridge University Press, 1994), 374.

❻ K. M. Guy, “Rituals of Pleasure in the Land of Treasures: Wine Consumption and the Making of French Identity in the Late Nineteenth Century”, in W. J. Belasco and P. Scranton (eds.), *Food Nations*: *Selling Taste in Consumer Societies* (Routledge, London 2002), 34, 43.

❼ 同上，43.

方面都与乡村葡萄种植者的形象联系在一起。建立这一联系所采用的手段包括庆祝区域生产的节日、美食交易会、游行和年度葡萄酒拍卖会。❶ 在质量取决于原产地这一信念下，这些更广泛的区域特性强化工程为19世纪后期的争议提供了依据，即某些产品被认为是独一无二的，并与特定地区紧密相连。

相比之下，第二次对风土的运用，则侧重于它的物理和环境要素。再次推论出的结果是自然条件的复杂混合造就了一个独特的原产地。在它的影响下，意大利葡萄酒命名规范被认为是“编纂……尤为保护环境因素，这是气候和土壤的独特融合，也是唯一不可复制或转移到另一地方的因素”。虽然品种和技术诀窍是可传递的，但包含气候-土壤因素的地域性是唯一固定且不可复制的，也是唯一影响着葡萄酒特征、质量和特有质量的决定性因素。❷ 根据这一学派，风土存在于：

> 一个由地质特征、土壤组成和结构、矿物质含量、一般天气、微气候、降水和排水、日照、坡向的程度和变化以及坡度组成的有其独特印记的地块或地点，所有这些都可能因其地点而在成分和组成上有所不同，这些已被这里的世世代代用于葡萄藤的种植，以至于这片土地就是为此目的而由这些自然成分所组成的。❸

或如鲍姆里奇（Bohmrich）所说，

> 相对于接近或相邻的另一个地方，特定地点的特定特征，有时是独一无二的，可能会导致在用同样葡萄和相同方法生产的葡萄酒的香气和味道上可识别的细微差别，这一想法并不是最近发明的。罗马时代最著名的葡萄酒——法勒纳姆（Falernum），产于坎帕尼亚的马西科山，源于将当地划分为三个分区：Caucinian 在山顶上，Faustian 在上坡，费勒年（Falernian）在下游。在这里，我们可以看到早期形成的分级体系，即一种葡萄酒

---

❶ P. Whalen, “‘A Merciless Source of Happy Memories’: Gaston Roupnel and the Folklore of Burgundian Terroir” (2007) 44 *Journal of Folklore Research* 21; P. Whalen, “‘Insofar as the Ruby Wine Seduces Them’: Cultural Strategies for Selling Wine in Inter-War Burgundy” (2009) 18 *Contemporary European History* 67.

❷ F. Castellucci, “Geographical Indications: The Italian Scenario for the Wine Sector”, 24 June 2003 (WIPO/GEO/SFO/03/10), [16], [18].

❸ A. Biss and O. Smith, *The Wines of Chablis* (Writers International, Bournemouth 2000), 49.

基于环境因素而形成的不同质量等级。❶

在各种不同的因素中，地质构造是很重要的，例如勃艮第的土壤是由山坡逐渐崩解而形成的，不仅是矿物质和营养物质的重要来源，还能调节雨水系统，达到最佳排水效果。❷ 土壤被认为有四个显著属性——它能维持葡萄树的生长，提供水分，以不同的速率升温或冷却，提供营养。❸ 除了土壤，其他重要的生物物理因素包括拓扑结构（对着太阳的高度和朝向）和气候环境。❹ 今天，这些因素构成了欧盟葡萄酒标签政策的一个关键组成部分。因此，对于来自特定区域的优质葡萄酒，NO479/2008 号条例第 27 条阐明："在共同体中，优质葡萄酒的概念，除其他外，是基于可归因于葡萄酒原产地的特定特征。"❺ 在这个过程中，人们可以看到前面提到的将产品与产地紧密联系在一起的特殊气候和风土条件。不论是捉摸不定的还是具有确定性的风土，最后都会形成一个独特的产品。在过去，这掩盖了一个至关重要的层面，并导致了第三种解释的出现。

第三种解释是，更平衡的风土概念包括上述自然因素与"其他传统酿酒工艺有关的因素"的组合。❻ 就语义变化而言，风土最新的路径反映了从一种几乎完全自然主义的用法向一种逐渐包含产品和产地的社会和文化层面的转变。❼ 对人文层面的认可往往可以追溯到罗杰·戴恩（Roger Dion）关于法国葡萄栽培和酿酒历史上的有影响力的著作。❽ 戴恩推测，法国葡萄种植已有 2000 多年的历史，而几个主要葡萄种植园种植葡萄已有 1000 多年了。在此期间，通过葡萄栽培试验和错误试验积累了技术经验。成功的革新将会得到及时采纳、传播和进一步调整，作为适应周围环境进程的一部分。这些包括品种和无性系选择、支持藤蔓的改良系统、修剪和灌溉技术的实践，一旦成功，这些技术往往会变成常态，并在该地区广泛应用，但也有变得不灵活以至于阻碍进一步创新的风险。

---

❶ Bohmrich, "Terroir: Competing Perspectives", 33 –4.

❷ A. Hanson, *Burgundy* (Mitchell Beazley, London 2003), 58 –9.

❸ Foulkes, *Larousse Encyclopedia*, 130.

❹ Bohmrich, "Terroir: Competing Perspectives", 35.

❺ Council Regulation (EC) No 479/2008 of 29 April 2008 on the Common Organisation of the Market in Wine [2008] OJ L148/1.

❻ E. Auriol, J. B. Le Sourd and S. Schilizzi, "France", in K. Anderson (ed.), *The World's Wine Markets: Globalization at Work* (Edward Elgar, Cheltenham 2004), 64.

❼ M. Cegarra and F. Verdaux, "Introduction", in L. Bérard, M. Cegarra, M. Djama and S. Louafi (eds.), *Biodiversity and Local Ecological Knowledge in France* (INRA – CIRAD, 2005), 19, 22.

❽ R. Dion, *Histoire de la Vigne et du Vin en France des Origines au XIXe Siècle* (Clavreuil, Paris 1959).

除了在葡萄酒生产过程中的人文因素外，戴恩的工作也关注消费或需求方面并详细介绍了城镇市场的重要演变、国家和国际贸易模式以及运输成本的影响。当代研究基于此并承认：

> 影响的因素有很多，包括气候、土壤、品种和人类实践，且这些因素相互影响。当葡萄质量的早熟性与当地气候条件相适应，在生长季节结束时达到完全成熟，就达到了最佳的风土表现……然而，只有当社会经济条件有利于建立以质量为导向的葡萄酒生产时，好的风土才会出现。❶

人们认识到，每位酿酒师“在当地的传统、法律要求以及他/她的个人技能和经验的基础上，酝酿出一款独特风格的葡萄酒”。❷ 随着时间推移，生产者已经“使他的生产实践适应了自然环境的这些特殊条件，从而尽最大能力展示这些独特地区的特定特征”。❸ 这些技术和技能，例如选择适合当地土壤种植环境的合适葡萄品种、设定糖和酒精浓度的允许限度以及最佳收获时间，随后被列入法国法律的产品规范法令中。❹ “风土将利益相关方、当地历史、社会组织、活动——特别是农民运用特定单一的技术方法实施的农业活动——和一处独具生态特征、地界、周边环境及景观的土地联系在一起。风土的这些组成因素是有机互动的。”❺ 无论如何，风土的支持者始终主张，自然环境条件和人为生产技术相互影响，成就了独一无二的产品。❻

承认这种集体的、较长时间代际传承的人为投入有三个重要的意义。第一，它强调了为适应当地环境而长期积累的专门知识或特殊技能、技术诀窍的

---

❶ C. van Leeuwen and G. Seguin, “The Concept of Terroir in Viticulture” (2006) 17 *Journal of Wine Research* 1. 同时参见 J. van Niekerk, “The Use of Geographical Indications in a Collective Marketing Strategy: The Example of the South African Wine Industry”, 1 September 1999 (WIPO/GEO/CPT/99/8), 4.

❷ Unwin, *Wine and the Vine*, 50. 也参见 J. Halliday and H. Johnson, *The Art and Science of Wine* (Mitchell Beazley, London 1994), 19 – 20.

❸ J. Mesneir, “Semantic Analysis and Draft Definition of the Word ‘Terroir’” (1997) 12 *AIDV Bulletin* 4.

❹ 有关生产者合作者和他们在这个过程中的角色，参见 G. G. Weigend, “The Basis and Significance of Viticulture in Southwest France” (1954) 44 *Annals of the Association of American Geographers* 75, 84 – 93.

❺ J – P. Deffontaines, “The Terroir, a Concept with Multiple Meanings”, in L. Bérard, M. Cegarra, M. Djama and S. Louah (eds.), *Biodiversity and Local Ecological Knowledge in France* (INRA – CIRAD 2005) 38, 41.

❻ Moran, “Rural Space as Intellectual Property”, 264 (支持者认为某一特定产品的独特质量是源于自然环境的特征和一直生活在当地的人们习惯形成的传统的共同作用。这些因素在其他地方是无法简单复制的)。

重要地位。[1] 这直接挑战了一种观念，即某一类农产品完全产自大自然，不受其他因素影响。它也避免了过分渲染产品只受原产地影响的夸张修辞。丹尼斯·维达尔（Denis Vidal）提醒我们注意这种被神化的说法带来的危险：

> 世界各地的许多迷思是，都假定某个特定地方和那些在该地土生土长的人之间存在某种排他性的关系。但是，这并不妨碍我们认识到，无论我们喜欢与否，所有的迁徙和流离失所都是历史的产物。然而，似乎无论何时涉及这一土壤的产品时，我们似乎就失去了历史感反而庆祝并欣喜于［这些产品的质量］与来源地之间的排他性关系——产品就是这些地方的表达和象征。[2]

人们发现，对迷思的真实性的暗示需要用法律术语加以精准限定或揭穿。[3] 对技术诀窍和经验的重视说明影响可能来自很多方面，但立法的目的是维护来之不易的地区声誉，这需要着眼于经过尝试和验证的，能让产品因质量而获得认可的方法，而不是诉诸于内在一成不变的原产地。此外，由于在一段时间内本地工艺与地理特征一同得到认可，地理标志和传统知识（TK）之间的相似之处似乎不是那么勉强，且这种协同作用在第二章里已经予以论述。这里还有个更深远的影响。如果原产地名称身份（status）包含对集体形成的生产技术的承认，而不是仅侧重品牌识别方面，这样，原产地名称就不再会被讽刺为商标大家庭里古怪的“亲戚”了。不能仅根据商标法的标准来评价原产地名称，生产过程与终端产品一样重要。立法承认这个过程有助于与将区域产品弱化为普通商品的反向（countervailing）压力相抗衡。新自由主义认为无摩擦、全球化和同质化的经济导致当地被边缘化，而对产地和过程的认同是与这一主义相反的叙述逻辑。[4] 当意识到这种形式的抵抗所带来的政治影响时，有

---

[1] Barham，“Translating Terroir”，135.

[2] D. Vidal，“In Search of ‘Basmatisthan’：Agro – nationalism and Globalisation”，in J. Assayag and C. J. Fuller（eds.），*Globalising India*：*Perspectives from Below*（Anthem，London 2005），47，48 – 9.

[3] 在菲达案中欧盟法院总法律顾问 Colomer 对此有较好的分析。参见 *Canadane Cheese Trading v. Hellenic Republic*（C – 317/95）［1997］ECR I – 4681，［13］（AGO）（在某种程度上，文化背景与本案具有一定的相关性，因为，在奶酪案中，最关键的是自然因素，其次是神秘感和耐心：难以忘却的习惯和传统的风味，不是菜谱和法律所能即兴形成的）。

[4] D. Aylward，“Towards a Cultural Economy Paradigm for the Australian Wine Industry”（2008）26 *Prometheus* 373，374.（不断演化的信息是，葡萄酒越来越少地被视为一种商品，而更多地被视为一种向苛刻消费者提供一系列体验的过程。葡萄酒作为一种文化资产正在获得吸引力）；Barham“Translating Terroir”，129（标签上的地理标志专用标志向消费者传递了关于生产过程的专门信息，而不只是标明产品的成分信息，例如成分表之类的……［这些原产地标签］似乎可以重新建立起产品与特定产地的社会、文化和环境之间的连接，进一步将这些产品与其他不知名的大众产品区分开来，产地的重要性更为凸显）。

些人认识到在这种全球市场上具有象征意义的优质和与之相关的商品“去拜物教”的潜力：

> 正如卡尔·马克思所说：工业生产的出现，一个重要后果是商品价值的提高和工人劳动价值的降低，因此导致“商品拜物教”这一概念。将价值赋予生产手段、地点或方法，通过敦促消费者购买反映生产者社会生活的产品，挑战这一拜物化过程，从而衍生出“去拜物教”这一概念。❶

第二，作为技术和地形结合的必然结果，法律制度承认区域产品有其独特的历史，这包括被消费和被认可的历史。❷ 随着时间的推移，公众逐渐形成对特定原产地和质量之间关联性的认识。不同于任何满足质量关联性的产品，如在一个地区新发现的大理石矿层、植物或矿物新品种，这些当地的产品也有享有历史的声誉。在某些国家的原产地名称法律中，这是一项明确的要求。❸ 除了消费者的参与，它还意味着生产工艺和产地范围可能会随着时间的推移而变化，从而避免了对完美目的论的追求以及最终产品受已注册产品规范的影响。

第三，生产者也有历史，一旦人的价值被认可，确定产地范围的过程就变得更为复杂。如果产地的内在同质性不再是确定合法原产地的唯一或决定性基础，并需要考虑生产发展的历史轮廓，那么，划界就失去了诱人的客观基础。本章接下来将追溯法国名称制度的形成过程。在经过一段时间的监管实践后，政府和相关行为人被迫重新考虑风土，并最终将风土视为环境因素和人文因素的结合。如果说风土有助于提供概念源泉的话，那么加速立法出台的外在动因就是根瘤蚜，它在 19 世纪后半叶几乎摧毁了法国葡萄园。为了更好地理解这一问题的严重性，让我们关注一下葡萄作物的疫病。

---

❶ R. Coombe，S. Schnoor and M. Al Attar Ahmed，“Bearing Cultural Distinction：Informational Capitalism and New Expectations for Intellectual Property”（2007）40 *University of California – Davis Law Review* 891，892 – 3，Fn 3.

❷ 有关消费者的影响作用，参见 D. Hancock，“Commerce and Conversation in the Eighteenth – Century Atlantic：The Invention of Madeira Wine”（1998）29 *Journal of Interdisciplinary History* 19，197（葡萄酒不仅是一种经济行为——一种对商业动机的回应，而且是一种社会行为——不是一个独居“天才”的个人行为，而是大西洋各国生产者、销售商和消费者相互之间深度对话的网络）。

❸ 关于159/1973 号法的讨论，参见 J. Prosěk and M. Vilimská，“The Protection of Appellations of Origin in Czechoslovakia”［1975］*Industrial Property* 99，100（众所周知，一种特定的地理环境会赋予产品特定的特征，原产地名称经常用于强调一个事实，即这个客观存在的事实并不足以证明……关联性应该得到消费者和顾客的普遍认同……这要一段时间集中使用之后才会有这样的效果）。

4　葡萄根瘤蚜和欺诈

19 世纪末是法国葡萄酒行业的持续危机时期，而对这一困境的应对将导致葡萄酒行业的系统重组。在这一时期，葡萄根瘤蚜不是唯一困扰法国葡萄园的灾难。在此之前，还出现了真菌病，如葡萄树孢子病或白粉病，这些疾病在 19 世纪 40 年代和 50 年代席卷了欧洲葡萄园，极难控制。[1] 惠伦总结了产生这种悲剧的原因：

> 19 世纪末 20 世纪初，法国葡萄酒生产区面临的挑战被统称为“葡萄酒危机”。持续了近 3/4 世纪的危机，困扰了该行业的生物、法律、社会学和经济矢量。源于美国的三种生物病害（随受感染的藤蔓进口而来）——根瘤蚜（特别是在 1863—1900 年）、葡萄白粉病（1884 年）以及葡萄黑腐病（1898 年），直接侵蚀了法国葡萄树的叶子、果实和根。[2]

根瘤蚜是一种吸液的、蚜虫样的、根状的[3]以葡萄藤根为食的昆虫，原产于美国，19 世纪 60 年代随着美国东海岸被感染的藤蔓作为博物馆标本引进法国时而被偶然引入了欧洲。[4] 讽刺的是，为缩短旅途时间而特意选择的轮渡，意外地使害虫得以存活。[5] 其后果是毁灭性的。由于受感染葡萄藤根系变形，新根的再生长受到抑制，从而影响了根系吸收水分和矿物质的能力。对根瘤蚜的防治效率低下，而且协调工作仅限于区域层面，在一定程度上也因为已经衰弱或受感染的葡萄藤吸引来了虱子，不太确定这是导致藤蔓感染的原因还是说是感染的一种症状。瘟疫不断蔓延，到了 1900 年，几乎四分之三的法国葡萄

[1] Unwin, *Wine and the Vine*, 283 - 4.

[2] Whalen, “Insofar as the Ruby Wine Seduces Them”, 68.

[3] 尊敬的读者，请自行代入你最喜欢的银行家或律师笑话。

[4] M. G. Mullins, A. Bouquet and L. E. Williams, *The Biology of the Grapevine* (Cambridge University Press, 1992), 183.

[5] I. Stevenson, “The Diffusion of Disaster: the Phylloxera Outbreak in the Départment of the Hérault, 1862 - 80” (1980) 6 *Journal of Historical Geography* 47.

园受到感染。❶ 在寻找解决问题的恰当方法时，存在两种严重的分歧，一种主张喷洒化学药物，另一种主张将葡萄藤嫁接到具有抗性的美国砧木上。嫁接法最终被证明是成功的，这得益于法国的试验以及美国得克萨斯州植物学家托马斯·曼森（Thomas V. Munson）的努力。❷ 一旦将重新嫁接视为最佳解决方案，治疗方法原则上是简单易行的，但需要进一步试验来找到合适的葡萄藤，这种葡萄藤不仅对害虫有抵抗力，而且能适应各地区的土壤和生产条件。这场危机一个重要的长期影响是出现了一种更科学的葡萄栽培和葡萄酒酿造方法。❸ 然而，在短期内，尽管欧洲传统葡萄园的产量在此期间内下降，需求却没下降。这不仅为虚假描述原产地的欺诈行为提供了机会，还为偷工减料、掺假和对一般质量妥协创造了理想条件。

在此期间，有多种信息来源记录下了显而易见的来源欺诈行为。有人苦笑说，勃艮第的商人们准备在迦南（Cana）重现这一传奇。虽然不是完全把水变成葡萄酒，但他们肯定会重新将阿尔及利亚红酒贴上标签，称其原产于勃艮第。❹ 葡萄酒掺假和消费者信息不对称的问题造成了谢里（Sherry）和克拉雷（Claret）所称的“柠檬市场”现象，导致真正优质的葡萄酒在重要的英国市场上销售锐减。❺ 在此期间，“伪造”（在可疑或欺诈情况下使用区域名称）和“掺假”（包括加水、糖和人工色素）都很常见。❻ 技术的发展特别是有机化学的出现为食品和饮料加工提供了新的可能性。尽管有的实验是有益的，但蒂姆·昂温（Tim Unwin）指出，在根瘤蚜之后，出现了其他的“有害做法”，包括使用杂交葡萄树生产不合格的葡萄，牺牲质量追求数量，添加氧化铅以阻止氧化过程。❼ 除了较为极端的掺假案例外，对于什么才算真品也有激烈的争论。例如商人/制造商和葡萄种植者之间关于什么是真正的香槟产生了意见分歧。马恩（Marne）的商人能不能从该地区以外的地方采购葡萄并仍在最终产品上

---

❶ J. Simpson，“Old World versus New World：The Origins of Organizational Diversity in the International Wine Industry，1850 - 1914”，Universidad Carlos III de Madrid，Working Papers in Economic History，（WP 09 - 01）（February 2009）7，Fn 17（在葡萄树根部注射液态二硫化碳，喷洒硫碳酸盐，或者在冬天通过对葡萄园进行水灌来消灭葡萄虫。但是，这些做法对大多数葡萄种植者来说都成本太高）。

❷ 关于寻找解决方案的各种努力，参见 C. Campbell，*Phylloxera*：*How Wine was Saved for the World*（Harper Perennial，London 2004）.

❸ H. W. Paul，*Science*，*Vine and Wine in Modern France*（Cambridge University Press，1996）.

❹ Foulkes，*Larousse Encyclopedia of Wine*，131.

❺ J. Simpson，“Selling to Reluctant Drinkers：the British Wine Market，1860 - 1914”（2004）57 *Economic History Review* 80.

❻ A. Stanziani，“Information，Quality and Legal Rules：Wine Adulteration in Nineteenth Century France”（2009）51 *Business History* 268（探讨了食品加工过程中的创新和掺假）。

❼ Unwin，*Wine and the Vine*，313 - 14.

贴上香槟标签?[1] 那些将传统香槟产区的葡萄出口到德国进行压榨和装瓶的呢？有人问：什么是香槟？是某种葡萄的混合物吗？是来自一个特定区域的葡萄的混合物吗？那个地区的边界在哪里？产地范围的划定与葡萄酒生产之间是否有关系？限制和划定产地范围的依据是什么?[2]

根瘤蚜引起的葡萄短缺也迫使商人们从其他国家寻找新的供应来源，或生产人造葡萄酒。这样更灵活的变通也遭到一些反对声音。

> 随着国内生产的恢复，这些［替代］供应并没有随之显著减少，而且种植者从20世纪初开始不得不眼睁睁看着价格和利润急剧下降，开始需要政府进行干预……然而，大家对于什么是最适合的市场干预模式意见不一致，不仅种植者和商人之间存在矛盾，大小种植者之间、优质和普通葡萄酒生产者以及不同地理位置的种植者之间都有矛盾。[3]

这一流行病的后果是随着葡萄丰收，产量开始增加，质量却不断下降，相应地导致价格暴跌。当产量过剩和普遍出现的欺诈观念并行时，葡萄酒对法国经济的相应价值开始下降，政府被迫进行干预。因此，法国政府面临的任务是处理原产地欺诈问题，同时确保质量并遏制产能过剩。[4] 最让人头疼的是著名产区的种植者不加选择地重新种植葡萄，因为选种高产低质的葡萄拉低了葡萄酒价格并威胁了葡萄种植者们的生存能力。查尔斯·沃纳（Charles Warner）描述了结果："政府开始通过保护产品来保护葡萄酒生产商。"[5] 作为维持质量标准的制度的一部分，这最终将导致葡萄的种植和栽培受到控制，从而限制产量。今天，欧洲葡萄酒立法不断要求规定与质量相关的标准，例如：（1）划定产区；（2）葡萄品种分类；（3）规范栽培方法；（4）按体积计算最低天然酒精浓度；（5）每公顷的产量等。[6] 然而，最初的挑战是如何确定划分真实产品及其生产区域的依据。

---

[1] 法国行政区域划分为区（regions）、省（départments）、镇（communes）。相当于其他国家的市、区、镇，最基层的划分为镇。

[2] Guy, *When Champagne Became French*, 121.

[3] J. Simpson, "Cooperation and Conflicts: Institutional Innovation in France's Wine Markets, 1870 - 1911"（2005）79 *Business History Review* 527, 528.

[4] C. K. Warner, *The Winegrowers of France and the Government since* 1875（Columbia University Press, New York 1960）, 26 -9.

[5] 同上，viii.

[6] J. Audier, "Protection of Geographical Indications in France and Protection of French Geographical Indications in Other Countries", October 1997（WIPO/GEO/EGR/97/8 Rev）, 4.

5 从原产地名称到受监控原产地名称

作为以下内容的序言，有两个主题趋势值得强调，第一个涉及风土。法国议会对这场危机的回应揭示了在地理决定的意义上，风土在多大程度上被认为是保证葡萄酒质量的必要条件和充分条件。事实证明，保证真实的来源本质上是一个不充分条件，因为界定原产地区域通常是一种政治上的有争议的行为，有时会导致地理上不同的大区域被指定，而法律制度通过对生产标准实施更严格的控制，而逐渐认识到人类能动性在生产优质葡萄酒中的重要性。这两个发展削弱了这样一种观点，即井然有序的自然地理区域对最终产品的优点负决定性的责任。

第二种趋势体现在货源标记与新兴原产地名称制度一脉相承。随后的立法框架回应了1824年和1857年的法律以及第二章提到的国际条约中存在的立法缺陷和立法空白。第一，在国家层面划定精确界限日益成为有效国际保护的理想先决条件。[1] 我们已经遇到的投诉说，原产地区域的界限在原籍地（母国，home country）往往不太稳定以至于无法作为一个有用的基准来衡量所有冠以这一名称的产品。第二，产生于法国现行立法所涉及的货源标记保护问题。由于这些法律问题侧重于不精确的原产地标准，因此不再额外要求产品必须具有可归因于其原产地的某些质量或声誉。总之，声誉和质量不是核心。[2] 第三，如果已经形成了通用化使用，则不再为争议区域的生产商或贸易商保留地名。这种使用不会因为具有误导性而被认为是令人反感的。[3] 虽然一些具有代表性的协会如香槟委员会可以成功抵制在法国境内的通用化挑战，[4] 但别的协会不可以。也没有统一的方法来确定生产区域的边界。第四，没有建立最低质量要

---

[1] P. Roubier, *Le Droit de la Propriété Industrielle*, Vol. 2（Editions du Recueil Sirey, Paris 1954），754；Études Générales,“La Question des Fausses Indications de Provenance et l'Arrangement de Madrid”[1920] *Propriété Industrielle* 40, 43.

[2] Roubier, *Le Droit de la Propriété Industrielle*, Vol. 2, 754.

[3] É. Calmels, *De la Propriété et de la Contrefaçon*（Cosse, Paris 1856），267；L. Donzel, *Commentaire et Critique de la Convention Internationale du 20 Mars 1883*（Marchal & Billard, Paris 1891），47 – 8.

[4] 参见，如 *Syndicat du Commerce des Vins de Champagne v. Ackerman Laurance*（Court of Appeal, Angers, 15 December 1891）reported in [1892] *Propriété Industrielle* 145（The sale of wines from Saumur, using“Champagne”on advertising materials and labels, was an act of unfair competition since Champagne had not become a generic term for sparkling wine）；*Chapin et Cie v. le Syndicat du Commerce des Vins de Champagne*（Court of Appeal, Paris 1st chamber, 18 November 1892）reported in [1893] *Propriété Industrielle* 111（香槟不仅代表原产地，还反映了特定制作过程。而 eau de Cologne 不能被泛泛地理解为某一制作过程的结果）。

求的机制。而在19世纪后半叶，葡萄酒的掺假问题是真正令人关切的问题。❶因此，原来存在于货源标记法律制度中的问题，最终在原产地名称法律制度中得以解决。

5.1 1905年法律

之前法国曾试图解决影响葡萄酒质量的特定欺诈行为❷，但直到1905年8月1日的法律出台，系统的制度才开始成形。❸尽管它的重点是原产地标签，但值得注意的是，在此期间还存在其他可能对葡萄酒行业监管的载体，而且惠伦认为“波尔多的财产（财产），香槟的标签（制造商）和阿尔萨斯的各种产品”，是管制干预的对象。❹1905年法律的主要目标是打击在商品销售以及伪造食品和农产品方面的欺诈行为。第1条规定，对在任何产品的性质、质量、成分和有益特性的内容上欺骗或企图误导缔约方（买方）或误导其品种或来源的任何人，如果虚假指定品种或原产地被认为是销售的主要原因，则处以监禁或罚款。❺这就假定存在着真正产品的基准，首先是原产地的设想。在此，该法律提出了一系列重要的监管创新。第11条规定由行政机关制定单独产品规范（公共行政管理）。令人遗憾的是，它没有对那些有权使用某一名称的地方划定边界标准，这将导致随后的许多冲突。

第一个重大进展是1907年9月3日的法令，该法令适用于葡萄酒、起泡酒、白兰地和烈酒。❻它通过将其仅限于界定区域内的所有者、种植者、经销商和贸易商，确认了保护有价值葡萄酒名称的目标（第10～12条）。如果在标签、集装箱、发票或其他文件上使用地理标志的名称，将会引起购买者的混淆，那么该禁令就会生效（第13条）。1908年8月5日的法律也涉及划界过

---

❶ A. Stanziani，“Wine Reputation and Quality Controls：The Origin of the AOCs in 19th Century France”（2004）18 *European Journal of Law and Economics* 149，157－9.

❷ 例如1889年8月14日的Loi Griffe以参议员Hérault的姓名来命名，该参议员曾在立法中将葡萄酒定义为新鲜葡萄发酵后制成的饮料，并制定了葡萄酒的酿造要求。参见Warner，*The Winegrowers of France*，39－40.

❸ Loi du 1er Août 1905 sur les Fraudes et Falsifications en Matière de Produits ou de Services（5 August 1905）*Journal Officiel* 4813. Also reproduced in［1906］*Propriété Industrielle* 65［1905年8月1日关于产品或服务的欺诈和伪造的法律（1905年8月5日）《官方公报》4813，且转载于1906年《工业产权法》65］。

❹ Whalen，“Cultural Strategies for Selling Wine”，Fn 46.

❺ 第1条 任何人企图在以下方面欺骗缔约方：无论是在任何货物的性质、实际质量、成分和有用原则的内容方面，还是在货物的种类或原产地方面，根据协议或惯例，对种类或来源的虚假标记应被视为销售的主要原因……将被处以最低3个月，最高1年的监禁，并处最低100法郎，最高5000法郎的罚金，或仅处以这两种处罚中的一种。

❻ 参见［1912］*Propriété Industrielle* 61.

程，补充了1905年法律的第11条。❶ 它提出，产地范围应根据名称在当地的持续使用来确定，但并没有对此的具体含义给出更进一步的指导。这个体制可能是对欺诈行为的善意回应，并试图提高质量，但轻视原产地被证明是灾难性的。❷ 现代法国受监控原产地名称制度的杰出设计师约瑟夫·卡普斯（Joseph Capus）不断批评一种错误假设，即与产品质量有关的问题将通过规范标签上对地理来源的真实使用而得以解决。❸ 单靠原产地是不足以保证葡萄酒质量的。他花了30年的大部分时间，认为承认现有的最佳做法并按照这些方针组织生产是对地理的重要补充。根据1905年的法律，关于质量的欺诈问题仍然没有得到解决，而与划分原产地有关的竞争游说团体也有可能变得难以控制。确定边界不只是基于地质或地理标准，而是一个充满政治色彩的过程。相关利益方争先恐后地站在这条线有利的一面。这一发展严重削弱了这样一种主张，即该制度是以不同的地理区域为基础的，这些区域的自然条件决定性地影响并从而保证质量。

1908—1912年，最高行政法院根据地方咨询委员会的建议颁布了一系列法令。这些法令确定了著名名称的生产区，包括香槟、班努斯（Banyuls）、干邑（Cognac）和阿马尼亚克（Armagnac），❹ 但这些界限被证明是分裂的。由于波尔多的划界工作，吉伦特（Gironde）家族内部出现了紧张局势。尽管吉伦特省的种植者坚持他们的葡萄质量上乘且这个名称的产品在当地有采购需求，但遭到来自经销商的反对。在收成不好后，如果别的地区的葡萄或葡萄酒不能用于调配，将会很难维持价格和质量。新的制度随后也增加了行政要求和业务费用。而且，限制吉伦特省当地葡萄酒使用“波尔多”标签，可能反而刺激该地区的葡萄园生产低质量、高产量的葡萄酒，出现免费“搭便车”问题。❺ 同时，委员会的组成也是一个敏感的问题。虽然最初是由行政人员、当地民选代表（如市长）组成的，但随着种植者协会数量的增加，委员会采取

---

❶ Loi du 5 Août 1908 Modification de l'Article 11 de la Loi du 1 Août 1905 et Completant Cette Loi par Un Article Additionnel（11 August 1908）*Journal Officiel* 5637（1908年8月5日法律：对1905年8月1日的法律第11条进行修订并通过附加条款对该法律进行补充（1908年8月11日）《官方公报》5637）。

❷ 根据1908年法，禁止误导的使用必须“按照商业惯例生产的饮料、食品和产品的定义和名称……［和］声称只适用于产品原产地名称的地区的划定。这种划分将以当地的持续使用为基础”。

❸ 参见 J. Capus，L'Evolution de la Législation sur les Appellations d'Origine：Genèse des Appellations Contrô lées（L. Larmat（impr. de Le Moil et Pascaly），Paris 1947）. 可访问 www. inao. gouv. fr/public/home. php.

❹ A. Taillefer and C. Claro，*Traité des Marques de Fabrique et de la Concurrence Déloyale en Tous Genres*，*d'Eugène Pouillet*，6th edn（Marchal et Godde，Paris 1912），582 – 3.

❺ Simpson，“Cooperation and Conflicts”，550 – 2（确定的地理名称可以从两个角度来解释：一是提高产区产品质量，防止产区外葡萄酒冒名；二是限制有权使用波尔多这一名称的生产者数量）。

了官僚主义的权宜之计。波尔多产区被划在了吉伦特行政部门的管理范围内，引发了那些被排除在外的人的抗议。❶ 反对者部分是基于从吉伦特外把葡萄酒沿着吉伦特河和多尔多涅河输送，然后在波尔多销售这一传统做法，而委员会认为这种做法无关紧要而不予考虑。后来，在 1908 年后设立了新委员会，试图通过修订划界来纠正这一情况。新委员会由一群技术人员、档案保管员、农业教授组成，但他们大体上赞同先前委员会的决定。❷ 1911 年 2 月 18 日的法令最终将这个名称的使用限制在吉伦特省，省内几个市镇却被排除在外。❸

相反，香槟产区的划分则更具争议。许多相互冲突的利益朝着不同的方向发展，阻碍了任何协商一致的意见。一方面，在经销商和葡萄种植者之间存在着既定的分歧，他们围绕着“香槟的灵魂”进行了一场长期的斗争。❹ 更成功的香槟酒庄一开始就将打造独立品牌作为首选策略，似乎更重视大量生产香槟的生产过程而非产地，从而获得确定收购葡萄价格的能力，并倾向于接受在必要情况下从马恩河外采购葡萄的灵活性。另一方面，葡萄种植者们认为，风土所代表的精神纽带和他们的生计取决于经销商的定期购买。由于当时葡萄园土地较为分散，葡萄种植者们不断联合起来，通过集体力量拥有强大的政治发言权。随后，根瘤蚜、随之而来的欺诈以及国际上滥用香槟名称的行为，逐渐使葡萄种植者和经销商这两个利益团体更紧密地合作，共同界定真正的香槟区。

虽然这可能给马恩河带来了一些和谐，但由于 1908 年 12 月 17 日的法令将生产限制在马恩河和埃纳河的指定地区，成为事态恶化的导火索。❺

> 马恩河的现代省份包括埃佩尔奈和兰斯这两大生产中心，但香槟的古老省份吸收了现代省份奥布、上马恩和阿登，则更广阔。奥布省的种植者对于在第一份边界提案中被排除在外而感到尤其愤怒，因为他们声称他们在根瘤蚜危机后重新种植低产品种以保证质量。❻

根据 1908 年的法律，什么是当地的习惯用法仍然不清楚，而且这一法令导致奥布人被排除在外，尽管他们声称那里有生产历史，地理条件也很有利，而且几个世纪以来，奥布动态葡萄酒一直作为真正的香槟被兰斯和埃佩尔奈的

❶ Stanziani, “Wine Reputation and Quality Controls”, 160.

❷ Loubére, *The Wine Revolution in France*, 116.

❸ 参见［1912］*Propriété Industrielle* 64.

❹ 参见 Guy, *When Champagne Became French*, Chapters 3 and 4.

❺ 参见［1912］*Propriété Industrielle* 62.

❻ Simpson, “Cooperation and Conflicts”, 557.

经销商购买。这导致抗议和示威活动升级。另一个因素是香槟出口没有受到传统香槟葡萄种植区收成差的影响反而增加，这意味着这些地区的酿酒商并不是那么的诚实正直。即使是储备库存也无法解释如此可观的出口数据，而且对外部采购葡萄酒的不满也进一步增加。在一次臭名昭著的事件中，5000 多名抗议者在艾镇（Aÿ）和埃佩尔奈游行，导致政府派遣了 15000 名士兵镇压暴力抗议。[1] 随后有两项干预措施解决这一特殊争议：（1）确定配套措施以保证葡萄酒的来源并控制经销商的活动，同时（2）扩大香槟产区以包括第二个区，它必须在瓶子上标注来自奥布（Aube）、上马恩（Haut - Marne）和塞纳 - 马恩（Seine - et - Marne）产区。[2]

即使是这样，概要的评估也表明，名称区域往往是在现今行政管辖范围与地理地形地势划分、政治边界的前身以及名称的历史用法之间折中取舍而来的。亚历山德罗·斯坦齐亚尼（Alessandro Stanziani）指出，这些早期法令甚至没有受到统一划界原则的启发。[3] 因此，这些区域是建立起来的而不是被发现的。这些艰难的界限划分所带来的政治后果严重到迫切需要一个更好且稳定的程序。1905 年法律缺乏一个有效的基础来界定原产区，而把实质性的质量问题抛在一边。地理来源作为真实性的代名词被证明是有问题的，而法国制度的前提是地理来源将保证质量。[4] 因此，该标准的不确定性被暴露出来，但立法直至"一战"后才做出回应。

5.2 1919 年法律

1919 年法律[5]尝试对 1905 年法律中的缺点作出回应。它包含了一个更详细的确定原产地的准则，并将这些决定的权利从行政机关转移到司法机关逐案处理。这部法律也正式超越了货源标记，并采用原产地名称的术语代表产品与产地之间的关联。禁止使用受监控原产地名称的检验标准载于第 1 条，适用于任何人在自然或加工产品上以有害的方式直接或间接地标示，与真实来源地或

---

[1] 关于这些抗议的细节，参见 A. L. Simon，*The History of Champagne*（Ebury Press，London 1962），106 - 10；Guy，*When Champagne Became French*，158 - 85.

[2] 有关《1911 年 2 月 10 日法》和《1911 年 6 月 7 日决定》参见［1912］*Propriété Industrielle* 62 - 3.

[3] Stanziani，"Wine Reputation and Quality Controls"，161.

[4] 见 Auriol 等，"France"，64；Unwin，*Wine and the Vine*，312；Zhao，"Understanding Classifications"，184（在法国的名称制度中，官方对葡萄酒进行等级划分，等级高的葡萄酒比等级低的葡萄酒更为优质）。

[5] Loi du 6 Mai 1919 Relative à la Protection des Appellations d'Origine（8 May 1919）*Journal Officiel* 4726；［1919］*Propriété Industrielle* 61［1919 年 5 月 6 日关于原产地名称保护的法律（1919 年 5 月 8 日）《官方公报》4726；［1919］《工业产权法》61］。

当地的、正宗的、持续使用的产地不同的原产地。[1] 还有许多其他有趣的功能只能顺便提及。[2] 用司法判决取代行政决定的尝试被看作检验相关制度优势和弱点的一项试验。虽然1905年的框架法律内的行政法令具有通过跟踪新技术发展而易于更新的优点，且产生特定区域的结果，但向司法划界的过渡是试图对这一过程进行整理，并将其作为专家评估的依据。斯坦齐亚尼（Stanziani）还通过将行政或“规则”驱动的方法（事后明确，但也僵化）与司法或“标准”驱动的方法（事先模棱两可，但具有灵活性）进行对比，来评价其相对效率。[3] 1919年的新法律废除了先前根据1905年法律（第24条）所确立的法令，但这些区域的生产者可以维持享有使用名称的推定权利。另一方面，以前被排除在名称之外的群体可以申请加入，从而修正其既定的框架。

这个决定的必要条件也是令人好奇的。它是通过民事诉讼中的简易程序在声称代表该地区生产者的利益的团体和声称有权使用名称的个人之间发生的。这为我们提供了一个基于非注册的系统特殊方法的实例。然后，在当地公报上刊登这一诉讼，并开放给其他利益团体进行干预。此外，该法律的运作依据是法律将承认现有权利而非创造权利。诉讼的目的纯粹是确定人们可以使用名称的条件，其结果并不仅限于当事方，而普遍适用于一切人（第1条）。立法清楚地表明，保护原产地名称的权利是一项集体权利（第1条第2段）。[4] 它提到因政府行为而产生的监禁和罚款等刑事制裁（第8条和第9条），同时允许贸易商根据《法国民法典》第1381条在德勒克特提起诉讼。选择刑事还是民事处理将受到常见因素——费用、证据要求和证明违法行为的举证责任以及每种备选办法下可用的救济方式的比较的影响。此外，还有详细的规定鼓励诚实并监督葡萄酒、起泡酒和白兰地的生产。例如，采集器或蒸馏器需要申报产地以及需要保持准确的生产记录（第11～21条）。然而，就我们的目的而言，有两点是特别令人感兴趣的。第一是葡萄产品的一项具体规则[5]，即一旦该名称被正式承认就禁止通用化使用该名称，这一问题我们已经在《马德里协定》的范围内讨论过。第二个涉及是否有可能根据第1条的在当地的、正宗的和持

---

[1] 任何人如果声称原产地名称的应用直接或间接地损害了其天然产品或制成品的权利，并违背了该产品的原产地，或违背了当地的、正宗的和持续的惯例，有权采取法律行动要求禁止使用该名称。正式成立至少六个月以上的工会和协会也有权采取同样的行动，以维护这一权利。

[2] 关于实施过程中的各种影响因素，参见 R. Guérillon，*Les Appellations d'Origine*：*Loi du 6 Mai 1919*（Journal l'Epicier，Paris 1919）.

[3] 见 Stanziani，“Wine Reputation and Quality Controls”.

[4] 提起诉讼的权利不限于个人：“在过去六个月内正式成立的工会和协会也有权采取同样的行动，因为它们的目标是捍卫自己的权利。”

[5] 第10条：葡萄酒产品的原产地名称绝不能被视为具有一般性质或属于公共领域。

续使用的基础上纳入名称区域。这些因素对边界确定的影响有多精确？它们是否是真实的地理来源标签的附加标准，即指代传统的生产方法？或者他们是否是对原产地要求的可选补充，仅在某些情况下起作用？

虽然立法文本含糊不清，起草历史却清楚地表明，这三个因素（当地的、正宗的、持续使用）仅仅是在某些情况中作为一种可选择的补充，这对那些认为难以达到的质量控制最终会出现的人来说，是希望的破灭。广泛和传统的生产实践被认为代表了以提高质量为目的的实验中提炼出来的智慧。虽然这一点在形成立法审议中得到了承认，但1919年法律最终颁布时，侵权测试仅限于原产地的真实使用。在以历史区域为基础的生产边界超越了当代局部边界的情况下，相邻地区的生产者对名称的当地的、正宗的、持续使用可以作为合法使用该名称的依据。❶ 重点是使基于持续时间使用名称的权利合法化。卡普斯引用了判决来解析这一条款，以表明一些人大胆地将“当地的、正宗的、持续使用”解释为需要使用集体形成的生产方法，而其他人则将其解释为计算用以确定历史上即享有使用该名称权利的一种方法。❷ 1923年1月16日，巴黎法院关于香槟的两个广泛讨论的判决❸以及1925年5月26日和27日最高上诉法院作出的决定❹，确认了在历史悠久的前香槟省份的边界范围内使用这一名称将得到允许，因为这是一种当地的、正宗的、持续使用，而这正是立法所考虑到的。在此基础上，奥布河畔巴尔区区域内的市镇被包含在内，而塞纳河畔巴尔地区的市镇则不包括在内。因此，这些额外的使用事实有助于解决何时扩大名称地区的地理覆盖范围，但它们的基本原理容易受到批评。保罗·鲁比尔（Paul Roubier）指出了这种方法的弱点。1919年法律继续把原产地作为禁止不正当使用的试金石。然而保证真实的原产地标记将仅仅保证少数“自然”产品的质量，例如矿泉水或特定种类的黏土。如果不强调生产条件，位于著名地区的葡萄种植者们或传统上有权使用该名称的人将在技术上可以使用一个名称来表明一种高质量的葡萄酒，尽管其使用了劣质高产的葡萄或试图在该区域不适宜的土壤上种植葡萄。❺ 正如一位评论家所建议：

---

❶ Roubier, *Le Droit de la Propriété Industrielle*, 760 – 1.

❷ Capus, *L'Evolution de la Législation sur les Appellations d'Origine*.

❸ （1923年12月）Gazette du Palais 615.

❹ *Syndicat Général des Vignerons de la Champagne Viticole Délimitée v. Syndicat Régional des Vignerons de Champagne*; *Syndicat Régional des Vignerons de Champagne v. Syndicat Général des Vignerons de la Champagne Viticole Délimitée* [1928] *Propriété Industrielle* 183 – 4（香槟区葡萄种植者总联盟 v. 香槟区种植者地区联盟；香槟区葡萄种植者地区联盟 v. 香槟区葡萄种植者总联盟 [1928]《工业产权法》183 – 4）。

❺ Roubier, *Le Droit de la Propriété Industrielle*, 780 – 5.

> 法国法院在1919—1935年间根据原产地标准进行了详细阐述。它们强调了，在这个时期，对原产地名称的保护主要是因为特定区域的条件对商品产生某些有益的结果，如葡萄酒。这些自然条件包括所涉地区特有的土壤、水、植被、动物和气候。❶

这种方法的限制在于，尽管法官们可以定义地理界限，但他们没有能力为名称指定其他生产标准。因此，所有类型的区域都可以，也已经被宣布为名称，其结果是在整个葡萄酒行业中出现了大量的原产地名称。❷

与这一方法有关的问题是这种划界区域可能在地质和环境上与邻近区域没有区别。丹尼尔·盖德（Daniel Gade）在评论卡西斯（Cassis）时说："在名称遵循政治界限的地方，风土的概念特别值得怀疑。"❸ 当卡西斯与相邻名称地区如邦多勒（Bandol）进行比较时，气候和土壤类型基本相同。他把两者的区别归结为历史上的生产选择，例如重视红葡萄酒而不是白葡萄酒。❹ 对"关于自然环境影响的假设被用来维护和证明政治和领土控制的方式"需要留心关注，这是一个有用的提醒。❺ 在迈向更加合理和一致的制度的过程中，1927年法律实现了一个重要的里程碑。❻ 它通过更接近于直接确保最低质量标准的典范对持续不断的香槟边界争议作出了回应。在这里，除了指定地理区域的生产外，它还介绍了规定的葡萄藤和葡萄品种的要求，同时禁止某些杂交品种。❼ 这部法律更进一步规定，传统的瓶内发酵方法是唯一获得批准的工艺步骤。总之这些要求是基于对当地的、正宗的、持续使用更严格的解释。这部法律反映了对人类贡献的逐步承认，这将在随后的受监控原产地名称制度中得到更充分的认可。

在转到受监控原产地名称之前，还值得一提的是，围绕"产品和产地的关联"概念上的区别并不仅限于法国。如果一个分类系统表达了社会价值并

---

❶ L. C. Lenzen, "Bacchus in the Hinterlands: A Study of Denominations of Origin in French and American Wine - Labeling Laws" (1968) 58 TMR 145, 178.

❷ OECD, Appellations of Origin and Geographical Indications in OECD Member Countries: Economic and Legal Implications (COM/AGR/APM/TD/WP (2000) 15/FINAL), 58.

❸ D. W. Gade, "Tradition, Territory, and Terroir in French Viniculture: Cassis, France, and Appellation Contrôlée" (2004) 94 *Annals of the Association of American Geographers* 848, 864.

❹ 同上，864 -5.

❺ W. Moran, "The Wine Appellation as Territory in France and California" (1993) 83 *Annals of the Association of American Geographers* 694, 694.

❻ Loi du 22 Juillet 1927 Modifie La Loi Du 6 Mai 1919 (Protection Des Appellations D'origine) (27 July 1927) Journal Officiel 7762; [1927] *Propriété Industrielle* 146.

❼ N. Olszak, *Droit des Appellations d'Origine et Indications de Provenance* (TEC & DOC, Paris 2001), 43.

体现了信仰，尽管带有客观性，任何纯粹基于地理来源的决定性影响的主张都是可争辩的。新兴的葡萄酒种植国家如美国和澳大利亚，在葡萄品种与特定地区和生产实践相适应上缺少了数百年的实践，他们有意避免作出规定而让酿酒师自由实验。❶ 然而，美国和澳大利亚也选择以地理上相同的区域为基础来划分葡萄酒产区。在这里，假设自然地理为划定地区的科学和客观基础，同时也是一贯质量的保证。

最近在澳大利亚发生的库纳瓦拉（Coonawarra）争议就是一个很好的例子，争议涉及这个著名的澳大利亚葡萄酒区域的划界过程。地理标志委员会根据科学的和历史的使用标准作出了初步裁决。不出所料，那些被排除在外的邻近葡萄园的人对此提出了上诉。经过上诉，行政上诉法庭（AAT）考虑到历史证据的重要性，扩大了边界。❷ 根据相关规则，历史包括该地区的建立和发展、用来表明该地区的单词或表达的历史、该地区的传统划分以及那里葡萄酒和葡萄生产的历史。地理包括如河流、等高线、自然形成、气候（温度、大气压、湿度、降水等）、天然流域、海拔等地形特征。❸ 行政上诉法庭发现邻近红土区是很重要的。尽管它认为：

> 在建立这一特定区域时，与该地区内的历史和传统划分有关的标准，作为确定合理地区边界的手段更为有用。与这一历史和传统划分一致的更进一步地理特征被用来建立一个与其周围区域相互分离的区域。❹

行政上诉法庭认为，确认一个区域的界限，和确认用于确定该区域所使用的单词或短语，是同一部立法中的两个不同的问题。❺ 尽管历史和人类的参与可能与识别一个地理标志的名称有关，但这些因素不应该影响生产的轮廓。对于后者，尽管承认“气候、水源、排水系统和土壤条件没有提供明显的边界”，但目的在于主要基于所审议地区的物理属性来确定一个“分立且同质的土地”。❻

---

❶ K. Anderson（ed.）, *The World's Wine Markets*: *Globalization at Work*（Edward Elgar, Cheltenham 2004）; R. Jordan, P. Zidda and L. Lockshin, “Behind the Australian Wine Industry's Success: Does Environment Matter?”（2007）19 *International Journal of Wine Business Research* 14.

❷ *Penola High School v. Geographical Indications Committee*［2001］AATA 844.

❸ 同上，［20］.

❹ 同上，［146］.

❺ *Beringer Blass Wine Estates v. GIC 70 ALD 27*（2002）（FCA）.

❻ 同上，［72］.

这种想法使地理学家重新产生了极大兴趣。格伦·班克斯（Glenn Banks）和斯科特·夏普（Scott Sharpe）表明了这一兴趣，重申了人类参与的重要性。在如此富饶多产的经济地理区域里没有什么是完全自然的，尽管存在着关于当地环境和葡萄酒质量的狭隘“神话”。❶ 其中一个含义是，质量指标可能会有所不同。为了让消费者能从瓶子上预计到想要的是什么，新世界的葡萄酒主要按葡萄品种分类，而欧洲葡萄酒主要根据地理来源分类。因此，波尔多、基安蒂红酒和里奥哈葡萄酒与夏敦埃、赤霞珠和黑比诺一起摆在货架上。然而欧洲制度花了数十年逐渐使其远离一种具有决定性重要性的自然地理的范式，而新世界则可能面临向其靠拢的危险。因此，1919 年法律揭示了过分依赖地理界限这一方法的局限性。

5.3 1935 年和 1947 年的法律

到了这一阶段，法国出现了一种共识，仅保证地理来源是不充分的。而 1927 年法律提出了改进的方法。因为司法裁决程序产生了不确定性，取而代之的是一个常设官方机构来负责承认地理界限和产品规格。反过来，这将使购买者能够以原产地为具体可取的产品特征的一个线索。因此，新制度被设想为一个保证原产地和质量的体系❷，1935 年 7 月 30 日的法律创设的受监控原产地名称制度首次亮相。❸ 命名术语的变化标志着向更大的产品管制和控制转变。最初试图协调这一领域的公共利益和私人利益的机构是葡萄酒与烈酒原产地名称国家委员会（CNAO）。它开始了标定葡萄园和名称的艰巨任务，随后于 1947 年更名为国家原产地名称局（INAO）❹，持续这一工作至今。

INAO 的最初目的是双重的：（1）名称的界定和定义；（2）对名称欺诈性使用的规制。在界定恰当做法的过程中，它还将行使更广泛的监管职能如控制过度生产。现在，在这个制度下符合条件的产品是那些已经公认为“众所周知的”产品，其生产受到控制和保护程序的限制❺，包括农产品、林产品或食

---

❶ G. Banks and S. Sharpe, “Wine, Regions and the Geographic Imperative: The Coonawarra Example” (2006) 62 *New Zealand Geographer* 173, 174.

❷ Roubier, *Le Droit de la Propriété Industrielle*, 794.

❸ Décret – loi du 30 juillet 1935 Relatif à la Défense du Marché des Vins et au Régime Economique de l'Alcool (31 July 1935) *Journal Officiel* 8314［1935 年 7 月 30 日关于保护葡萄酒市场和酒精经济制度的法令（1935 年 7 月 31 日）《官方公报》8314］。

❹ Décret du 16 Juillet 1947 Fixant La Composition Du Comité National Des Appellations d'Origine (19 July 1947) *Journal Officiel* 6948［1947 年 7 月 16 日规定国家原产地名称委员会组成的法令（1947 年 7 月 19 日）《官方公报》6948］。

❺ Art. L641 – 5 of the Code Rural et de la Pêche Maritime.

品以及海产品的符合《消费者法典》L115－1中原产地名称要求的产品。❶ 尽管注册程序通常是自下而上的，从当地生产者自愿提交申请开始，但注册程序还是复杂的，需要经过几个阶段的审查，然后在法令中对最终产品作出规定。❷ 在本书写作时，初始申请是提交给INAO区域办事处，办事处再提交给按产品类别划分的国家委员会作进一步审查。专门设立的审查委员会向国家委员会报告，对申请作出接受、延迟或拒绝的建议。如果接受，则成立一个专家委员会以确定产地范围。然后国家委员会批准这些界限并起草一项法令，送交农业部供批准和实施。❸ 目前，申请条件通常包括以下几个方面：申请人的详细情况、名称、产品类型、产品描述、产地范围、获取产品的方法、证明与地理来源存在关联的要素、质量控制和检验机制，以及最后有关标签的细节。❹ 然而，INAO的职能在2006年7月被重新调整，其特点可理解为逐步减少国家对具体实施过程的直接监管。❺ 这一制度的进一步改变，促进了欧盟范围内农产品和食品注册制度的进一步整合，这一点在本书第二部分将做探讨。

再次，根据本章目的，我们的重点是重新定义产品和产地之间的联系，并将其纳入新的制度。由于目的是保证质量，根据1919年法律做出的决定被新法律下的特定产品法令所替代，而且对"当地的、正宗的、持续使用"的修正理解是过渡时期的核心，其目标是确定获得该产品的既定方法，而不是仅根据名称的历史使用情况予以承认。一位学者对这些标准做如下解释：当地的与个人相反，意味着集体利益；正宗的则是非可疑的或欺诈性的做法；持续使用

❶ Art. L115－1 defines the AO: Constitue une appellation d'origine la dénomination d'un pays, d'une région ou d'une localité servant à désigner un produit qui en est originaire et dont la qualité ou les caractères sont dus au milieu géographique, comprenant des facteurs naturels et des facteurs humains（第L115－1条规定了原产地名称：原产地名称是指一个国家、地区或地方的名称，用于指定原产于此的产品，其质量或特性是由地理环境，包括自然和人为因素造成的）。

❷ 法国的登记程序和相关的机构，详见EC "Response to the Checklist of Questions: Review under Art 24.2", 26 March 1999（IP/C/W/117/Add.10）, 58－70.

❸ 参见F. Wenger, "The Role of National Administrations in the protection of Geographical Indications: The Example of France", June 2001（WIPO/GEO/CIS/01/3）, 8－10; A. Paly, "Organisation of the AOC Wine Industry in France"（2001）26 *AIDV Bulletin* 2.

❹ 有关登记程序的介绍，参见INAO, "Guide du Demandeur d'une Appellation d'Origine（AOC/AOP）"（30 March 2009）, available at www.inao.gouv.fr.

❺ D. Marie－Vivien, "The Role of the State in the Protection of Geographical Indications: From Disengagement in France/Europe to Significant Involvement in India"（2010）13 JWIP 121, 122（法国2006年做出重大改革，减少政府干预，将原来属于政府的部分职能让渡给生产者组织。生产者在确定地理标志产品质量技术规范时发挥更大的作用，INAO原来的审查和质量监管等行为转由第三方机构负责）。

则表明了一致的可靠地经过测试的技术。[1] 斯蒂芬·拉达斯（Stephen Ladas）认为，“承认这些人文因素的基本条件是——它们合法和持续地实行了足够长的一段时间以至于逐渐反映有关产品明确性质和特定的当地传统习惯”。[2] 法国法院甚至在 1935 年法律颁布之前就已经开始将这种生产实践纳入它的裁决。根据第一种解释，持续长期但只是个人使用还不够，这一做法需要在该区域内被集体使用。[3] 另一方面，如果满足同样的生产条件包括按习惯用途确定的藤蔓和土壤类型，则名称的使用将可能延伸到指定地区之外。[4] 特定的制造方式也构成了识别实践的基础，导致一个法院认为，在上卢瓦尔省地区传统的做法是手工制作蕾丝花边，在使用该原产地名称时要把机械制作的蕾丝排除在外。[5] 雅克·奥迪埃（Jacques Audier）的结论是，根据提高质量的总体目标，这一要求可以概括为“在特定地区自愿遵守的稳定习惯”。[6]

原来以“地理环境”为决定因素的传统思想体系，随着事态的发展不断受到冲击。该制度对葡萄酒和烈酒以外的产品开放，逐步涵盖广泛的农产品和食品。[7] 奶酪就是满足自然和人文因素混合物的第一个延伸。洛克福奶酪（Roquefort）是一种圆柱形的蓝纹奶酪，历史上是用羊奶制成的。[8] 其独特之处在于，需要本地绵羊如拉考恩羊（Lacaune）和马内希羊（Manech）产的奶，这两种羊以受当地土壤和气候条件影响的区域植物群为食。另一个著名的

---

[1] G. Lagarde，“Place of Origin：France”，in H. L. Pinner（ed.），*World Unfair Competition Law：An Encyclopedia*，Vol. II，（Sijthoff Leyden，Holland 1965），636，637.

[2] S. P. Ladas，Patents，*Trademarks and Related Rights：National and International Protection*，Vol. III，（Harvard University Press，Cambridge MA 1975），1577.

[3] *Veuve Rodiès v. Société Civile d'Yquem et Autres* [1931] Propriété Industrielle 230（Cour de Cassation，4－6 June 1931）；*Bravay et Autres v. Syndicat des Propriétaires Viticulteurs de Châteauneuf－du－Pape et Autres* [1935] *Propriété Industrielle* 76（Cour de Cassation，21 November 1933）.

[4] *Syndicat Viticole de Sauternes et de Barsac v. Chaumel et Autres* [1935] *Propriété Industrielle* 76（波尔多上诉法院，1934 年 2 月 19 日）.

[5] *Chambre Syndicale des Fabricants de Dentelles et Passementeries de la Haute－Loire v. Gouteyron et Jérôme* [1931] *Propriété Industrielle* 188（Le Puy－en－Velay Civil Court，19 February 1931）.

[6] J. Audier，“Local，Honest and Constant Uses－Summary Contribution to a Definition”（1996）6 *AIDV Bulletin* 5，7.

[7] 法国根据保护类别设立了 3 个国家委员会，分别是葡萄酒与烈酒、奶制品、其他农产品委员会。参见《农业法典》（the Code Rural）第 L641－5 条。在纳入欧盟注册体系之前，总是有 30 种类型的产品受到保护，包括奶酪、黄油、奶油、猪肉、家禽、核桃。Audier，“Protection of Geographical Indications”，5.

[8] 洛克福奶酪是最早受注册保护的非葡萄酒名称，生产标准也是特定的。Loi du 26 juillet 1925 Ayant pour but de Garantir l'Appellation d'Origine du Fromage de Roquefort（30 Juillet 1925）Journal Officiel 7190. 在欧盟注册为受保护的原产地名称（PDO）。有关洛克福奶酪的申请和保护文件，可以在欧盟 DOORS 数据库找到，链接为 ec. europa. eu/agriculture/quality/door/list. html.

本地成分是标志性真菌（Penicillium roqueforti），它发现于康巴鲁（Combalou）山麓的深石灰洞穴中❶，放置在那里的黑麦面包促进了它们的生长。这是“生产、加工、发展的历史性方法和用法”的一部分，这些方法和用法已随着时间的推移而演变。❷ 1990 年 7 月 2 日的法律❸，将受监控原产地名称的概念扩展到奶酪以外，以包括符合受监控原产地名称定义且满足管理法令中规定要求的所有未经加工或已经加工的农产品或食品。在有关地理标志的法律文献中，人们基本没有注意到，在法国人文因素逐渐变得更加明显。因此，劳伦斯·比拉德（Laurence Bérard）和菲利普·马切奈（Philippe Marchenay）指出：

> 由于在确定产品特性时会考虑其内在文化内容，人类学家被特别要求分析那些在他们的学科中属于最核心的内容，例如时间、空间、技能和传统。❹

这直接促成了今天人们对包含人文因素的风土产品（Produits de Terroir）的理解。其重点是集体知识、代际传承和与产地的关联性：

> 本地的、传统的食品或生产具有基于特定的历史、文化或技术成分而形成的独一无二和可识别的特征。这一定义包含技能的积累和传递。❺

或：

> 本地农产品和食品，其质量跨越时空，锚定在特定的地区和历史上……（并且）依赖于某一特定团体及其文化的技能分享。❻

---

❶ 有关传统制作工艺的进一步论述，参见 *Douglas et al. v. Newark Cheese Co* 274 NYS 406，407（1934）.

❷ *Community of Roquefort v. William Faehndrich* 303 F2d 494，495（1962）（Kaufman J）. 法庭认为，洛克福奶酪受证明商标保护，并没有在美国成为通用名称。从匈牙利和意大利进口的奶酪，不能使用“洛克福”名称。

❸ 参见 Art. 1 of Loi no 90－558 du 2 juillet 1990 relative aux appellations d'origine contrôlées des produits agricoles ou alimentaires，bruts ou transformés（6 July 1990）*Journal Officiel* 155.

❹ L. Bérard and P. Marchenay，“A Market Culture：Produits de Terroir or the Selling of Culture”，in S. Blowen M. Demossier and J. Picard（ed.），*Recollections of France*（Berghahn Books，New York 2000），154，155.

❺ Demossier，*Culinary Heritage and Produits de Terroir in France*，146.

❻ Bérard and Marchenay，“Market Culture”，154.

因此，在考虑原产地的影响时，虽然许多栽培产品在很大程度上依赖环境条件，但对另一些人来说，这是“人为干预，通过技术知识、技能、社会组织和代表，允许这些物理因素去表达它们自己，解释其与这个产地的关联”。[1]这可能包括水果品种的选择，或随后的嫁接、修剪和收获方法。随着从“天然”农产品到加工食品如熟食，当地的技能逐渐受到重视。动物品种、植物品种、陆地景观和微生物生态系统对应着知识、实践和调整的积累。这些又随着本身取决于当地社会和环境条件的产品的性质而改变。[2]

不可避免的是，这种维持价格的措施有其自身的缺陷。围绕产品重新创造浪漫的历史，或主流叙事掩盖了边缘叙事，其危险是真实存在的。鲁比尔（Roubier）认为，在涉及当地的和持续的做法时，通常难以达成共识，其最终取决于各种证据来源——旧广告、当地商会的意见、过去的技术手册、该区域个别贸易商的记录、葡萄种植专家的意见、旧发票和当地贸易机构会议记录等。决策者还要求确保生产实践的长期存在（通常是几十年）并在一群生产者中广泛传播后，以便稳定下来。[3] 这些都是承认口述历史作为生产方法的有效证据做出的补充。[4] 在其他方面，人类学家已经开始探索这种技术文化是如何进化，并在几代人之间共享和传播，从而为其创新和改进创造空间。当地生产者团体不需要在法律上主张这些创新的内在起源，但他们却将这些创新付诸实践。随着时间的推移，真实性被视为集体试验的副产品，但这并不是一个毫无问题的概念。作为注册过程的一部分，包括生产者、消费者、地方团体和政治机构在内的许多参与者聚集在一起收集相关传统实践，并将良好实践规范化与具体化。这个过程是循环的，因为产品规范通常会因具有争议而需要修改。

有时，传统方法和创新需求之间关系紧张，如关于原材料或生产方法的争议。[5] 这并不局限于法国的受监控原产地名称制度，在任何需要对真实性进行定义的地方都会发生。德维恩·兰格卡（Dwijen Rangnekar）在研究新注册的印度果阿邦（Goa）芬尼酒（Feni）地理标志时，基于广泛的实地考察工作，针对产品规范草案写到了“政治在场”（politics in place）。芬尼酒是蒸馏酒，

---

[1] Bérard and Marchenay, “Market Culture”, 160.

[2] L. Bérard and P. Marchenay, “Local Products and Geographical Knowledge: Taking Account of Local Knowledge and Biodiversity” (2006) 58 *International Social Science Journal* 109, 111.

[3] Roubier, *Le Droit de la Propriété Industrielle*, 761, Fn 1.

[4] L. Bérard and P. Marchenay, “Localized Products in France: Definition, Protection and Value-Adding” (2007) *Anthropology of Food* S2, available at aof. revues. org/index415. html.

[5] Bérard and Marchenay, “Market Culture”, 163.

通常用腰果或椰子制成。❶ 从历史上看，它是三重蒸馏的，但最近几年，双重蒸馏已成为标准。这样耗时更少，结果就是酒精度更低，市场接纳度更高——这是质量技术规范中公开的标准。地理标志产品规范删除了椰子品种，并声称芬尼酒地理标志仅用于腰果酒。其他新材料和技术包括腰果的机械破碎法，在很大程度上取代了更传统的脚压碎方式，还有冷却方法的发展以防止蒸馏器破裂。该规范对腰果的产地没有规定，因为大量的腰果是从果阿邦指定产地之外的邻近区域进口的。这其中许多变化给予生产者适当的灵活性和扩大生产规模的能力，但它们也有利于某些（资本密集型）生产技术。在构建“真实生产过程”中，地方等级制度和既得利益得以强化到什么程度，就要求我们对这些生产过程进行反思。正如第六章将指出的，最近的研究强调了制度设计在应对这些问题时的作用。这引出了变革和后续创新的话题。既然形成最初产品规范的尝试可以被普遍认可，我们为什么要假定这是在某个固定时间最终的定论呢？因此，考虑到允许创新和保留历史悠久的生产方法之间的紧张关系，修改受监控原产地名称规范是可行的，但在实践中也会非常复杂。❷

最近几年，传统与真实性的范畴已经受到了严格的审查，这是非常关键的，也富有见地。❸ 它们也在名称制度中受到批评。❹ 然而，当人们解读“当地的、正宗的、持续使用”，它并不像人们理解的或看到的那样简单。与传统产品有关的人类技能和生产工艺既不是永恒的，也不是自成一体的。相反，这种技能是集体努力的结果，基于对实证方法的大量尝试并与当地的地理和社会经济条件相联系。因此，地点成为生产技术的下游而不一定是源泉。如果“当地的、正宗的、持续使用”暗示了一个传统，那么它就是这一传统或本地经验的延续。然而，这样集体创新的维度似乎在很大程度上被排除在地理标志

---

❶ D. Rangnekar, “Re – Making Place: The Social Construction of Geographical Indications” (2010) (Draft Manuscript, on file with the author); D. Rangnekar *Geographical Indications and Localisation: A Case Study of Feni* (ESRC Report 2009).

❷ 如 Gade, “Tradition, Territory, and Terroir in French Viniculture”, 853（本文对 CassisAOC 技术规范的发展历程进行了分析，指出“命名规则不是一成不变的”）。

❸ 有关标准的引注，参见 E. Hobsbawm and T. Ranger (eds.), *The Invention of Tradition* (Cambridge University Press, 1983), 1（“创建的传统”被认为是一套惯例，通常受公开或默认的规则的支配，具有仪式或象征性的性质，试图通过重复灌输某些价值观和行为规范，这自动意味着与历史的衔接）。

❹ B. Beebe, “Intellectual Property and the Sumptuary Code” (2010) 123 *Harvard Law Review* 809, 869. 还参见 Parry, “Not All Champagneand Roses”; T. Broude, “Taking ‘TradeandCulture’ Seriously: Geographical Indications and Cultural Protection in WTO Law” (2005) 26 *University of Pennsylvania Journal of International Economic Law* 623.

的话语之外，由于自然地理的来源而黯然失色。❶

铭记这一集体创新的历史，对国际谈判中 IGO 保护的特征描述具有重大影响。在 TRIPS 理事会反对地理标志扩张时，澳大利亚认为：

> 知识产权通常被授予那些发现或创造某物的人。对创造者、科学家、发明者、作者和研究人员给予保护，以奖励他们发明了新产品、新工艺和新的艺术品。同时，他们和其投资者也得到了继续这样做的动力。通过保护这些知识产权，政府实际上是对他们的创造性工作给予垄断的奖励。但是，值得质疑的重要问题是，政府是否应该基于某一产品与地理存在联系这种历史的偶然事件而授予类似的垄断权。❷（着重点为作者所加）

因此，从历史的角度看，我们可以理解法国受监控原产地名称制度为什么最终拒绝将“特殊的气候和风土条件”作为唯一或充分的保护基础，同时也暗示了另一个基础，即承认集体生产和世代相传的技能。

6 不同法域的实践：德国和英国

本节将介绍与法国不同的他国立法实践，确定原产地产品生产区域及依法确认有权在其产品上使用地理名称的生产者或贸易商。法国致力于通过专门立法来确定产品的质量和生产工艺，而其邻国继续依据反不正当竞争法来规范符号表征产品的行为。这一区别很重要。在法国，那些合法使用受监控原产地名称的人必须通过层层关卡以确保他们的产品符合规范。那些忽略这一点而在类似产品上使用受监控原产地名称的人，正在逐渐削弱这一监管框架的保证功能和政策目标，并威胁其可行性。因此，从一个更广泛的监管的角度看，对受监控原产地名称强保护或加强保护的倾向更容易被理解。相比之下，德国和英国继续依靠反不正当竞争法，其保护取决于与行业和消费者对有关标志的看法相关的一套较狭隘的政策。葡萄酒行业的本质影响是法国经验的核心，但在这些国家的制度中是不存在的。鉴于监管目标的差异和与风土相关的概念上来源的缺失，类似的问题却有着不同的处理方式。识别和保护与地理标志的传播内容

---

❶ 参见，例如 S. Wagle，“Protection of Geographical Indications and Human Development：Economic and Social Benefits to Developing Countries”，November 2003（WIPO/GEO/DEL/03/7），3.

❷ TRIPS Council，“Minutes of the Meeting on 25 – 27 and 29 November，and 20 December 2002”，5 February 2003（IP/C/M/38），[72].

紧密相连。在地域范围内，每个制度在保护地理标志免受对外贸易竞争对于使用方面发挥了充分的作用，但并不关心涉及名称制度核心的定义或监管方面。

与法国复杂的名称立法框架不同，1909 年德国《反不正当竞争法》（UWG）在对原产地产品使用标记方面有着丰富的经验。❶ 第 3 条禁止在贸易过程中使用误导性或混乱的描述，包括地理来源。后来，根据第 1 条的一般规定，对防止不混淆但应被禁止的联想（淡化和盗用）又做了补充。❷ 根据《反不正当竞争法》，决定一个标志是否具有误导性，须依靠相关公众的理解而定。作为一个“本质上是法官造法的”制度❸，这项规定被解释为允许采取行动以防止消费者受骗，同时也可以承认一项有价值的集体声誉可以作为工业财产受到保护。任何想购买特定商品的人都不能接受具有误导性的仿冒产品。❹ 法院一般首先检验这个术语是否是地域性描述，也就是说它对消费者具有地理意义，且不是泛泛的或幻想性的。然后再判断被告的使用是否具有误导性（该产品并非来自指定的地方）并可能影响消费者的购买决定。为了确定这一点，法院通常是通过使用调查报告来评估消费者和行业的看法。❺

因此，德国法律不同于法国基于规范的受监控原产地名称模式。首先，传统上，德国学说在可接受的标的上更为开放，包含了著名的手工艺品和工业制品。❻ 由于原产地产品的宝贵声誉这一受保护的利益可能取决于也可能不取决于“风土”因素，因此，天然与制造的区别是无关紧要的。驰名但“质量中立”的货源标记从而得到了保护，这一类别包括索林根刀具、布鲁塞尔蕾丝或者瑞士钟表。❼ 法律测试是为了评估该标志对相关公众的影响以及其将引发的心理反应，而不是用于确定某特定产品特征的注册程序。这种做法部分解释了德国没有加入《里斯本协定》的原因。有人担心《里斯本协定》中原产地名称的

---

❶ Gesetz gegen den unlauteren Wettbewerb（UWG）of 7 June 1909 ［1909］ RGBl 499,（hereafter, UWG 1909）. 该法在 2004 年进行了实质性的修订，详情参见 F. Henning - Bodewig,“A New Act against Unfair Competition in Germany”［2005］ IIC 421.

❷ 一般参见 W. Tilmann, *Die Geographische Herkunftsangabe*（CH Beck - Verlag, Munich 1976）; A. C. Streber, *Die Internationalen Abkommen der Bundesrepublik Deutschland zum Schutz Geographischer Herkunftsangaben*（Max Planck Institute, Cologne 1994）.

❸ G. Schricker,“Protection of Indications of Source, Appellations of Origin and other Geographic Designations in the Federal Republic of Germany”［1983］ IIC 307, 308.

❹ A proposition established by *Rügenwalder Teewurst*［1956］ GRUR 270（BGH）.

❺ A. Conrad,“The Protection of Geographical Indications in the TRIPS Agreement”（1996）86 TMR 11, 15 - 16.

❻ E. Ulmer,“The Law of Unfair Competition and the Common Market”（1963）53 TMR 625, 643 - 4.

❼ F - K. Beier and R. Knaak,“The Protection of Direct and Indirect Geographical Indications of Source in Germany and the European Community”［1994］ IIC 1, 2.

定义如此强调“风土”以至于它有可能排除了几个重要的德国标记❶，其中很多是精心制作、制造或基于配方的产品，如吕比克杏仁糖（Lübecker Marzipan）。❷

在面对类似的情况时，这种拒绝系统的地理划分和质量固化制度而采用个案处理的方法，需要有替代的理论依据。例如，当最终产品包含不同来源的原材料或生产阶段分散在不同地方时，应如何确定原产地？法院试图揭示出“在市场看来，对商品的评估至关重要”的区域。❸ 从消费者的角度看，人的技能或加工工艺可能与原材料同样重要。因此，在荷兰蒸馏但最终在德国加工的利口酒使用“荷兰利口酒”是有误导性的。❹ 下一步，一旦确定了总体的生产地点，如何确定其精确范围？正如格哈德·施莱克（Gerhard Schricker）所说：

> 然而，如何划定“正确的”原产地区域？在德国关于葡萄酒的法律中，有关于原产地区域的特殊规定，在 1909 年 UWG 第 3 条的背景下，没有司法的或行政的机制以作限定。❺

再者，至关重要的是，“行业惯例”这一广泛的术语，包括生产者和消费者，无论正式的行政边界或地理因素如何。❻ 正如施莱克所说，公众的最后决定意见通常将给予所涉货物特征印记的地方视为“原产地”。❼

最后，尽管绕开了注册程序或正式的产品质量技术规范，《德国反不正当竞争法》还是在某些情况中纳入了特定质量标准的概念。为了应对“搭便车”

---

❶ A. Krieger, “Revision of the Lisbon Agreement for the Protection of Appellations of Origin” [1974] *Industrial Property* 387, 390; R. Plaisant, “The Revision of the International Treaty Provisions Dealing with Appellations of Origin and Indications of Source” [1980] *Industrial Property* 182, 187.

❷ H. Harte – Bavendamm, “Ende der geographischen Herkunftsbezeichnungen? ‘Brüsseler Spitzen’ gegen den ergänzenden nationalen Rechtsschutz” [1996] GRUR 717, 717.

❸ F – K. Beier, “The Protection of Indications of Geographical Origin in the Federal Republic of Germany”, in H. C. Jehoram (ed.), *Protection of Geographic Denominations of Goods and Services* (Sijthoff & Noordhoff, Netherlands 1980), 11, 30.

❹ 同上，30 – 2.

❺ Schricker, “Protection of Indications of Source in the Federal Republic of Germany”, 320.

❻ 见 H. J. Ohde, “Zur demoskopischen Ermittlung der Verkehrsauffassung von geographischen Herkunftsangaben” [1989] *GRUR* 98（有关贸易观念的衡量方法）; W. Tilmann, “Zur Bestimmung des Kreises der an einer geographischen Herkunftsangabe Berechtigten” [1980] *GRUR* 487（关于如何围绕合法生产者和生产区域划界的问题），感谢 Bahne Seivers 协助翻译这段德文。

❼ Schricker, “Protection of Indications of Source in the Federal Republic of Germany”, 321.

的威胁，法律规定指定区域内的生产者在该标志下销售劣质商品属于滥用行为。❶ 至于消费者对质量的期待，1969 年在一起涉及苏格兰威士忌的案件中，德国联邦最高法院（BGH）承认了这一点。❷ 为回应误导性使用的说法，地区法院禁止进口商在产自苏格兰但陈满期未满三年的威士忌上使用“苏格兰威士忌”，就像当时苏格兰法律所要求的那样。上诉时，这位进口商辩称，并没有发现消费者意识到具体要求如三年陈放期这一事实，因而怀疑他们是否在这一点上被误导了。德国联邦最高法院答复如下：

> 因此，本案的决定，并不取决于潜在的消费者是否对于英国关于使用该名称的法律规定有明确的认识，特别是他们是否知道一个三年陈放期是必需的。如果知道一个产品不符合原产国的标识要求，那么公众至少会对该特定产品保持怀疑态度，因为公众会认为这些要求的目的是保证一定的质量标准而不仅仅是与产品质量无关的形式要求。因此，对不符合这些要求——在本案是陈放时间要求——的产品使用这种名称，不仅侵犯了消费者的利益，还侵犯了那些只在通常满足昂贵要求之后使用同样名称的竞争对手的利益。这些概念即使它们缺乏被告认为必要的明确内容，也可受保护。❸

只要消费者意识到苏格兰威士忌在原产国应遵循一定的生产标准而涉案产品没有，这就是应该禁止的误导行为。总之可见，整个制度是围绕着对地理标志传播内容的评价而建立起来的。

在英国，类似的结果是依靠仿冒（passing off）这一侵权行为来达到的，旨在防止那些损害交易者商誉的市场虚假陈述。奥利弗（Oliver）法官对商誉、虚假陈述和损害提出了关键要求：

> 仿冒法可以被概括为一个简短的一般性命题——任何人不得冒充他人的商品……首先，索赔人必须通过与可识别的“包装（无论它是由一个品牌名称还是一个商品描述组成的……）”相关联的方式，在购买者/公众的头脑中建立与他所提供的商品或服务相关的商誉或信誉，这样公众就会认识到，这种包装是原告的商品或服务的独特之处。其次，他必须向公

❶ Beier, “Protection of Indications in the Federal Republic of Germany”, 32.

❷ Scotch Whisky [1970] IIC 402 (BGH).

❸ 同上，405.

> 众证明被告的虚假陈述（不论是否有意）导致或可能导致公众相信被告提供的商品或服务是原告的商品或服务；第三，他必须证明由于被告虚假陈述其商品或服务的来源与原告相同而造成的错误认识，他会遭受或可能会遭受损害。[1]

对仿冒的典型不法行为更详细的阐述是："一个人不能假借别人的商品而出售他自己的商品。"[2]

然而，到目前为止，仿冒仍限于虚假陈述而不包括"搭便车"或盗用。[3]合法受保护的利益也得到了明确的确认。仿冒保护通过虚假陈述对财产权益的侵犯，并不是标志或名称本身，而是"在生意或商誉中可能受到虚假陈述损害的财产"[4] 受到保护。传统上，这属于一个通过销售或市场的存在而产生商誉的单一商业实体。然后，商品名称或标记就是这一有吸引力的声誉所依附的楔子。总之，商誉是通过保护标志来获得维护。一个从事商业活动的人可以在他经营的商品上获得有价值的声誉。法律认为这种声誉是一种无形的财产，其所有人有权保持其完整性。[5] 与范围更广的德国《反不正当竞争法》不同，并不是每一个商业虚假陈述索赔人都有权要求赔偿；只有这种行为可能损害商誉时，才可对其提起诉讼。

开启仿冒之诉，一个重大的初始障碍与正式承认地理词汇上的集体利益有关。如果商誉的标记或符号按照惯例表明单一的贸易来源，那么如何识别和处理团体或集体商誉?[6] 理论开始延伸为"扩展的仿冒行为"（extended passing off）是对西班牙香槟案判决的回应。在此之前[7]：

> 这里存在相当大的疑问，即是否一个或多个人可以单独或共同起诉，声称使用香槟一词是仿冒，尽管它有很高的声望，因为它并不完全代表任何一个生产商的葡萄酒，而且它不完全是——在某些情况下根本不是——任何一个生产商或他的前辈所建立的声誉和商誉的一部分。任何人只要在

---

[1] *Reckitt & Colman Products Ltd v. Borden Inc* ［1990］ RPC 341，406（HL）.

[2] *Perry v. Truefitt*（1842）6 Beav 66，73（Lord Langdale，MR）.

[3] 这种扩张在最近的一个判例中被法官否定。*L'Oréal SA v. Bellure NV* ［2007］ EWCA Civ 968.

[4] *A. G. Spalding & Brothers v. AW Gamage Ltd*（1915）32 RPC 273，284（HL）（Parker LJ）.

[5] *H. P. Bulmer Ltd and Showerings Ltd v. J. Bollinger and Champagne Lanson Père et Fils*（1977）2 CMLR 625，629（Buckley LJ）（Champagne cides and Champagne Perry）.

[6] 有关扩展假冒行为的权威观点，详细参见 Arnold J，in *Diageo v. Intercontinental Brands* ［2010］ EWHC 17（Ch）；［2010］ ETMR 17（伏特加）。

[7] *J. Bollinger v. Costa Brava Wine Co Ltd* ［1960］ Ch 262（西班牙香槟）。

法国香槟区建立业务，并遵守严格的规定，就可以作为香槟生产商开展业务。❶

在西班牙香槟案中，十几家香槟生产商请求英国法院做出禁令，禁止贴有“香槟”和“西班牙香槟”标签的西班牙起泡葡萄酒进口至英国并在英国销售。他们认为，“真正有权使用名称和说明来描述其商品的只能是在某一地区生产商品的人。至于是一群人而不只是一个人，并不重要。这种描述是他们的商誉的一部分，也是财产权的一部分”。❷ 本案中，消费者仍然会被误导，以为商品是其他人的或与其他人有关。只要这个群体可以被识别，这个“其他人”是一个群体而不是一个个体。在另一起关于香槟的诉讼中，集体商誉得到了进一步的阐述：“任何一家香槟酒庄将其产品描述为香槟，其价值不是对香槟市场，而是在更广泛的葡萄酒市场上区分其产品与别的葡萄酒。”❸ 这里区分的是一种产品而不是单一的贸易来源。因此，每个个体生产者除了自己的商标之外，都与集体商誉有利害关系。

法院在随后的判决中作出了四点重要的澄清，这与我们比较的目的相关。第一，扩展的仿冒行为不限于质量与某一特定地区的地理相联系的产品。那些生产某一特定类别的产品的人，可以约束竞争者在与该类别不符的产品上使用该术语或易混淆的类似术语。因此，扩展的仿冒行为保护了产品的类别，其中共享的地理来源可能是类别的定义特征，但定义类别的其他方法也同样可接受。❹

第二，重点是合理而精准地确定产品——这反过来将用于确定该术语的合法使用者范围：

> 正是这类产品本身因其可识别和独特的质量而在市场上获得的声誉，才产生了相关的商誉。因此，如果我们能合理精确地定义出获得声誉的商品的类型，那么我们就可以认定有权共享商誉的群体成员是所有那些提供了这样一种具有可识别性和独特性的产品的贸易商。通过该类产品的声誉所获得的可识别和独特的特性，是否是由于它是在某一特定地区制造或是

---

❶ *H. P. Bulmer Ltd and Showerings Ltd v. J. Bollinger SA and Champagne Lanson Père et Fils* (1977) 2 CMLR 625, 660 (CA) (Goff 法官)。

❷ *Spanish Champagne* [1960] Ch 262, 284.

❸ *H. P. Bulmer Ltd and Showerings Ltd v. J. Bollinger SA*, 636 (Buckley LJ).

❹ *197 Erven Warnink B. V. v. J. Townend & Sons (Hull) Ltd* [1979] FSR 397 (HL) (Advocaat defined on the basis of its ingredients).

> 由某一地区生产的成分制造的结果，或是由于它是用特定的原材料制造的而不论其来源，原则上并没有任何区别。尽管地理上的限制可能使确定产品的类型、形成其可识别的性质以及由此对产品造成的损害变得更加容易。❶

第三，与法国要求能确保理想质量的久经试验的生产标准不同，在仿冒的情况下，没有必要确定这类产品是否具有实际的独特而优良的质量。在瑞士巧克力制造商协会（Chocosuisse）案中，雷蒂（Laddie）法官认为扩展的仿冒行为即使对“一种可合理识别具有明显独特品质的产品”，也可适用。如果根据或参照该术语销售的商品与竞争商品在质量和成分上没有差异或明显差异，也不应阻止反假冒行动的成功。❷ 在与前述德国联邦最高法院威士忌案相呼应的推理中，雷蒂法官很清楚，消费者不需要知道特定细节。根据瑞士食品条例❸，由贸易和消费者证据确定的质量声誉用于在瑞士生产的巧克力，他不希望对产品类别的定义过于狭义。❹

第四，虽然扩展的仿冒行为中的损害或伤害要求可能来自实际或潜在的销售损失，但对显著性的减损也是公认的损害类别。在这些情况下，相关类型的损害主要是减少相关损害所依赖的集体使用术语的显著性。❺ 承认这类损害回应了长期以来的关切，即此类区域产品在其他方面很容易被广泛使用而外部竞争者可能使用该术语而不需要遵循真实的生产技术。

当涉及保护这些地理标记（geographical signs）时，这三个国家的法律尽管范围不同，但在国家层面上都取得了功能上类似的成果，法国、德国和英国的法律都禁止虚假陈述，但法国和德国也禁止通过在类似或甚至非类似的货物上使用名称而虚假陈述或“搭便车”。❻ 德国和英国并没有给出统一的定义。

---

❶ *197 Erven Warnink B. V. v. J. Townend & Sons (Hull) Ltd* [1979] FSR 397 (HL) (Advocaat defined on the basis of its ingredients), 410 (Diplock 法官)。

❷ *Chocosuisse Union des Fabricants Suisse de Chocolat v. Cadbury Ltd* [1998] RPC 117, 128 (ChD).

❸ 同上，135.

❹ 不过，瑞士巧克力协会（Chocosuisse）在上诉法庭表示应从狭义的角度对产品进行分类，强调不添加植物脂肪的做法使得瑞士巧克力奶油味更浓。参见 *Chocosuisse Union des Fabricants Suisses de Chocolat v. Cadbury Ltd* [1999] RPC 826, 840 (CA).

❺ *Chocosuisse Union des Fabricants Suisse de Chocolat v. Cadbury Ltd* [1998] RPC 117, 128 (ChD), 127.

❻ 例如，参见 *Institut National des Appellations d'Origine v. Yves Saint Laurent* [1994] EIPR D74 (Court of Appeal, Paris 1993) (Champagne used to launch a luxury perfume); *Tea Board of India v. Jean – Luc Dusong* (Court of Appeal, Paris, 4th Chamber, Reg No. 05/20050, 22 November 2006)（将“大吉岭”用于书和文具上）；“*A Champagne among Mineral Waters*” [1988] IIC 682 (BGH)（“香槟”用于宣传矿泉水）。

虽然，它们在个案的基础上对保护客体没有限制，但这些制度假定在诉讼时可以确定一个稳定的生产区域、一个稳定的生产群体以及一个稳定的产品规范。这两个国家都没有将风土的联系作为保护的基础。[1] 此外，法律承认和保护取决于消费者对该名称（designation）的理解。相关公众会被被告在指定区域之外生产的同类产品上使用标志误导吗？产品标签上的适当合格使用可以避免责任吗？消费者和相关行业是否认为该标记（sign）是某一类产品的通用名称？重新审视法国名称法的出现尤其具有启发性，因为它提醒我们注意，在一个世纪的大部分时间里，直到 1905 年的制度，法国法律与这些邻近国家的做法大致相似。在此，消费者和行业对名称的理解也是法国法律承认生产所有权使用该标记以及采取行动防止被人使用的基础。在此期间，葡萄酒行业的特殊情况和更有效国际保护的需要将法国法律重新引导到一条越来越强调参照产品的不同道路上。

7 结　论

行文至此，明显可见，风土逻辑已经开始影响国际工业产权的谈判。它的一个特定版本也影响了《里斯本协定》，同时支持地理来源标志更广泛保护范围的主张。与商标或一般的反不正当竞争立法相比，原产地名称制度表现出不同的目标，因此，原产地名称制度有权得到差别待遇。这一有影响力的法律类别的概念基础是在法国葡萄酒行业的法律监管背景下发展起来的。因此，本章中这一时期的相关历史是有帮助的，原因有三方面。首先，它为我们提供了必要的背景以便更好地理解葡萄酒作为地理标志核心客体的影响和限制。其次，通过不同版本的风土之间的相互作用，它揭示了产品与产地的关联在法律承认和传承上的一系列转变。这些概念上的转变将在下一章进一步论述。最后，它描述了在这一领域开始运作的两个重叠但又截然不同的认知框架。如果最初的框架是基于真实告知或传播逻辑并通过反不正当竞争规则来实现的，那么新兴的原产地名称制度将人、产品、产地之间关联的历史和质量层面放在优先地位。在决定哪些使用是不正当时，公众通过标志在特定环境的使用所能理解到的内容，不再具有决定性作用。调查的重点是仿冒者的产品是否实际达到了最

[1] 不过，这一逻辑可能会影响每个制度的特定原则。例如，根据德国法，法院不愿意查明“基本质量源于原产地的特定自然特征的”产品的通用状态。参见 Beier，“Protection of Direct and Indirect Geographical Indications”，23. 在这些明显“客体中立”的制度中，法院也许会通过一些技术操作来有意支持这些产品，例如提高或降低举证责任的门槛，举证责任倒置，提出不得反致的要求，或者采用法律假设。

初的产品规范和生产技术的要求。第二种和第三种视角——产品和产地的关联以及不同的认识论将在第四章中进行更详细的论述，第一种视角需要更深入研究。

本章提及了法国葡萄酒的名称模式是当代地理标志专门立法模式的基础。首先，尊重这一历史有利于解释当代地理来源标志争议中的关键描述性主张。值得注意的是，以下每一种主张都是在地理来源标志语境中的概括性层面上提出的，似乎普遍适用于所有主题，但它们可以追溯到有关法国葡萄酒监管的具体事件中。值得关注的是，葡萄酒的故事是否应该变成所有地理标志的故事。同时，有意识地将葡萄酒作为客体原型，可以对这些描述性主张进行更多的反思。

第一，核心主张即某些类型的区域产品的质量与特定的地区存在因果关系。尽管这可能是许多农产品的真实情况，但地理来源一直以来被认为是衡量葡萄酒质量的一个重要指标。一个尚未解决的问题是用什么方法来确认一个以葡萄酒为代表的更广的范围。

第二，独特性的相关属性——这种区域产品在其他地方是不可复制的——似乎得到了至少三种不同发展的支持：

（1）最初在葡萄酒监管制度中强调自然的基础，是认为即使有人工滑雪场或海滩，但地方不能完全复制。在某种程度上，自然地理被视为一种决定性的影响，那么结论必然是，这些地方的产品不能在其他地方复制。

（2）这也可能与法国独特的区域认同政治有关，即风土产品应该是象征和支撑。

（3）随着对人文因素的逐渐认识，它得到了进一步的支持，同时也受到了削弱。区域产品与该地区特有的独特历史联系在一起——生产技术是根据特定的当地环境量身定做的——而且历史对购买者来说很重要，这些都代表了一种令人满意的真实性。根据这个说法，生产过程和最终产品一样重要，因此历史的纽带充当基准的作用。然而，对人类干预和生产方法的强调意味着工具和技术或许可以完美保真地迁移。从一种极端来看，如果我们认为区域性葡萄酒或奶酪是一种有形商品，那么，就感官特征而言，它也许可能在其他地方成功复制。

第三，根据法国葡萄酒行业的经验，我们可以更好地理解地理标志制度也与质量监管有关这一论断。在根瘤蚜虫灾导致法国优质葡萄酒供应锐减之后，随着时间的推移，“传统的”或“当地的、正宗的、持续使用”的生产方法最终被解释为经过经验验证和提炼的最佳实践。坚持质量标准是随后的监管政策的一个重要方面。

第四，对于“地理标志不仅是知识产权法律的一部分而且是更广泛的农业政策监管机制的一部分”这一见解源于对过度生产的调整，即需要在危机时期保持农村生计并鼓励葡萄酒行业的卓越发展。

第五，关于传统原产地产品具有文化特征的论点，即它们促成了集体认同的形成，这一直是一段时间以来原产地名称故事的一部分。原产地产品和本地劳工/生产者身份已经被动员起来以支持区域认同并抵制来自巴黎的中央集权的压力。这将继续丰富关于风土的用语。这只是挑选过的见解，而且毫无疑问，其他多种主张也可以追溯到这个产品、地点和时间框架。这一成果使得我们研究法国的葡萄酒监管历史非常有价值，也值得去研究仍处于传播范式中德国和英国截然不同的方法。在下一章中，我们回到国际谈判的层面，看看多边层面如何接受和重建原产地名称。

第四章
原产地名称——《里斯本协定》

1 引 言

1958年《里斯本协定》[1]代表着地理来源标志国际保护的最高水准。该协定根据《巴黎公约》第19条创立了另一个特别联盟。它延续了原产地名称的历史，是对《巴黎公约》和《马德里协定》所制定规则未能得到强化的慰藉。本章将回顾某些类型的产品与其产地间关联关系拓展的过程，并对此过程中保护对象相应的扩展作出评价。如果以葡萄酒为原型，原产地名称产品扩大的基础是什么呢？与支撑里斯本原产地名称的呆板论述相对比，法国受监控原产地名称制度更具结构层次，微妙的叙述也很有启发性。国际谈判中一定程度的抽象和妥协是不可避免的，但是以此为代价的目的是什么呢？依据解释性备忘录，其目标是为一个狭义的保护对象建立"更有效的国际保护"。《马德里协定》，包括第4条对葡萄制品的特别待遇，被认为是朝着正确方向迈出的一步，但还远远不够。禁止虚假或误导性标识以及防止由此对消费者造成的损害，是一个值得努力的目标，但这只是反不正当竞争法的一个方面[2]。

在以消费者为核心之外，该议案引入了原产地名称（Appellation of Origin，AO）的概念，并承认有必要保护与宝贵声誉相联系的经济利益。这赋予拟定

---

[1] 《保护原产地名称及其国际注册里斯本协定》（1958年10月31日），923 UNTS 205（1974），（以下简称《里斯本协定》）。1966年9月25日生效。

[2] Actes de la Conférence de Lisbonne（Bureau de l'Union，Geneva 1963），813（以下简称里斯本文本）. An unofficial yet expedient British Government translation is found in Revision at Lisbon：Preparatory Work on the Agenda（BT 209/785）.

中的协定相较于其前身的独特理论基础❶。该协定的主要特点是：（1）将原产地名称作为独立的保护对象；（2）基于在先国家层面认可的国际注册；（3）注册的理想结果包括：禁止包括误导性使用的一系列使用（误用）以及防止注册后的通用化使用。在第二章回顾《马德里协定》的历史之后，可以很明显地看出这些特点几十年来一直都列在《马德里协定》的愿望清单上。尽管如此，《里斯本协定》还是被贴上了“彻底背离”❷ 其前身的标签，并被视为表明“对地理标志的保护应该像商标保护一样严格”的信号❸。这些观察评论只有一部分准确，但有助于解释为什么《里斯本协定》成员有限❹，迄今只有 27 个缔约方加入❺。

以下各段将试图澄清概念、论点和隐含的假设，但并不必然赞同它们。本章中，我对《里斯本协定》的兴趣有三方面。首先，该协定中原产地名称发展成为一个单独的概念范畴。在反不正当竞争法和海关法规的笼罩下，货源标记（IS）已经失去活力，而商标注册制度也不能很好地将这些标识结合进来。在知识产权中需要有原产地名称的独立位置。声誉保护显然是一个激励因素，但这也与商标和商号保护制度所共享。独立承认原产地名称的理由在于识别某一适格产品与其原产地之间的关联。既然在很大程度上取决于这种关联，在《里斯本协定》关于原产地名称的定义中它是如何被描述的呢？因此，将《里斯本协定》中原产地名称的分析与第三章中对法国地理标志保护发展的研究相提并论，具有启发性。

其次，我希望寻求一种更务实的研究思路。涉及注册制度的功能时，它的有效性如何？解决这个问题具有当代意义。《里斯本协定》之所以重新获得关注，是因为它被视为 TRIPS 理事会目前热议中的国际注册体系的潜在蓝图❻。

---

❶ 里斯本文本，813（然而，用于指示特定产品的知名地理名称的使用的发展，使原产地名称具有极大的经济和法律重要性。因此，工业和商业实践为原产地名称的法律理论奠定了基础，该理论有别于来源标识的理论）。

❷ J. T. McCarthy and V. Colby Devitt，“Protection of Geographical Denominations：Domestic and International”（1979）69 TMR 199，207 – 8.

❸ S. D. Goldberg，“Who Will Raise the White Flag? The Battle between the United States and the European Union over the Protection of Geographical Indications”（2001）22 *University of Pennsylvania Journal of International Economic Law* 107，114.

❹ 其他不吸引缔约方的因素还包括在原属国认可这种产区名称的要求门槛高以及冻结防止后续的通用化使用。见 A. Conrad，“The Protection of Geographical Indications in the TRIPS Agreement”（1996）86 TMR 11，26.

❺ 成员方详情，见 www. WIPO. int/treaties/en/registration/lisbon/index. html. 似乎并非所有加入的国家或地区都提交了本国或地区政府批准的文书。

❻ 见第六章。

丹尼尔·热尔韦（Daniel Gervais）认为,《里斯本协定》“大多数时候平静无事，直至最近，很可能在多边注册中扮演新角色”，正被依据 TRIPS 第23.4 条进行谈判❶。热尔韦进而建议,《里斯本协定》或许可以被重新改造，通过采用议定书的方式，从而满足 TRIPS 强制注册的需要❷。世界知识产权组织总干事在最近的讲话中指出了与《里斯本协定》吸引力相关的其他因素，他提到，越来越多的国家已经建立起地理标志专门立法保护制度。这些国家中有很多关注的是葡萄酒或烈性酒以外的产品，然而 TRIPS 第23 条的加强保护仅预留给葡萄酒或烈性酒这个类别。因此,《里斯本协定》很有吸引力，因为它对所有产品提供同等的加强保护，同时又能保持足够的灵活性，以适应各国在承认和保护方面的不同模式❸。鉴于这一潜力，世界知识产权组织已完成了对里斯本成员方和非成员方的调查，以释明现有条款并尽可能地扩大成员方❹。重燃的兴趣很大程度上是由于《里斯本协定》下明显的国际保护力量。由于《里斯本协定》努力突破虚假描述的障碍，它被认为“接近于建立对注册地理名称绝对保护的制度”❺。但是，一旦涉及其条款的执行，就在成员内部存在着惊人的不同意见和理解上的不确定性（也许灵活性的说法更委婉一点）。确定分歧所在及其基础是本章的第二个目标。有一个重要的发现是，对原属国地位赋予决定性重视的尝试遭遇了相当大的阻力，这对后来的 TRIPS 是有益的教训。

我对《里斯本协定》感兴趣的第三点原因是认知问题。支持国家层面的保护扩展到国际舞台的理由，是如何有效地表明其正当合理的呢?《里斯本协定》正是由于引发了可扩展性的问题而相应地具有了吸引力。不公平竞争学说的规范性指导能在多大程度上为《里斯本协定》的规则提供依据呢? 在依据国内法确定原产地名称的保护范围时，依据反不正当竞争或知识产权制度，这通常取决于要求消费者知晓原产地名称所标示的产品。相形之下，如果不顾消费者的认知而在多边层面上保护原产地名称，为什么就应该出现这种情况

---

❶ D. Gervais, “The Lisbon Agreement's Misunderstood Potential” (2009) 1 *WIPO Journal* 87, 101。

❷ D. Gervais, “Reinventing Lisbon: The Case for a Protocol to the Lisbon Agreement (Geographical Indications)” (2010) 11 *Chicago Journal of International Law* 67。

❸ F. Gurry, *Commemoration Speech*, Ceremony to Mark the 50th Anniversary of the Adoption of the Lisbon Agreement, 31 October 2008 available at www. WIPO. int/about – WIPO/en/dgo/speeches/gurry_lisbon_08。

❹ WIPO, “Results of the Survey on the Lisbon System”, 18 June 2010 (LI/WG/DEV/2/2)（以下简称里斯本调查）。

❺ McCarthy and Devitt, “Protection of Geographical Denominations”, 228; L. Baeumer, “Protection of Geographical Indications under WIPO Treaties and Questions Concerning the Relationship between Those Treaties and the TRIPS Agreement”, October 1997 (WIPO/GEO/EGR/97/1 Rev), [32]（参见原产地名称的“强保护”）。

呢？引言部分在阐述研究的这三个大方面之后，对两家百威公司的雄厚财力和好诉本能要敬上一杯❶。因为双方冲突不断，事情发展到白热化的程度❷，包括捷克啤酒制造商基于《里斯本协定》注册的“百威”原产地名称，不可避免地受到美国竞争对手的挑战。他们在法庭上的反复冲突，促成了难得的司法判决，这些判决或多或少地考虑了上述问题。

2 原产地名称：第2条

回顾原产地名称终于出现在《里斯本协定》中的过程很有启发意义。正是它将源于不同国家的传统凝结为定义，是最具有影响力的多边尝试❸。谈判受到的影响一方面是明确界定适格保护对象这一目标有时相互矛盾，另一方面是又要吸引广大支持者，努力寻找共同点，就需要超越葡萄酒和烈性酒，把其他产品也囊括进来，同时也要冒着彼此妥协但内在不一致的风险。第二章记录了之前按照这一脉络，试图修订《马德里协定》时的妥协提案。扩张的范围再一次取决于产品与产地间的关联。如果《里斯本协定》的逻辑原理是某一类产品应在一个独立的协定框架内获得特殊对待，确定这一类别产品的基础就值得好好研究。例如，鉴于风土逻辑在《巴黎公约》和《马德里协定》框架内作为支柱，《马德里协定》会更偏爱“天然”而非“人造”产品吗？解答这些问题，让我们从第2条关于原产地名称的定义开始：

(1) 本协定中，“原产地名称”系指一个国家、地区或地点的地理名

❶ 除了学术方面要感谢以外，知识产权从业者还应该因为这些案件的启示代替了报酬而致谢。后者见 Lord Justice Jacob's astute observation in *Budějovický Budvar Národní Podnik v. Anheuser Busch* [2009] EWCA Civ 1022，[6]（收集发生争议的所有法院的所有判决以及所有国家的所有商标注册，是一项有趣但工作量非常可观的工作。许多地方的许多律师及其家人对双方显然不能在全世界达成一项一劳永逸的解决方案一定心存感激）。

❷ 有一份非常好的调查，可见克里斯多夫·希思，“The Budweiser Cases – A Brewing Conflict”，in C. Heath and A. Kamperman Saunders（eds.），*Landmark Intellectual Property Casesand their Legacy*（Kluwer Law International，Alphen aan den Rijn 2011），181.

❸ 并非第一次。第一次的荣誉可以说属于《斯特雷萨奶酪原产地名称和命名使用国际公约》，1951年6月1日（以下简称《斯特雷萨协定》），reproduced in WIPO，“Texts of International Instruments Concerning the Protection of Appellations of Origin and Other Indications of Source”，28 June 1974（TAO/I/3）. 摘要，见 WIPO，“Present Situation and Possible New Solutions”，28 June 1974（TAO/I/2），[31] – [36]；G. Trotta，“The Stresa Convention on the Uses of Names of Cheeses and the WIPO Draft Treaty on the Protection of Geographical Indications”（1977）*Industrial Property* 113.

> 称，用于指示一项产品来源于该地，其质量或特征[1]完全或主要取决于该地理环境，包括自然因素和人文因素。
>
> （2）原属国系指其名称构成原产地名称而赋予产品以声誉的国家或者某一地区或地点所在的国家。

相信原产地名称的定义对TRIPS第22.1条的地理标志定义产生了影响[2]，并继续作为一个国际的参照点。它目前正在被重新考量，或者依据与地理标志的定义合并的建议，或者将地理标志引入为里斯本注册制度的另一个接入点，从而试图增加成员数量[3]。对其构成要件进行筛选是TRIPS有益的前奏。

首先，这些要件从何而来？法国模式和相关的国家经验显然具有影响力。在里斯本会议之前，国际局已经邀请了一个专家委员会对建立一个原产地名称注册制度的协定草案发表意见。法国国家原产地名称局的阿廷·德韦利安（Artin Develetian）是这个委员会的报告起草人，委员会还包括来自葡萄牙、西班牙、意大利和瑞士的代表。该小组的报告补充了国际局关于这一主题的报告，并随附了一份关于调整货源标记和原产地名称使用的各国立法的详细调查[4]。此外，在贸易和专业机构通过的决议案中对原产地名称的定义也试图超越国界，并提议对《巴黎公约》和《马德里协定》进行修订。其中最早的一份是国际商会1937年的柏林决议案。它确认原产地名称是一个独特的标识类别，应依据国内法形成法定的定义并受其调整[5]。鉴于原产地名称在所属国使用受到严格限制，指称对象也被严格定义，其有权得到“绝对”保护，并永不被认为是一个类型或类别产品的通用名称。考虑到向法国受监控原产地名称制度的过渡，这种对所属国规则的参考也就不足为奇了。

---

[1] 关于本条款所要求的之前英文译本“质量和特征”，还是最终被采用的官方法文版本建议译本“质量或特征”，有一些模棱两可。后者被认为更好。见里斯本文本，1006。世界知识产权组织最近修订了这一定义，反映在重新印刷的世界知识产权组织第264（E）号出版物中。

[2] WIPO，“The Definition of Geographical Indications”，1 October 2002（SCT/9/4），[7].

[3] 里斯本调查（对问题1和2的回应）。

[4] 这些文件的副本可以在英国国家档案馆的贸易委员会文件中找到：1956年12月3日讨论原产地名称注册制度的专家委员会会议（BT 209/1131）；拟议的原产地名称注册制度（BT 209/1132）。专家报告的英文译本为保护知识产权联合国际局《原产地名称的保护和国际注册》［1957］*Industrial Property Quarterly* 49. Develetian在此期间也就此话题撰写了大量文章，英文删节版见A. Develetian，“The Protection of Appellations and Indications of Origin”［1957］*Industrial Property Quarterly* 6（详细研究参考法文）。

[5] 里斯本文本，963（这些原产地名称，一旦在各自国家得到合法界定和控制，就不能被视为指定“一般类型”，并且针对并不完全是原产于合法享有这些名称的限制地区的产品，原产品名称不得以任何方式用于这些产品的命名、广告、标签、证书、文件等）。

1950 年，国际工业产权保护协会代表大会表示，希望所有的原产地名称都应受到保护，不被以任何形式误导性使用。这里的原产地名称被定义为一个宽泛的类别，适用于无论是品质源于土壤或气候的产品，还是工业产品，也无论其是否声名狼藉❶。与此同时，1951 年的《斯特雷萨协定》第 3 条规定，附件中规定的奶酪的原产地名称“专属于这些奶酪，无论它们是单独使用，还是伴有诸如‘型’‘种’或‘仿’等限定性甚或更正性表述”❷。《斯特雷萨协定》下突出的奶酪原产地名称包括“洛克福羊乳奶酪”（Roquefort）、“戈贡佐拉奶酪”（Gorgonzola）和“帕马森奶酪”（Parmigiano Reggiano）。这些原产地名称被描述为“国内立法的对象，基于当地的、正宗的和持续使用，保留其在缔约方之一的领土范围内在传统地区生产或在成熟的奶酪上的使用”❸。根据第三章，可以更好地理解广泛的、经过试验和测试的生产技术这一提法。《斯特雷萨协定》也指向生产的不同阶段（制造或成熟），只要其与原产地具有充分的联系。

1958 年，国际工业产权保护协会斯德哥尔摩代表大会在一份回应里斯本调查问题 7 的决议案中，最终采纳了一种正式定义❹。决议案厘清了货源标记与原产地名称之间的关系，同时以明显借鉴法国国内经验的方式列出了原产地名称的必要元素。

> 原产地名称构成货源标记的一个特殊类别。产品的原产地名称是一个地方的地理名称（国家、地区、地点，等等），产品在此地培育、制造或者以任何其他方式生产，产品的质量或声誉来源于此地的土壤、气候、传统用途或者技术。

很明显，在里斯本会议之前，作为关于原产地名称的国际对话的一部分，几个关键特征被热烈讨论交流。其中包括地理标识所指向的能唤起消费者认知的产品，产品质量与其原产地间的因果关系，“自然”因素如土壤和气候对质量的影响，“人文”因素如当地的、正宗的和持续使用的生产技术；基于原产地的质量声誉的呈现（或与基于原产地的质量声誉不相关）；以及在所属国为

---

❶ 里斯本文本，964（大会表示，希望所有原产地名称，无论是适用于从土壤或气候中获得质量的产品，还是适用于工业产品，无论它们是否享有声誉，都将得到保护）。

❷ 第 1 条还提及限制以翻译形式对原产地名称未经授权的使用。

❸ WIPO，“Texts of International Instruments”，11.

❹ AIPPI，Resolution on Appellations of Origin at the 23rd Congress of Stockholm，26 – 31 May 1958，［1958］*Annuaire* 44.

保持质量水平的鉴别和管理。综合起来，这些就将构成《里斯本协定》对原产地名称定义的基石。然而，在此之前，为了证明再另立一份协议正当合理，必须将原产地名称与货源标记充分区别开来。

在里斯本谈判期间讨论关于《巴黎公约》第 1 条第 2 款“工业产权”内容的修正提案时，原产地名称最初是作为一个单独的类别被充实进来的。第 1 条第 2 款的描述包括“货源标记或原产地名称”。令人关切的是，这表明两者在概念上是等同的，但联盟成员方国家层面的经验却表明情况并非如此。尽管概念上的澄清未获成功，但它却表明了这两类符号间的差异❶。对货源标记的描述用的是大家熟悉的表述。根据产品的不同，它只表明生产、制造、提炼或采集的地点。因此，它可以适用于任何产品。它通常被整合进更广泛的民事或刑事处罚框架内，依据反不正当竞争一般规则防止误导性使用。这里，生产者和消费者的关系是分析的相关坐标轴。与之形成鲜明对照的是，原产地名称是对应于一个国家或其中一个地区用以命名某一产品的地理名称，该产品来源于该地，按照管理目的或当地的、正宗的使用而形成的规则，呈现特定的（即，特有的）且著名的质量，该质量完全或主要归因于该地以及生产或提炼的方法❷。因此，原产地名称只适用于具有资格的产品。国际葡萄与葡萄酒组织主任用波尔多和勃艮第的示例为此提供了依据❸。原产地名称是该地区所有合法生产者都享有的权利的客体。这里，分析的坐标轴是生产者和交易对手的竞争关系。还有其他一些不同点需要强调。相关的地理区域通常是以生产使用原产地名称的产品而闻名，但对货源标记的使用并没有这样的要求。这就引入了对现有声誉的要求。关于立法目标，货源标记体现为保护国家利益的政策工具，区别对待国产和外国产品或促成选择性关税制度。相反，原产地名称的目标是保护私有（尽管是集体的）利益。国际局后来重申了这种对私益的强调，而不是主要基于公共利益的规制❹。此外，货源标记的使用通常是强制性的，特别是对出口而言，而原产地名称是可选择的。最后，尽管规制虚假标识、商号和商标的一般规则旨在防止使用误导性地名，但就原产地名称而言，其客体本

---

❶ 里斯本文本，771 – 2.

❷ 同上，771（原产地名称是指一个国家、地区、土地或其他地方相对应的任一地理名称，用于标示原产于该地的产品，根据为此目的制定的条例或当地、正宗和持续的惯例，这些产品具有完全或主要由于这些产品的生产和制造、提取或组装的地点和方法而产生的典型和知名的品质）。

❸ 同上，773.

❹ 同上，773.

身通常总是地理名称❶。关于它们彼此之间的关系，德国代表的观点得到了广泛的认同，他将原产地名称作为货源标记的一个特别子集❷。总而言之，这些论点的重点是为了明确地将原产地名称置于知识产权的范畴之内。它们使人们注意到积极认可这种权利从而对有价值的声誉实施控制，而不是将旨在实现不同政策目标的规则相融合，这些规则在很大程度上仅限于确保标签的真实性。

因此，可能令人惊讶的是——尽管有对原产地名称关键特征的确认、有对将其与货源标记分别对待的渴望、有认可其为知识产权家族合法一员的转变——草案并不包含对原产地名称的一个官方定义❸。反之，却定义了原产国，并在解释性备忘录中附有原产地名称的说明。该说明可以解析如下：原产地名称是（1）任何地名（无论一个国家还是其中一个地点）；（2）用作该地产品的显著标识；（3）依据既定的规则或习俗，代表着产品某些特有的且著名的质量；（4）这些质量完全或主要归因于原产地和制造、提炼的方法等❹。从一开始，就存在着通过承认人文因素对形成产品声誉的重要性来吸引更广泛消费者的意图。原产地名称适用于质量归因于土壤或气候的产品，同样也适用于工业产品。工业产品或手工艺产品（*activitÉ industrielle ou artisanale*）可以享有与其原产地相关的特殊声誉，这种声誉或者是凭借某一特定地域工人拥有的技能和资格，或者是归因于该地某些原材料的存在，或者有时是与气候或其他环境特性相关❺。必须指出的是，由于人和技术诀窍可以频繁跨境❻，我们又回到这一点上，即人文因素的引入可能使原产地名称与自然因素的联系变得松散。这一系列客体的开放性保持到后续的注册实践中，且没有得到充分的重视。国际注册不仅覆盖了常见的如葡萄酒上的“香槟”（Champagne）、烟叶或

---

❶ 这一点从谈判的准备文字材料看不是完全清楚，但很可能暗示了“消极”保护（制止他人在某些具体情况下使用标识）和“积极”保护（授予一特定群体标识的使用权）之间的区别。

❷ 里斯本文本，774 -5.

❸ 在审议协定草案时，即使是专家委员会也承认，尽管原产地名称的概念已广为流传，但各国法律在重要细节上仍存在分歧。他们采用了如下的描述：原产地名称“由对应于一个国家、一个地区、一个地点或任何其他地方的地名构成，用作该地产品的显著标识，依据既定的或拟订中的使用规则以及当地不变的风俗，代表着特有的且著名的质量，这些质量完全或主要因这些产品生产、制造、提炼或组装的地点而形成”。见 BIRPI，“The Protection and International Registration of Appellations of Origin”，51.

❹ 里斯本文本，813（原产地名称……指对应国家、地区、土地或其他地方的地理名称，用来表示不同来源产品的不同标记，根据为此目的制定的条例或当地的、正宗的、持续使用，这些产品具有完全或主要由于这些产品的生产和制造、提取或组装的地点和方法而产生的典型和知名的品质）。

❺ 里斯本文本，813 -4.

❻ K. Raustalia and S. R. Munzer，“The Global Struggle Over Geographical Indications”（2007）18 *European Journal of International Law* 337，353［主张“人文因素（可移动的因素）越多，则保护仅涉及特定地区的地理标志的理由就越弱”］。

烟草制品上的“古巴”(Cuba)以及酒精饮料上的“龙舌兰”(Tequila)❶;也包括木质手工艺产品上的“Olinala”、实用或装饰性玻璃器皿上的“亚布洛内茨”(Jablonec或Gablonz)以及刺绣或蕾丝制品上的“Kraslické Krajky”❷。尽管大多数都注册在意料中的类别之内(葡萄酒、烈性酒、农产品、奶酪)❸,但文化艺术品的存在表明可能性要比想象的大。后续的原产地名称国际法也随之明确纳入手工艺产品❹。

回到最初对定义原产地名称的抵制上,该提案明确认为没有正式定义的必要。应留待各成员方的国内立法来确定原产地名称(标识)、它所指向的产品、生产区域以及生产条件等❺。谈判中,在以色列的推动下,最终还是在第2条列入了一项定义,尽管有人反对这可能限制成员方数量❻。这里,很明显考虑了衡量其适用标准的需要。即该定义将不损害各国的定义,但可以作为各国法院考察国际注册产地名称合法性的一个参照。它还将防止成员方对某一申请是否符合《里斯本协定》对保护对象的要求作出主观或武断的决定。因此,它的目的是作为一个基准,并且正如我们所见,它也已成为各国法院适用的基准,只不过是在对其理解相当不准确的基础上。鉴于其作为一种标准的功能,该定义的某些突出特征值得分析:(1)产品与产地之间关联的性质;(2)产地不可或缺的影响,既包括自然因素,也包括人文因素;(3)对“地名”的要求;(4)对声誉的评判标准。

2.1 产品与产地之间的关联

产品与产地之间关联的定义是第2条第(1)款,“[原产地名称产品的]

---

❶ 在里斯本注册数据库中的注册号分别为231,477和669,见www.WIPO.int/ipdl/en/search/lisbon/search-struct.jsp.另见WIPO,“Questions to be Examined With a View to the Modification of the Regulations under the Lisbon Agreement”, 10 May 2000(LI/GT/1/2),[7](葡萄酒和烈性酒是依据《里斯本协定》进行国际注册中最常见的产品)。

❷ 注册号分别为732,66和22。其他还包括匈牙利工艺品,例如基斯昆哈拉斯(Kiskunhalas)蕾丝和海兰德(Herend)瓷器(注册号495和737)。

❸ 一项对里斯本统计数据的实证研究表明这四个类别在2001年的注册中累计占比84.1%。见S. Escudero,“International Protection of Geographical Indications and Developing Countries”(Working Paper No.10, South Centre, July 2001), 18. 目前的产品类别说明,分为(1)酒水饮料及相关产品,(2)食品及相关产品,(3)非食品产品,见《里斯本协定》官方印刷物,the WIPO *Appellations of Origin Bulletin*。

❹《世界知识产权组织发展中国家原产地名称和货源标记示范法》(日内瓦,1975)第1条之(c)(“产品”指任何自然或农业产品,或任何手工艺或工业产品)。参见《安第斯共同体卡塔赫纳协定486号决定》(2000年9月14日)第212条(在定义原产地名称的使用者时明确提及工艺品)。

❺ 里斯本文本,815.

❻ 同上,831-2.

质量或特征完全或主要归因于地理环境”。因此，质量或（从定性角度评价的）显著特征❶“完全或主要”归功于产地的影响。但是，什么情况下满足这种关联呢？在最终定义前的各个版本中或许可以找到线索。以色列最初提议的定义是，原产地名称（1）指产品的原产地，并且（2）指产品的质量或性质尤其归因于这个原产地❷。该定义聚焦于产地与其对质量的影响之间的因果联系。它表明，相较于稀有成分或尖端技术，是产地的影响造就了独特的质量。法国继而建议增加既有的或集体的惯常做法（les usages existants et collectif）或该地的人文因素。该定义又经历了一轮草案的讨论，该草案建议产品的特定或特殊的性质完全取决于原产地以及生产或提炼的方法❸。最终，关于定义达成了合意，确定为目前的形式。

基于前一章对法国原产地名称经验的探讨，以及借鉴《里斯本协定》的起草历史，按照以下脉络展开可以更好地理解这种关联：

（1）某些产品具有与其质量相关的独特的、典型的或特有的特征，使其从广大类似产品（如其他蓝纹奶酪）中脱颖而出。

（2）在为这种独特质量寻找解释时，产地——包括自然的和文化的地理因素——基本上可以解答这个问题。从广义上讲，产地，正是对产品在质量上与众不同这个问题的回应。

（3）当产地对质量具有可验证的影响时，产地与独特质量间具有简单的因果联结。

综上所述，我们可以推断出以下核心要求——产品的独特质量应归因于产地，这就解释了葡萄酒、奶酪或其他来自特定产地的产品借以独树一帜的相对的或差异化的独特性❹。

考虑到手工艺产品及其后续注册，对于这类产品来说，独特关联是人的技能及当地的环境条件，是这些实实在在地塑造了该产品。如果有什么不同的

---

❶ 见世界知识产权组织示范法18第1条之（a）（将“质量或特征”替换为“特有质量”从而更加清晰）。在决定是否对“特有质量”的实质审查作为国际注册制度的一部分时，一个专家委员会探讨了其可能的含义。他们考虑是否有必要制定原产地名称产品应具备的“最低质量标准”。WIPO，“Draft of the Model Law for Developing Countries on Appellations of Origin and Indications of Source”，30 October 1974（TAO/I/INF. 1），30 –40.

❷ 里斯本文本，832（原产地名称是指表示有关产品的原产国、地区或地方的地理名称，也意味着该国家、地区或地方所特有的产品质量或性质）。

❸ 同上，833（本协定原产地名称的当下意义是指用于指定或限定原产于一个国家、地区或地方的地理名称，其使用与该产品的质量或特定性质相对应，且产品质量或特定性质完全是由于其生产、制造或提取的地方和方法造成的）。

❹ 需要提醒的是，这种解释中，描述性要求和规范性要求的界限是有漏洞的。但是，它得到了定义起草历史的支持。

话，可能有一种隐含的主张，即产品的历史是独一无二的，产品是根据确定的质量标准生产的，而不是产品本身不可模仿。然而，概念化的过程可能引起其他复杂性，这里“完全地或主要地”并不意味着申请人必须证明产品是唯一的，即以一种自然科学可以证实的方式证明该地区的该产品是独一无二的。

然而不幸的是，这正是至少三个国家的法院依据《里斯本协定》解释原产地名称时采用的方法。意大利最高法院理解“完全地或主要地”应要求一种产品只能在一个特定的地点获得。它认为，第 2 条要求产品是独一无二的，即它不可能在任何其他地方同样精确高保真地被复制❶。法院采用这种解释，是遵循了其在“皮尔森”（Pilsener）啤酒案中确立的前例❷。该案是关于啤酒上的“百威”（Budweiser）和“Bud”（Budweiser 的简写形式）独占权的一系列国际争议之一，发生在著名的美国啤酒厂安海斯 - 布希［Anheuser - Busch（AB）］和捷克国有的捷克百威啤酒公司［Budějovický Budvar corporation（BB）］之间。捷克百威啤酒公司基于其原产地名称里斯本注册，对安海斯 - 布希使用其未注册但驰名的“Budweiser”和“Bud”商标提出质疑。最高法院赞同地方法院认定的事实，认为依据《里斯本协定》拥有“Budweiser”及其他注册的上诉人没有满足“地理环境”（milieu géographique）的要求❸。法院的逻辑是，即使承认上诉人用于生产其啤酒的波西米亚的水、啤酒花、大麦和麦芽质量优良且具有特定的特点，也并不意味着：

> ［上述］波西米亚啤酒的口味、颜色和外观正是完全源自复杂的环境条件（气候、土壤等），这些条件在其他地方不可复制并被认为是决定性因素，而不是源自在其他环境中不可实现（或不是特别可行）的复杂制造和生产技术，这并不意味着自然与人文因素与环境密切相关到对产品有必然影响的程度，从而使其绝对地独一无二和在别处不可复制❹。

法院进一步暗示原产地名称产品应该具有更高的质量，而本案中“美国

---

❶ “*Budweiser*”［2003］IIC 676（Corte Suprema di Cassazione，2002）。

❷ *Pilsen Urquell v. Industrie Poretti SpA*［1998］ETMR 168（Corte Suprema di Cassazione 1996）. 争议的焦点是被告商标中使用“皮尔森”是否对原告的注册原产地名称构成侵权。被告辩称这是通用化使用，因此并未侵权。法官的说理似乎令人费解，认为这种表述事实上是被通用化使用（取决于人们怎么理解），它缺少与其原产地“完全地或主要地”的因果关联（取决于可验证的产品质量）。这显示出了这个领域的认识论冲突。

❸ “*Budweiser*”［2003］IIC 676（Corte Suprema di Cassazione，2002），678.

❹ 同上，678 - 9.

产品并没有不如正宗波西米亚产品”❶。

这种对原产地名称产品应独一无二且质量出众的理解，既与谈判的历史不一致，也给《里斯本协定》下大多数现有注册设置了难以逾越的障碍。我们需要退后一步，考虑一下什么证据才能证明独一无二。相同双方当事人 1995 年在里斯本民事法院的一个案件中，类似的推理也很明显❷。法院的结论是：

> 无论是被告制造的啤酒还是任何其他啤酒，都不具有“完全地或主要地”与只在其制造地存在的自然因素（土壤、气候等）或人文因素相关的特征或质量……无论是原材料，还是制造方法，都不受仅存在某一特定地点，或完全地或主要地与该地相关的自然或人文因素的影响。因此，完全有可能在不同的地点或地区制造出具有相同质量和特点的啤酒❸。

产品和产地间的关联再次被设定为不可模仿性。这种解读的第三个例子出现在法国斯特拉斯堡法院的一份判决中❹，本书写作时正在上诉中。不出所料，通过当地代理人成功挑战原产地名称地位的一方是安海斯 - 布希。法院的论证进一步表明，由于啤酒本身是可以工业化生产的商品，其感官或理化分析特性可以在世界各地的不同地点被如实地复制，因此没有啤酒能享有原产地名称的资格❺。

总之，原产地名称代表着唯一性或不可模仿性的观念不仅限于这三个判决，也出现在其他文献中❻。这种解读在更广泛的论述语境下是可以理解的。《巴黎公约》和《马德里协定》框架内反对通用化使用，其“特定的气候和风

---

❶ 同上，679.

❷ *Budweiser*, Civil Court of Lisbon, 13th Chamber, 3rd section, case 7906 (Unreported, 8 March 1995) considered in detail by A. Corte - Real, “The Conflict Between Trade Marks and Geographical Indications - The Budweiser Case in Portugal”, in C. Heath and A. Kamperman Sanders (eds.), *New Frontiers of Intellectual Property Law: IP and Cultural Heritage, Geographical Indicators, Enforcement, Overprotection*, IIC Studies Vol. 25 (Hart, Oxford 2005), 149, 156 - 7.

❸ 同上，157.

❹ *Kronenbourg Breweries v. Budějovický Budvar Národní Podnik* (RG 2002/04572), Tribunal de Grande Instance of Strasbourg, 30 June 2004 (Unreported).

❺ 同上，（本案中的相关产品，即啤酒，是通过一个工业过程获得的……它的分析和感官特性由原材料决定，特别是酵母的种类，以及由制造工艺决定，……这些参数不受啤酒厂的地理位置或气候的影响，许多啤酒厂在世界不同地区生产相同的啤酒这一事实就是证明）。

❻ 见，如，M. Geuze, “Let's Have Another Look at the Lisbon Agreement”, 18 June 2007 (WIPO/GEO/BEI/07/10), [6] [依据第 2 条第 1 款，原产地名称产品“具有地理决定的特定资质——依其定义——使得产品独一无二（即在某种意义上，源自构成原产地名称的地理区域外的其他产品，不可能具有这些资质）”]。

土条件”的理由被理解为暗示没有其他替代物。然而，这不是签署《里斯本协定》那些国家选择的措辞。通过借鉴《里斯本协定》的起草历史和后续运作，我认为“完全或主要”从未意在要求实物商品只能独一无二地在特定产地获得。反之，这个短语指的是人文和自然地理间明显的联系，从根本上决定了产品特有的或与众不同的质量。鉴于法国在国家层面确定原产地名称的经验、在划定生产区域上的困难以及过渡为受监控原产地名称的原因，这种看法更令人信服。其要求是自然地理和人文地理必须在产品质量上留下鲜明印记。意大利和葡萄牙法院的选择将置大多数已注册原产地名称于质疑中。

2.2　自然和人文因素的影响

第 2 条的条文明确指出，认定原产地名称既需要自然因素的影响，也需要人文因素的影响。这可由第 3 章来解释，在第 3 章中，葡萄酒被视作地理来源标志的原型。在受监控原产地名称时代，对技术的认识，和对土壤、气候的认识一样已经根深蒂固了。尽管承认了人文因素，在法国模式下，土地的必要影响导致某些人认为，土地是地域性产品的共同作者。土地起着锚定般的支柱作用。它也解释了命名制度某些形式上的法律特征，包括持续时间长、集体属性和不可转让性[1]。确定了保护对象的核心模型后，就更容易看到它对这些要求的影响。因此，这一双重要求不再含糊不清，但尴尬的是，与之相随的是“工业”产区名称受到的欢迎，工业产区名称这个玄妙的类别可以仅仅依赖于历史上与生产区域相关的制造技术。如果主要是人文因素的影响，而不是自然因素的影响，这样的原产地名称是否应该获得注册呢？保护这种标识或许有独立的且合乎规范、令人信服的理由，但是那样，地理来源标志中的“地理”该怎样理解呢？

这个问题关系重大，因为人和生产技术往往会迁移。如果生产者可以传播这些技能，那么地理位置的锚定角色就会被否定。连锁反应包括确定原产地、确认生产者和证明保护范围的过程都会被打上问号。对于葡萄酒产区名称模式而言，自然地理在所有这些问题中发挥了重要作用。但这一悬而未决的问题，在随后关于起草世界知识产权组织原产地名称示范法的讨论中被搁置了。它建议将原产地名称定义中的“自然和人文因素”替换为“自然因素，人文因素，

---

[1] M – A. Hermitte, “Les appellations d’origine dans la genèse des droits de la propriété intellectuelle”, in P. Moity – Maïzi, C. de Sainte Marie, P. Geslin, J. Muchnik and D. Sautier (eds.), “Systèmes Agroalimentaires Localisés: Terroirs, Savoir – faire, Innovations” (2001) 32 *Etudes et Recherches sur les Systèmes Agraires et le Développement* 195, 202 – 3.

或自然和人文因素”❶。除非人类技能可以被证实与物理环境相关，否则这很难与本领域的语言体系历史相一致。将这些因素作为影响的可选项，会使地理来源标志可接受的保护对象具有更大的灵活性，但同时也就破坏了地理来源标志保护的历史基础。目前的里斯本注册包括了很多反映人类技能也与地理位置具有明显联系的例子。其中一种联系是某些原材料历史上曾源于当地❷。按照这些原则对原产地名称定义的任何重构，都需要解决这个问题。

2.3 地理名称

对于原产地名称定义的这个元素，事情相对简单明了很多。第 2 条的措辞表明它只承认“地理名称”。关于这是否仅限于地名本身，还是也包括间接指示地理来源的命名，一直存在着一些争议。有证据足以表明它不仅限于地名。问题可能部分归咎于世界知识产权组织以前将权威的法语版本中“命名”(dénomination)❸ 翻译成英语中“名字”（name）的惯例。因此，近期的里斯本调查包括一项提议，即“地名”可以被替换为“用于识别产品源自……(哪里）的标识”，以便囊括具有地理内涵的传统名称❹。对比《里斯本协定》中原产地名称和 TRIPS 中地理标志的包容性，有观点认为《里斯本协定》第 2 条不包括由一个并非地名的符号构成的命名，例如，非地理意义的名称或图形元素，而这些符号是 TRIPS 中地理标志定义可以涵盖的❺。但里斯本大会的记录表明，情况并非如此。早在 1970 年，这个问题就首次被里斯本理事会的成员在评估协定运作情况的早期调查中提出过，而《里斯本协定》是 1966 年刚生效的。这里，最主要的隐忧是，对新协定的解读可能存在分歧。为澄清这一点，“葡萄牙当局宣称其支持将原产地名称这一概念解释为，延及对应某一地理区域名称的保护，即使严格来说这一名称本身并非地名，但只要足以指向

❶ 见世界知识产权组织示范法 18 第 1 条之（a）。

❷ 一个例子是来自墨西哥的“Olinala”（里斯本注册号：732)，用于木制手工艺漆器，如盒子、托盘或折叠屏风。漆器的颜料由当地植物种子的油、灰、泥和粉末状染色剂混合而成，形成一种厚厚的糊状物。参见 E. R. Cisneros，“The Protection of Geographical Indications in Mexico”，September 2001 (WIPO/GEO/MVD/01/7)；R. A. Lopez，*Crafting Mexico*：*Intellectuals*，*Artisans*，*and the State After the Revolution* (Duke University Press，Durham NC 2010).

❸ 里斯本文本，1006.

❹ 里斯本调查附录，[21]-[22].

❺ M. Ficsor，“Challenges to the Lisbon System”，31 October 2008 (WIPO/GEO/LIS/08/4)，[10]；F. Gevers，“Topical Issues in the Protection of Geographical Indications”，October 1997 (WIPO/GEO/EGR/97/5)，5（TRIPS 用的词是“地理标志”。这显然比《里斯本协定》使用的术语范围更广，在《里斯本协定》中，人们用的词是“地理名称”）。

[该地域范围内的] 产品来源即可"❶。随后,"理事会一致认为,以这种方式解释第 2 条第 1 款与协定的精神并不相悖,这种方式允许对严格意义上并非地名的名称的注册与保护,只要该名称对应于某一特定地理区域且满足协定设定的其他条件"❷。因此,TRIPS 设想的"标识"范围似乎更广,不仅包括文字,还包括图像、符号,甚至可能是形状,《里斯本协定》其实也显然意在适用于直接以及间接的地名上。《里斯本协定》是否接受间接的地理来源标识,如百威啤酒案中的"Bud",一直是欧洲近期诉讼中的主题❸。在其中一个案件中,欧盟法院佐审官鲁伊斯 - 扎拉波·科洛梅尔 (Ruiz - Jarabo Colomer) 将间接的地理名称很宽泛地描述为:

> 地理标志甚至原产地名称并不总是由地名构成的。如果它们确实是地名,就被称为"直接的";如果它们并非地名,但只要这些标识或名称至少是给消费者传播了它所涉及的 [产品] 来自某一特定地点、地区或国家这样的信息,它们就被称为"间接的"……如单词"Cava"(卡瓦起泡酒) 或"Grappa"(格拉帕酒) 使消费者分别想到的是一种起泡葡萄酒的西班牙发源地和一种利口酒的意大利发源地,而"Feta"(菲达奶酪) 则识别的是一种希腊奶酪,那么同理,"Bud"是不是也代表着一个地理标识呢?捷克的消费者势必将这个表述与一个精确的地点以及啤酒酿造联系起来❹。

厘清这个问题有助于平息这场争论。《里斯本协定》显然意图适用于间接标识,"名称"所指甚至包括图形元素或其他符号。

2.4 声誉

关于原产地名称定义的这个元素,有两个相关的问题需要考虑。一个原产地名称申请必须证明其享有声誉吗?要达到什么程度的声誉才算充分?《里斯本协定》的起草历史和现行条文清楚地表明,除了需要满足前文讨论的"关联"外,在原属国的声誉是一项单独的要求。首先,依据第 2 条第 2 款的条

❶ 里斯本理事会,《里斯本协定适用实践中的问题》1970 年 7 月 (AO/V/5),[4].

❷ 里斯本理事会,《第五次会议报告》1970 年 9 月 (AO/V/8),[19].

❸ *Budějovický Budvar, Národní Podnik v. OHIM* (Joined cases T - 225/06, T - 255/06, T - 257/06 & T - 309/06) [2008] ECR II - 3555 (CFI); *Budějovický Budvar Národní Podnik v. Rudolf Ammersin GmbH* (C - 478/07) [2009] ECR I - 7721 (ECJ Grand Chamber).

❹ 同上,[68],[72] (internal citations omitted).

文，在确定原属国时，我们必须确认的是包含“赋予产品以声誉”的地点的国家。其次，第1条第2款明确规定，里斯本联盟成员方有义务以与其原属国相同的方式承认并保护原产地名称。里斯本谈判期间，“承认”反映出原产地名称既有的声誉这一点日益明朗。委员会一致强调，不同于货源标记，原产地名称代表的产品享有一定知名度❶。最后，与此相关的一点是，在第1条第2款中，原产地名称作为一个符号，不仅指示一个地点，而且也“用于指示源自该地的一种产品”（例如香槟，代表的既是一个地区，也是一种产品）。这种指示源自某地的某种产品的能力，只有经过时间的推移，该产品赢得声誉的时候方能获得。正如德韦利安所言，“指定产品的地理名称必须有持续的真实的本地使用……［它］必须享有一定的声誉”❷。因此，除了质量上的关联外，在其原属国的声誉是进一步的要求。

这一点有着非常根本性的意义。被保护的这种宝贵的无形资产正是地域性产品经历时间积累起来的声誉，因此，确定在原属国享有声誉是一个合理的要件。这与TRIPS中第22.1条的定义形成鲜明对照，该条款中关于“关联”的要求是“商品的特定质量、声誉或特征［必须］主要归因于其地理来源”❸。这里提供了三种方式可以满足所要求的“关联”，而声誉只是其中之一。在本书第二部分，将讨论声誉作为一种独立选择的重要性及其在促成TRIPS谈判达成妥协中的作用。因此，尽管人们认同热尔韦关于《里斯本协定》中“声誉”因素的大部分分析，但是无法认同其结论，即“如果TRIPS和《里斯本协定》关于定义存在任何差距，那么绝大部分（如果不是全部的话）差异可以被认为在功能上是无关紧要的”❹。

在总结之前，值得注意的是，关于声誉要达到什么程度，只需要在其原属国确定。鉴于《里斯本协定》的机制，原产地名称在所有成员方均受保护，而无须证明其在除原属国外的其他成员方享有声誉，甚至无须证明其在其他成员方为人所知。在下文讨论保护范围时，我们会重提这一点，《里斯本协定》为其注册人提供加强保护，超出了该标识语义所指的范围。这一发展非同寻

---

❶ 里斯本文本，831（其次，委员会一致认为，“公认”一词更适合强调一般法律原则，即原产地名称总是涉及享有一定声誉的产品，且标志着它与来源标识的区别）。

❷ A. Devletian, “The Lisbon Agreement”［1973］*Industrial Property* 308, 310.

❸ WIPO, “International Protection of Geographical Indications: The Present Situation and Prospects for Future Developments”, 1 September 1999（WIPO/GEO/CPT/99/1),［6］（可以说，因原产地而“仅有”一定声誉但并无特定质量的商品，并不属于《里斯本协定》关于原产地名称的定义范畴）；参见 WIPO, “Protection of Geographical Indications: General Introduction, International Protection and Recent Developments”, June 2001（WIPO/GEO/CIS/01/1,）［5］.

❹ Gervais, “Misunderstood Potential”, 91－4, 100.

常。因为传统上，依据地域性原则，知识产权法对标识的承认及保护仅限于特定的国家管辖范围[1]。著名或驰名商标是一个超越地域的范畴，国际上已经在研究讨论可能在一个国家享有声誉但缺少有效注册甚至可能缺少官方销售渠道的情况下，对这种著名或驰名商标进行保护的可能性[2]。在这种情况下，尽管缺少其他要件，但著名商标的声誉已经外溢，达至发生争议的地域范围内。与此不同的是，《里斯本协定》仅仅要求声誉在其原属国形成，然后在所有成员方获得保护。下文将讨论这种差异的原因。

3 国际注册及其成效

《里斯本协定》因建立了原产地名称注册制度而引人瞩目，它代表的是一个运行中的多边注册制度[3]。该制度的核心是希望通过把一国的认可投射外延至其他成员方来放大这种国家认可的影响。对其运行机制的进一步研究表明，该制度确有成效。然而，该制度发挥作用是附加警告提醒、限定条件和约束限制的，尽管这些从其条文看并不明显。鉴于该制度好似为地理来源标志加强保护支持者设立了一个保护区，反对的声音势必也很大。下文分析大致分为（1）注册的过程，（2）注册的效力。

3.1 注册的过程

国际注册的前提是一成员方对原产地名称提供国内保护，保护方式是“以与其国内保护相同的方式”，可以是其国内注册、行政命令或司法判决等形式[4]。因此，《里斯本协定》对于承认和保护的形式持相对中立的立场。米哈里·菲乔尔（Mihály Ficsor）指出，它“不一定要基于一个类似于里斯本的国内注册制度”[5]。尽管有这样的灵活性，“以与其国内保护相同的方式”仍然

---

[1] G. Dinwoodie, “Trade Marks and Territory: Detaching Trade Mark Law from the Nation - State” (2004) 41 *Houston Law Review* 885.

[2] 见《巴黎公约》第 6 条之二，TRIPS 第 16 条，关于驰名商标保护条款的世界知识产权组织联合建议（1999）; F. W. Mostert, *Famous and Well - Known Marks: An International Analysis*, 2nd edn (INTA, New York 2004).

[3] A convenient overview is found in Annex II of WIPO, “Possible Improvements of the Procedures under the Lisbon Agreement”, 10 February 2009 (LI/WG/DEV/1/2 Rev)（以下简称里斯本概述）。

[4] 《保护原产地名称及其国际注册里斯本协定实施条例》（2010 年 1 月 1 日生效）第 5 条第 2 款之（vi）要求原产地名称国际注册申请必须包含“[原产地名称] 在其原属国据以受保护的立法或行政规定的名称及日期、司法判决，或者注册的日期及注册号”。第三章的法国案例研究概述在一个单一法域内，对其中三种选择——行政命令、司法判决和注册，在不同时期的尝试。

[5] Ficsor, “Challenges to the Lisbon System”, [27]; 参见里斯本概述，[8]。

被认为是扩大其成员方的障碍。批评者中最突出的德国，就曾抱怨这是其参与里斯本体系的主要障碍之一，尽管它支持对地理来源标志更强的国际保护❶。最近的里斯本调查也对“以与其国内保护相同的方式”进行了重新审视❷。这个要求有两个相关的方面。德国的反对基于这样一种理解，即“与其原属国相同的承认和保护”，就强制通过官方正式行为对原产地名称预先给予国内承认，尽管这可以采取多种不同形式。但对于像德国这样的国家，以前对地理来源标志的保护是只有在发生争议时，才依据反不正当竞争法，在个案基础上的承认和保护。而令人担忧的是，基于《里斯本协定》这种方法论❸，德国若干重要的地域性产品就得不到承认，因为这些产品既不受专门法调整，也还没有发生争议得到司法判决的界定❹。随着现在泛欧洲地理来源标志注册模式的运行，这不再是欧盟成员方以及其他区域性名称保护体系成员方担心的问题❺，但它对其他国家仍然是一个障碍。由于要求在原属国获得在先正式承认，对地域性产品的生产者来说，一个可能的替代方案就是申请注册集体或证明商标。正如我们在第二章所看到的，绝大多数国家至少有关于后者的规定。“以与其国内保护相同的方式”第二个方面是另一个额外的障碍。原产地名称不仅必须在其原属国获得承认，还必须“以与其国内保护相同的方式”受到保护，即给予第 3 条所述高度的保护❻。很少有注册商标制度能提供如此高度的保护，现在，令人怀疑的是，即使是许多商标注册制度提供的反淡化保护，能否

---

❶ 见，如里斯本理事会，《第二次会议报告》1967 年 12 月（AO/II/5），[17]；里斯本理事会《里斯本联盟的区域扩展》1971 年 6 月（AO/VI/4），（附件转载德意志联邦共和国的信件）；世界知识产权组织，《专家委员会报告》，1974 年 11 月 15 日（TAO/I/8），13－30（几位代表称，他们的国家没有加入《里斯本协定》，就是因为“as such”的要求）。

❷ 里斯本调查（对问题 1 的回应）。

❸ 见第三章第 7 节。

❹ 一个相关的问题是，《德国反不正当竞争法》关注确定一个著名地域性名称的领土范围，而《里斯本协定》也要求在申请国际注册时确定该名称的使用者群体。作为回应，有人澄清《里斯本协定》并不要求生产者的详细清单，要求的只是确定有权使用该名称的生产者范围的规则。通过确定地域和生产条件从而间接确定该名称的适格使用者是可行的。里斯本理事会，《区域扩展》，[5]－[7]。

❺ 因此，世界知识产权组织正在研究这种区域性注册制度并入里斯本框架的可能性。见世界知识产权组织解释性文件，《关于保护地理标志区域性体系与里斯本体系间关系以及适格政府间组织今后加入〈里斯本协定〉的条件和可能性的研究》2010 年 8 月 6 日，（LI/WG/DEV/2/3）。

❻ 里斯本调查附录，[5]（“收到的各方反馈似乎证实原产地名称必须以与其原属国相同的方式受到承认和保护意味着［原产地名称必须满足第 2 条的定义］”并且受到未经授权不得使用的保护（依据《里斯本协定》第 3 条））。

使集体或证明商标实际获益❶。因此，“以与其国内保护相同的方式”就要求成员方的国内制度：（1）保护对象与里斯本的原产地名称定义直接相关；（2）实现原产地名称的在先官方正式承认，尽管可以保留承认形式的灵活性；（3）提供与第 3 条类似水平的保护。

对于满足这一门槛要求的成员方，通常由国家局❷代表生产者集体组织或者其他有权使用该名称的团体申请国际注册。该申请可以以任何“按照所在国法律有权使用该名称的自然人或法人（无论公有或私有）”的名义提出（第 5 条第 1 款）。这里出现了两个问题。第 5 条第 1 款指的是“使用权”，而《里斯本条例》以前的版本提到的是“原产地名称的所有人或所有人团体”❸。所有权的语言表述意味着一个相伴随的财产权框架❹。原产地名称能否被普遍地假定为财产权的保护对象，如果可以，财产利益的性质如何（个人财产或某种形式的集体财产或公共财产），是一个众所周知的困难领域，并且各国的做法各不相同。在下一章研究 TRIPS 下的地理标志是否为私权时，我们将回到这个问题。就里斯本大会而言，其目的仅在于方便地确定可以在其原属国合法使用原产地名称并与该名称联系在一起的团体。因此，条例的现行版本（2010 年版）绕过了这个雷区，代之以指向“有权使用的所有人或所有人团体”❺。第二个问题涉及描述该团体的最方便且最准确的方式。它所引发的问题是，是否要求有权使用该名称的每一个人的名字都列入注册簿。例如波尔多这样的名称，涵盖了大量的葡萄酒生产商，甚至数以千计，这样的要求将被证明是不切实际的。里斯本工作组作出回应，确认《里斯本协定》只要求明确指定的所有者范围❻，其可以被集体指定❼。除确定的权利所有人外，申请的其他要求涉及原属国、受保护的特定原产地名称标识、相关的产品、生产地区以及原产地名称国内正式承认的详情❽。

---

❶ D. Gangjee, “The Business End of Collective and Certification Marks”, in I. Simon Fhima (ed.), *Trade Mark Law and Sharing Names: Exploring Use of the Same Mark by Multiple Undertakings* (Edward Elgar, Cheltenham 2009), 79.

❷ 主管机关由缔约方自行确定。见 WIPO, “Questions to be Examined”, [15] - [17].

❸ 用于讨论本条与规则的不一致之处。见里斯本工作组，《工作组报告》2010 年 7 月 12 日（LI/GT/1/3），[27] - [33]；参见 WIPO, “Questions to be Examined”, [18] - [24].

❹ 在里斯本谈判的某些节点，使用了财产权的语言描述原产地名称，通常是为了与货源标记形成对比。见里斯本文本，796，813 - 14，861 - 3.

❺ 例如第 1 条之（xi）；第 5 条第 2 款第（ii）项；第 5 条第 2 款第（vi）项之（b）。

❻ WIPO, “Questions to be Examined”, [22] - [23].

❼ 第 5 条第 2 款第（ii）项要求申请提及“集体指定的有权使用原产地名称的所有人或所有人团体，或者，如果不能集体指定，也可以使用名称”。

❽ Art. 5 and Rule 5.

世界知识产权组织随后将这一注册申请通知各成员方❶，各国家局收到通知之日起一年内，可以宣布在其法域内对该原产地名称不予保护，并说明理由❷。这种可能的拒绝保护不得损害改变受保护词汇的既有现状，无论它们是依据国际公约、国内法还是法庭判例受到保护❸。驳回的后果，不应出于政策性原因，借机使保护倒退或降低保护。并且，各国家局不能自行作出驳回决定，而是应依据第5条第3款在利益相关方提出意见的基础上作出决定。驳回也不是终点，其目的在于为原产地名称原属国与作出驳回决定的国家间开辟谈判的空间。根据里斯本大会记录，驳回的理由可能构成这两个成员方为达成谅解而进行讨论的基础。而达成的谅解又可以作为撤回驳回的基础❹。这一意图似乎已经转化为实践，确有国家偶尔撤回驳回❺。依据条例第11条，有通知撤回的程序，并被记入国际注册簿。最后，还有可能是部分驳回，涉及申请的部分商品，或者原产地名称的一部分可能被认为是通用名称，如“夏朗德黄油”（Beurre des Charentes）中的构成元素“黄油”（Beurre）不受保护❻。如上述可能均不成立，世界知识产权组织收到其他国家主管机关的驳回通知后，将在规定的期限内通知原属国的主管机关，将驳回记入国际注册簿并发布公告。

由于驳回必须说明理由，里斯本体系运行的半个世纪以来，已经整理出了一份驳回理由清单❼。

这些驳回理由涉及各种事实或法律情形，可以分为三个大类，每类下又包括子类别。这份汇编值得一读，因为子类别的范围远远超过当初谈判时设想的驳回理由的狭窄范围❽。

（1）基于第2条，即原产地名称定义的驳回。包括下列情形：

（ⅰ）待审的原产地名称是某类产品的通用名称；

---

❶ 第5条第2款。

❷ 第5条第3款。依据第5条第5款，原属国的主管机关收到驳回通知后，再通知相关当事人，当事人可以在被驳回的国家寻求其本国国民享有的任何行政或司法救济。

❸ 第4条。

❹ 里斯本文本，817.

❺ 见，例如里斯本理事会，《关于里斯本联盟活动和财政问题的报告》1972年6月（AO/VII/3），[7]（可以看到……《里斯本协定》生效以来，在国际注册簿记录的550个原产地名称中，有84个被驳回，其中24个驳回决定后续被撤回）。

❻ WIPO，“Questions to be Examined”，[45]-[47].

❼ 驳回理由的总结载于《里斯本协定》的世界知识产权组织官方出版物。作者参照的是（2009）38《原产地名称》75-8. 总结的摘要也可见 Gueze，“Another Look at Lisbon”，[20]；Gervais，“Misunderstood Potential”，101.

❽ 里斯本文本，817，835-7，861（预想的有限的驳回理由）。

(ⅱ) 仅仅指示了产品的原产地（类似于货源标记），而不符合定义的其他要求；

(ⅲ) 不符合定义要求、可能无法指示特定的原产国的同音异义原产地名称；

(ⅳ) 该名称并非地理名称，这凸显了解决间接产区名称问题的重要性；

(ⅴ) 该名称不够精确，无法满足定义要求；

(ⅵ) 主管机关无法确认该名称符合定义，这又是一个令人质疑的理由，因为主管机关不应自行作出决定。

(2) 基于在先权利的驳回。原产地名称保护以下情形：

(ⅰ) 存在同音异义原产地名称的在先权利障碍[1]；

(ⅱ) 仅在不得限制特定同音异义原产地名称使用的情况下可被驳回（即旨在原产地名称共存）；

(ⅲ) 有条件地驳回，除非特定的同音异义原产地名称可以共存；

(ⅳ) 存在在先商标的权利障碍，这是最常被引用的驳回理由之一[2]；

(ⅴ) 因已被提出异议或撤销申请而不获核准。

(3) 驳回的“其他理由”。包括下列情形：

(ⅰ) 原产地名称的使用可能导致混淆；

(ⅱ) 原产地名称的注册并未涉及该区域的所有生产者；

(ⅲ) 原产地名称有违宗教价值观、伦理或公共秩序。

最后一种驳回理由有助于解释为什么伊朗伊斯兰共和国驳回了大量葡萄酒、烈性酒和啤酒原产地名称。依据其驳回声明，伊斯兰刑法禁止含酒精饮料的生产、销售和消费。由此推定，基于同样的理由，这类原产地名称在伊朗大量被侵权可能也不会引发关注。由于驳回理由过多过泛，有人提议合并驳回理由并将其纳入协定文本，还有一个成员方对基于政治原因系统性的缺乏根据的驳回表示担忧[3]。

---

[1] 葡萄酒“皮斯科白兰地”（Pisco）为同音异义词的争夺提供了一个很有帮助的例证，秘鲁和智利都主张该原产地名称。虽然智利不是《里斯本协定》成员方，但秘鲁原产地名称“皮斯科白兰地”的里斯本注册（注册号：865）仍被与智利签订协议的那些国家驳回。这些协议涉及对智利“皮斯科白兰地”的保护。见里斯本专家数据库，available at www. WIPO. int/ipdl/en/lisbon/.

[2] 世界知识产权组织，《关于修订里斯本协定实施条例的提案说明》2001 年 1 月 19 日（LI/GT/2/3），10（缔约方主管机关最常引用的驳回理由是[原产地名称] 与在先商标的冲突（占所有案件的一半））。

[3] 里斯本调查附录，[68] – [71].

3.2 注册的效力

一旦注册，就会产生一些重要的效力，意味着脱离商标注册或反不正当竞争法一般原则的尝试。一是只要原产地名称在其原属国受保护，就可以持续受到保护而无须定期重新注册❶。二是那些注册前就在缔约方使用该名称（例如，作为商标的一部分）的贸易商可以利用两年的过渡期停止使用，前提是通知世界知识产权组织❷。这意味着如果没有因为在先商标而被正式驳回❸，原产地名称就有条件地凌驾于在先商标之上。或许最重要的是，第 6 条规定，已注册的名称“只要在原属国作为原产地名称受到保护，就不能被视为是通用的”。这表明，注册标识的传播功能并不是其受保护的基础，而强调的是利益明显的所有权属性。重点是保留对原产国特定生产者群体的指向性，只有该群体在其所属国不再能清晰界定时，国际注册才失效。

有两种方法可以解释这种法律意义上的冻结状态。其一是将这一条款解读为对“特定的气候和风土条件”逻辑的肯定，“特定的气候和风土条件”使得任何该地区以外的竞争者的产品都不会成为这种独特产品的真正替代品。这一论点正是在 1958 年里斯本谈判期间被提出来的，谈判试图扩大《马德里协定》第 4 条的例外范围，但未获成功❹。但是，里斯本草案讨论期间并未提出这种解释，并且这种解释与第 6 条关于可能在原属国通用化的让步不协调。因此，第 6 条是一条务实而非原则性的规定，禁止在有限的领土主权范围之外使用通用词汇。这也是《里斯本协定》寻求向所有签约国输出这种国内保护的又一个迹象。在几次试图修正《马德里协定》第 4 条而无果的背景下，对这一谈判胜利必须大加赞赏，《马德里协定》第 4 条允许各国国内法院在任何时候对通用状态作出裁定，葡萄产品除外。因此，草案第 6 条谨慎地明确规定“原产地名称的冻结状态”，否则，各成员方可能就会试图寻找例外情况❺。

尽管有这一明确的意图，意大利最高法院仍然认为第 6 条只是一种假设，它仍面临通用化的挑战。在关于捷克原产地名称“皮尔森”（Plzen），尤其是其翻译“Pilsener”通用化状态的争端中，法院认为第 6 条允许原产地名称使

---

❶ 第 7 条第（1）款。

❷ 第 5 条第（6）款。

❸ 我们将会在下文看到，即使在现阶段未被驳回，在先商标所有人仍保留通过法院撤销原产地名称的权利。

❹ 里斯本文本，796 - 7.

❺ 同上，838.

用者仅仅是依赖“其使用具有合法性这一假定”❶，然后将举证责任转移到主张已通用化的一方。这一解释与协定的明文规定是不协调的，凸显了各国国内法院因该条款剥夺了其对某一名称在市场上含义的裁判权而引发的不安。最近有研究质疑“不能……被视为已通用化”是否能作为一条明线规则，默许区域外贸易商长期不间断使用而导致通用化等相关抗辩是否继续奏效❷。这进一步说明了两种方法之间的冲突，一种围绕着对符号含义的确定，而另一种是基于其他原因将具体化的符号作为有价值的“事物”寻求保护。

后续通用化使用的问题带来一个根本问题，虽然它几乎被忽略❸。即，注册原产地名称可以在多大程度上受制于司法审查？国际注册原产地名称能否在其他成员方（原属国除外）被撤销或以其他方式无效？最有可能发生的情况是原产地名称受到通用化质疑、有在先商标或原产地名称不符合“特定关联”这一定义要求［如上述“百威”（Budweiser）案］。克里斯多夫·希思（Christopher Heath）对此的解释很有说服力，即尽管协定没有明确述及这个问题，但纵览其文本、修订后的规则、相关的准备文字材料以及从《马德里协定》的不足向《里斯本协定》的标准的历史过渡中，可以得出的结论是原属国以外的司法自由裁量权是非常有限的❹。其中也包括第 7 条，即法院可以在任何时间点审查原产地名称在其原属国的状态，以及确定原产地名称是否被以第 3 条所指的方式侵权。尽管如此，如上所见，意大利和葡萄牙的法院在判定“皮尔森”（啤酒）和“百威”（啤酒）是否符合原产地名称要件时，还是适用了他们自己的标准。

以色列最高法院一系列“百威”案判决中的解释更符合文本及其起草者的本意。捷克百威啤酒公司“百威啤酒”（Budweiser Bier）原产地名称已基于里斯本注册在以色列依照以色列国内法于 1969 年获准注册❺。当安海斯 - 布希授权商开始在以色列生产美国“百威”啤酒时，捷克百威啤酒公司提出异议。安海斯 - 布希在答辩中特别提出了对该原产地名称注册有效性的质疑，主张啤酒的质量和特点并不依赖于来源地，并且作为德国前地名的“Budweiss”和“Budweis-

---

❶ *Pilsen Urquell v. Industrie Poretti SpA*［1998］ETMR 168，176.

❷ Ficsor，《挑战里斯本体系》，［30］（首先，它仅仅是阻止原产地名称被视为通用化而不是阻止事实上的通用化，还是它也排除后者？其次，该条款能否阻止其他类似法律原则的作用，如默许原则）。

❸ 一个值得注意的例外是克里斯多夫·希思著《地理标志：国际、双边和区域协定》，C. Heath 与 A. Kamperman Sanders（合编），《知识产权法新前沿：知识产权与文化遗产、地理标志、执法、过度保护》，IIC Studies Vol. 25（Hart，Oxford 2005），97，112 – 19.

❹ IIC Studies Vol. 25（Hart，Oxford 2005），112. 参见 C. Heath，“A Hungarian Chapter to the Budweiser Saga”［2009］IIC 328，331 – 5.

❺《以色列原产地名称法》1965 年 5725 号。

er”都不再是现在那个小镇的地名，它现在属于捷克，叫“Ceske Budejovice”❶。捷克百威啤酒公司回应称，原产地名称只要被一国国家局接受，一年驳回期限届满后，其注册就不可再被争议。地方法院驳回了这一主张，主要基于以下理由：

> 地方法院……对原产地名称的有效性具有管辖权。本院依据其一般管辖权和不支持取消这一管辖权的解释方法作出该项决定。本院认为，不应以注册官员对原产地名称的审查作为其有效性的最终结论。一个法律上并无此资格的人无权授予原产地名称。本院认为，这种做法与以色列履行《里斯本协定》的国际义务并无冲突……以色列同意保护公约意义上的原产地名称，而非准原产地名称❷。

上诉中，巴拉克（Barak）法官重新审视了《里斯本协定》的政策基础：“这项政策是对外国原产地名称给予全面保护，就如它在其原属国所享有的状态一样……只有原产地名称在其原属国不再受保护时，其在外国所受保护方可终止。”❸ 在确认了争点在于反对原产地名称注册的唯一依据是其在原属国失效之后，他认为，不应鼓励反对原产地名称注册的“间接理由”，即“在一个外国（这里指以色列）看来，基于原产地名称可能在其原属国被删除，是否就足以反对其注册”。只有当一个原产地名称在其原属国不再受到保护时，才可以终止其在外国受到的保护❹。虽然一国法院当然保有判定原产地名称有效性的管辖权，但无效的理由应受到严格限制❺。结论就是捷克百威啤酒公司的注册是有效的。

这一解释得到了最高法院五人小组的确认。安海斯-布希再次提出质疑认为，如果原产地名称在其原属国的初始注册受到“不适当的影响”或被质疑，上述解释将否定外部法院审查原产地名称的能力❻。法院回应认为，既然以色列对保护“迦法”（Jaffa）柑桔感兴趣，那么，它：

> 就承担了作为协定成员方的国际义务，逃避该义务是不对的。因此，

---

❶ *Budweiser I* [1991] IIC 255, 256-7 (Israel SC, 1990).

❷ 同上，257.

❸ *Budweiser I* [1991] IIC, 261.

❹ 同上，262.

❺ 同上，262-3.

❻ *Budweiser II* [1994] IIC 589, 598, 592-3 (Israel SC, 1992).

> 我们必须认为立法机关力图使《里斯本协定》约定的国际义务具有效力。协定的基本原则显而易见，就是希望对某一国家的商业名称给予国际范围的广泛保护，该原产地名称为该国或其民众所专有或是该国或其民众的特征，协定的其他成员应尊重该名称所享有的产权或其境内商业机构对该名称所享有的产权，只要该产权已得到该国承认并正式注册。[法院接着指出之前那些国际知识产权规范工具对地理来源标志强化保护徒劳无功的尝试。] 在这种背景下，我们可以解读出《里斯本协定》对外国原产地名称所提供的是非常广泛且几乎绝对的保护，只要该外国原产地名称在国际框架内已获承认且在协定成员方已妥为注册。

安海斯 - 布希并未退缩，提出了新的反驳理由，主要是认为，从程序上，原产地名称的所有权已经变更，但并未在国际注册簿上更新。第三次尝试也失败了❶，尽管这还未意味着诉讼的终结❷。这些判决积累起来，代表了对里斯本承诺义务的彻底审查，但是后续一些发展削弱了这些判决的重要性。《以色列名称法》的一个新条款❸允许在任何阶段挑战原产地名称的定义。根据意大利和葡萄牙的判决，《里斯本条例》进行了修改，纳入了某一成员方基于其本国情况宣告一原产地名称无效的情形，于 2002 年增加了第 16 条：

> 一项国际注册的效力在缔约方一方无效，且该无效决定不可再上诉时，该缔约方主管当局应将该无效决定通知国际局。

世界知识产权组织国际局承认，它无法确认这些国家判决的正确性，并且这个问题是存在争议的❹。其他成员方有样学样，损害后果随之而来，就如匈牙利最近的一个判决❺。与之相反的是，对《里斯本协定》最初的理解是，

❶ Noted in *Budweiser III* [1997] IIC 596 (Israel SC, 1997).

❷ 案件后续发展，见 P. Zylberg, “Geographical Indications *v.* Trade Marks: The Lisbon Agreement: A Violation of TRIPS?” (2002 - 3) 11 *University of Baltimore Intellectual Property Law Journal* 1, 53 - 4.

❸ 依据 5.1 章，“商标权”，条款 33B 增加规定：“在一方主张其为地理标志所有人的任何注册程序或法院侵权案件中，对方当事人都可以主张该地理标志并非地理标志。”全文可见 www. WIPO. int/clea/docs_new/en/il/il010en.

❹ 里斯本工作组，“Report Adopted”，[70]，[83].

❺ *Anheuser Busch Inc v. Budějovický Budvar Národní Podnik* [2009] IIC 353 (Hungary SC, 21 March 2007) (*Bud*)(最高法院含蓄地接受了上诉法院的做法，即允许第三方在《里斯本协定》规定的一年驳回期限之后对原产地名称提出无效申请)；*Anheuser Busch Inc v. Budějovický Budvar Národní Podnik* [2009] IIC 357 (Hungary SC, 28 March 2007) (*Budweis Beer*)(法院的理由是原产地名称里斯本注册已转化为有效的国内注册，就承担和国内注册同样的风险，包括被撤销的可能性)。

“一旦获得保护，对每个词汇的争论就该告一段落了”❶。原产地名称在原属国受保护的控制性地位从协定下列条文的解读看，是显而易见的，即第1条以原属国同样方式承认和保护原产地名称，第2条关于原属国的定义以及第3条只有在原属国注册后的通用化才是毁灭性的❷。动摇了这些，协定的根本基础就会被削弱。考虑到无效的可能性，迫切需要澄清产品与产地之间的“关联”才是原产地名称有效性的试金石。如果适用意大利最高法院关于产品必须是独一无二的或人文/自然因素必须是独一无二的这样的标准，将威胁到大量已注册名称的有效性。《里斯本协定》内部的这种紧张关系在法律文献和TRIPS理事会的辩论中被忽略了，在TRIPS理事会中，正在考虑的是建立一个多边注册制度。

总而言之，《里斯本协定》下的注册制度显示出出人意料的灵活性（到了某些地方不连贯的程度），这在很大程度上是由于各成员方的理解不同❸，而世界知识产权组织国际局只起着非强制且有限的促进作用。如果《里斯本协定》是试图确定在原属国明确的有效性和保护状态，进而将这种状态适用到所有里斯本成员方，那么这种努力只取得了部分的成功。

4 保护的范围，第3条

《里斯本协定》被认为是对原产地标志提供“绝对”保护❹。但是，这意味着什么呢？相对而言，与《巴黎公约》和《马德里协定》强调的误导性使用相比，该协定设定了一个显著扩大了的保护范围，禁止其他几种使用行为，这些行为在某些国家也会被列为不正当竞争行为。然而，定性上的差异更值得梳理，因为它们揭示了本协定所包含的一个更根本性的区别。下文各段尝试：（1）辨别被禁止行为的不同分类；（2）再次说明这是其正当性解释框架的一种拙劣融合；以及（3）提出《里斯本协定》的灵感来源于合同法，而不是知识产权法或反不正当竞争法，这就解释了为什么从这两个角度来探讨这个问题

---

❶ R. W. Benson, “Toward a New Treaty for the Protection of Geographical Indications” [1978] *Industrial Property* 127, 132.

❷ 《里斯本协定》是在包括《斯特雷萨协定》和其他双边协定在内的国际共识之下达成的。这些协定都是以原属国保护具有决定性为前提的。见 R. Plaisant, “The Revision of the International Treaty Provisions Dealing with Appellations of Origin and Indications of Source” [1980] *Industrial Property* 182, 189.

❸ 早在1969年，即《里斯本协定》生效三年后，就有人提出了这种担忧。里斯本理事会，《第四届会议报告》，1969年9月（AO/IV/5），[12]-[15].

❹ 里斯本文本，791-2，794，809（在《马德里协定》的背景下），826.

会有分歧和困惑。

同样，从《里斯本协定》的文本和世界知识产权组织提供的非官方标题开始是有帮助的：

> 第 3 条 保护的内容
>
> 保护旨在防止任何盗用和仿冒，即使标明了产品的真实来源或者使用名称的翻译形式或附加“类”“式”“样”“仿”字样或类似字样。
>
> 第 4 条 根据其他文本的保护
>
> 本协定各条款不排除特别联盟各国依照其他国际文书，如 1883 年 3 月 20 日《保护工业产权巴黎公约》及其后的修订本和 1891 年 4 月 14 日《制止商品产地虚假或欺骗性标记马德里协定》及其后的修订本，或者根据本国法律或法院判决已经给予原产地名称的保护。

从第 3 条可以明显看到，“任何盗用和仿冒”属于普遍禁止的范围，并列举了三种禁止性行为（表明真实来源的限定性使用、翻译、表明等效的限定性使用）。在本章最后几段，笔者将论证这些《里斯本协定》标准应被贴上“绝对”的标签，因为它们超越了传统上国内法对防止虚假描述、淡化或盗用的理解。简而言之，即便是最宽泛的反不正当竞争国内法，里斯本标准也不能通过与之相比较从而得到充分解释。对这些指称行为的规范，是假定相关受众会认为该受保护标志拥有某些属性具有一定含义。但里斯本标准关心的并不是这些，而是旨在将标识作为一种具体化的、具有潜在价值的事物并通过为其本国生产者保留这些标识而加以保护。

4.1 禁止使用行为的类型

让我们从列举禁止性行为的类型开始，以总结出全面禁止的行为。为了便于论述，限定性使用的情况可以放在一起讨论：（1）即使提及产品的真实来源，也被认为是“假冒和仿冒”，因此，如“葡萄牙洛克福羊乳奶酪”(Roquefort)❶ 或“西班牙香槟”不能再被使用；（2）依据原提案，“洛克福式”或“仿洛克福”也被禁止使用，这种使用具有双重风险❷。这会鼓励“洛克福”作为一种通用表达方式的使用，暗示从原产地以外的地区可以获得相同的产品或近似的替代品。这种使用也难以避免混淆，因为这很大程度上取决

❶ “Roquefort”1967 年作为原产地名称获准注册，注册号 459。

❷ 里斯本文本，797.

于包装上关于限定性使用者的实际显示方式，也就是所谓的“小号字体”问题❶。在试图以类似方式修改《马德里协定》第4条时，已经遇到过对这种限定性使用的异议，尽管这一尝试是失败的❷。在后来世界知识产权组织示范法的讨论中，这些问题也被作为类似条款的基础得以重申❸。在文献中可以找到更多反对这种限定性用法的论证。这种使用暗示了一种精确的等效，从而在质量上误导消费者❹。也有风土逻辑认为这种产品根本无法在其他地方生产，更凸显了其为虚假描述❺。这种限定性使用，或者是基于虚假描述，或者是纯粹的“搭便车”，但都利用了原属国原产地生产者得之不易的声誉，而这些生产者却无力阻止这种使用❻。这就呈现出一个动用了消费者利益（防止对质量的虚假陈述或即使标明了来源但是以“小号字体”标注的情况）和原属国生产者利益（防止通用化和搭便车）的混合论点。

最后，第3条还禁止使用翻译，以满足以往国际谈判中长期存在的一个要求。捷克斯洛伐克人关心的问题得以澄清，即对“Pils”的保护也延及“Pilsner”或“Pilsen”❼。尽管对这种辐射保护有明确的认识，在后续实践中，各成员方还是会很小心谨慎，往往会对翻译版本单独注册❽。这种预防措施可能是没有必要的，但它更清晰地界定了注册的对象❾。因此，翻译和音译名称现在也是申请时的可选附加项❿。

---

❶ 例证，见“Saunders Whisky”［1989］IIC 543（Oberster Gerichtshof，Austria，1987）（标签上“威士忌”很显著，但是在标签边缘用小字写着“奥地利制造”）。

❷ 见第二章，随附文本 fns 252－4.

❸ 世界知识产权组织，《示范法草案》，52（如果共性因素是相关产品是用相同方法生产的，一个［原产地名称］就可以使用，那么注册原产地名称就很可能在非常短的时间内成为通用名称。因此，示范法禁止这种做法，这与《里斯本协定》的规定一致）。

❹ 如 Plaisant，“Revision of the International Treaty Provisions”，188（消费者“很可能在口味、风格、质量或其他特点上被误导了，而他本以为这些特征有相似之处”）。参见 *In re Salem China Co* 157 USPQ 600（TTAB 1968）（在瓷器上使用“美国里摩日”（American Limoges）商标将造成对“品级或质量”的误认）；*S. M. W. Winzersekt GmbH v. Land Rheinland－Pfalz*（C－306/93）［1995］2 CMLR 718，［20］－［21］（以包括“风格”“类型”“品牌”和“方法”等不限于当地的词汇来命名……目的就是利用地理来源标志的声誉并造成该产品内在质量与真品是等同的这样一种印象）。

❺ 布劳威尔（Brouwer）以欧盟法律类似条款为背景研究该论点，其背后其他地方不可再生性的假设是决定性的。O. Brouwer，“Community Protection of Geographical Indications and Specific Character as a Means of Enhancing Foodstuff Quality”（1991）28 *Common MarketLaw Review* 615，629.

❻ 见，如里斯本文本，813－14.

❼ 同上，834.

❽ 如《里斯本注册簿》注册1和注册2，包括 Plzeňské Pivo/Pilsner Bier Pilsener/Bière de Pilsen（Plzeň）Pilsner/Pilsen Beer Pils 以及 Plzeň/Pilsen Pils/Pilsener/Pilsner.

❾ WIPO，“Questions to be Examined”，［29］－［31］.

❿ 《里斯本条例2010》第5条（3）（ii）。

这就引发了一个重要问题，就是什么才是合格的翻译。这个问题之所以值得注意，是因为权利范围可能通过囊括音译或指向同一个地点的其他形式而扩大。在里斯本体系外的另一个百威案中，新西兰采用了一种狭义的做法。安海斯-布希声称捷克百威啤酒公司侵犯了其“Budweiser”商标权，捷克百威啤酒公司反驳认为“Budweiser”是地名“Budějovický”的翻译，这正是其商号的一部分，应作为“自己的名称”这一抗辩理由❶成立，但未获支持。上诉法院认为：

> “Budějovický”是由名词“Budějovice”形成的形容词。类似地，“Budweiser”是由德语名字“Budweis”形成的形容词。与通篇主张“Budweiser”是“Budějovický”翻译的证据正相反，它并不是。它只是说另一种语言的人给同一个地点的另一个名字。它并不是翻译，就好像“Aotearoa”不是新西兰 New Zealand 的翻译一样❷。

这就提出了同一地点替代名称的问题，即便它们并不是直接翻译。葡萄牙法院采取了一种更开明的方法：

> [在安海斯-布希看来]，“Budweis”或“Budweiss”不是捷克城市 Budějovice 的德语翻译。然而，这并不妨碍无论是出身或国籍是德国还是奥地利的人，特别是在三国的边境地带，至少自 1918 年这个边境城市被称为“Budweis”起，就一直称这个城市为“Budweis”……一般认为，任何地点都可以有不止一个名字，但这些名字不一定是同义的（如“马尔维纳斯群岛或福克兰群岛”）。一个地名可能确实是同一地点另一个名称的翻译，尽管它也可能是同义表达。需要纳入考虑的含义必须仅仅指向同一个地点❸。

事实上，瑞典法院也采用了这种方法，将语言变体的外延指称判定为一种事实，虽然瑞典也不属于里斯本体系。法院试图判定“Budweiser”对瑞典消费者而言是否具有地理意义，尽管它不是这个城市（捷克 Budějovice）现在的

---

❶ 依据 1953 年《商标法》第 12 条（a），在商标侵权案件答辩中，一家公司可以其善意使用自己的名称作为抗辩理由。

❷ *Anheuser-Busch Inc v. Budějovický Budvar Národní Podnik* [2003] 1 NZLR 472（CA），[16].

❸ *Budějovický Budvar Národní Podnik v. Anheuser Busch Inc* [2002] ETMR 96，1182，1187（Supremo Tribunal De Justiça，2001）.

正式名称❶。葡萄牙最高法院在一个基于双边保护协议的百威诉讼案中指出，在这个全球传播的时代，如果不提供对翻译性使用的保护，原产地生产商就将失去来之不易的商誉❷。希思赞成这种解释，同时认为，关键点在于，为享有第 3 条的保护，所有变体指向的都应是同一个地理位置❸。欧盟法院佐审官最近在判定基于欧盟体系下对意大利“帕马森奶酪”（Parmigiano Reggiano）的保护是否应禁止在德国使用“Parmesan”时，也采用了类似的做法❹。禁止翻译的依据应该也是它暗示了产品的等效性，因而，反对限定性使用的论证也适用于此。

还有最后一点。了解了禁止使用这类性质的三种例子，就不禁怀疑《里斯本协定》是不是仅仅对相同或类似商品提供第 3 条级别的保护。贸易协会通过本国主管机关将“帕马森奶酪”注册为原产地标志可以阻止它被使用在其他奶酪上，但不能阻止它被使用在冲浪板或鼠标垫上。这种理解有待商榷，在最近关于《马德里协定》的调查中就是一个尚在争论中的问题❺。

4.2 对盗用或模仿的全面禁止

在研究了限定性使用和翻译这几类禁止使用行为之后，我们该如何理解第 3 条对“任何盗用和仿冒”（toute usurpation ou imitation）的全面禁止呢？会议记录只提供了有限的指引，看起来似乎是采用了基于法国国内法的语言❻。协议草案中第一次提到保护范围是指出防止任何形式的盗用或伪造（contrefacon），同时提及一些现有的已经对此做出规定的国内法、双边和多边协定❼。草案第 3 条也提到了伪造（contrefacon）。盗用或伪造使用被认定为知名区域性产品的

---

❶ *Anheuser - Busch Inc v. Budějovický Budvar Národní Podnik and Ors* [2006] ETMR 77, 1089, 1095 -7 (Swedish SC)（结论是瑞典消费者不太可能认为“Budweiser”具有地理意义）。

❷ 这里的问题是，翻译的版本是否包括双边协定签署者所使用语言以外其他语言的版本。*Budějovický Budvar Národní Podnik v. Anheuser Busch Inc* [2002] ETMR 96, [34].

❸ Heath, “International, Bilateral and Regional Agreements”, 121.

❹ *Commission of the European Communities v. Federal Republic of Germany* (C - 132/05) [2008] ECR I - 957 (AG), [49]（两个词汇通常必须被消费者认为是等同的）。欧盟法院最终认为“Parmesan”是一种不应被允许的唤起或“使人想起”的情况。这是一种更广义的判定，绕开了翻译问题。*Commission of the European Communities v. FederalRepublic of Germany* (C - 132/05) [2008] ECR I - 957 (ECJ), [48] - [50].

❺ 见里斯本调查中对问题 3 和问题 4 的回应。

❻ J. Hughes, “Champagne, Feta, and Bourbon - The Spirited Debate about Geographical Indications” (2006) 58 *Hastings Law Journal* 299, 319, 349.

❼ 里斯本文本，814.

重大威胁❶。除了列入禁止翻译之外，在后续对草案第 3 条的讨论中没有透露出其他更多信息❷。原草案第 4 条还包括对《巴黎公约》第 10 条之二反不正当竞争相关规定的参考，这将包括除了误导性使用之外的所有商业性使用❸。虽然草案的第 4 条最终被删除，但现在的第 4 条确实指出里斯本绝不会减少《巴黎公约》第 10 条之二所提供的保护。给人形成的印象是，一旦原产地名称在其原属国获得确认，其使用就被专属保留给在此程序中确定的在其原属国的那些使用人。其用意在于将"外部"交易者的使用视为盗用或误导，从而与本地区的国内法保持一致❹。依据这些被提及的误导使用或盗用以及草案第 4 条特别指出的不正当竞争，我们因此可以推定，至少有三种外部交易者的使用落入第 3 条和第 4 条的禁止范围。这就是虚假描述、淡化（包括弱化和丑化）和盗用❺。

虚假描述是最为普遍禁止的，问题最少。防止虚假描述，最初是关于起源的虚假描述，后来是关于质量的同化，是我们熟悉的措辞。如我们在第二章所见，避免原产地欺诈是将货源标记纳入《巴黎公约》的基础，而马德里谈判则显示出对与质量有关的误导性标志的关切。历史表明，法国的立法是应对欺骗性葡萄酒标签而生的，而英国的商品标记立法也有类似的与欺诈相关的原因。本书第三章所探讨的各国反不正当竞争制度均对这种不当行为予以处罚，在其范围内直接按仿冒之诉处理。鉴于富有声誉的产地名称产品和低价替代品之间的价格差异，欺诈活动一直存在。2007 年年初，比利时一家法院裁定一个葡萄酒进口商与欺诈有关的刑事罪名成立，因为它将重新包装并重新贴标签的西班牙起泡酒作为香槟供应给一家比利时大型零售商❻。大吉岭茶叶生产商也对统计数据义愤填膺，这些数据显示，误导性标签泛滥成灾。"据粗略估计，每年大概有 4 万吨普通茶叶被以'大吉岭'茶的名义销往世界各地，是

❶ 里斯本文本，815.

❷ 同上，834.

❸ 同上，816.

❹ 里斯本文本，（必须提供保护，以防止任何对原产地名称持有人的专有权的侵犯，无论是通过对原产地名称的非法采用——在一些法律中被称为盗用或假冒——还是防止对原产地名称的欺诈性模仿。协定中不必提及禁止非法采用，因为它显然包括在各国为保护已注册的原产地名称所做的承诺中）。

❺ 这些也是里斯本调查中确认的几种，[39] - [45].

❻ *Comité Interprofessionnel du Vin de Champagne v. Simon*, CFI Namur, Belgium (Criminal Division), 24 January 2007 (Unreported).

正宗‘大吉岭’茶产量的4倍”❶。此外还有人抱怨假冒哥伦比亚咖啡❷和安提瓜咖啡大量涌现❸。

在知识产权框架内，在商标法下禁止标识误导性使用的法律规范具有充分理由。保护商标的信息传播完整性具有双重目的，授予这些标识排他独占权可以防止消费者关于商品来源蒙受欺骗或混淆，同时保护合法生产者免受这种不公平竞争❹。在一个以信息不对称为特征的市场中，工具主义的解释是这种排他性的主要理论依据❺。在葡萄酒或食品等体验类商品中，买卖双方存在着信息不对称，这将导致“逆向选择”问题，即劣质产品将优质产品逐出市场❻。这是市场失灵的一种常见类型，需要政府进行某种干预。作为回应，授予商标（或有）专有权利可以提高效率。这些标识减少了消费者的搜索成本，使产品在市场上更容易被识别——潜在购买者可以信任这些标识——同时鼓励生产者投资于维持或提高质量水平。防止误导性使用的权利确保了所有者（且非其竞争对手）能够收获这种投资所带来的声誉回报。为了维护这种标识的传播完整性，第三方未经授权的使用应予禁止。

---

❶ K. Das，“International Protection of India's Geographical Indications with Special Referenmce to ‘Darjeeling’ Tea”（2006）9 JWIP 459，480.

❷ M. Vittori，“The International Debate on Geographical Indications（GIs）：The Point of View of the Global Coalition of GI Producers—oriGIn”（2010）13 JWIP 304，309.

❸ D. Giovannucci，T. Josling，W. Kerr，B. O'Connor and M. Yeung，*Guide to Geographical Indications：Linking Products and their Origins*（International Trade Centre，Geneva 2009），149（据估计，贴上“安提瓜”标签出口的咖啡比真正在原产地生产的多出100%～125%。其中包括邻近地区的仿冒品以及安提瓜咖啡豆和其他咖啡豆的混合豆）。

❹ *Two Pesos，Inc v. Taco Cabana，Inc* 505 US 763，782（1992），fn15（美国最高法院引用参议院关于《兰汉姆法》的报告：“制定任何商标法规的目的都是双重的。一是保护公众，使他们有信心在购买使用某一特定商标的产品时，如果该商标是他们熟悉的，他们就会得到他们想要找到的产品。二是如果商标所有人花费精力、时间和金钱向公众提供其产品，他的投资就会受到保护，不会被盗版者和骗子盗用。这是由来已久的既保护公众又保护商标所有人的法律规则。”）。*S. A. Cnl - Sucal NV v. Hag GF AG*（C-10/89）（1990）3 CMLR 571，582-3（*HAG II*）（Jacobs AG）（商标“奖励那些持续生产高质量产品的制造商，从而刺激经济发展。如果没有商标保护，制造商就没有动力去开发新产品或保持现有产品的质量。商标之所以能取得这样的效果，是因为他们向消费者保证，使用某一特定商标的所有商品都是由同一制造商生产的，或是在同一制造商的控制下生产的，因此很可能具有相同的质量……只有具有排他性，商标才能发挥作用。一旦经营者被迫与竞争者共享商标，就会失去对商标商誉的控制。如果竞争对手销售劣质商品，它自己商品的声誉也会受损。从消费者的角度来看，同样不受欢迎的后果也会随之而来，因为商标所传播的信号的清晰度被破坏了。消费者将会混淆或被误导”）。

❺ W. M. Landes and R. A. Posner，“Trade Mark Law：An Economic Perspective”（1987）30 *Journal of Law and Economics* 265；N. Economides，“The Economics of Trade Marks”（1988）78 TMR 523. 其他有说服力的解释，见 B. Beebe，“The Semiotic Analysis of Trade Mark Law”（2004）51 *University of California Los Angeles Law Review* 621.

❻ G. A. Akerlof，“The Market for ‘Lemons’：Quality Uncertainty and the Market Mechanism”（1970）84 *Quarterly Journal of Economics* 488.

地理来源标志关于这个主题的文献提出了类似的经济学原理❶，并增加了一个维度。这些地理标识体现了俱乐部商品的特征，所有俱乐部成员都享有排他权❷。当集体声誉岌岌可危时，就需要制度机制来应对集体行为的问题。有必要建立并监督实施共同的生产标准，以确保相互竞争的成员在保持质量的必要程度上愿意合作。另外，工具主义理论考虑到商标和地理标志在功能上的相似性，以一致的方式解释他们的排他权。在欧洲，欧盟法院在 *Sekt* 案中以大体近似的措辞论证了保护基础的正当性。即只要能“满足这种保护的目标，特别是不仅确保相关生产者免受不正当竞争的利益受到保护，也确保消费者免受误导信息的保护”，各国保护模式的合法性就可以得到确认❸。欧盟法院在 *Exportur* 案中重申了保护这些标识信息的好处：“这些名称在消费者中可能享有很高的声誉，对于其指定地点内的生产商，构成一种吸引消费者的重要手段。因此，他们有权受到保护。”❹

虽然禁止虚假描述或混淆由来已久，在反不正当竞争之下，还有其他形式的暗示性使用应予禁止。淡化就是其中一个突出类型，且更具争议性。与虚假陈述一样，它也涉及对标识的损害，可分为两种类型❺。在此，我们可以将其与商标法进行比较，以助于总结规则。声誉受到丑化或损害从直觉上更易理解，但理论化程度相对较低。美国法律将其定义为“因商标或商号与驰名商标之间的近似性而引起的联想，这种联想会损害驰名商标的声誉”❻。欧盟法院最近将其描述为存在于“知名商标的吸引力降低”之时。这种损害的可能性尤其来自第三方提供的商品或服务的特征或质量易对该商标的形象造成负面

---

❶ 见 OECD，“Appellations of Origin and Geographical Indications in OECD Member Countries：Economic and Legal Implications”，December 2000（COM/AGR/APM/TD/WP（2000）15/FINAL），7－8，31－4；D. Rangnekar，“The Socio－Economics of Geographical Indications：A Review of the Empirical Evidence from Europe”，UNCTA/ICTSD Issue Paper No. 4（May 2004），13－16；W. van Caenegem，“Registered Geographical Indications：Between Rural Policy and Intellectual Property－Part I”（2003）6 JWIP 699，709－10；F. Thiedig and B. Sylvander，“Welcome to the Club? An Economical Approach to Geographical Indications in the European Union”（2000）49 *Agrarwirtschaft* 428；C. Bramley and J. F. Kirsten，“Exploring the Economic Rationale for Protecting Geographical Indicators in Agriculture”（2007）46 *Agrekon* 69；D. Benavente，“The Economics of Geographical Indications：GIs modelled as Club Assets”，Graduate Institute of International and Development Studies Working Paper No.：10/2010.

❷ 俱乐部商品不是纯公共商品，其特征是部分排他性，无利益竞争或部分利益竞争，无壅塞现象。J. M. Buchanan，“An Economic Theory of Clubs”（1965）32 *Economica* 1.

❸ *Commission of the European Communities v. Federal Republic of Germany*（C－12/74）［1975］ECR 181，［7］（ECJ）（Sekt/Weinbrand）.

❹ *Exportur SA v. LOR SA and Confiserie du Tech SA*（C－3/91）［1992］ECR I－5529，［28］（ECJ）.

❺ “淡化”之下这两种类型——弱化和丑化——在多大程度上有共同点，目前尚不清楚。

❻ 15 USC § 1125（c）（2）（C）.

影响❶。就原产地名称而言，人们很容易想象出在非类似商品上某些令人生厌的用途，如用“香槟”来销售卫生纸或下水道清洁剂。但是，除了这些主要情况，（1）轻易就可以使用会不会被认为与知名标识形象不匹配，以及（2）是否真的会在消费者心中形成负面影响，是值得进一步研究的问题❷。

淡化的第二种情形是弱化❸。淡化本身在历史上就是被称为弱化的这种损害的同义词，包括对商标独特性❹或显著性❺的损害。在经典案例中，它为受法律保护驰名标识的所有者提供了一种手段，防止与该标识相同或近似的标识使用在与其已经注册的商品或服务非类似的商品或服务类别上。就如弗兰克·谢克特（Frank Schechter）1932 年所指出的，“如果你准许了劳斯莱斯饭店、劳斯莱斯自助餐厅、劳斯莱斯裤子和劳斯莱斯糖果，10 年后你就再也不会有劳斯莱斯商标了”❻。然而，弱化是有争议的，因为缺乏一个共性的词汇来描述到底是什么质量或关系被损害了：独特性？显著性？排他性？形象？吸引力或者“拉动力”❼？现在似乎形成了一种共识，即受到损害的是显著性（指示商品不同来源的能力）。但是，我们如何衡量这种损害呢？最近一项尝试衡量这种减值的实证研究表明——在没有任何消费者混淆的情况下——消费者分辨原告和被告的使用时，头脑中任何思维放缓可能都不足以影响购买决定❽。在上面劳斯莱斯的例子里，当一个潜在消费者被这个标识提示时，对这款豪车的回想并不足以被抑制，因为对消费者反应放缓的直接测量表明，这种损害的程度是微不足道的。那么，我们是否应求诸间接标准或法律假设以支持弱化的结

---

❶ *L'Oréal SA and others v. Bellure NVand others*（C－487/07）［2009］ECR I－5185；［2009］ETMR 55，［40］.

❷ 见“*Get Champagne*，*Pay for Sparkling Wine*”（付起泡酒的钱，就能买到香槟）［2002］IIC 990（BGH）（被告销售电脑、外围设备和软件，并用该标语进行宣传。法院仅是依据香槟独占权范围被削弱了，就认为贬损了香槟的形象）。

❸ 关于弱化，我在第二章曾借鉴了 R. Burrell and D. Gangjee，“Trade Marks and Freedom of Expression：A Call for Caution”［2010］IIC 544.

❹ F. Schechter，“The Rational Basis of Trade Mark Protection”（1926－27）40 *Harvard Law Review* 813，831（保持商标的独特性应成为对其保护的唯一合理基础）。

❺ 不同于独特性，显著性是专门术语，关系到商标的来源指示功能。最高法院似乎更倾向这个弱化的迭代：*Moseley v. Victoria's Secret Catalogue Inc* 123 S Ct 1115（2003）；*Intel Corp Inc v. C. P. M. United Kingdom Ltd*（C－252/07）［2008］ECR I－8823；［2009］ETMR 13（ECJ）.

❻ 他在众议院专利委员会商标听证会上的发言 72d Cong.，1st Sess. 15（1932）.

❼ 为解决这些问题，见 I. Simon Fhima，“Dilution by Blurring：a Conceptual Roadmap”［2010］IPQ 44；M. Senftleben，“The Trade Mark Tower of Babel－Dilution Concepts in International，US and EC Trade Mark Law”［2009］IIC 45.

❽ R. Tushnet，“Gone in 60 Milliseconds：Trade Mark Law and Cognitive Science”（2008）86 *Texas Law Review* 507.

论呢？引用一个判决已经生效的案例，如果一个宠物配饰制造商销售标有“耐嚼威登”（Chewy Vuitton）的咀嚼玩具手袋，这可能会对“路易威登”（Louis Vuitton）意味着奢华手袋和相关产品的能力产生负面影响吗❶？仅仅基于消费者会将两个标识相联系，我们就可以假定这种情况将会发生吗？

尽管那些对原产地名称或地理标志寻求更大国际保护的人还采用了诸如“转移或削弱声誉”等尚存疑的淡化变体❷，丑化或弱化依然存在着强烈争议❸。然而，在特定情况下，弱化可能是一个真正的问题。这种情况发生在地理标识被使用在类似商品上，从而随之而起通用化使用的威胁。弱化指的是一个标识指示商品特定（贸易或地理）来源的能力被侵蚀或削弱了，这种能力不仅被削弱了，还因通用化使用而被破坏❹。在某些法域，“胡佛”（hoover）、“阿司匹林”（aspirin）或“香槟”（champagne）分别是真空吸尘器、乙酰水杨酸和起泡葡萄酒的通用名称，表明这种通用化使用对地理来源标志传递更多特定信息的能力似乎构成威胁。

目前为止我们所研究的两大类行为——虚假描述和淡化——指的是对标识传播能力的损害，但盗用则可能如此也可能不是。按通常理解，盗用（misappropriation）中的“mis”可能是指：（1）第三方从使用著名标识中获益，但同时也对该著名标识构成损害，有时也被称为寄生使用（如弱化，这是盗用的一种有害副作用）；或（2）第三方只是搭他人创造著名标识的投入的“便车”，自己不做任何努力，这种情况不以造成损害后果为必需。

让我们首先研究所谓的损害性寄生使用。这种观点认为，盗用型损害和淡化型损害是一枚硬币的两面，其中一种必然会引起另一种。这里举两个例子就足以说明问题。在涉及大吉岭（Darjeeling）被用于广告和通信服务上的大吉岭案中❺，巴黎上诉法院认为：

---

❶ 在 *Louis Vuitton Malletier v. Haute Diggity Dog* 507 F 3d 252（4th Cir，2007）案中，答案是不会。

❷ Baeumer，“Protection of Geographical Indications under WIPO Treaties and Questions Concerning the Relationship between Those Treaties and the TRIPS Agreement”，[18]；F. Wenger，“The Role of National Administrations in the protection of Geographical Indications：The Example of France”，June 2001（WIPO/GEO/CIS/01/3）.

❸ 除 Tushnet，“Gone in 60 Milliseconds” and Burrell and Gangjee，“Trade Marks and Freedom of Expression”外，参见 C. Haight Farley，“Why We Are Confused About the Trade Mark Dilution Law”（2006）16 *Fordham Intellectual Property Media & Entertainment Law Journal* 1175；C. Long，“Dilution”（2006）106 *Columbia Law Review* 1029.

❹ WIPO，“The Need for a New Treaty and its Possible Contents”，9 April 1990（GEO/CE/I/2），[77]．关于通用化淡化，见 Chapter 9 of T. Martino，*Trade Mark Dilution*（Oxford University Press，1996）.

❺ 与此同时出现的还有宣传口号“通信是我们那杯茶”。

注册的商品有所不同没有意义，因为通过采用该名称与茶壶图案联系在一起，[被申请人] 已试图在推销其产品和免费利用与该地理标志相联系的声誉中获益，在相关公众头脑中，由该地理标志识别来源于该地区的茶叶，是卓越、精妙、茶叶委员会技术诀窍的代名词，在茶叶以外的产品上的使用行为侵犯了……使该地理标志显得普通并削弱了其显著性❶。

与此相近地，在哈瓦那（Havana）案中，巴黎上诉法院认为：

雅男士（Aramis）公司选择“哈瓦那”一词来推销其男用奢侈品香水并非出于巧合，通过附着于哈瓦那雪茄上特别强烈的唤起力量、享有盛名的形象、感官享受和高品味，以及呼出的烟的外观，显示了其深思熟虑的意图；

对哈瓦那原产地名称盗用的风险是真实存在的，且有其自身特性；

此外，必须指出的是……对这种可以唤起回忆且享有声誉的品牌的知名度的盗用，必然有削弱它的风险，当它被一个在世界各地拥有分支机构的公司使用时，必然会破坏这种雪茄的统一性和显著性，尤其是在法国❷。

这种方法意味着盗用将不可阻挡地导致标识显著性或其他可取之处的损耗。或许寄生的概念助长了这样一种看法，就是一个人的利益总是另一个人的损失。这种概念化（如果它是合理的）的好处是，所获得的利益的不公平性可以通过造成的伤害来解释。然而，有一系列令人信服的理由反对这一点。排他性或独特性的淡化是一种自说自话的循环论证。你可以要求权利来保持独特性或排他性，但如果独特性或排他性的条件是反过来取决于首先被授予权利，那么，这就是一个循环论证。所有标识的所有者都想要（符号学上的）保护空间得以延伸，并且想要“大棒政策”来行使其权利，但是为什么他们首先就应该被给予这样的空间呢？如果答案是非类似商品上的暗示性使用损害了其显著性，那么，大吉岭在文具上的使用为什么就不能是免费广告并且强化了这种茶来自特定印度茶园的意义从而增强了其显著性呢？或者，我们看见某标识

---

❶ *Tea Board of India v. Jean – Luc Dusong*, Paris Court of Appeals, 4th Chamber, Reg. No. 05/20050 (22 November 2006) 4 (Unreported)（感谢 Latha Nair 提供判决复印件）。

❷ *Societe Empresa del Tabaco Cubatabaco v. Aramis Inc & Ors*, Paris Court of Appeal, 4th Chamber Reg. No. 1998/10814 (17 May 2000) 13 (Unreported).

的情境会不会使我们消除模棱两可并且防止对显著性的损害呢？基于上述关于弱化的文献中阐述的理由，很难假定这种模仿使用必然会引起显著性的减弱，因为含义的解释和重构是一个动态的过程。由于证明弱化非常困难，有人认为淡化的这种类型只不过是对纯粹盗用的一种易被识破伪装的替代品。淡化阻止伪冒是一种更易被接受的规范，因为它显然涉及对原告的损害，但是，潜在的动机其实是阻止那些搭他人投入之“便车”的人[1]。

至此，是时候再仔细思量一下纯盗用或“搭便车”了。让我们再次回到平行的商标法语境中，罗伯特·博恩（Robert Bone）对盗用“貌似简单”的逻辑总结道：

> ［一个］被告通过不当使用原告的商标来吸引消费者并从原告的商誉中获益。消费者是否混淆，甚至被告的使用是否转移了原告的商业机会，都不重要。原告的商誉是否以某种方式受损或减弱也不重要。只要……被告“未播种却收割”就够了。换言之，道德和法律上的错误在于“搭便车”，即从他人投资创造的价值中获益[2]。

原产地名称文献中有很多这种抱怨的例子[3]。诺伯特·奥尔扎克（Norbert Olszak）生动地描述了法国夏布利（Chablis）酒庄酿酒者们的愤怒，他每年都在春寒料峭中颤抖，投入巨资保护葡萄藤不受霜冻，不料竟看到批量生产的葡

---

[1] D. S. Welkowitz，“Re – examining Trade Mark Dilution”（1994）44 *Vanderbilt Law Review* 531，579 – 80（对纯淡化案件最好的解释似乎是，一些法院将其视为在混淆证据不足时给予保护的一种方式，法院认为混淆证据虽然不足，但被告对该商标的使用是不公平的）；H. Carty，“Dilution and Passing Off：Cause for Concern”（1996）*Law Quarterly Review* 632，650（“纯淡化”的概念事实上是伪装的盗用。被保护的其实是商标本身作为广告工具的有效性）；D. J. Franklyn，“Debunking Dilution Doctrine：Toward A Coherent Theory of the Anti – Free – Rider Principle in American Trademark Law”（2004 – 5）56 *Hastings Law Journal* 117（美国的淡化法意图阻止淡化损害，但它实际上是为了阻止搭名牌的便车。由于淡化所宣称的目的和其隐藏的目标不协调，它是一个笨拙的、基本上不合逻辑的教义手段）。

[2] R. Bone，“Hunting Goodwill：A History of the Concept of Goodwill in Trade Mark Law”（2006）86 *Boston University Law Review* 547，550.

[3] 如 A. Devletian，“The Protection of Appellations and Indications of Origin”［1957］*Industrial Property Quarterly* 6，11［无论侵权（即不当使用）原产地名称还想要为自己的行为辩解的人给出的理由是什么，从根本上说，他们的主要动机就是希望从真正有资格使用该名称的特定产品业已形成的声誉和市场中渔利］；Wenger，“The Role of National Administrations”，13；N. Ozanam，“Protection of Geographical Indications – Food Products – The Example of Champagne Industry，France”，November 2003（WIPO/GEO/DEL/03/11. rev）.

萄酒以同样的名字装在纸箱里出售❶。这种不公平感是一个经常被重复的话题：

> 地域名称，无论是用于雪茄、奶酪还是葡萄酒，其意义都不仅止于指示来源。它们不是臆造的广告标语，而是代表着通过几十年甚至几个世纪的技艺赢得世界各地消费者和商人尊重的名称，远远超越了夏布利镇的白色黏土山坡❷。

搭便车或不播种却收割（不劳而获）的比喻刻画出了这类错误的特征。这是几个大陆法系国家反不正当竞争法的一个特色❸。也是1918年美国最高法院一个关于国际新闻社（*INS*）颇受争议的判决的基础❹。然而，这个先例判决后来在美国被限制在类似的“热点新闻”事实模式中，虽然它还曾被其他普通法国家上诉法院参考过，但最终还是被否定了❺。反对盗用大体上是基于这样一种认识，即并非所有涉及投资和具有经济价值的东西都应产权化。对围绕盗用的旷日持久的法律辩论进行总结简直是不可能的，而笔者的意图只是表明这种标识的授权基础是存在争议的❻。在“不劳而获”的语境中，理查德·波斯纳（Richard Posner）提醒我们，用偷窃或盗版来做类比是错误的，因为它掩盖了这类行为对有形资产和无形资产后果之间的区别❼。对无形资产的复制，从表达和鼓励竞争的角度来看往往是非常有益的，同时又并不否定所有者

---

❶ N. Olszak, *Droit des Appellations d'Origine et Indications de Provenance* (TEC & DOC, Paris 2001), 32 – 3.

❷ K. H. Josel, “New Wine in Old Bottles: The Protection of France's Wine Classification System beyond Its Borders” (1994) 12 *Boston University International Law Journal* 471, 495 – 6.

❸ 一般地，参见 F. Henning – Bodewig, *Unfair Competition Law: European Union and Member States* (Kluwer Law International, The Hague 2006); R. W. De Vrey, *Towards a European Unfair Competition Law: A Clash between Legal Families* (Martinus Nijhoff, The Hague 2006).

❹ *International News Service v. Associated Press* 248 US 215, 239 (1918). 将 *INS* 案限制于其事实部分的经典案例是 *Cheney Bros v. Doris Silk Corp.* 35 F 2d 279 (2d Cir 1929) (Justice Learned Hand)。

❺ Summarised by C. Wadlow, “Unfair Competition by Misappropriation: The Reception of *International News* in the Common Law World”, in C. W. Ng, L. Bently and G. D'Agostino (eds.), *The Common Law of Intellectual Property: Essays in Honour of Professor David Vaver* (Hart, Oxford 2010), 307.

❻ 我和 R. Burrell 对各种禁止搭便车的规范的详尽研究，见 D. Gangjee and R. Burrell, “Because You're Worth It: L'Oréal and the Prohibition on Free Riding” (2010) 73 *Modern Law Review* 282.

❼ R. A. Posner, “Misappropriation: A Dirge” (2003) 40 *Houston Law Review* 621, 622 – 3. 还有其他人也对最初为应对有形财产而发展起来的概念能否适用于无形财产提出质疑，见 M. A. Lemley, “Property, Intellectual Property, and Free Riding” (2005) 83 *Texas Law Review* 1031.

对无形资产的使用❶。对专利或版权有限合法垄断的要义在于确保他们在公有领域是可以获得的，并且在保护期满后可以被免费复制。至于商标，允许使用符号意义上的竞争性替代品或者对产品的评价是很重要的。“一旦人们认识到搭知识产权的便车并不总是一件坏事，就很难赋予‘盗用’一个简单的含义，使其成为知识产权法的一项准则”❷。它有助于人们记住大吉岭茶的原始植物品种来自中国和阿萨姆邦，而与香槟相关的某些技术创新是从其他地方引入该地区的❸。其实我们都得到过来自朋友甚或陌生人的一点帮助，全面禁止借用或搭便车过于宽泛，因此，需要鉴别和证明不正当复制的特定形式。

4.3 绝对保护

纵览第3条关于“盗用或模仿”可能的内容可见，制止虚假描述是其中可接受的部分，制止淡化和盗用则需要更加审慎对待。在此环节对这些规范进行分析辨别是有益的，因为我们将在本书第二部分在TRIPS标准的语境下再次讨论它们。然而，《里斯本协定》还藏着最后一个惊喜。上述三大类行为——虚假描述、淡化和盗用——在里斯本成员方的国内法或学说中可能都有对应的内容。根据国内法，每一项禁令都以（消费者）受众对被告使用相同或近似标识的反应为出发点。审裁人员如果确定相关公众或受众知道原告标识，且通常附加要求原告的标识享有声誉，便可适用这些规定判定：（1）公众是否会被误导，（2）被告标识的使用是否会导致原告标识在受众心目中的淡化，或者（3）被告的使用是否构成对原告标识的“搭便车”。与之形成鲜明对比的是，里斯本的目标已经超越不确定性，而是无论发生争议国的相关公众是否曾经听说过一个已注册原产地名称，都要对它提供保护。依据第3条，原产地名称一旦获准注册，就可以在所有27个签署国获得保护，不受“任何盗用或模仿”。本书写作时，在《里斯本注册簿》上，已经有800多件注册记录。认为所有这些产品在27个成员方每一个国家都是耳熟能详的名字，实在是令人难以置信。仅举一例，巨型白色玉米（Maìz Blanco Gigante Cusco或Giant White

---

❶ 这是雅各布（Jacob）法官最近在*L'Oréal SA & Ors v. Bellure NV & Ors*［2010］EWCA Civ 535案中强调的一点。

❷ Posner，“Misappropriation”，625.

❸ 分别见M. L. Heiss and R. J. Heiss，*The Story of Tea：A Cultural History and Drinking Guide*（10 Speed Press，Berkeley CA 2007），198；B. Parry，“Geographical Indications：Not All Champagne and Roses”，in L. Bently，Jane C. Ginsburg and Jennifer Davis（eds.），*Trade Marks and Brands：An Interdisciplinary Critique*（Cambridge University Press，2008），361.

Maize）是2007年秘鲁注册的原产地名称[1]。由其注册记录可知，在原属国秘鲁，其2005年9月26日才被授予官方保护。然而，特别是在布基纳法索、保加利亚、法国、伊朗和塞尔维亚，它享有免受盗用或模仿的保护。在所有这些国家，这种玉米绝对不可能享有既有声誉，这种声誉可以被明确地甚或推定地弱化或盗用。如果这种产品在这些国家不为人所知，就不会有淡化或“搭便车”。我们唯一能想到的未经授权的或外部生产商会犯的错误只是采用了与原产地名称 Giant White Maize 近似或相同的标识。

《里斯本协定》没有提供获得显著性或声誉等调整手段，所有名称受到平等保护，而无显著性或声誉等要求，也无论是对应着几百种产品，里斯本注册为这些名称保留了未来潜在的传播能力[2]。任何传统的对虚假描述、淡化或盗用的正当性论证，无论是单独运用还是组合应用，都无法对第3条的义务作出充分解释。如果保护标识现有的传播能力不是保护的基础，并且因此它离反不正当竞争法的基础也还远，那么就需要其他解释。根据《里斯本协定》，我们似乎是在将原产地名称作为“物”来保护，而不是由这些标识在任一特定时间点传达的信息决定保护状态。这点首先需要被认识到，然后再证明其合理性。我们将在本书第六章回到这一点，以探讨地理标志保护的一些新兴原理。否则，论点往往就会交织在一起，用虚假描述的语言去支撑针对盗用的条款，或者用搭便车的习语掩盖了本应称之为“绝对”保护才更恰当的保护。这些差异随后在多边妥协中被模糊了。为一致性起见，我们需要确保采用的手段与选定的目标相匹配。如果我们理解作用于这个领域的元认知框架不同于传播范式，即依据符号向特定受众传达特定信息的实际能力提供保护，那么关注保护的不同层次就是有必要的。

理顺纳入保护规范的四个方面：（1）虚假描述，（2）淡化，（3）盗用以及（4）绝对保护也可以有直接的实际效果。第3条的内容最终还是取决于成员方的国内法赋予其效力（第8条）。这些反不正当竞争国内规则或承认原产地名称的专门法规需要明确纳入这一“绝对”保护的标准。否则，国内规则的正常适用将难以满足第3条的义务，因为这些国内规则的适用依据的都是评估相关公众对那个原产地名称会如何理解。在涉及老对手的争议中，接受这种“绝对”保护作为单独一个保护层级是显而易见的。根据捷克国有百威啤酒公

---

[1] 注册号868；第36期公告（01/2007）。

[2] 平心而论，必须指出的是，现代商标注册在某种程度上也是基于这样的假定，特别是在美国或欧盟等庞大的商业地区。见，如，S. Wilf，“The Making of the Post – War Paradigm in American Intellectual Property Law”（2008）31 *Columbia Journal of Law and the Arts* 139，143（依据《兰汉姆法》的商标注册为商标确定了在全美“应知”，即使是在一个产品尚未进行商业使用甚或尚未进行广告宣传的地方）。但是，不使用撤销原则确保标识在获得权利的地域内必须使用。

司诉欧盟内部市场协调局（OHIM）案的判决[1]，与国内不正当竞争模式不同，《里斯本协定》在相同或类似商品上的保护被认为是“绝对”保护。事实上，只要原产地名称获得注册，不需要在每一个里斯本成员方享有声誉，也不需要举证不正当行为（减弱标识的显著性或盗用）的证据。在这个案件中，安海斯－布希将“BUDWEISER”和“BUD”相关的文字和图形申请注册为共同体商标。捷克百威啤酒公司提出异议，特别是基于其在先“Budweiser”各种变体的里斯本注册[2]，主张这些原产地名称在法国（里斯本签署国）应受到保护。在对这个案件的审理过程中，法院对法国反不正当竞争法和基于《里斯本协定》的保护作出了重要区分。捷克百威啤酒公司对安海斯－布希的异议还涉及一系列与啤酒不类似的商品，如文具、清洁用品、服装、糕点和糖果。法院论述认为，《里斯本协定》下的保护是在狭小范围内的“绝对”保护：是在类似或相同商品上禁止盗用或模仿[3]，而无须证明该原产地名称的声誉可能因他人在相同或类似商品上的使用而被盗用或减弱[4]。另外，法国反不正当竞争法确实延及防止标识被用于非类似商品，只要该标识已形成声誉，并且第三方使用可能减弱或盗用原产地名称的声誉。换言之，异议人若在原产地名称在本法域所被理解的含义的基础之上主张更广的保护，应付出更多的努力。法院支持欧盟内部市场协调局上诉委员会的裁决，即不能“假定依据《里斯本协定》在法国受保护的外国原产地名称在法国享有声誉”。因为：（1）《里斯本协定》下的“绝对”保护不能延及非类似商品，（2）仅仅是在世界知识产权组织注册并不当然在各个国家形成声誉，声誉并不是国际注册的副产品，以及（3）法国法律要求在非类似商品上享有更广泛的反不正当竞争保护时，应在本国建立声誉，而捷克百威啤酒公司的主张恰恰落入了法国反不正当竞争法和里斯本保护两者之间的空白。它未能“举证任何其原产地名称在法国享有声誉的证据”，也未能证明如果安海斯－布希的商标获准注册，“其原产地名称的声誉，假定存在的话，将可能如何被盗用或削弱”[5]。

---

[1] *Budějovický Budvar Národní Podnik v. OHIM*（Joined Cases T－53/04 to T－56/04，T－58/04 and T－59/04）［2007］ECR II－57（CFI）.

[2] 注册号 49－52。

[3] *Budějovický Budvar v. OHIM*［2007］ECR II－57（CFI），［173］（依据《里斯本协定》第3条，“即使标明产品的真实来源”或者使用翻译形式或附加“类”“式”“样”“仿”字样或类似的名称，也要确保对原产地名称提供保护。考虑到这些措辞，这些特定用语只有相关产品相同或至少非常类似时才有意义）。

[4] 同上，［181］－［182］（依据《里斯本协定》，原产地名称受到保护“无须证明这些名称在法国享有声誉，更不必说这些声誉易被盗用或削弱了”）。

[5] 同上，［165］.

另一个需要思考的问题是：如果国内立法和反不正当竞争法的侵权规则是围绕消费者怎么想而设计的，但消费者的想法和《里斯本协定》第3条水平的保护已不相关，那么，我们是否需要新的侵权测试规则？在“绝对”保护的情境下，我们是否需要转而依靠版权法来判定一个标识是否对原产地名称构成侵权（它是否相同或近似到足以使人认为它是复制正版原产地名称而来），而不是默认的测试规则，即首先考虑消费者看到被告的标识时是否会与原版原产地名称建立起心理上的联系？或者我们依赖的是不是牵强附会的关于消费者反映的法律虚拟和臆测？

在确认了“绝对”保护标志着与这一领域传统规则的背离之后，还有最后一个问题。里斯本这种扩张保护的灵感是什么呢？主张所有里斯本成员方对原产地名称某些形式的所有权基础有共同理解，是令人怀疑的。里斯本体系显然也超出了反不正当竞争国内规则或商标立法的保护范围，那么，这种模式是怎么冒出来的呢？有迹象表明，这种激励可能是合同约定的，或者更准确地说，是基于双边条约的模式❶。在这一时期形成的双边条约中有一种特殊的模式，就是双方都会为协定附加一份受保护地理名称的清单，然后将这些地理名称视为受保护用语❷。合意和互利的期望是接受保护另一方标识义务的基础。在这些协定之下，保护的性质和程度有所不同——某些协定确保其原属国保护的实质标准可适用于域外，而程序和救济方面则取决于争议发生国；某些协定认可适用争议发生国的实体规则；还有某些明确规定清单上名称的使用专有地保留给其原属国的合法生产商，任何其他使用将被禁止❸。

因此，《里斯本注册簿》可能被预想为一份清单的清单，重点是辨别原产地名称及其使用者的范围，并进一步设想任何超出这个界定范围的使用都予以禁止。然而，这种禁止依据国内规则才有效力，而国内规则通常首先会调查受

---

❶ 里斯本文本，814，836.

❷ 《里斯本协定》1966年生效，此前几个重要的双边协定已经谈判达成，这种模式甚至还被认为是欧洲模式的基础。G. Schricker，“The Efforts towards Harmonization of the Law of Unfair Competition in the European Economic Community”［1973］IIC 201，208［为了地理来源名称的统一保护，法国、德国和意大利最近缔结的双边协定（1960年法-德协定，1965年德-意协定以及1964年法-意协定）可以作为样板。这些协定规定的保护规则特别适合兼顾地理来源名称加强保护的需求以及成员方不同的利益和法律模式］；E. Ulmer，“Unfair Competition Law in the European Economic Community”［1973］IIC 188，200.

❸ 见 WIPO，“Introduction to Geographical Indications and Recent Developments in the World Intellectual Property Organization”，12 June 2003（WIPO/GEO/SFO/03/1），［31］-［32］；WIPO，“Present Situation and Possible New Solutions”，［59］-［80］；Schricker，“The Efforts towards Harmonization of the Law”；Plaisant，“Revision of the International Treaty Provisions”，187；几个这类双边协定转载见［1974］*Industrial Property* 371-86.

众对标识的理解，除非国内法院接受了《里斯本协定》的特征。这种通过立法或行政命令，以各国利益为基础，讨价还价设定保护状态的地理标志保护契约方式，在文献中尚未得到充分探讨，仅安东尼·陶布曼（Antony Taubman）的著作是个值得注意的例外，可能为地理来源标志保护的这种方式提供了最接近现实的解释❶。

5 结 论

《里斯本协定》体现了从货源标记到原产地名称的正式过渡，后者作为保护对象的一个独立范畴出现了。在探索这一转变的过程中，本章开篇提出的三条探索路径都形成了有益的成果。首先，《里斯本协定》试图界定适用于优惠待遇的保护对象类型。在原产地名称的构想过程中，《里斯本协定》签署国似乎含蓄地承认了法国法律中从原产地名称到受监控原产地名称的转变。人文因素与自然因素一起获得认可，导致了保护对象范围的扩大。然而，一个最初为农产品——根深蒂固的葡萄产品设计的制度不可能令人满意地扩展到与自然地理只有松散关联的产品，而不冒着前后矛盾的风险。如果原产地名称代表着人和特定地点在社会—经济和文化维度的互动，这就需要自然地理的决定性作用。否则，地理标志就会转变为历史或文化—地理标志，而这要求一个完全不同的基础。然而，与此同时，《里斯本协定》并不要求这种产品必须是独一无二或无法模仿的。尽管某些法院的解释有所不同，《里斯本协定》第 2 条被认为是要求在产品和产地之间建立起因果联系，而不是唯一联系。

关于对现行制度的思考，它看起来似乎在发挥作用，但其灵活性和认识不一的程度令人吃惊。在很大程度上要感谢两个百威之间没完没了的争斗，使得司法解释沿着不同的路径发展。对现行协定的详细分析，对那些现有成员方、那些正在考虑加入它的国家以及那些在 TRIPS 下考虑多边注册时依赖该协定的国家，都是有帮助的。最后，必须认识到“绝对”保护的全面效力，它不同于以往的国际条约或反不正当竞争国内法模式，标识对特定受众的意义不再是

---

❶ A. Taubman, “Thinking Locally, Acting Globally: How Trade Negotiations over Geographical Indications Improvise ‘Fair Trade’ Rules” [2008] IPQ 231, 233（陶布曼认为尽管其理论上的合法性存疑，这些务实的讨价还价却可能在现实中奏效。“贸易谈判的逻辑意味着‘新世界’的生产者不得不放弃这种语言上的灵活性，以免为进入‘旧世界’的其他形式买单——例如，为获得新生产技术的安全监管批准，以放弃具有商业价值词汇的通用含义为交换条件……贸易谈判的动态变化可以选择在不同的监管问题之间进行这种务实的权衡，以支持目标规则制定，这样貌似可以制定出最优规则，使得这些规则自身作为监管干预在客观上是合理的”）。

保护的基础。如果我们偏离了一系列熟悉的正当性解释，那么它们的替代品是什么呢？我们考虑过摆脱将“气候和风土条件”逻辑作为某一产品取决于某一产地的主要理由。这个潜在的候选答案并不令人满意。这有很多原因：原产地很难依据共识的标准划定界限，创新意味着产品随着时间而改变，而且——与仅由自然地理决定论的模式相反——人的技能在区域性产品的历史中越来越受到认可。如果我们不能再自信地宣称清晰界定的产地生产（可实证验证的）独一无二的产品，那么我们为什么要授予扩展的或“绝对”保护，以禁止在其他地方使用相同或近似的标识呢？《里斯本协定》隐含的第二种可能的解释是——在互惠互利的基础上接受多边义务。你保护我的，我就保护你的。这就需要每个国家在考虑是否加入时进行一番实用主义的演算。记住那个国家可能的原产地名称，这样做值得吗？在本书第二部分，我们将探讨在缺乏我们熟悉的反不正当竞争前提下保护这些标识的其他可能解释。

因此，在结束第一部分时我们提醒大家注意三个关键点：

（1）当代地理标志法律起源于反不正当竞争的“原始汤”，即各国国内法律制度采用不同规范防止第三方在贸易过程中滥用标识。集体形成的声誉是适用这些规则进行保护的宝贵无形资产。虽然以前曾存在一些不同的模式规制地理标识在产品上的使用，当货源标记被认定为这种集体声誉的载体时，就被置于国际知识产权领域中。在此基础上，它进入了《巴黎公约》的框架内，并与同时代的商标和反不正当竞争法保护对象有很多共同之处。

（2）然而，基于信息传播内容进行保护的正当性解释，在国家层面行之有效，但在国际层面却被认为是不充分的。它们不能令人满意地从国家层面按比例放大到国际层面。鉴于标识用于国际贸易时语义学上的脆弱性，一个替代的基础被提出来，以证明对这些标识给予特殊对待的正当性，其中就包括风土逻辑。这些概念的发展反过来又深受法国国内保护经验的影响。当我们将地理标志作为知识产权法一个独立的范畴考虑时，原型保护对象葡萄酒在很大程度上解释了我们所遇到的很多隐含的假设、公开的主张和制度的安排。这在多大程度上是合适的，是一个需要进一步研究的问题。

（3）最初的国际框架从近乎普遍的反对误导或混淆的规范中获得支撑。然而，地理来源标志保护的支持者们希望将地理标识像具象的物一样来保护，即一种具有现实或潜在价值的封闭的事物，而无论其对任一特定受众含义的偶然性。推动这些发展的是决定产品与产地间关联性的风土概念。

相互矛盾的认知结构，在没有被清楚明确表达的情况下，一直在这个领域各自发挥作用。那些设想在反不正当竞争法广义框架下（其本身也还是一个不确定的范畴）对地理标识进行调整的人，仍然会问强化保护的支持者们为什么想要背离传播逻辑的规则。而同时，区域性产品强化保护的支持者们则开始探索其他正当性解释。这些将在第二部分研究，并且可能提出一些别处尚未涉及的原则或政策性论证。我们现在已经选定了刻画这部长篇剧集特征的演员和道具，分支情节和固定套路，对话和旁白，就让我们开始转向 TRIPS 的当代舞台吧。

第二部分

第五章 TRIPS的今天

1 引　言

在全球化的背景下，TRIPS中关于地理标志的条款证明了地域的重要性。四通八达的交通运输，人口的流动，日益提高的生活水平以及世界口味的多样性都有助于提升地域特色食品、饮料和工艺品的形象。这个趋势在国内市场和国际贸易中都非常明显。然而，这绝对不是新出现的情况，这种趋势正在蓄积能量。随着这些产品在商业中越来越重要，地理标志不再以知识产权故事中的注脚的形象存在。大量证据显示了消费者对本地生产的传统产品有消费需求。即使不算葡萄酒和烈性酒，欧盟预估农产品和食物的价值也达到142亿欧元。[1] 因此，地理标志不再仅仅被视为一种符号，它作为保护的基准，还必须在一个成熟的市场中为消费者提供有用的信息。正是这种潜质满足了人们的想象。有人认为，地理标志可以帮助农村或者城市边缘地区的生产者提高收入以及带来切实的利益。因此，为实现各种政策效果而支持地域性产品的发展值得一行，而这些更广泛的政策议程把法律保护也纳入进来。借助这次令人欣喜的浪潮，地理标志保护机制被视为提高农产品质量（从而提高竞争力）、增加农村地区收入（帮助应对农村人口外流）、识别和维持传统生产方式，以及承认地区或国家文化遗产的载体。[2]这是今天国际地理标志保护的利益和期待。

---

[1] 欧洲议会和理事会关于农产品质量计划的规章的提议（2010年）733号最终稿（2010年12月10日）第6页［以批发价计算，在受保护的原产地名称（PDO）和受保护的地理标志（PGI）下销售的农产品和食品的总价值为142亿欧元（1997年），以消费者价格计算，估计为210亿欧元］。

[2] 第六章对这些政策的提议和相关论点进行了讨论。

TRIPS 包含了地理标志国际保护的现行框架，本书第二部分会探讨这些条款的合理性。更具体地说，这部分解释了当代规则的形态和形式。随后，借鉴于反不正当竞争逻辑和依赖于标识的含义，这部分还考虑在一定程度上以地理标志保护为对象，尝试在规范上对其进行重新定位或重新建构，这种尝试是建立在历史基础之上的。现在和将来都依赖于过去，而我们对过去的了解仍然很少。尽管 TRIPS 被誉为这一领域的里程碑，它构建了当代国际争论的框架，但最后两章会指出它受累于过多摇摆不定的妥协，使人有不祥的预感。TRIPS 第 22 ~ 24 条试图掩盖我们已经考虑了一个世纪之久的分歧。这些妥协不限于界限不清，这一制度的关键特征仍然难以解释，例如地理标志保护含糊不清的定义，或者存在着两个不同层级的保护。

通过建立连续性，本章将辨别和剖析被曲解的 TRIPS 的体系结构。就目前的情况，它无法为国际保护提供条理清晰的蓝图，然而为扩大保护范围（把对第 23 条的保护范围扩大到非葡萄酒和烈性酒的其他产品）正在进行的谈判就是在这种不平等的基础上开展的。TRIPS 作为其他法律的模板同时拥有广泛的成员，在全球范围内放大了其条款的不一致性。从更乐观的角度来说，其条款的不确定性使得在现有框架内重新定义地理标志保护成为可能。本章的分析列出了可供选择的方案和其他可能性，作为今后重建议程的参考。有些人认为地理标志保护在概念上是稳定且连贯的法律范畴，本章的分析对其也是一个警示。如果认为第 22.1 条明确界定了被保护客体的类别以及相关或首选的保护形式，那么这个观点是严重错误的。❶ 不能过分强调这一点。TRIPS 关注结果。无论采用何种保护方式，质量标志都必须按照其标准进行保护。而实施这些标准的机构仍未具体说明——是基于注册还是侵权法体系中的个案来保护？是通过更多地被解读为欧盟模式密码的专门立法（sui generis）保护体系还是通过证明商标的途径？通常支持加强地理标志保护的论点强调了地理标志保护是可持续发展、收入再分配或遗产保护的载体，其采用了相应的制度形式。例如，许多分歧往往与这些国家在多大程度上参与了地理标志制度的建立和随后提供多大力度的保护有关。当涉及地理标志保护的更优载体时，尽管领跑者已经出现了，但这种立法的竞争仍然存在。从这个意义上说，以下章节打破了这样一

❶ 在经历了一个世纪的模棱两可之后，对清晰的渴望是可以理解的。不幸的是，有些人认为 TRIPS 就提供了这一点。参见 S. Strauch and K. Arend，“Section 3：Geographical Indications”，in P - T. Stoll，J. Busche and K. Arend（eds.），*WTO - Trade - Related Aspects of Intellectual Property Rights*（Martinus Nijhoff，Leiden and Boston 2009），351，382（TRIPS 定义的“语言、内容和目的是精确而明确地确定”）；J. Audier，*TRIPS Agreement - Geographical Indications*（EC Office for Official Publications，Luxembourg 2000），15（TRIPS 第 22.1 条小心地定义了受保护的地理标志）。

种进步论，即认为TRIPS在概念上比其修改前更具条理性。❶ 它们还记述了两种相互竞争的认知框架——强调符号的传播逻辑和强调产品的风土逻辑——继续塑造这一制度的影响。

2 第22条至第24条的大纲

TRIPS中地理标志制度分主题总结如下：（1）地理标志的定义；（2）对所有地理标志的一般性保护；（3）加强对葡萄酒和烈性酒类的保护；以及（4）今后谈判的例外情况和尚未解决的问题。在深入探究之前，需要先确定研究的范围。这一章着重说明了基本概念不一致的具体困境。读者如果对TRIPS的第22条至第24条的描述感兴趣，可查阅更多关于论述TRIPS一般性规定的著作。❷ 这里的概述是精简的，而对TRIPS上尴尬和无法解释的内容进行深入研究分析，包括地理标志的模糊定义，存在两个不同级别的保护，通用化的棘手问题，以及地理标志和商标之间的冲突。从地理标志作为产权的特有对象、其所服务的利益性质以及有争议的保护方式上看，这些问题累积起来说明了在认定地理标志概念时产生了分歧。

由于我们将在接下来的几页中探讨地理标志的定义，因此有必要重申一下，在TRIPS第22.1条中明确了保护对象如下：

> "地理标志"指识别一商品来源于一成员领土或该领土内一地区或地方的标识，该商品的特定质量、声誉或其他特性主要归因于其地理来源。（着重点为作者所加）

重点是要求地理标志是与产品相关的"标志"（传达特定含义的符号）；根据产品的质量、声誉或其他特征（可替代选择关系）将产品联系到一个可

---

❶ Cf. A. P. Cotton, "123 Years at the Negotiating Table and Still No Dessert? The Case in Support of TRIPS Geographical Indication Protections" (2007) 82 *Chicago – Kent Law Review* 1295, 1312（TRIPS的定义反映了巴黎和马德里协议谈判中最早的来源标志讨论的逻辑演变）。

❷ P – T. Stoll, J. Busche and K. Arend (eds.), *WTO – Trade – Related Aspects of Intellectual Property Rights* (Martinus Nijhoff, Leiden and Boston 2009), 351 – 431; D. Gervais, *The TRIPS Agreement. Drafting History and Analysis*, 3rd edn (Sweet & Maxwell, London 2008), 290 – 324; C. M. Correa, *Trade Related Aspects of Intellectual Property Rights: A Commentary on the TRIPS Agreement* (Oxford University Press, 2007), 209 – 56; *UNCTAD – ICTSD Resource Book on TRIPS and Development* (Cambridge University Press, Cambridge/New York 2005), 267 – 321; M. Blakeney, *Trade Related Aspects of Intellectual Property Rights: A Concise Guide to the TRIPS Agreement* (Sweet & Maxwell, London 1996).

识别的地方；这些替代的联系主要归因于原产地。在接下来的两部分中，我们将回顾这个定义的组成部分，以及客观因素和主观因素的特殊组合作用。我们还会考虑以这一定义为前提的注册制度的定义。

第二个有争议的特征是两个不同级别的保护。根据第 22 条，所有地理标志保护范围包括以下三个组成部分：

- 防止使用的标识关于商品原产地[1]误导公众，或尽管其字面上是准确的，但却是虚假的标识（比如位于得克萨斯州的巴黎制造的香水）[2]；
- 防止使用的标识属于《巴黎公约》第 10 条之二所指的不正当竞争行为[3]；
- 驳回或者撤销含有或者构成标志的商标，可能使公众对该商品的原产地产生误解。[4]

这一系列实质性规则旨在通过防止误导性使用，维护消费者获取完整信息的权利，同时保护生产者的商誉，从而使产品在市场上具有独特性。但是，为了证明存在误导行为，权利人有责任在某一司法管辖区内建立事先使用该标识所获得的声誉，以及公众对相关产品的认可。同样，根据第 10 条之二反不正当竞争的成立，必须有混淆、虚假或误导公众行为的证明。[5]

相反，对葡萄酒和烈性酒的实施更强有力的保护，通常被称为“绝对”保护。[6] 这里涉及三项承诺：

- 各成员应当为利害关系人提供法律手段，以防止不在地理标志所指示的地方出产的葡萄酒及烈性酒等产品使用该地理标志，即使同时标出了

[1] Art. 22. 2 (a).

[2] Art. 22. 4.

[3] Art. 22. 2 (b). Art. 10 的有限的潜力在本书第二章第 2. 3 节已详细讨论了。

[4] Art. 22. 3.

[5] L. R. Nair and R. Kumar, *Geographical Indications: A Search for Identity* (Lexis Nexis, New Delhi 2005), 105.

[6] 参见，如，M. Geuze, “Protection of Geographical Indications under the TRIPS Agreement and Related Work of the World Trade Organisation”, October 1997 (WIPO/GEO/EGR/97/2), [9] ([第23条] 为葡萄酒和烈性酒的地理标志提供了更为绝对的保护形式。这种保护同样适用在公众没被误导，不存在不正当竞争，商品的真实来源已说明或地理标志或伴有“类”“型”“式”“仿”或类似表达上); T - L. Tran Wasescha, “Recent Developments in the Council for TRIPS (WTO)”, September 1999 (WIPO/GEO/CPT/99/2), [12]; WIPO, “Protection of Geographical Indications: General Introduction, International Protection and Recent Developments”, June 2001 (WIPO/GEO/CIS/01/1), [19].

商品的真正来源地，或者使用的是翻译文字，或伴有“类”“型”“式”“仿”或类似表达。❶ 这种说法我们很熟悉，在第四章中，我们在《里斯本协定》中看到了同样的规定。

- 如果带有商标的商品不是来源于地理标志所表示的地区的话，含有或者构成该地理标志的葡萄酒或烈性酒类的商标应当被驳回或者被宣告无效。❷ 也没有必要证明使用该商标会产生误导。

- 存在葡萄酒和烈性酒的名字同音同形异义的情况，只要能区分两者的使用，将误导性使用降低到最小程度是可行的。❸ 同音同形异义的标志被描述为“拼写和发音相似，但指明了来自不同国家的产品的地理来源”，比如里奥哈（Rioja）标示了来自西班牙和阿根廷的葡萄酒。❹ 另一个潜在受益者是“皮斯科酒”（Pisco），智利和秘鲁对于皮斯科酒的发源地产生了激烈的争论。❺ 必须指出除了葡萄酒及烈性酒之外，其他类别的地理标志也会受益于名称的共存，如在瑞士和法国之间有激烈争论的格鲁耶尔奶酪（Gruyère），或者在印度和巴基斯坦争论了一段时间的巴斯马蒂香米（Basmati）。

相对来说，第22条对所有地理标志的保护范围没有太大争议，因此我们重点关注第23条。在此，我们探讨两个尚未解决的问题。选择有限的葡萄酒和烈性酒类别的原因以及对它们特殊保护方式的正当性目前仍不明确。

在有关定义和保护范围的条文里有一系列例外情况和对进一步谈判的承诺。在这里有两个关键主题是关于地理标志与第三方有权使用类似标志（如经常发生争议的商标和通用化使用的保留）之间的关系。这些将被进一步讨论的已存在的条款是防止协议草案在乌拉圭回合期间谈判破裂的关键安全阀门。它们构成了TRIPS理事会正在进行谈判的基础，在第六章里可以看出，同时也提醒人们在TRIPS里地理标志领域“正在不停发展”的性质。分析拼图式的各个组成部分，第一，在TRIPS理事会上进一步谈判的承诺是为葡萄酒地

---

❶ Art. 23. 1.

❷ Art. 23. 2.

❸ Art. 23. 3.

❹ F. Addor and A. Grazioli, “Geographical Indications beyond Wines and Spirits: A Roadmap for a Better Protection for Geographical Indications in the WTO/TRIPS Agreement” (2002) 5 JWIP 865, 879; D. De Sousa, “Protection of Geographical Indications under the TRIPS Agreement and Related Work of the World Trade Organization (WTO)”, October 2001 (WIPO/GEO/MVD/01/2), Annex 1, 2.

❺ F. Mekis, “Appellations of Origin, Position of Chile’s Vineyards in the Concert of the New World, and in Relation to the Negotiations with the European Union”, October 2001 (WIPO/GEO/MVD/01/4), 2.

理标志建立一个通知和注册多边制度，使参与该制度的成员有资格获得保护。❶ 尽管在《协议》文中没有提到，但后来烈性酒注册被列入谈判中。❷ 第二，各成员已同意根据第23条进行旨在加强对葡萄酒和烈性酒单独地理标志保护的谈判。❸ 人们可以从欧盟所追求的一系列双边葡萄酒协议中看到这一点，这些协议建立或提高了对其葡萄酒名称的保护。❹ 第三，建立内在的监测和定期评估程序，让TRIPS理事会审查地理标志条文的执行情况，并促进合规进程。❺ 第四，各成员不应在战略上降低或减少在TRIPS生效之前就已存在的地理标志保护（即发达国家是1995年1月1日）。❻ 在这方面被长期关注的问题是通过立法策略性地指定某些名称为通用名称，这有利于地理标志保护之外的生产者。关于美国通过的《1997年纳税人救济法案》（*Taxpayer Relief Act of* 1997）是否违反了这一义务，引发了一场争议。该法案编纂了行政法规，允许使用带有真实原产地的半通用名称（如加州夏布利酒 Californian Chablis）。❼ 另一个潜在的争议是有关1994年通过的加拿大商标法修正案，修正案里列举了包括“波尔多”（Bordeaux）和“梅多克”（Medoc）在内的通用名称，而有

---

❶ Art. 23. 4.

❷ 在1996年新加坡部长级会议这段时间内增加的，参见 WTO，“Report（1996）of Council for TRIPS”，6 November1996（IP/C/8），[34]．随后在多哈会议讨论了该问题，这是作为有关的议题实施的一部分，参见 WTO，“Doha Ministerial Declaration”，November 2001（WT/MIN（01）/DEC/1），[18]（成员“同意就建立葡萄酒和烈性酒地理标志的通知和注册多边制度进行谈判”）。

❸ Art. 24. 1.

❹ 参见，如，Agreement between the European Community and Australia on Trade in Wine [1994] OJ L 86/94，superseded by the Agreement between the European Community and Australia on Trade in Wine [2009] OJ L 28/3；Agreement between the European Community and the Republic of South Africa on Trade in Wines [2002] OJ L 28/4；Agreement between the European Community and the Republic of South Africa on Trade in Spirits [2002] OJ L 28/113；Agreement Between the European Community and Canada on Trade in Wines and Spirit Drinks [2004] OJ L 35/3；Agreement between the European Community and the United States of America on Trade in Wine [2006] OJ L 87/2. 关于评论，参见 H. Rademeyer，“The Protection of Geographical Indications in South Africa”，September 1999（WIPO/GEO/CPT/99/3b），2；F. Vital，“Protection of Geographical Indications：The Approach of the European Union”，September 1999（WIPO/GEO/CPT/99/5），10；B. Rose，“No More Whining about Geographical Indications：Assessing the 2005 Agreement between the United States and the European Community on the Trade in Wine”（2007）29 *Houston Journal of International Law* 731.

❺ Art. 24. 2.

❻ Art. 24. 3.

❼ 参见 L. A. Lindquist，“Champagne or Champagne? An Examination of U. S. Failure to Comply with the Geographical Provisions of the TRIPS Agreement”（1999）27 *Georgia Journal of International and Comparative Law* 309. 半通用的预期使用终于结束了，尽管现有的使用不受新规限制。参见 Agreement between the European Community and the United States of America on Trade in Wine [2006] OJ L 87/2.

证据表明他们在加拿大市场保留了指示来源的功能。[1] 这些都显示了对这项规定的忧虑。

这些规则由一系列的“祖父条款”或隔离条款补充——这些条款使已经参与某一活动的人免受监管该活动的新规则的影响。对葡萄酒和烈性酒的地理标志，第三方[2]可以选择在任何商品或服务使用这些指定名称时不受新规限制，假如他们以连续不断的方式（1）在1994年4月15日前至少使用了十年；或者（2）在1994年4月15日前善意使用。[3] 对于所有地理标志来说，当涉及以前的商标时，变成“祖父条款”的意图再次变得明显。在有关成员实施TRIPS里的地理标志条款之前或者地理标志在原产国受到保护之前通过注册或者使用，TRIPS的任何规定不得影响注册商标或因善意取得而具有的使用权。[4] 这里有两个模糊的地方。第一个问题涉及这项规定的基本目的。它是否允许之前的商标继续存在，而且作为王牌使得后来的地理标志无效？或者，它是否允许授权之前的商标与随后的地理标志共存？令人沮丧的是，在WTO迄今为止唯一一份研究地理标志的小组报告中[5]，这个问题却悬而未决。美国提交给裁判者的论据剖析如下[6]：（1）第24.5条保护了“祖父”商标，这是地理标志保护的一个例外；（2）商标注册和使用的意义源于商标的排他性（从TRIPS第16.1条可看出），这样商标可以在市场上进行有效的传播；[7]（3）除非之前的商标可以使之后的地理标志无效，（否则）这个排他性的权利将受到损害；（4）因此，排他性不应因共存而受到损害。欧盟的回应大致如下[8]：（1）“地理标志和商标之间的区别由第24.5条界定了，该条款规定了地理标志与先前早期的商标的共存”；（2）共存是通过谈判达成的妥协；（3）妥协体现在措辞上——虽然商标的注册或使用不应受到影响，但会影响排他性使用；（4）共存并不影响前者，而只影响后者。

在解决这个问题时，WTO专家小组没有明确表态，让人不安。它的“初步结论是，认为第24.5条是防止混淆使用的权利或对防止混淆使用的权利的

---

[1] Report on the Lack of Protection of the Wines with Geographical Indication “Bordeaux” and “Medoc” (EU Trade Barrier Regulations Committee, 2003). 这个问题又是在双边葡萄酒协定框架下处理的。

[2] 在这里指那些不属于本国地理标志生产商或被授权使用地标的商业运营者。

[3] Art. 24. 4.

[4] Art. 24. 5.

[5] WTO Panel Report, European Communities – Protection of Trademarks and Geographical Indications for Agricultural Products and Foodstuffs, 15 March 2005 (WT/DS174/R), (hereafter, (DS174)).

[6] 同上，[7. 579] – [7. 582].

[7] 对商业标志排他性使用授权的经济理由已在第四章第4节讨论。

[8] (DS174), [7. 583] – [7. 590].

限制都是不合适的”。[1] 但是，它认为这一条款不是支持共存的充分基础，因为根据第 16.1 条这会损害明示的权利。我们仅剩下一种可能性，即第 24.5 条不认可地理标志和商标的共存。[2] 这是一种有问题的解释，因为其效果是使这一规定实际上毫无意义。第二个含糊不清的地方涉及诚信的范围。各国法律规定的标准大相径庭，一些司法管辖区假定每一项商标申请中都是诚信的，且要以实际存在的不诚信证据才能予以驳回。[3]

人们还看到商标持有人的权利保留在禁止反悔或懈怠类型的规则中。如商标与地理标志有冲突的话，异议期必须是在知悉该商标的不利用途或在该商标的公示之日起（以较早者为准）5 年以内，并且前提是该商标本身并无恶意注册。在异议期之后，商标注册不受此冲突的影响。[4] 第三方或者其前商标持有人的名字与地理标志发生冲突的话，这个规定就是为“自己的名字”辩护所作的规定。[5] 同时也要鼓励本国保护作为 TRIPS 下国际保护的基础。否则，就没有义务……保护在其原产国未受或已停止受保护，或在该国已停止使用的(地理标志)。[6] 最后，也许第 24.6 条中最重要的例外情况与通用名称使用有关，见下文第六章的详述。对于所有产品，通用名称的情况出现在“相关的标志与在通用语言中的习惯用语相同，而习惯用语作为该成员领土内的商品或服务的共同名称”，这正是问题的所在。关于葡萄产品，在《WTO 协定》生效之日出现了此种情况，其中“相关的标志与存在于该领土的葡萄品种的习惯名称相同”。在这种情况下，没有义务适用 TRIPS 的地理标志的规定，而且此类标识实际上是不受保护的。虽然这是今天 TRIPS 条款的一个缩影，但目前正在进行谈判——就像蜗牛在度假那般——将第 23 条的保护级别扩大到所有产品，并建立一个地理标志的国际注册制度。第六章将讨论这两项发展。

3 TRIPS 之路

在这一节和下一节中，有人认为第 22.1 条中的地理标志的概念是战略妥协的结果，现有法律规定也能看出妥协的痕迹。起初，毫无疑问 TRIPS 草案是有争议的。今天我们看到的协议是激烈的政治谈判的记录，也记录了胜利和失

---

[1] (DS174), [7.619].

[2] 在 WTO 争端中最终实现了共存，下文第 7 节将对此进行讨论。

[3] Gervais, TRIPS Agreement, 316 – 17.

[4] Art. 24.7.

[5] Art. 24.8.

[6] Art. 24.9.

败。这个故事讲述的是关于发达国家特定的工业或商业游说团体的胜利，而发展中国家则获得了相对不利的结果。❶ 因此，我们毫不惊讶地发现地理标志的规定也是谈判得出的结果，而不是原则性一致的结果。无论如何，我希望进一步探讨为什么解决方案采用了这些特定设置。谈判中各方采用了哪些模式和概念上的资源？这使我们的目光暂时离开乌拉圭回合，回到20世纪70—90年代初看看WIPO以及欧洲共同体内部的发展。正是在这里，我们发现了有助于解码TRIPS的重要线索。

3.1 TRIPS是妥协的结果

首先，让我们提出这样的观点：尽管TRIPS代表了某些进步，但概念的重要性被夸大了。TRIPS显然提高了地理来源标志（IGOs）的国际形象。❷ 丹尼尔·热尔韦（Daniel Gervais）认为TRIPS是解决地理标志问题的第一个多边工具，是具有“开创性的”，“可能恰好被视为是这个困难领域的关键一步”。❸ 这同时也被认为是“向前迈出的重要一步”，并且是该领域的“真正里程碑”。❹ 原因包括了参与TRIPS的成员众多，因此“影响广泛”，❺ 以及协定也具有确保成员之间遵守实质性义务的约束性质。❻ 此外，TRIPS规定定期审查其标准，并明确了地理标志未来的进一步谈判。与第一部分分析的多边措施相比，有约束力的实质性义务、广泛的成员和有效执行办法相结合显然是一种进步。然而，这些义务的实质性内容却不尽如人意。

---

❶ 参见P. Drahos and J. Braithwaite, *Information Feudalism: Who Owns the Knowledge Economy* (Earthscan, London 2002), 108 – 49; S. K. Sell, *Private Power, Public Law: The Globalization of Intellectual Property* (Cambridge University Press, New York 2003).

❷ T. Cottier, “The Agreement on Trade – Related Aspects of Intellectual Property Rights”, in P. F. J. Macrory, A. E. Appleton and M. G. Plummer (eds.), *The World Trade Organization: Legal, Economic and Political Analysis*, Vol. I (Springer, New York 2005), 1041, 1045.

❸ Gervais, *TRIPS Agreement*, 293. 并参见M. Agdomar, “Removing the Greek from Feta and Adding Korbel to Champagne: The Paradox of Geographical Indications in International Law” (2008) 18 *Fordham IP Media and Entertainment Law Journal* 541, 543.

❹ I. Calboli, “Expanding the Protection of Geographical Indications of Origin under TRIPS: ‘Old’ Debate or ‘New’ Opportunity?” (2006) 10 *Marquette Intellectual Property Law Rev* 181, 189 – 90.

❺ S. D. Goldberg, “Who Will Raise the White Flag? The Battle between the United States and the European Union over the Protection of Geographical Indications” (2001) 22 *University of Pennsylvania Journal of International Economic Law* 107, 116.

❻ J. M. Cortes Martin, “TRIPS Agreement: Towards a Better Protection for Geographical Indications?” (2004) 30 *Brooklyn Journal of International Law* 117, 125. Geuze, “Protection of Geographical Indications under the TRIPS Agreement and Related Work of the World Trade Organisation”, [3], [4].

乌拉圭回合谈判记录表明了地理标志条款特别有争议。❶ 谈判的一个初始催化剂是《关贸总协定》（GATT）第 9 条第 6 款，其中禁止使用会“歪曲产品真正来源，会对具有独特的区域或地理名称的产品造成损害”的商品名称。尽管在欧共体和日本之间的纠纷❷中，一个（纠纷解决）小组对这一条款本身作了狭义的解释，但它为 1987 年将地理标志纳入当时正在谈判的新协定奠定了基础。❸ 到 1988 年，对于出现的一系列问题，地理标志已被充分讨论。❹可通用名称的问题仍未解决；尽管在谈判中有所涉及，但“有参会者指出不正当竞争和误导使用的概念尚未完全界定”；“式”“型”等字样的使用仍然存在争议，就像在出口国的保护级别拓展到其他国家的建议也存在争议一样；注册制度在管理上似乎有问题；最后，欧共体“特别提到葡萄产品表明了共同体的提议更多地是基于权宜之计而不是原则”。欧共体的回应是，鉴于共同体对地理标志的重视，它将继续在共同体的提案中占据重要地位。❺

除了对通用名称的再次挪用的关切外，欧洲的提议被认为是企图扩大《马德里协定》和《里斯本协定》的标准，作为弥补其成员数量较少的一种手段。❻ 作为回应，欧共体在 1989 年对“误用”和“不公平”的各种表达转述采取措施，重新努力加强对地理标志的国际保护。欧共体代表团认为这是与发

---

❶ 更多详细的分析，参见 S. Fusco，“Geographical Indications: A Discussion of the TRIPS Regulation after the Ministerial Conference of Hong Kong”（2008）12 *Marquette Intellectual Property Law Review* 197, 216 - 22.

❷ GATT Panel Report, *Japan - Customs Duties, Taxes and Labelling Practices on Imported Wines and Alcoholic Beverages*, 10 November 1987（BISD 34S/83）. 在这里，日本制造商使用欧洲葡萄酒名称来指定本地产品的类别，这些类别与酒类税法相关。争端解决专家小组审查了欧共体的投诉，即日本制造商使用法国名称、其他欧洲语言名称和欧洲标签样式或符号，在酒的来源上误导了日本消费者，而日本制造商的标志并未澄清这些行为。我们找不到日本制造商部分使用英语（对于威士忌和白兰地）或法语（对于葡萄酒）书写的标签，使用的葡萄品种名称例如“雷司令”（Riesling）或“赛美蓉”（Semillon），或使用外国术语来描述日本烈性酒（“威士忌”“白兰地”）或日本葡萄酒（“chateau”“reserve”“vin rose”）实际上损害了欧共体的地理标志。日本是《马德里协定》的签署国，并且在国家法律中设有禁止误导性标签的规定，从而履行第 IX：6 条的（有限的）义务。

❸ GATT，“Meeting of the Negotiating Group of 10 June 1987”，23 June 1987（MTN. GNG/NG11/2），[5]. 也参见 GATT，（MTN. GNG/NG11/9）at [18]，[32]；GATT，“Compilation of Written Submissions and Oral Statements”，5 February 1988（MTN. GNG/NG11/W/12/Rev. 1），[19]. 所有的文件可参见网站：docsonline. wto. org/.

❹ GATT，“Meeting of the Negotiating Group of 5 - 8 July 1988”，29 August 1988（MTN. GNG/NG11/8），[42].

❺ 同上，[46].

❻ GATT，“Meeting of the Negotiating Group of 12 - 14 September 1988”，13 October 1988（MTN. GNG/NG11/9），[9].

展中国家利益攸关的事情，发展中国家也与这些产品有利害关系。❶ 美国和澳大利亚代表团仍然反对这些建议，主要是反对那些通用化使用。❷ 相比之下，美国的立场是以最简化的法律框架来防止消费者混淆为前提，希望用商标实现目的。有人再次对“共同体文件中的提议表示关切，即认为应该在其他地方给予原产地名称在原产国同等程度的保护”。❸ 虽然在文本的最后没有明确说明，但从这个角度来看，某些规定是合理的，因为这些规定是为了尽可能对出口国提供保护。❹

正如我们在第四章看到的，在《里斯本协定》框架内普遍存在着类似的议程，但它仍然会引起分歧。地理标志规定因此受到“国际贸易和全球经济”❺ 竞争力量的影响，由“定价问题”❻ 驱动，这涉及各方，如美国❼，能感受到在获益上存在差距。一位参加了谈判的日本官员指出，欧盟在地理标志条款谈判中的进步是以随后在农业谈判中做出让步为代价的。❽ 评论人士承认这些条款反映了这种互让，他们指出，与许多其他有争议的知识产权问题不同，这涉及南北分裂，分裂大致沿着旧世界和新世界的界线，新世界的移民人口不断使用原有产品名称是触发争议的原因。❾ 不顺的开端，“最终不连贯、

---

❶ GATT，“Meeting of the Negotiating Group of 12 – 14 July 1989”，12 September 1989（MTN. GNG/NG11/14），[53].

❷ 同上，[56].

❸ 同上，[59].

❹ 从20世纪中叶开始，欧洲国家之间的几项双边条约采用这一原则，即每个国家都同意对另一国的地理标志给予“原产国”同等的保护。参见 G. Schricker，“The Efforts towards Harmonization of the Law of Unfair Competition in the European Economic Community”［1973］IIC 201，208（讨论引导潮流的法德协议）；R. Plaisant，“The Revision of the International Treaty Provisions Dealing with Appellations of Originn and Indications of Source”［1980］*Industrial Property* 182（讨论此类协议的总体结构）。

❺ Goldberg，“Who Will Raise the White Flag?”，151.

❻ H. Kazmi，“Does it Make a Difference where that Chablis Comes From? Geographic Indications in TRIPS and NAFTA”（2001）12 *Journal of Contemporary Legal Issues* 470，472.

❼ C. Haight Farley，“Conflicts between U. S. Law and International Treaties Concerning Geographical Indications”（2000）22 *Whittier Law Review* 73，74.

❽ A. Ojima，Detailed Analysis of TRIPS（Japan Machinery Center for Trade and Investment，Tokyo 1999），87 – 8（翻译由 IIP 东京提供）. 也参见 Wasescha，“Recent Developments in the Council for TRIPS（WTO）”，[4].

❾ P. Zylberg，“Geographical Indications v. Trade marks：The Lisbon Agreement：A Violation of TRIPS?”（2002 – 2003）11 *University of Baltimore Intellectual Property Law Journal* 1，25 – 6；J. R. Renaud，“Can't Get There from Here：How NAFTA and GATT Have Reduced Protection for Geographical Trade Marks”（2001）26 *Brooklyn Journal of International Law* 1097，1115；J. Watal，*Intellectual Property Rights in the WTO and Developing Countries*（Kluwer，The Hague 2001）263；Cortes Martin，“TRIPS Agreement：Towards a Better Protection for Geographical Indications?”，127 – 8；Addor and A. Grazzioli，“Geographical Indications Beyond Wines and Spirits”，883.

妥协的形式……证明了对于如何保护地理标志有着深刻分歧”。[1]

3.2 WIPO 谈判

在所有这些相互竞争的议程中，某些基本主题是很明显的。我们注意到了《里斯本协定》的一个显著策略——为了避免标志的意义产生不确定性，标志在产品进口国所受到的保护程度与在出口国的保护程度一致。然而，档案研究揭示了有重大影响的外部因素的发展仍未得到充分的探索。在《里斯本协定》至 TRIPS 结论部分，还考虑了国际制度的其他可取（或可容忍）特点。特别令人感兴趣的两个发展是——地理标志广泛定义的渐进式进步和两级保护的适当性。

20 世纪 70 年代中期，WIPO 成立了一个专家委员会，审议了提高对地理来源标志国际保护的四个可能的发展途径：（1）修订《里斯本协定》，使其对潜在成员更具吸引力；（2）合并《马德里协定》和《里斯本协定》；（3）起草全新的地理标志保护条约；（4）分析现有双边协定的教训。[2] 在这些审议期间，为了涵盖现有的术语，地理标志的概念首先作为一个概况性术语提出。它出现在条约草案第 2（i）条中：“‘地理标志’表述包括货源标记和原产地名称……定义如下。”作为一种更有效的集体性名称，它的使用也将避免“必须决定货源标记和原产地名称之间的等级关系”。[3] 这种用法将再次出现在修订《巴黎公约》的提案中，建议增加第 10.4 条。[4] 这项修正案的目的是加强对货源标记和原产地名称的保护以及对使用这些地理术语作为商标的保护。此外，它还包括了有利于发展中国家的一项特别规定，这将使发展中国家能够预先为将来保留一定数量的地理标志，即使当时这些地理标志并不被人广为熟知。这种认可将阻止第三方将其作为商标或通用名称使用。

由于提议修改协议的外交会议还未结束，因此概括性术语的使用还未被正式采纳。与地理标志广泛定义有关的一致意见认为强制性的保护形式是不可取的。地理标志将货源标记纳入其中，并根据第二章确定了各种相互重合的制度

---

[1] M. Handler, “Case Comment: The WTO Geographical Indications Dispute” (2006) 69 *Modern Law Review* 70, 71.

[2] WIPO, “Present Situation and Possible New Solutions”, 28 June 1974 (TAO/I/2), [1]-[5]. 也见 WIPO, “Revision of the Lisbon Agreement or Conclusion of a New Treaty”, 25 August 1975 (TAO/II/3).

[3] WIPO, “Draft Treaty on the Protection of Geographical Indications”, 25 August 1975 (TAO/II/2), 8. See also WIPO, (TAO/I/8), [32].

[4] WIPO Director General's Memorandum, “Basic Proposals - Supplement to PR/DC/3”, 30 August 1979 (PR/DC/4).

和制裁——刑事、行政和提供民事救济——都被理解为履行货源标记的保护义务。因此，参加 WIPO 审议的与会者一致认为，虽然原产国的保护是国际保护必要的第一步，但不应规定保护的形式。❶ 为了容纳尽可能多的不同的国家体制，该措施用到 20 世纪 90 年代初："如果地理标志受益于在（参与《里斯本协定》的）原产地缔约方领土内的保护，无论是根据一般法律或一般原则（例如，根据反不正当竞争和保护消费者）或由于注册为集体商标或证明商标提供的保护，那么足矣。"❷

虽然"地理标志 = 货源标记 + 原产地名称"的公式最初占主导地位，但在后期，它逐渐被一个更实质性的定义所取代，而这更接近于最终在 TRIPS 里找到的定义。问题很简单——货源标记的范围已经足够容纳原产地名称。所有标明产品地理来源的标志都可以被认定为货源标记。那些表示适当的质量联系的标志也被认定为原产地名称。因此，如果货源标记能够做到这一点，那么"地理标志作为概括"的作用就微乎其微。区分地理标志的必要性似乎是为了避免沦为货源标记。

> "地理标志"一词的范围与"货源标记"一词相同。"地理标志"一词似乎比"货源标记"一词更合适，因为相较于对原产地名称较强的保护，后者表达经常被理解为较低水平的保护。"地理标志"一词的使用是为了强调原产地名称和货源标记均已包括在内，地理标志建立的保护不限于目前存在的对货源标记的保护。❸

由于这里讨论的地理标志被定位为与货源标记不同，因此造成了一个解释上的鸿沟。为了完善地理标志，有必要增加一些额外的标准。

在这个转折点上，欧共体代表在 1990 年提出了在产品和产地之间建立联系的要求。产品与产地的关联性高于货源标记（仅仅是来源上的联系）而低于原产地名称（可验证的质量上的联系）。

> [欧洲共同体代表提议] 为了使地理标志是"可保护的"，地理标志所指的地区与来源于该地区的货物之间必须存在某种联系。[欧洲共同体

❶ WIPO, (TAO/I/8), [34].

❷ WIPO, "Report Adopted by the Committee of Experts", 1 June 1990 (GEO/CE/I/3), [56].

❸ WIPO, "The Need for a New Treaty and its Possible Contents", 9 April 1990 (GEO/CE/I/2), [6].

> 进一步提议] 可保护的地理标志应是“指定某产品来源于某一国家、地区或地方，而该产品的某一质量、声誉或其他特性是由于该地理来源所致，包括自然及人文因素”。他们解释说，这种“质量联系”比《里斯本协定》对“原产地名称”的限制性定义更为广泛。而《里斯本协定》第2条提到（i）其“质量和特征”、（ii）“完全或主要”取决于地理环境，根据欧洲经济共同体委员会提出的定义，这种联系不需要具有特定的质量但可能要具备特定的“声誉或其他特征”，而这些其他特征不需要完全或主要归因于其地理来源。❶

在这一阶段介绍了TRIPS定义的两个重要组成部分——一种仅由声誉构建起来的关联以及另外一种相对弱化的关联。虽然提议的定义比货源标记（地理标志和货源标记要求的最小公约数）有更多的要求，但它并不排除那些倾向于将集体商标或证明商标作为一种适当的地理标志保护的手段。它可能包括非欧洲国家对葡萄酒名称使用的监管机制，比如美国的机制。❷ 一些人同意“货源标记+”（IS-plus）保护要求对保护对象采用“货源标记+”标准，而另一些人则担心，这一新定义将缩小受保护对象的范围，而且这种联系“将难以通过客观手段加以确定和证明”。❸ 我们快有结论了，在下面的第3.4节中会提到今天的TRIPS的定义是直接受到20世纪80年代末和90年代初欧盟在起草农产品和食品的注册制度过程中发生的内部妥协的影响。

努力构建能统一意见且比货源标记有更多实质内容的宽泛定义，同时还探讨了两个不同级别保护的可能性。自1974年地理标志构想为一个“雨伞条款”（即总括性条款）以来，该条约将提供两个级别的保护——本质上是《马德里协定》的保护级别即防止误用所有简单的原产地地理标志和《里斯本协定》的保护级别，即将满足国际注册体系的要求，这也在条约草案中讨论了。

> 新的制度应在两个级别上提供保护：一般来说，所有地理标志都应成为条款的保护对象，例如《马德里协定》中所载的禁止与产品地理来源

---

❶ WIPO，(GEO/CE/I/3)，[49].

❷ 酒精和烟草税收和贸易局（前酒精、烟草、枪支和爆炸物管理局）的法规通过其规范酒精饮料标签和确定美国葡萄栽培区的权力，间接保护了地理标志。有关概述，参见M. Torsen，“Apples and Oranges (and Wine): Why the International Conversation Regarding Geographical Indications is at a Standstill” (2005) 87 *Journal of the Patent and Trade Mark Office Society* 31，45-8. 相关的酒类标签法律参见网站www.ttb.gov/labeling/index.shtml.

❸ WIPO，(GEO/CE/I/3)，[50]-[52].

> 有关的欺骗行为的规定；此外，一个基于正式程序的特殊保护制度，……应为特定的地理标志（即原产地名称和界定为包括在特别制度内的那种货源标记）而设立。❶

相比之下，1990年曾审议了地理标志的一个新的实质性定义，这两个级别就合并为一个级别。任何地理标志保护范围与禁止其用于“并非产自［地理标志］所指的地理区域的货物或产品的通用名称或商标”有关。❷ 这里重要的一点是，由于产品和地理位置之间联系的性质，原产地名称应该得到更广泛的保护，基于这点，区别对待历来都是合理的。关于给予原产地名称这类产品加强保护的提议已经在《马德里协定》第4条的范围内进行了辩论。❸ 因此，两级保护的概念并不陌生。从《里斯本协定》到TRIPS跨越30年的谈判为参与乌拉圭回合谈判的各方提供了一系列选择。

3.3 妥协与结果

谋求通过一系列妥协达成稳定的一致意见，带来了三个重要和相互关联的后果。第一个是与没有任何确定形式的保护有关。不像世界各国的国家专利、版权或商标体系在某种抽象程度上看起来非常相似，地理标志制度相差很大。因此，将TRIPS中的地理标志的定义等同于类似的国内法里的定义，既不准确，也丝毫没有帮助。想起货源标记，第22.1条的宽泛和模糊为各种各样的法律制度的设计提供了理想的基础，这些设计可以满足第22~24条的实质性标准。❹ WIPO❺ 和WTO❻ 两项调查显示了为地理标志提供保护的各种法律上的回应。WIPO的调查将这些现有制度分为：（1）包括假冒在内的不正当竞争；（2）原产地名称和注册的地理标志；（3）集体和证明商标（以下简称团体商标）；（4）管理办法，如葡萄酒标签管理办法。WTO成员方的答复摘要从分析上将现有的保护手段分为：（a）侧重于商业实践的法律（这些法律偶然地防止滥用地理标志，例如食品安全标签）；（b）商标法（既防止会产生地

---

❶ WIPO，（TAO/I/8），［33］．也参见WIPO，（TAO/II/2），2.

❷ 同上，（GEO/CE/I/2），［7］.

❸ 参见第二章第3.2节。

❹ TRIPS第1.1条保留了成员“在其自身法律体系和实践范围内执行本协定条款的适当方法”的自由。

❺ WIPO，“Document SCT/6/3 Rev. on Geographical Indications：Historical Background，Nature of Rights，Existing Systems for Protection and Obtaining Protection in Other Countries”，2 April 2002（SCT/8/4）.

❻ WTO，“Review under Article 24.2 of the Application of the Provisions of the Section of the TRIPS Agreement on Geographical Indications”，24 November 2003（IP/C/W/253/Rev.1）.

理上误导的商标的注册，还能使集团商标可以注册）；（c）特别保护（包括专门法体系）。尽管这些划分具有分析价值，但实际上许多制度是重合的。例如，英国同时提供多种保护：假冒侵权之诉，行政法规管理的真实可靠的标记和交易标准，作为认证注册商标的知识产权办公室，或通过英国环境、食品和农村事务部认可欧盟受保护的原产地名称（PDO）或受保护的地理标志（PGI）❶。

不排除这些制度有竞合或重复的可能性，它们许多都是由分散的政策基础演变而来以迎合不同的选民，同时还要兼顾禁止使用的规定、侵权危害的类别以及受保护的利益等一系列问题。一种基于注册的典型制度，例如法国的制度［上文第（2）和（c）类］不仅确保在原产地生产，而且依据的是随着时间推移而发展的集体制定和确定的标准生产。因此，它将包括一个国家专门行政机构所监督的最低质量标准。相比之下，根据《食物安全、海关或防止标签欺诈规则》［上文第（4）及（a）类］，该标志可能只需要准确指出产地，而无须进一步核实质量。❷ 这显示了该标志所能提供的保障的性质会有很大的变数。这些制度在要求事先注册或正式认可方面也有分歧。此外，还有一个相关的问题，即由谁监管这个标志的使用——是否由一个由国家支持的跨行业的联合体，它对自己的成员进行审查并对第三方采取行动；或者海关当局依职权可以监管；或者拥有集体商标的私营单位；又或者在侵权或反不正当竞争制度下的一个或多个个体交易者？除此之外，我们还可以在这些体系中增加补救措施方面或惩罚方面的差异——从组织中撤销成员资格、罚款、监禁、补偿性或惩戒性损害赔偿、禁止未来侵权的禁令等。在 TRIPS 中提及地理标志，就好像它提到了 WTO 成员之间某种统一和稳定的东西一样毫无帮助。下一章所讨论的政策取决于 WTO 成员中能找到的具体制度。

尽管国际地理标志保护讨论围绕着上文提到的选择展开，但近年来似乎已经确定了两种最受欢迎的形式。❸ 第一个是在国家或地区商标注册制度中的团

---

❶ 关于 PDO 和 PGI 更详细的讨论，参见第 4.4 节。

❷ 日本提供了一些这种补充保护的法律范围的例子。参见 M – C. Wang，"The Asian Consciousness and Interests in Geographical Indications"（2006）96 TMR 906，925 –6［《反不正当溢价和误导性陈述法》是补充《反不正当竞争法》的专门法，禁止针对原产地的"不当陈述"（包括虚假或误导性陈述）。《海关税收法》禁止进口带有虚假或误导性地理标志的外国产品。关于农林产品标准化和质量指示的法律对蔬菜和水果规定了标签要求，要求标签上有产品名称以及产地］。

❸ 这两种模式作为领跑者的出现在文献中得到认可，参见 Wang，"The Asian Consciousness"，914；M. Echols，*Geographical Indications for Food Products：International Legal and Regulatory Perspectives*（Kluwer，Alphen aan den Rijn 2008），3；G. E. Evans，"The Comparative Advantages of Geographical Indications and Community Trade Marks for the Marketing of Agricultural Products in the European Union"［2010］IIC 645.

体商标——集体商标或证明商标❶。这一制度受到美国的大力支持。❷《巴黎公约》的所有成员方都有义务接纳集体商标（第7条之二），许多国家也有义务接纳证明商标。❸ 第二种是基于注册保护的独特模式，如欧盟第510/2006号条例中规定的农产品和食品制度。❹ 最近的一项调查证实了这一点：

> 在167个将保护地理标志作为知识产权形式的国家中，111个国家（包括欧盟27个国家）有专门或独特的地理标志法律体系。有56个国家在使用商标制度，而不是特定的地理标志保护法。这些国家利用证明商标、集体商标或商标来保护地理标志。❺

美国和欧盟已投入大量政治和经济资本，倡导各自青睐的模式。❻ 虽然目前主要关注这两种模式，但是TRIPS里定义的覆盖面很广，这鼓励了制度的多样性以及多种制度的重叠。我们在下一章会看到，假设TRIPS里的地理标志有了一个确定指代的对象依然帮助不大，即使这两种模式彼此之间也有显著的差异。

第二个结果是在第一个结果之后出现的。它涉及地理标志作为“私权”的评估。如果没有规定的保护地理标志的法律形式，那么在这里进行概括也是

---

❶ 参见第二章第2.3.2节。

❷ 参见USPTO，“Geographical Indication Protection in the United States” available at www.uspto.gov/ip/global/geographical/index.jsp.

❸ WIPO，“Technical and Procedural Aspects Relating to the Registration of Certification and Collective Marks”，15 February 2010（SCT/23/3）.

❹ Council Regulation（EC） No 510/2006 of 20 March 2006 on the Protection of Geographical Indications and Designations of Origin for Agricultural Products and Foodstuffs［2006］ OJ L 93/12. 它取代了与其名称类似的前规章，Council Regulation（EC） No 2081/92 of 14 July 1992［1992］ OJ L 208/1.

❺ D. Giovannucci，T. Josling，W. Kerr，B. O'Connor and M. Yeung，*Guide to Geographical Indications：Linking Products and their Origins*（International Trade Centre，Geneva 2009），14.

❻ 一般参见EU – Asean Project on the Protection of Intellectual Property Rights（ECAP III），available at www.ecap – project.org/；Organisation for International Geographical Indications Network，available at www.origin – gi.com/；US Patent and Trade Mark Office（USPTO） Video，Protecting Geographical Indications，available at www.uspto.gov/video/index.htm；USPTO，“Program in China Underscores Importance of Protecting Geographical Indications and Trade Marks”，02 June 2006. 在撰写本文时，中国的原产地名称类型标志和证明商标制度在三种制度下共存，偶尔也会发生冲突。这是很多人追求的目标。B. M. Bashaw，“Geographical Indications in China：Why Protect GIs with Both Trade Mark Law and AOC – Type Legislation?”（2008） 17 *Pacific Rim Law and Policy Journal* 73；Wang，“Asian Consciousness”；W. Xiaobing and I. Kireeva，“GI protection in China：New Measures for Administration of Geographical Indications of Agricultural Products”（2010） 5 *Journal of Intellectual Property Law & Practice* 778.

没有意义的。TRIPS序言部分写道："承认知识产权是私权。"[1] 这种作为私有财产的含蓄分类至少在两种情况下具有重要的影响。第一个问题涉及"征收"或征用情况，在这种情况下，通过国家行动剥夺地理标志的使用权可能会导致对所有权权益损失的赔偿要求。在欧洲法院的托凯（Tocai）判决中，这个论点没有得到支持。[2] 根据欧盟和匈牙利之间的一项协议，意大利葡萄品种名称"托凯弗留利"（Tocai friulano）的使用将不得不让位于匈牙利"托卡伊"（Tokaj）原产地名称的使用。实施欧盟这一协议使意大利法律面临的一个挑战是它是否符合多边人权法律所保护的所有权。虽然法院认定葡萄品种的名称与地理标志不同，但它确实将其纳入了"具有经济价值的非物质商品"这一更广范畴。它判定这种剥夺其他人对该品种名称的使用是合情合理的，意大利葡萄酒可以继续使用地区名称和葡萄品种的替代名称进行销售。[3]

除征用这种国家行为外，与私有财产标签有关的第二种情况与商标和地理标志之间的冲突有关。本书认为如果两种制度都对标识相应的所有权利益进行监管，以区分市场上的产品并防止不正当竞争，这就更有理由得到平等的对待。由于TRIPS的地理标志被视为私有权利和知识产权，这相当于将其视为其他形式的私有（知识）产权。[4] 特别应将其视为类似于商标，以纠正欧洲在地理标志与商标发生冲突的情况下以某种方式认为地理标志更优越的倾向。地理标志法律笼统承认标志是私有财产权的保护对象，这种不严谨的论断是错误的。首先是保护的形式问题，国家反不正当竞争制度或消费者保护规定可能不要求以任何所有权作为干预的先决条件。被告的行为性质及使用该标志对相关公众的影响将会受到关注。这些体系显然被纳入了地理标志法律的复合保护之中，因此，笼统地将地理标志保护描述为建立在财产基础之上是不准确的。只有特定形式的地理标志保护才与所有权利益相关。

---

[1] 其存在的原因包括：（1）明确将私人利益作为TRIPS的重点，这与把政府措施作为焦点的WTO其他协议截然相反；（2）确保成员方没有义务依职权采取行动，权利人自己将保护其自身利益；（3）更具试验性，将知识产权归为对无形资产的投资，从而禁止无偿征用。参见Correa，Commentary on TRIPS，10-11.

[2] Regione autonoma Friuli - Venezia Giulia v. Ministero delle Politiche Agricole e Forestali（C-347/03）[2005] ECR I-3785.

[3] 从征用这个角度看，据称在葡萄牙对百威啤酒（Budweiser）的捷克称谓的承认，使安海斯-布希（Anheuser-Busch）丧失了在葡萄牙的"Budweiser"商标申请，该商标申请被视为私有财产。

[4] L. Beresford，"Geographical Indications：The Current Landscape"（2007）17 *Fordham Intellectual Property Media & Entertainment Law Journal* 979（TRIPS告诉我们，地理标志是知识产权，并且由于TRIPS仅涉及私有权利，因此地理标志是私有财产权）。并参见B. Goebel，"Geographical Indications and Trade Marks - The Road from Doha"（2003）93 TMR 964；Cotton，"123 Years at the Negotiating Table and Still No Dessert?"，1295.

在这方面，也有相当多关于财产性质的争论。即使是更像原产地名称那一类的地理标志是否也属于传统私有产权的保护对象目前尚不清楚。根据它们与地域的联系，一种意见认为国家是这些标志的主要权利拥有者。[1] 另一些人认为原产地名称是某种形式的联合拥有或共同拥有财产权的保护对象。[2] 那些将地理标志法与商标法作比较的人认为地理标志缺乏私有财产的关键特征，因为它们不能买卖或许可给该区域以外的生产者。[3] 这一观点在吉姆·陈（Jim Chen）教授和路易斯·洛维莱克（Louis Lorvellec）教授讨论法国受监控原产地名称制度时得到了进一步的发展。前者侧重于生产者强大的所有权类型的权利，以排除根据法国原产地名称法下规定的虚假陈述或者盗用的情况。[4] 而后者认为“描述其为永久性产权在法律上是不准确的”，因为受监控原产地名称“永远不能私有，这就是受监控原产地名称法与知识产权法的不同之处”。[5] 法国在对 WTO 一项调查的官方回应中重申了这一做法。在 WTO 的调查中，名称与私有权无关，而与使用权有关。[6] 传统的用来证明知识产权的正当性的经济

---

[1] WIPO，(GEO/CE/I/2)，[4]［与其他工业产权保护对象相比，原产地名称和货源标记具有特定的特征，即与现有事实情况存在关系，因为它们是指产品的特定地理来源。因此，每个［原产地名称和货源标记］都必须“属于”一个国家（标志所指地理区域所在的国家），即使商誉和声誉可能是通过某些个人或实体的努力而发展起来的］。Cf. L. A. García Muñoz – Nájar，“Some Notes on the Protection of Appellations of Origin in Countries with Emerging Economies：the Adean Community”，November 2001（WIPO/GEO/MVD/01/6），6（这方面以及其他方面的法律专家指出：“……该称谓是一种公共物品，视情况而定，它不可剥夺的和不可转让的属于国家或区域的社区，对其保护通常是公共当局或国家的责任。原产地名称被认为是国家遗产的一部分，并最终由国家控制。”）。

[2] 一位作者建议将其与德国法律概念 Gemeinschaft zur gesamten Hand 进行类比。A. F. R. de Almeida，“Key Differences between Trade Marks and Geographical Indications”［2008］EIPR 406，410.

[3] L. Baeumer，“Protection of Geographical Indications under WIPO Treaties and Questions Concerning the Relationship between those Treaties and the TRIPS Agreement”，October 1997（WIPO/GEO/EGR/97/1 Rev），[19]；Y. Bé nard，“Geographical Indication around the World”，22 July 2003（WIPO/GEO/SFO/03/20/Rev.），2.

[4] J. Chen，“A Sober Second Look at Appellations of Origin：How the United States Will Crash France's Wine and Cheese Party”（1996）5 *Minnesota Journal of Global Trade* 29，37 – 8（排他权就是财产权，而受监控原产地名称制度将这权力极大赋予了法国农民）。

[5] L. Lorvellec，“You've Got to Fight for Your Right to Party：A Response to Professor Jim Chen”（1996）5 *Minnesota Journal of Global Trade* 65，68 – 9.

[6] 参见 Q. 17 in EC“Response to the Checklist of Questions：Review under Art 24. 2”，26 March 1999（IP/C/W/117/Add. 10），61. See also N. Ozanam，“Protection of Geographical Indications – Food Products – The Example of Champagne Industry，France”，November 2003（WIPO/GEO/DEL/03/11. rev），4（在这方面，种植者和酒庄有权使用“香槟”这个名称，但他们不拥有这个名称）；WIPO，“Draft of the Model Law for Developing Countries on Appellations of Origin and Indications of Source”，30 October 1974（TAO/I/INF. 1），16，32，50.

学理论要依赖于其保护对象的自由转让，而且是以最低的交易成本，❶ 而几种类型的地理标志却与这个论证不吻合。国际工业产权保护协会（AIPPI）在回应第 191 号问题时根据其对各国法律进行的一项调查也强调了这种不匹配。在调查中，大多数受访者明确表示，在他们的国家制度下，地理标志名称不是私有产权的保护对象。❷ 具有讽刺意味的是，这似乎也是美国的观点，至少在美国国内葡萄酒的原产地名称（即美国葡萄栽培区，AVAs）是这样的。加州上诉法院（California Court of Appeal）裁定在确定加州是否无偿征用了财产的案件中，以标签认证证书形式的美国葡萄酒地理标志（COLAs）❸ 中的“纳帕里奇”（Napa Ridge）、“卢瑟福酒庄”（Rutherford Vintners）和“纳帕溪酒庄”（Napa Creek Winery）等品牌都被认定为不是私有财产。❹ 法院认为，这种标签受到该州的高度管制，只拥有传统财产权的一部分。❺ 正如安东尼·维阿勒（Antoine Vialard）总结的那样，这与法国受监控原产地名称制度的监管基础相呼应：

> ［法国受监控原产地名称］是一个法定监管制度，由一个独特的、公认的符号组成，受法律控制和保护，以公共利益为目的。这些独特的符号不能从土地上分割和剥离出来。它为生产确定了精确的地理区域以及与这

---

❶ 参见 W. M. Landes and R. A. Posner, *The Economic Structure of Intellectual Property Law*（Harvard University Press, Cambridge MA 2003）, Chapter 1.

❷ 参见 AIPPI Working Committee, Resolution on Question Q191: Relationship between Trademarks and Geographical Indications（2006）, 3 available at www. aippi. org/reports/resolutions/q191_E. pdf.［问题 2 特别询问地理标志的注册是否赋予了财产权。根据答复摘要，“大多数联合报告（澳大利亚，比利时，巴西，爱沙尼亚，德国，拉脱维亚，卢森堡，马来西亚，秘鲁，葡萄牙，韩国，新加坡，瑞士和英国）都指出，地理标志不授予财产权。同样，这些国家通常没有个体的‘所有人’或‘权利人’。多个联合报告（比利时，巴西，法国，拉脱维亚，卢森堡，葡萄牙，俄罗斯，斯洛文尼亚，西班牙，泰国）指出，地理标志最好被视为一种公共物品或集体权利”］。

❸ 建立美国葡萄酒地理标志（COLA）的法规是监管计划的一部分，旨在保护消费者免受虚假、误导或不正确标签的侵害，并保护竞争者免受不正当的商业行为的侵害，并由烟酒税收与贸易局（TTB）管理。除非符合 COLA 要求，否则不得在州际贸易中销售和运输葡萄酒。一般参见 27 CFR § § 4 and 13（2006）. Appellations of origin for wine are specifically regulated as one of these requirements. See 27 CFR § § 4.25（2006）.

❹ *Bronco Wine Co v. Jolly* 129 Cal App 4th 988（2005）;［Cert. denied 126 S Ct 1169（Mem）（2006）］（上诉人 Bronco Wine 拥有 COLAs，并质疑加利福尼亚州的一项法律，该法律基于更严格的标准禁止使用这些标签，即葡萄酒必须含有 85% 的来自同名地区的葡萄，而不是联邦法律要求的 75%。其中一项争论是，这种更严格的标准剥夺了它的所有权利益而不给予任何补偿）。

❺ 同上，1030 - 3.

些在国家控制下区域相关的质量因素。❶（着重点为作者所加）

因此，尽管地理来源标志（IGOs）属于知识产权主义范畴，能够产生具有商业价值的无形声誉的独特标志，与传统的商标法截然不同。当涉及原产地名称这类制度时，这些标志是与地方绑定在一起的，❷ 对可转让性有限制，往往受到国家的严格管制，并把转让权视为使用权。此外，许多管理地理来源标志的制度并不要求事先承认其为私有财产。在 TRIPS 的抽象层面考虑这个分类问题，或者假设 TRIPS 解决了这个问题，都没有什么意义。

除了各种形式的保护和将所有地理标志归类为私权的相关困难之外，还有第三个与地理标志相关的信息和保障问题。普遍的共识是，地理标志需要得到保护，以保持其传播信息的一致性。但是信息的内容是什么呢？让我们以安妮特·库尔（Anette Kur）的判断为例：

> 产品的地理来源标志可以为消费者提供重要而有价值的信息。尤其是针对那些带有表明产地会影响风味或质量标志的商品，比较典型的如食品和其他农产品。毫无疑问，这类信息的正确且完整是符合消费者和生产者的利益，而且是有效防止对这类名称的误导使用的手段。❸

保护范围随后根据标志所传达的信息进行调整。地理来源标志在传达产品的地理来源时，在多大程度上也是基于规范生产技术的质量保证？它能提供产品是传统的或正宗的保证吗？地理标志的支持者经常认为，这样的符号传达了这些额外的信息，并将这些信息关联到相关的政策论点上。❹ 值得提醒的是，这些论断取决于正在审议的地理标志识别和保护的具体模式。目前的观点是，第 22.1 条提供了有限的内在指导。

---

❶ A. Vialard, "Regulating Quality Wines in European and French Law" (1999) 19 *Northern Illinois University Law Review* 235, 243.

❷ 这已经被法院认可；例如，鉴于原产地名称范围较窄（区别于地理标志），瑞士联邦法院认可了这一观点。参见 *Anheuser - Busch Inc v. Budějovický Budvar Národní Podnik* [2001] ETMR 77, 82（商标保护和原产地名称保护的功能都是确保标志的区分功能，并防止错误的指认——无论是关于制造商还是原产地。但是与商标不同的是，原产地名称并不将其用于某个企业而是一个国家、地区或地方）。并参见 C. Bramley and J. F. Kirsten, "Exploring the Economic Rationale for Protecting Geographical Indicators in Agriculture" (2007) 46 *Agrekon* 69, 87.

❸ A. Kur, "Quibbling Siblings - Comments to Dev Gangjee's Presentation" (2007) 82 *Chicago - Kent Law Review* 1317.

❹ 参见第六章。

对接近于法国受监控原产地名称这种制度的地理标志需要记录下明确的生产和质量标准。正如我们在第三章中看到的，产品规范是围绕历史中形成的技术构建的，目的是在最终产品中实现所需的特性。承认地理标志可以传达特定的质量标准意味着我们应该防止与质量有关的误导使用，而不仅仅是指明来源。葡萄酒的原产地名称保护制度已建立很长时间了。❶ 在羊乳酪中也有类似情况，希腊生产者抱怨说，丹麦、德国和荷兰用牛奶和工业超滤工艺生产了被称为菲达（Feta）的羊奶酪，这种工艺比用母羊奶进行自然过滤的传统方法更经济。结果是一种工业化生产明显不同的产品，以相同的名字销售。❷ 出于同样的原因，干邑生产商反对巴西的立法，该立法“以干邑（葡萄牙语 conhaque）的总称汇集了几种不同技术规格、由不同原料生产、遵循不同生产流程的烈性酒”。❸ 在地理来源和质量信息之上是产品相关的声誉。将地理标志纳入知识产权范畴的同时，也凸显了它与传统的商标保护逻辑的密切关系。正如雷蒂法官在裁定仿冒品的索赔案时注意到的，香槟——“使用这个词销售的产品更具有吸引力，对顾客来说，这是一个特别有价值的标志”。❹

那么，第 22.1 条是否规定了一个特定的顺序将这些来源、质量和声誉要素结合在一起？一种方法是查验所有满足 TRIPS 定义的地理标志是否都具有这个客观可验证的质量标准，而这个标准可作为声誉的基础。而声誉是取决于与来源地区有关的、依经验判断的产品质量（如土壤中通过葡萄藤产生的硫化合物反过来增强酒的味道），还是说声誉是一个独立且充分的评判条件，这个是含糊不清的。声誉的存在可能是偶然的，可能是因为该地区的生产者最先推出这种产品。一方面，广义上说，来自地名的声誉似乎符合 TRIPS 的定义。❺

---

❶ 参见，如，F. Castellucci，“Geographical Indications：The Italian Scenario for the Wine Sector”，24 June 2003（WIPO/GEO/SFO/03/10），[8]（当谈到以原产地命名的意大利葡萄酒时，“质量”是内在特征，由专业实验室和每个商会品酒专家严格控制）。他继续提到对葡萄类型、气候和土壤区域以及人文因素的监控，包括种植技术、生产、保存和陈酿方法。

❷ *Canadane Cheese Trading AMBA v. Hellenic Republic*（C－317/95）[1997] ECR I－4681，[17]，[60]－[62]（AGO）.

❸ See the Report on Proceedings Concerning Brazilian Practices Affecting Trade in Cognac（EU Trade Barrier Regulations Committee，1997），9.

❹ *Chocosuisse Union des Fabricants Suisse de Chocolat v. Cadbury Limited* [1998] RPC 117，128（ChD）.

❺ O'Connor & Co，“Geographical indications and TRIPS：10 Years Later…A Roadmap for EU GI Holders to Gain Protection in Other WTO Members－Part I”（Report for European Commission（DG Trade）2007）6（此定义扩展了《里斯本协定》里的原产地名称概念，以保护仅从其原产地获得声誉，却又不具有特定质量或其他特征的商品）。

对于一般反不正当竞争制度和集体商标保护制度,❶ 只要能确定该生产者组织并确定它有一个需要保护的声誉，裁判官不一定会询问该生产者组织为确定产品标准所作的努力。但是，如果纯声誉与原产地的联系对 TRIPS 就足够的话，WIPO 对地理标志的看法则略有不同：

> ［地理标志］指的是一个特定的生产地点或地区决定了源于该地方的产品的质量特点。重要的是，产品的质量和声誉都源于这个地方。由于这些质量取决于生产地点，因此产品与其原产地之间存在着一种特定的“联系”。❷（着重点为作者所加）

作为知识产权保护的对象，所有地理标志都应在当地、本国或国际上享有声誉。这是受保护的有价值的无形资产。

然而，任何制定好的制度体系在多大程度上验证这种声誉的基础仍然是不明确的。第三章阐述了法国受监控原产地名称制度的出现是为了应对人们担忧质量的保证机制受到侵蚀，而这会损害知名葡萄酒的声誉。相比之下，我们不能说所有在 TRIPS 定义下的地理标志都代表质量的保证，因为这是由一个独立机构监督的。总的来说，商标制度对风土因素是漠不关心的。证明商标申请人可能希望包括集体的实验得出的生产方法和有关当地地理条件的详细信息，但该体系不是围绕核实这些要求而设计的。实际上，这种灵活性被宣传为证明商标制度的一项优点。❸ 就特殊单一立法的地理标志保护而言，产品的声誉似乎取决于其地理来源的质量。❹ 正如意大利最高法院所描述的那样：

> 提供保护［原产地名称］的原因在于，该产品有其原产地某个特征。这个特征是可以通过一个复杂的自然和人文因素结合的生产环境客观地辨别出来的。［它］的目的是向消费者保证产品原产地，这本身也是质量的保证。❺

---

❶ 日本有专门的区域性集体商标制度。该制度在产品规格方面较为宽松，同时强调通过使用获得的声誉证明。参见 J. Tessensohn and S. Yamamoto，“Japan：Trade Marks – Japan's New Regional Collective Trade Mark System will Protect Famous Goods and Services from Regional Communities”［2006］EIPR N145.

❷ WIPO FAQ：“What does a geographical indication do?”，available at www. wipo. int/geo_indications/en/about. html#whatdoes.

❸ 一般参见 J. Hughes，“Champagne，Feta，and Bourbon – The Spirited Debate about Geographical Indications”（2006）58 *Hastings Law Journal* 299.

❹ 还必须注意，在“声誉联系”和“基于风土的声誉联系”两类之间存在不太严密的分隔。一旦当地产品获得声誉，有时很容易发现或发明风土联系，这取决于国家主管部门愿意采信的证据。

❺ *Pilsen Urquell v. Industrie Poretti SpA*［1998］ETMR 168，172（Corte Suprema di Cassazione 1996）.

风土的联系认可了原产地会影响质量，并且这种质量会持续维持产品的声誉。这一推理过程已多次得到欧洲法院的支持。法院在里奥哈二世（Rioja II）判决中判定：

> 原产地名称的声誉取决于其在消费者心目中的形象。反过来该形象基本上取决于特定的特征，并且普遍取决于产品的质量。最终，产品的声誉是基于后者的。❶

以此为基础，当前的立场更加细化了。地理标志是基于历史上关于质量保证的规范。❷ 这才是最初声誉的核心，在接下来的声誉传播中，要维持“将很大程度上取决于与产品本身无关的因素……尤其取决于对促进原产地名称的投资额、原产地名称的使用频率和产品的市场份额”。❸ 虽然依靠产品本身的质量，但有效的营销以维持和发展这种声誉的必要性也得到认可。❹

围绕原产地名称概念发展起来的制度包含了对原产地、质量和声誉这一顺序的保证。欧盟委员会（European Commission）在捍卫欧洲地理标志制度避免对货物自由流通造成阻碍的挑战的同时，为证明地理标志存在的合理性，称受保护的原产地名称（PDO）“保证产品来自某个特定区域”，并保证产品具有一定的特性。❺ 欧洲法院随后认可了这一立场，认定原产地名称的“基本功能”❻ 是“保证产品来自特定地理区域并显示特定特征”的能力（着重点为作

❶ *Belgium v. Spain*（C－388/95）［2000］ECR I－3123；［2000］ETMR 999，［56］（ECJ）. This was reiterated in *Consorzio del Prosciutto di Parma v. Asda Stores Ltd and Hygrade Foods Ltd*（C－108/01）［2003］ECR I－5121；［2004］ETMR 23，［64］（ECJ），（hereafter Prosciutto di Parma）；*Ravil SARL v. Bellon Import SARL*（C－469/00）［2003］ECR I－5053；［2004］ETMR 22，［49］（ECJ）.

❷ 参见佐审官 Saggio 相反的观点，in *Belgium v. Spain*（C－388/95）［2000］ECR I－3123，［33］－［39］（AGO）.

❸ As argued by OHIM in *Budějovický Budvar Národní Podnik v. OHIM*（Joined Cases T 53/04 to T 56/04，T 58/04 and T 59/04）12 June 2007，［134］（CFI）.

❹ J－M. Girardeau，“The Use of Geographical Indications in a Collective Marketing Strategy：The Example of Cognac”，September 1999（WIPO/GEO/CPT/99/7）；J. van Niekerk，“The Use of Geographical Indications in a Collective Marketing Strategy：The Example of the South African Wine Industry”，September 1999（WIPO/GEO/CPT/99/8），12－13（指的是发展区域美食和美酒节；体育赛事赞助；小册子的分发；与旅游机构联络等）；K. Das，“Prospects and Challenges of Geographical Indications in India”（2010）13 JWIP 148，163.

❺ 参见，如，*Ravil SARL v. Bellon Import SARL*（C－469/00）［2003］ECR I－505［38］（AGO）.

❻ 在欧洲知识产权法中，知识产权是一个关键概念，它被视为一种有限的合法垄断，只有保护的程度在能使特定知识产权制度的基本和社会需求功能发挥作用的范围内，垄断才是合理的。尽管从抽象和历史的角度来看，该概念还是一个聚焦透镜，它可以确定欧洲各种知识产权制度的保护实质。

者所加)。[1] 更有甚者，认为这样的称谓制度也保证产品的“正宗”[2]，并且这些符号“向消费者传递并保证其所集中的价值，这可能包括了长达数百年的传统手工艺和嵌入特定产品中的该地区独特的自然和环境的特征”。[3] 这一方面也得到了法院的认可：“生产者的声誉与产品质量之间的联系还取决于消费者能否确认这个有特定名称的产品是正宗的。”[4] 正宗（一个不确定的术语，可能与历史上确定下来的和集体产生的生产方法有关）是有代价的，因为传统的制作原料和技术往往会增加生产成本。[5] 一项研究表明，“来自摩德纳的传统巴萨米香醋（Balsamic Vinegar）需要在桶中陈酿 12 年，而仿制品则添加了焦糖”。[6] 研究还表明，欧盟受保护的原产地名称布里奶酪（Brie）的生产成本比普通替代品高出 40%，这在很大程度上是由于采用了手工/手工技术。[7]

然而，即使在现有的专门法保护制度里，对产品质量和正宗性的保证有时是很空洞无物的。欧盟农产品和食品法 510/2006 授予欧盟受保护的原产地名称（PDO）或受保护的地理标志（PGI）相同的保护范围。在这里，PGI 在其材料来源以及与指定地区的关联性的强度上具有更大的灵活性。[8] 欧盟委员会本身一直在重新思考 PGI 这一方面的问题。

> 为了让人们保持对地理标志体系的信心，注册必须符合消费者对优质产品的期望。对于某些加工食品的名称来说，产地和生产之间的联系在于加工过程和产品的声誉，而不在于原料的种植。原材料可能来自外地，这也不是消费者所期望的。对许多产品来说，质量和声誉并不完全取决于与

---

[1] 参见 the first “Rioja” case of Etablissements Delhaize Frères et Compagnie Le Lion SA *v.* Promalvin SA（C－47/90）［1992］ECR I－3669，［17］.

[2] van Niekerk，“The Use of Geographical Indications in a Collective Marketing Strategy”，5（要成为成功的集体营销策略的一部分，必须保证、控制和保护地理标志的真实性）。

[3] Zylberg，“The Lisbon Agreement”，3.

[4] Ravil *SARL v. Bellon Import SARL*（C－469/00），［49］（ECJ）.

[5] OECD，Food Safety and Quality Issues：Trade Considerations（COM/AGR/CA/TD/TC（98）151/FINAL），12－13.

[6] Dominique Barjolle and Erik Thévenod－Mottet，Final Report：Work Programme 6－Policies Evaluation（DOLPHINS Concerted Action，Contract QLK5－2000－0593，European Commission，June 2003），13.

[7] Z. Bouamra－Mechemache and J. Chaaban，“Determinants of Adoption of Protected Designation of Origin Label：Evidence from the French Brie Cheese Industry”（2010）61 *Journal of Agricultural Economics* 225.

[8] 第 2 条仅要求“必须在规定的地理区域内进行生产和/或加工和/或准备”。这意味着原材料可以从其他地方获取。

原产地和/或当地生产者的能力有关的因素。❶

委员会接着问，是否应该对受保护的地理标志（PGI）的标准“作出更严格的规定，以强调产品与地理区域之间的联系”。❷

在某些情况下，这种联系可能会减弱到可有可无的程度。想想橙子的名称雅法（Jaffa），坦白说，结果很奇怪。这个原产地名称被认为是以色列签署《里斯本协定》的主要动机。它在以色列本国法和《里斯本协定》中均受到保护。❸ 注册人决定利用南半球的季节相反这一情形，授权南非种植者在其种植的橙子上使用该原产地名称，并在英格兰以“雅法”（Jaffa）的名字销售。种植这种“雅法”橙子的树苗是从以色列进口且种植技术也是从以色列引进的。当注册者申请在以色列给该原产地名称续期时，注册官拒绝了他的申请，理由是申请人自己使用的名称表明在两个不相邻的国家种植的橙子的质量和特征是相同的。简而言之，这是对原产地名称概念的嘲讽。申请人提出上诉，上诉成功，上诉委员会支持了他的注册续期，原因是这个名称仍然符合必要的联系，这样的使用并不意味着承认雅法（Jaffa）不是以色列的原产地名称。❹ 该委员会的决定似乎优先考虑了授权的收入，而非雅法（Jaffa）名称在英国会对当地消费者产生潜在的误导性影响，除非消费者注意到了这个名称表示橙子来源于南非。

因此，如果不先确定特定国家法律制度的基础层面，就无法确定地理标志信息的组成部分或其保证内容，这进一步增加了它的复杂性。消费者当然对带有原产地标记的产品感兴趣，我们将在下一章中再次讨论这种现象。然而，来自欧洲的一些证据表明，欧洲国家的理解“相当多样且令人困惑”，以至于他们的观点“依赖于官方名称以外的其他多种因素”。尽管对特定生产者组织比如帕马森雷加诺奶酪协会（Consorzio of Parmigiano Reggiano）的认知度很高，但对官方质量符号认知度较低，包括 PGI 或 PDO 符号的确切含义。❺ 2004 年发

---

❶ European Commission, Green Paper on Agricultural Product Quality COM（2008）641 final（Brussels, 15 October 2008）, 13.

❷ 同上。

❸ Lisbon Registration No. 512.

❹ N. Wilkof and S. Uzrad, “In the Matter of the Appellation of Origin for ‘Jaffa’”（2008）3 *Journal of Intellectual Property Law & Practice* 17（commenting on The Citrus Division of the Plant Production and Marketing Board v. Israel Commissioner of Patents and Trade Marks［2007］1011/05, Appeal Board（Jerusalem）, 12 July 2007）.

❺ Concerted Action DOLPHINS, WP4: Final Report – Link between Origin Labelled Products and Consumers and Citizens（Key Action No. 5, July 2002）, 8.

布的欧盟民意（Eurobarometer）调查得出的结论是，“61%的人从未听说过或听到过“受监控原产地名称（AOC）/注册原产地名称”；80%的被调查者说他们从未见过或听到过“受保护的原产地名称”（PDO）；人们对“受保护的地理标志”（PGI）的认识水平甚至更低（86%从未看过或听说过）。❶ 最近的研究表明，这些认知度仍然很低，仅占受访消费者的8%，尽管在某些欧盟成员方（如希腊和意大利）的认知度高得多。❷ 这导致人们试图通过提高代表PGI和PDO地位的符号的形象来阐明信息，就像®和TM传播（商标）信息的方式一样。❸ 从2009年起，在以注册名称销售相关产品（例如帕尔玛火腿，Prosciutto di Parma）时，必须使用PDO和PGI符号，或它们的图形或缩写。❹

总之，传统地区产品的名称引起了一系列的联想，包括优质、健康、安全、手工生产、遗产维度、环境友好、怀旧之情和乡村意象以及鼓励农村发展。❺ 研究还表明，对某些市场来说，产地本身不足以作为产品的保证，因为地域性食品对消费者的吸引力是基于更广泛的概念，即增强新鲜度、味道、怀旧和天然。❻ 通过事实查证，在法律上地理标志制度能够保障由这个符号引起的联想范围究竟有多大？因此，TRIPS中地理标志妥协的第三个后果是，虽然它吸纳了大量的制度，但所传达的信息和所提供的保障却大相径庭。TRIPS对地理标志的一概而论是不明智的。

4 地理标志的定义：第22.1条

法律既构成了社会秩序，同时也会对社会秩序进行反思。显然，TRIPS不仅仅反映了对适当保护对象进行保护的既定共识。这个定义源于渐进式和

---

❶ 然而，在个别国家（如法国和西班牙）认可度明显更高。参见 EC Special Eurobarometer，European Union Citizens and Agriculture from 1995 to 2003（September 2004），51.

❷ London Economics，et al. Evaluation of the CAP Policy on Protected Designations of Origin（PDO）and Protected Geographical Indications（PGI）-（Final Report for the European Commission，November 2008），154.

❸ 参见，如，Opinion of the European Economic and Social Committee on Geographical Indications and Designations，［2008］OJ C 204/57，［1.1.6］（强调“必须加大推广共同体商标的支持力度，以便为经营者提供更多信息，并使消费者更容易识别地理标志产品，尤其是在这些产品不太常见的国家”）。

❹ 参见 Art. 8.2 of Regulation 510/2006. 有关这些符号的更多详细信息，包括新色彩方案的示例，参见 Commission Regulation（EC）No. 628/2008 of 2 July 2008 amending Regulation（EC）No. 1898/2006 laying down detailed rules of implementation of Council Regulation（EC）No. 510/2006，［2008］OJ L 173/3.

❺ DOLPHINS，WP4：Final Report，9-10.

❻ A. Tregear，S. Kuznesof and A. Moxey，“Policy Initiatives for Regional Foods：Some Insights from Consumer Research”（1998）23 *Food Policy* 383.

谨慎操作上的妥协，是货源标记和原产地名称之间的一个中间选择。地理标志是专门为 TRIPS 设计的，其显著特征是在产品和产地之间建立联系的三种替代途径——质量、特征或声誉。TRIPS 的地理标志制度多大程度涵盖了保护对象从葡萄酒扩展到其他产品时产生的没解决的争议点？这个定义可行吗？它需要这样做，因为它的功能就像一个过滤器，用于确定 TRIPS 适用的保护对象。为了“有一个可行的国际制度，第一个合乎逻辑的步骤是更明确地界定‘地理标志’，以便所有国家在国际范围内讨论地理标志问题时都参考同一概念”。[1] 鉴于拟议中的葡萄酒和烈性酒的多边注册制度，其中定义是进入注册制度的切入点，（因此）清晰的界定是更可取的。[2]

同样不可否认 TRIPS 的定义占据了主导地位。根据 WIPO 2002 年的一项研究，“现在很多国家将 TRIPS 的定义作为其国家地理标志立法的基础，从而将其确立为这一法律领域的共同标准”。[3] WIPO 的商标、工业设计和地理标志法律常设委员会（SCT）的会议最新讨论采用了 TRIPS 的定义。[4] 欧盟在与澳大利亚[5]、智利[6]、南非[7]的双边葡萄酒协议中采取了 TRIPS 标准定义“地理标志”，而美国先将地理标志归入商标法的一般规则之内，然后在与约旦[8]、新加坡[9]和澳大利亚[10]签订的自由贸易协定（FTA）中用 TRIPS 语言对其进行定义。总之，评论者认识到单一定义取代先前的货源标记、原产地名称和其他

---

[1] Torsen, “Apples and Oranges (and Wine)”, 60.

[2] 参见 the extensive scrutiny of Art. 22. 1 in WTO, “Discussions on the Establishment of a Multilateral System of Notification and Registration of Geographical Indications for Wines and Spirits: Compilation of Issues and Points”, 23 May 2003 (TN/IP/W/7/Rev. 1), 5 – 13. 在讨论将第 23 条扩展至所有产品时，也重新考虑了该定义。参见 WTO, “Issues Related to the Extension of the Protection of Geographical Indications Provided for in Article 23 of the TRIPS Agreement to Products Other Than Wines and Spirits”, 18 May 2005 (TN/C/W/25), [20] – [32].

[3] WIPO, “The Definition of Geographical Indications”, 1 October 2002 (SCT/9/4), [4].

[4] WIPO, (SCT/7/4), 4; WIPO, (SCT/8/7), [280].

[5] 参见 Art. 2 (1) (a) of the Agreement between the European Community and Australia on Trade in Wine 94/184/EC [1994] OJ L 086/1.

[6] 参见 Art. 3 (b) of the Agreement on Trade in Wines in Annex V of the EC – Chile Association Agreement [2002] OJ L 353/3.

[7] 参见 Art. 3 (b) of the Agreement between the European Community and the Republic of South Africa on Trade in Wine [2002] OJ L 028/4.

[8] Art. IV. 6 of the US – Jordan FTA. For the text of these agreements, see www. ustr. gov/trade – agreements/free – trade – agreements.

[9] Art. 16. 2 of the US – Singapore FTA.

[10] Art. 17. 2 of the US – Australia FTA.

概念的好处。❶ 因此，TRIPS 在多大程度上符合这些期望是值得一问的。虽然定义的某些部分是明确的，但其他部分却含糊其辞。该定义的以下关键特性都反映了潜在的妥协，需要深入考虑：（1）标志；（2）产品；（3）原产地；以及（4）产品与地点之间的联系。

4.1 标志

标志是一种符号，是 TRIPS 下的保护对象。它的传递目的是双重的。像"大吉岭"（Darjeeling）这样的能指不仅指代了产品，还指代了原产地。❷ 在 TRIPS 之前的 WIPO 谈判中，有人建议，为了"国际地理标志保护条约的需要，这种提法应准确而具体。地理标志应是指具有明确边界的可识别的地理位置或区域，以便使人对与正在使用或可能使用的产品名称有关的地理来源没有疑问"。❸ 与地理名字相关的原产地名称的概念不同❹，地理标志被认为包容性更大。

> 有一种共识，"名称"或专有名称指代一个地理区域（如"圣艾美隆"）。由此产生的问题是，涉及特定地理区域的其他符号或表达是否也应包括在［一个地理标志……］里的符号（如国花），表达方式（如"龙舌兰酒"），以名词或形容词形式的非官方国家名字，［如"荷兰"（Holland）或"荷兰"的（Dutch）指的是尼德兰（the Netherlands）］，象征（例如帝国大厦是指纽约市）和其他间接标识，没有特定指示，仍然能被理解为特定的地理区域。❺

这个问题通常会得到肯定的答案，包括一些间接的标志，比如卡瓦起泡酒

---

❶ 参见，如，S. Escudero，"International Protection of Geographical Indications and Developing Countries"，（Working Paper No. 10，South Centre，July 2001），10；UNCTAD - ICTSD Resource Book on TRIPS，270（TRIPS 中"使用'地理标志'一词的目的是帮助对这个问题还未定论的地区保持一致"）。

❷ Audier，TRIPS Agreement，15（一个地理标志将产品确定为源自某一成员国或某一地区或某一地点的领域内）。

❸ WIPO，（GEO/CE/I/2），［72］.

❹ A. Kamperman Sanders，"Incentives for Protection of Cultural Expression：Art，Trade and Geographical Indications"（2010）13 JWIP 81，83；I. Kireeva and B. O'Connor，"Geographical Indications and the TRIPS Agreement：What Protection is Provided to Geographical Indications in WTO Members?"（2010）13 JWIP 275，279（有些国家只允许注册直接地理名字，如地理地点、行政区域、地区的名称，在特殊情况下，允许注册整个国家的名称）。

❺ WIPO，（GEO/CE/I/2），［73］.

Cava（西班牙起泡酒）和意式肉肠 Mortadella（意大利博洛尼亚香肠）。❶ 它还可以包括三维形状或包装，如声名狼藉的“山羊卵蛋”形状的酒瓶。❷ 各种各样的符号都属于标志的范畴，只要它们实际上具有能够表示产品来自特定地区的功能。这是有道理的，因为间接的地理标志只有在受众理解它们的情况下才有效。安东尼·陶布曼（Antony Taubman）提醒我们国际话语中的二分法，即地理标志被视为不固定的符号或静态的受保护的对象：

> 在一个特定的社会或法律背景下被认定为地理标志的词，在其他背景中可能没有这一含义。关于地理标志保护的任何主张，自然首先取决于该术语是否确实符合第 22.1 条的定义，它是否完全说明了一切？如果是，它是否标示某产品来自某个特定位置？这在很大程度上取决于是否采用普遍主义的或客观的（甚至是“实证的”）方法来进行解释，或者是否更加重视主观的和语言多样化的功能。❸

虽然 TRIPS 指出地理标志必须标示为或表明一种特定的产品及其在本国的生产地，但当提高到国际保护的程度时，大家对是否要继续坚持这种要求没有达成统一意见。由于定义的各个要素和保护的基本原理是相互关联的，这就对保护的范围产生了影响。正如我们看到的，第 22 条的保护级别继续符合传播信息的范式，在该范式中，地理标志必须作为一个传播意义的实际符号。第 23 条施加了放弃这种范式的压力并且把不固定的符号当作具体化的、固定的实物来对待。

4.2 产品

TRIPS 明确指出，标志应能“识别一种产品”，因此该定义似乎仅限于有形的商品。第一部分确定了与地理标志相关的农产品的传统核心，但是随着时间的推移，这一核心已经扩大了。

传统上，由于特定的地理气候和地质条件，地理标志的使用与农产品联系在一起。然而，由于在产品原产地才有的人文因素，如特定的制作技术和制作

---

❶ 多个实例，参见 S. Strauch and K. Arend，“Before Articles 22 – 24”，in P – T. Stoll，J. Busche and K. Arend（eds.），WTO – Trade – Related Aspects of Intellectual Property Rights（Boston 2009），351，354 – 5.

❷ Criminal Proceedings against Karl Prantl（C – 16/83）［1984］ECR 1299；Bocksbeutelflasche［1971］GRUR 313（BGH）.

❸ A. Taubman，“The Way Ahead：Developing International Protection for Geographical Indications：Thinking Locally，Acting Globally”，November 2001（WIPO/GEO/MVD/01/9），7.

传统，地理标志也可能突出产品的特定质量。因此，将手工艺和工业品纳入地名保护范围也是合理的，这在许多国家的立法中都有体现。❶

在农产品这一宽泛的领域中，大多数地理来源标志与葡萄酒、烈性酒和食品有关。2001 年，塞尔吉奥·埃斯库德罗（Sergio Escudero）计算出，“（根据《里斯本协定》）目前有效的 766 项注册中，有 84.1% 只对应四种不同类别的产品：葡萄酒、烈性酒、奶酪、烟草和香烟”。葡萄酒和烈性酒的原产地名称占有效的国际注册产品的 70.9%。❷ 当满足原产地名称的定义时，里斯本注册是开放的，就其立法依据而言，根据第 510/2006 号条例，欧盟注册目前仅限于某些农产品和食品。❸ 农产品包括啤酒、花卉、精油、软木制品和羊毛。欧盟也有单独的葡萄酒和烈性酒注册制度。现在，可以在电子数据库中方便地检索到所有在欧盟注册的地理标志。❹ 此外，对于印度等国家而言，手工艺和纺织品也很重要，在撰写本书时，它们约占总申请的 62%。❺ 如果确立了第 22.1 条中的关联要求，那么 TRIPS 是没有具体规范的，并且包含所有这些产品。

通过明确规定地理标志与产品相关，那么服务的条款显然被排除在外，尽管在一些早期提交的 TRIPS 草案中能找到服务条款。❻ 实际上，这种将服务条款排除在外的行为几乎没有意义，因为 TRIPS 只是提供了一个基准，成员方在他们国家的法律体制上可以自由地承认和保护地理上特定的服务。瑞士、爱沙尼亚、乌拉圭、秘鲁、韩国和摩洛哥等国家承认地理标志可适用于酒店、银行、金融或卫生以及传统医疗领域。❼ 服务条款也符合集体商标规则。由于瑞士银行和喀拉拉邦阿育吠陀按摩在国际上享有盛誉，因此将服务纳入国家地理标志体系不足为奇。声誉似乎满足了 TRIPS 规定下的判定与产品来源有联系的

---

❶ Kireeva and O'Connor, "Protection in WTO Members", 281.

❷ Escudero, "International Protection and Developing Countries", 26.

❸ Art. 1 (1) of Regulation 510/2006. The product classifications are found in Annex II of Commission Regulation (EC) No. 1898/2006 of 14 December 2006 Laying Down Detailed Rules of Implementation of Council Regulation (EC) No. 510/2006 [2006] OJ L 369/1.

❹ 农产品和食品的 DOORS 数据库包含有关产品规范的详细信息，可以在以下网址进行搜索：ec. europa. eu/agriculture/quality/index_en. htm. 关于红酒，E - BACCHUS 数据库可在以下网址找到：ec. europa. eu/agriculture/markets/wine/index_en. htm.

❺ These constitute 142 of the 230 applications listed in the Indian Geographical Indications Journal, Vol. 37, (4 January 2011). Cf. D. Marie - Vivien, "The Role of the State in the Protection of Geographical Indications: From Disengagement in France/Europe to Significant Involvement in India" (2010) 13 JWIP 121.

❻ Communication from Switzerland, "Standards and Principles Concerning the Availability, Scope and Use of Trade Related Intellectual Property Rights", 11 July 1989 (MTN. GNG/NG11/W/38), 5; The consolidated Anell Draft of 23 July 1990, (MTN. GNG/NG11/W/76), 14.

❼ Kireeva and O'Connor, "Protection in WTO Members", 282; WTO "Review under Article 24. 2", 11.

独立基础，如今，人文因素与自然地理因素一样得到了认可。然而，先前的国际地理标志保护的讨论中，证明了将服务包括在内是有争议的。❶ 虽然某种特定的服务可能与某个地方有历史关联，但如果它主要依赖于人的技能，那么如何防止那些有娴熟技术的服务提供者搬到其他地方并在其他地方提供相同的服务呢？由于定位相对模糊——人们想知道在这些情况下，“主要归因于”地理来源的门槛是什么——那么，将服务纳入地理标志保护制度之内的唯一依据是反不正当竞争法中的传播逻辑。任何具有集体声誉的团体都希望以此为基础对其进行保护，而且地理标志与集体商标几乎没有什么区别。与专业资格（团队成员是资深的银行家或技能精湛的传统治疗师）相反，以地理位置区分服务提供者群体似乎是有问题的，除非明确建立了服务与区域之间的联系。服务这一类别揭示了以声誉为基础的方法与风土方法之间的妥协。

4.3 原产地

第22.1条规定，该产品必须产自成员的领土内，或该领土内的某一地区或某一地方。这方面，若以德国和英国在反不正当竞争范式和风土方法中的经验为例，则有进一步证据表明基于不同做法的假说是能够支持以声誉为基础的保护方式的。引发该问题的一个议题是，整个国家的名称是否应该视为一个地理标志。在TRIPS委员会上，一位牙买加代表给出了肯定的回答，并以“瑞士”手表为例。❷ 另外一位澳大利亚代表以“肯尼亚咖啡”和“牙买加朗姆酒”作为补充，不过他提出了一个悖论，即欧盟第2081/92号条例仅允许在“特殊情况”下将一个国家名称注册为PDO或PGI。❸ 来自新西兰的代表确认了这一点，他被告知“新西兰霞多丽”不符合欧盟关于葡萄酒名称的规定，因为这个名称涉及的地区面积过广。❹ 这些审议的参与者得出的结论是，由于声誉是一个独立的标准，因此没有理由说一个国家的名字不能成为一个著名地

---

❶ WIPO，(TAO/II/2)，8；AIPPI，“Resolution on Q62：International Protection of Appellations of Origin and Indications of Source” [1975] Annuaire 137 (Report on the 29th Congress of San Francisco，3 – 10 May 1975)；WIPO，(GEO/CE/I/3)，[47].

❷ TRIPS Council，“Minutes of the Meeting on 17 – 19 September 2002”，8 November 2002 (IP/C/M/37/Add. 1)，[136].

❸ 同上，[152].

❹ 同上，[163]．欧盟随后修改了制度，允许在“特殊情况下”将国家名字作为葡萄酒的名称。参见Art. 34 of Council Regulation (EC) No. 479/2008 of 29 April 2008 on the Common Organisation of the Market in Wine [2008] OJ L 148/1.

理标志的一部分。[1]

在 TRIPS 理事会地理标志扩大适用范围的辩论中，一个国家的名字是否可以在地理标志中被保护这个问题再次浮出水面。[2] 这些交流之所以具有启发性，是因为它们表明了基于葡萄酒名称保护模型的国际地理标志法中风土决定论的历史遗漏问题。欧盟内，菲达（Feta）奶酪案的判决中考虑了国家的名字只有在“特殊情况”下才有资格注册的规定。提出的解决方案是，只有面积不大的欧盟成员方才能获得这一资格，因为它们可能具有足够同质的地貌和环境条件，以及均匀分布的人文因素。[3] 就菲达奶酪而言，它的生产区并没有延伸到整个希腊，但却大到足以引起争议。法院最终确信，因为国内立法要求菲达奶酪要用传统方法饲养的母羊和山羊的奶生产，并使之适应生产地区，而该地区的植物必须是其饲料的原料。凸显来源地的特征是地形的山地性质、气候和其他地区所缺乏的植被。[4] 实际上，产品规范似乎是与指定的地理区域一起叠加考虑，这表明在较大的地域内分散的“孤岛”（独立的生产个体）具有相当大的同一性。

这种不愿采用国家名字为地理标志的做法与这种质疑说法有关，即大国领土不能在内部共享同质的地理特征，而这种地理特征又可以将大国领土与相邻地区区分开来。它源于与葡萄酒生产有关的旧风土思维，但正如我们在第三章中所看到的德国和英国的方法，它与保护声誉的基础无关。只要能够确定某一团体应受益于与某一特定产品有关的商誉或声誉，该团体在保护该声誉方面的利益就会得到认可。在不正当竞争制度下，这种集体商誉或声誉的基础不必建立在某一地区特有的自然和人文地理因素之上。这方面最明显的证据是最近的英国假冒案的判决中，确认根据生产规范如酒精的含量（ABV）而不是地理来源定义的伏特加生产者有权保护与产品相关的商誉。在这里，皇冠伏特加（SMIRNOFF vodka）的所有者可以成功地阻止伏特加和柑橘类饮料的制造商将

---

[1] TRIPS Council，（IP/C/M/37/Add. 1），［147］. 并参见 TRIPS Council，（IP/C/M/38），［139］；Communication from Bulgaria et al. “The Extension of the Additional Protection for Geographical Indications to Products other than Wines and Spirits”，24 June 2002（IP/C/W/353），［7］.

[2] WTO，“Issues Related to Extension”，（TN/C/W/25），［24］-［26］.

[3] 参见 Federal Republic of Germany and Kingdom of Denmark v. Commission of the European Communities（C-465/02 and C-466/02）［2005］ECR I-9115；［2006］ETMR 16，［AG32］-［AG35］（AGO）.

[4] Federal Republic of Germany and Kingdom of Denmark v. Commission of the European Communities（C-465/02 and C-466/02），［51］-［69］（ECJ）.

其营销为VODKAT，因为它会误导顾客。❶ 如果地理环境作为不正当竞争方式的一个因素，其作用是确定可以根据反不正当竞争法提起诉讼的人。地名与消费者认可程度相关，毫无疑问整个国家名字是有资格成为地理标志的。❷ 因此，原产地的声誉和风土方法在这方面是存在分歧的。

在考虑了原产地的大小或规模之后，另一个有争议的问题涉及划界的基础，TRIPS把这个问题留给国家立法解决。一个地域横跨两个国家，问题尤为突出。印度和巴基斯坦的申请人在起草巴斯马蒂香米（Basmati rice）的规范时遇到了相当大的困难。❸ 除了这些跨国境地理标志之外，在国家立法中提及界定的地理单元*时，“使用的术语通常涉及政治和行政边界，但也涉及非政治地理区域”。后一类与葡萄产品有关，通常指葡萄园或葡萄栽培区。❹ 葡萄酒再一次成为标准的参考点。“划分非政治地理区域的标准是葡萄酒生产中最常见的做法，其目的是建立一个产区的同质性及区别于其他产区的独特性。”❺ WIPO的一项研究指出，标准包括自然特征（河流、等高线）；地理特征（土壤排水、气候、海拔）；人为影响（植物品种的选择、生产方法）；历史关联和经济考量（收益率等）。❻ 因此，对于符合葡萄酒名称模型参数的农产品，人们的理解是：“地方或地区……必须被定义为具有特定的自然和人文因素并能够赋予农产品或食品其特定特性的地理环境。因此，所指的原产地必须具有同质的自然因素，使其区别于毗邻的地区。”❼

然而，当产品的原产地与社会经济的联系更不稳定时，这种逻辑的作用有限。在这里，人们会想到某些纺织品、工艺品和基于配方的产品。在这种情况下，划分的基准是什么？某些制度，如印度地理标志注册制度，是通过采取对产品生产所在地的整个邦（联邦单元）或次级行政区域的行政划界来绕过手

---

❶ *Diageo North America v. Intercontinental Brands* [2010] EWHC 17 (Ch); Confirmed on appeal: *Diageo North America v. Intercontinental Brands* [2010] EWCA Civ 920 [VODKAT的整体酒精浓度（ABV）为22%，而欧洲法规要求伏特加的酒精浓度ABV最低为37.5%，这有助于证明有害的虚假陈述]。

❷ *Chocosuisse Union des Fabricants Suisses de Chocolat v. Cadbury Ltd* [1998] RPC 117 (Ch D); *Cf. Chocosuisse Union des Fabricants Suisses de Chocolat v. Cadbury Ltd* [1999] RPC 826 (CA).

❸ H. V. Chandola, “Basmati Rice: Geographical Indication or Mis – Indication” (2006) 9 JWIP 166, 173 – 4; D. Marie – Vivien, “From Plant Variety Definition to Geographical Indication Protection: A Search for the Link Between Basmati Rice and India/Pakistan” (2008) 11 JWIP 321.

* 意思是一个地域名称横跨了两个国家的地方。——译者注

❹ WIPO, (SCT/9/4), [16].

❺ 同上，[19].

❻ 同上，[20].

❼ *Federal Republic of Germany and Kingdom of Denmark v. Commission of the European Community* (C – 465/02 and C – 466/02), [50].

工艺的地理标志问题，而没有进一步尝试缩小区域范围。❶ 明显的不利之处在于，这个庞大的行政区域及历史生产模式与相关生产地区几乎没有关联。另一种选择是依靠消费者的感知——消费者期望产品从何而来？不难理解，这种方法很难生成这个地域高分辨率的产品生产分布地图，同时还导致问题的进一步复杂化。对于基于手工艺品或配方的产品，公众的认知程度和相关声誉在生产历史中会有所波动。与划定边界相关的战略定位加剧了这一困难。基于感知的方法可以帮助我们判断客户是否期望瑞士巧克力来自瑞士，但不能帮助我们判断距离5千米外的生产商是否在地理标志保护的范围之内。在这个阶段，某些生产商可能会试图排除竞争对手，并通过划定边界来实现这一点。❷

在此类争端中，如果没有土壤或微气候的同一性，怎样的证据才够格呢？历史可以划定地理位置的界限吗？在欧盟的PGI注册系统中，人们可以找到历史资料的证明，这些证明不仅与经过一段时间建立起来的产品声誉有关，而且还与生产边界有关，生产技术是根据当时的气候或社会经济条件而发展的。在将产品与确定的地区相联系时，以下资料被认为是相关的：（1）海关和收入记录；（2）文字参考资料；（3）当地历史；（4）报纸档案和广告；（5）行业出版物和期刊；（6）销售发票；（7）纪念地方产品的庆典的记载；（8）已建立的运输到市场的渠道，例如铁路、公路和河流。❸ 最近的指南支持这种方法：

> 在界定生产区域时，考虑产品的历史是很重要的，因为随着时间推移，生产区域可以根据经济周期和贸易条件的变化而变化（可以扩张和缩小）。划分“最小”的生产区域很有用，因为它拥有最佳条件，可以用来选择地理标志划界的标准。实际上，考虑到生产潜力，这种划界可能与当前的生产地点有所不同。❹

---

❶ 笔者很感激 Delphine Marie – Vivien 对于这个观点提供的意见。

❷ 这个问题产生的两个争议是：（1）Northern Foods Plc *v.* DEFRA，Melton Mowbray Pork Pie Association［2005］EWHC 2971（Admin）；On appeal：R（on the application of Northern Foods Plc）*v.* Secretary of State for the Environment，Food and Rural Affairs［2006］EWCA Civ 337（Melton Mowbray Pork Pie）；（2）Molkerei Grossbraunshain & Ors *v.* Commission of the European Communities（C – 447/98 P）［2002］ETMR 55（Altenberger cheese）. 对于更详细地分析被认为与划定边界有关的历史因素，参见 D. Gangjee，“Melton Mowbray and the GI Pie in the Sky：Exploring Cartographies of Protection”（2006）3 IPQ 291.

❸ 这些类别的证据说明以下产品规范，所有这些规范都可以通过 DOORS 数据库进行检索：Chouriço de Abóbora de Barroso – Montalegre sausages；Mantequilla de Soria butter；Limone Femminello del Gargano；Melton Mowbray pork pies；Geraardsbergen Matten tarts.

❹ FAO and SINER – GI，Linking People，Places and Products：A Guide for Promoting Quality Linked to Geographical Origin and Sustainable Geographical Indications，2nd edn（FAO，Rome 2009 – 10），61.

最后一点涉及来自该地理区域的特征。第22.1条规定并未提及自然和/或人文因素，即使在早期草案中有提及。[1] 成员方可以自行决定是否承认人文因素，而且大多数成员方都是承认的，尽管这似乎不是一个必要条件。[2] 第三章以法国名称制度为背景，强调了人为干预和创新的重要性。劳伦斯·贝拉德（Laurence Bérard）和菲利普·马尔凯内（Philippe Marchenay）提醒我们，某些地区的产品与社会经济实践紧密相关：

> 诸如孔泰（Comté）和阿邦当斯（Abondance）之类的法国奶酪使人们想到了特定的奶酪制作方法以及建立在畜牧业基础上和以特定的自然环境所需的社会组织为基础的特殊农牧业体系。夏洛莱牛（Charolais）决定了整个地区的全貌和经济。这种牛肉因其味道而备受赞赏，它依靠一种精细放牧管理、精心选育和育肥以及生长监控相结合的畜牧业形式。[3]

因此，有理由提出一个必要的先决条件，即所有地理标志必须表现出至少一定程度的人为干预和共有的生产技术，这反过来又支持新的地理标志保护正当性论证。

4.4 产品与产地的联系

地理标志是一种符号，表明“某一商品的特定质量、声誉或其他特征主要可归因于其地理来源”。为什么有三个标准将产品与产地联系起来呢？每个标准分别由什么组成？以及什么时候这些因素能“主要归因于”地理来源？一个明显的起点是第22.1条的起草历史，其中有用的资料是秘书处1990年年初所积累的提案概要表。[4] 欧共体提出的定义与TRIPS最终版本非常相似，增加了“地理来源，包括自然和人文因素”。值得注意的是，与里斯本原产地名称不同，TRIPS包含了附加的“声誉”选项和不那么烦琐的联系形式（主要归因于其地理来源）。另一个仅有的更广泛的定义是瑞士提出的，在瑞士沿着

---

[1] E. g., GATT, “Guidelines and Objectives Proposed by the EC”, 7 July 1988 (MTN. GNG/NG11/W/26).

[2] WTO, “Review under Article 24.2”, [44]（“一些人……强调了人文因素与质量、传统生产方法、葡萄栽培和生产、准备和种植方法等问题的相关性。然而，有些人也指出，不需要具体程度的人类创造力，人文因素的贡献不是必不可少的”）。

[3] L. Bérard and P. Marchenay, *From Localized Products to Geographical Indications: Awareness and Action* (CNRS, Bourg-en-Bresse 2008), 9.

[4] 参见 GATT, “Synoptic Tables Setting Out Existing International Standards and Proposed Standards and Principles”, 2 February 1990 (MTN. GNG/NG11/W/32/Rev. 2), 68-9.

货源标记的思路，地理标志被归类为简单的地理来源标志。我们已经目睹了在同时期的 WIPO 谈判中欧共体地理标志定义的诞生，但它的灵感来自何处呢？这个问题关系重大。有了这种更加灵活的定义，某些南欧国家因背后的强大发展动力，偏离了之前轨迹，也因此导致某些产品基于其来源于可辨认地区而有的独特甚至唯一的质量而受到特殊待遇。第 22.1 条对仅以在某一地区生产而享有声誉的产品给予同等的承认。这一发展是否有可能取代葡萄酒成为地理标志的典型？有人可能会认为这是为了减轻美国和澳大利亚等国的地理标志怀疑论者的担忧而做出的让步。这通过在地理标志定义中包含证明和集体商标建立了共同基础。毕竟，这些都是为保护集体持续的声誉而建立的标志类别和可能的载体。但是，这里提出了一个更令人信服的答案。这项欧洲提案并非精心设计来弥合跨大西洋的分歧，而是可以追溯到欧洲邻国之间的一场内部冲突。有证据表明，它旨在调和法国和德国在地理来源标志保护方面的差异，该差异先前已在第三章中进行了阐述。在第 2081/92 号条例的起草历史中可以找到这种妥协的痕迹。[1]

> 第 2081/92 号条例及其后续第 510/2006 号条例寻求建立共同体规则框架，在与地理来源和产品、食物的特征有关联的情况下，保护与特定农产品和食物有关的注册原产地名称和地理标志。该法规规定了在共同体这一级别的地理标志和原产地名称的制度，这将为每个成员方提供保护。[2]

它旨在通过防止不正当竞争来提高农产品质量，以及保护消费者和生产者的利益。[3] 该注册制度于 1992 年最终确定，与此同时 TRIPS 确定了它的制度。有趣的是，它包含保护对象的另外两个定义。第 2 条对受保护原产地名称（PDO）和受保护地理标志（PGI）的定义如下：

（a）原产地名称：指某一地区、某一特定地点或在特殊情况下某一国家的名称用来描述某一农产品或食品：

> —来源于该地区、特定地点或国家；

---

[1] Council Regulation 2081/92 of 14 July 1992 on the Protection of Geographical Indications and Designations of Origin for Agricultural Products and Foodstuffs ［1992］ OJ L 208/1（Regulation 2081/92）. In light of a recent WTO Panel Ruling, several amendments have been carried out and it has arisen, phoenix – like, as the similarly titled Council Regulation 510/2006 of 20 March 2006 ［2006］ OJ L 93/12（Regulation 510/2006）.

[2] *Bayerischer Brauerbund eV v. Bavaria* NV（C – 120/08）［2011］ ETMR 11, ［AG6］（AG Mazák）.

[3] 参见 Recitals 1 – 6 of each Regulation.

—其质量或特性主要或完全取决于特定的地理环境及其固有的自然和人文因素，并且其生产、加工和准备都在限定的地理区域内进行。（着重点为作者所加）

（b）地理标志：指某一地区、某一特定地方或在特殊情况下某一国家的名称用来描述某一农产品或食品：

—来源于该地区、特定地点或国家；

—具有可归因于该地理来源的特定质量、声誉或其他特征，并且在限定的地理区域内进行生产和/或加工和/或准备。（着重点为作者所加）

虽然 PGI 可能基于其原产地的声誉，但 PDO 要求产品的质量或特性主要或完全可归因于其原产地。此外，对于 PDO，生产、加工和准备都必须在限定的区域内进行，而满足其中任何一个都可以满足 PGI 的要求。实际上，对于 PDO 来说，产品与其原产地之间的联系更牢固。[1] 正如霍夫曼法官（Lord Hoffmann）所说，对于 PGI，“原产地与产品质量之间的因果关系可能是声誉问题，而不是可核实的事实问题”。[2] 但是，两种地理标志都享有第 2081/92 号条例所规定的同样广泛的保护范围。[3] 在该法规的起草历史中，我们能找到关于解释 PGI 与 PDO 进入地理标志体系的疑问。最近关于国际地理标志保护的报道将欧洲作为其领先者，以统一的声音敦促欧洲提高标准，因为“地理标志保护作为知识产权领域的一部分，从历史和经济的角度来看，这对欧共体及其成

---

[1] 欧盟委员会向 WTO 争端解决小组前面提交的第一份书面报告证实了这一点。参见 Annex B, Report of the WTO Panel: European Communities - Protection of Trademarks and Geographical Indications for Agricultural Products and Foodstuffs, 15 March 2005（WT/DS174/R/Add. 2）, B-34, [46].

[2] *Consorzio del Prosciutto di Parma v. Asda Stores Limited and Others* [2001] UKHL 7; [2002] FSR 3 at [8].

[3] 第 13（1）条描述如下：

（a）只要注册名称未涵盖的产品与以该名称注册的产品具有可类比性，或者在使用该名称的情况下利用了受保护名称的声誉，则禁止可类比产品任何直接或间接对该注册名称的商业使用。

（b）禁止滥用、假冒及误导性使用地理名称，即使注明了产品的真正来源，或使用了翻译名称，或在使用的同时加上了“风格”“类型”“方法”“等同于产于某地”“仿制”等类似的词句。

（c）禁止关于产品的来源、原产地、性质或基本质量的任何其他虚假或误导性标志，禁止在与产品有关的内包装或外包装、广告材料或文件上以及产品在易于运输的容器中的包装上有对于其起源的错误关联。

（d）禁止其他可能误导公众有关产品的真实来源的行为。

员方都特别重要”。❶ 然而，彼此间并非总是有共同的愿景。在当前的 TRIPS 争议中，最近才弥合的欧洲鸿沟似乎已从记忆中消失了。

PDO 作为法国受监控原产地名称❷略微修订的版本而更受赞赏，PGI 中关于声誉的选项似乎是对德国反不正当竞争法所认可的符合条件的原产地标志的肯定。在 20 世纪 70—80 年代，似乎只有前者才被欧洲法院（the ECJ）承认为合法的类别。

在此期间，判例法显示出了对保护简单货源标记的标签制度的质疑，这可能是对共同市场内商品自由流通的变相限制。❸ 据其所称在原产地与质量之间存在客观联系的受监控原产地名称（AOC）为禁止指定区域以外的人使用地名提供了可接受的基础。法院在几年之后才承认保护宝贵的声誉以及防止不正当竞争是作为限制地理标志使用的另一种基础。欧洲法院的两项重要判决支持了这一转变。在塞克特起泡酒/白兰地酒（Sekt/Weinbrand）案的判决中❹，对限制使用某些葡萄酒名称的德国法律的有效性提出了质疑。它将“Sekt”和“Weinbrand”的名称保留给国内产品，将“Praedikatssekt”的名称保留给在德国生产的由一定比例的德国葡萄酿造的葡萄酒。法律进一步规定，不符合受保护名称必要条件的进口起泡酒和白兰地，必须使用不同的术语（“Schaumwein”和“Branntwein aus Wein”）。欧盟委员会质疑该法律与以前的第 28 条［现为《欧盟运行条约》（TFEU）第 34 条］的兼容性，称该立法通过将通用名称重新分类作为间接地理来源标志来支持国内生产，相当于采取了限制进口数量的措施。德国反驳道，这些限制是合理的，因为它保护消费者和合法生产者免受不正当竞争之害，这是第 30 条（现为 TFEU 第 36 条）对第 28 条规定允许的例外。法院驳回德国的观点时，提出以下意见：

> 这些［葡萄酒］名称仅满足其特定目的［即保护生产者免受不正当

---

❶ Audier, TRIPS Agreement, 2. See also the summary of the EU's position in current WTO debates available at www. wto. int/english/tratop_e/trips_e/gi_background_e. htm.

❷ J. Audier, “Protection of Geographical Indications in France and Protection of French Geographical Indications in Other Countries”, October 1997（WIPO/GEO/EGR/97/8Rev）, 2.

❸ 地理来源标志表明国家领地，但没有对选择如此大的领土进行生产的任何客观可核实基础，地理来源标志可能会伪装成吸引爱国主义的消费行为。过去，欧洲法院对这类鼓励消费者仅根据国籍来购买商品的法律制度不屑一顾，并将其归类为对商品自由流通的不可接受的限制。参见，如，*Commission of the European Communities v. Ireland*（C – 249/81）［1982］ECR 4005（“Buy Irish”）；*Apple and Pear Development Council v. KJ Lewis Ltd*（C – 222/82）［1983］ECR 4083（English apples and pears）.

❹ *Commission of the European Communities v. Federal Republic of Germany*（C – 12/74）［1975］ECR 181.

> 竞争以及防止消费者被误导]，如果他们所描述的产品确实由于其原产地在特定的地理区域而具有质量和特征。
>
> 特别是关于原产地标志，产品的原产地必须赋予产品特定的质量和特性，以使其区别于其他产品。❶（着重点为作者所加）

由于质量上的关联并未被援用，对这些条件的限制违反了德国根据《欧共体条约》（the EEC Treaty）和关于对葡萄贴酒标签的现行共同体规定的义务。判决的结果差强人意。这样的表述在当时可以说是通用的，因此试图人为对标志强加特定的地理涵义时，有争议的立法是有漏洞的，容易被攻击。

然而，作出这一判决所采用的证明是存在分歧的。争议源于欧洲法院的建议，即基于声誉的货源标记不属于货物自由流动原则的有限例外。原产地名称似乎是地理来源标志在例外情况下唯一值得保护的合法种类，这引发了对该判决的强烈批评。❷ 欧洲法院随后的 *Exportur* 案判决结果是衡量其效力的标准。❸这里的问题是，西班牙的地理名称"Touron Alicante"和"Touron Jijona"是否可以用在法国生产的牛轧糖上。尽管没有客观的或以风土为基础的联系，但根据的是《法国 - 西班牙条约》保留的地理来源标志。法院认为，尽管如此，"原产地标志在消费者中仍然享有很高的声誉，在当地有声望的生产者认为声誉是吸引消费者的一种必要手段，因此，他们有权获得保护"。❹ 拜尔（Beier）教授支持地理标志保护的声誉基础，他认为，直到最近才实施的仅代表原产地名称的理想形式的第 2081/92 号条例，将是一个"怪物"。❺

尽管这给风土方法和声誉方法的最终司法确认提供了背景，但有充分的证据表明，第 2081/92 号条例将这种妥协制度化。它以基于注册的法律认可为前提，将这些独特的方法融合在一个共同的框架中。该法规文本以妥协性的表述开始，即"现有做法适合定义两种不同类型的地理描述，即受保护的地理标志和受保护的原产地名称"。❻ 两种不同类型的地理标志的存在证明了法规实施前的潜在分歧和派系之争。颁布时，一位评论员指出："尽管有很多争议的

---

❶ *Commission of the European Communities v. Federal Republic of Germany*（C – 12/74）［1975］ECR，［7］.

❷ 参见，如，D. Wyatt，"Free Movement of Goods and Indications of Origin"（1975）38 *Modern Law Review* 679；F – K Beier，"The Need for Protection of Indications of Source and Appellations of Origin in the Common Market：The Sekt/Weinbrand Decision of the ECJ"［1977］*Industrial Property* 152.

❸ Exportur SA *v.* LOR SA and Confiserie du Tech SA（C – 3/91）［1992］ECR I – 5529.

❹ 同上，［28］.

❺ F – K Beier，"Case Comment：Court of Justice – Case No. C – 3/91 'Turron'"［1994］IIC 73，81.

❻ Recital 10.

问题直到最后一刻都没有解决，但是在1992年7月14日，欧洲理事会（the European Council）通过了关于‘保护地理原产地名称’的欧共体规章，这与共同信念和做法相左，而且确实令人大为惊讶。”❶ 法国在1988年提交的最初的备忘录仅限于原产地名称，随后得到了意大利和西班牙的支持。❷ 但是，委员会拟议的条例草案包含对PGI和PDO的引用。❸ 在经济及社会委员会的意见中仍然可以看到原产地名称模型的影响，这揭示了在关键时刻风土论的影响。因此，在承认保护产品声誉的重要性的同时，委员会注意到“所涉食品的特征源于其来源，土壤条件，地理和气候环境，其使用的品种和种类以及其制备或生产的方式。正是这些因素赋予了该产品在市场上的名声和声誉”。❹

在这一阶段，起草过程涉及两个相互竞争的北方和南方集团之间的谈判。玛丽娜·科里亚（Marina Kolia）注意到，当这些提案于1991年9月提交到欧洲议会时，地理标志保护再次受限于PDO，“要求申请人提供令人信服的证据，证明产品的特性主要是由地理来源决定的”。❺ 欧洲议会不接受这种形式的提案，该规章草案退还给委员会，在委员会中进行了进一步辩论。在这个阶段，德国开始“提倡一种非常广泛的概念，即所有地理名称将被相互认可”。❻ 面对单一宽泛定义的选择，谈判代表重新提出PGI的替代选择。达成了一个彼此都可以接受的妥协方案，采取了两种截然不同的注册方式，从而避免了危机。然而，人们仍然对新注册制度的正式必要条件感到担心。一位学者指出，“规范特征似乎是德国地理标志保护的最大障碍”。❼ 管理产品规范的规则通常是围绕葡萄酒名称模型设计的。将讲究声誉的地理标志纳入这些参数可能会很尴尬。罗兰·克纳克（Roland Knaak）继续指出，“德国的地理来源标志，例如‘吕贝克杏仁糖’（Lübeck marzipan），‘亚琛蜂蜜姜饼’（Aachener Printen）

---

❶ M. Kolia, “Monopolizing Names of Foodstuffs: The New Legilation” (1992) EIPR 333.

❷ Vital, “Protection of Geographical Indications: The Approach of the European Union,” 2. 关于总体背景，请参见 O. Brouwer, “Community Protection of Geographical Indications and Specific Character as a Means of Enhancing Foodstuff Quality” (1991) 28 *Common Market Law Review* 615.

❸ Proposal for a Council Regulation (EEC) on the Protection of Geographical Indications and Designations of Origin for Agricultural Products and Foodstuffs (SEC (90) 2415 final; 6 February1991) [1991] OJ C30/9; as amended by (COM (92) 32 final; 18 March1992) [1992] OJ C69/15.

❹ Opinion on the proposal for a Council Regulation (EEC) on the Protection of Geographical Indications and Designations of Origin for Agricultural Products and Foodstuffs [1991] OJ C269/62, [1.2].

❺ M. Kolia, “Monopolising Names: EEC Proposals on the Protection of Trade Descriptions of Foodstuffs” [1992] EIPR 233, 235.

❻ 同上，235-6.

❼ R. Knaak, “Case Law of the European Court of Justice on the Protection of Geographical Indications and Designations of Origin Pursuant to EC Regulation No. 2081/92” [2001] IIC 375, 378.

或‘慕尼黑啤酒’（Aachener Printen），在德国法律中被认为是所谓的简单地理来源标志，同时已按照法律法规进行了注册。委员会的这种做法消除了许多冲突”。❶ 如今，这条替代路径已经确立，欧洲法院最近确认，纯声誉联系是PGI 认可里令人满意的基础。❷

解决这些欧洲内部分歧所达成的均衡状态将对 TRIPS 定义的形成产生影响。委员会的 2081 号规章草案同时包含 PDO 和 PGI，特别指出：

> 它还广泛反映了欧共体在关贸总协定（GATT）知识产权国际谈判中所捍卫的立场。
>
> 在乌拉圭回合知识产权谈判小组中，欧共体提出了地理标志（包括原产地名称）的定义和对应的适当保护，委员会已对此予以考虑。❸

这为我们提供了最后一块拼图，并解释了 TRIPS 定义中双重观点的问题。德国（以声誉联系为前提的传播逻辑）和法国（以定性联系为前提的风土逻辑）方法之间的内部妥协在乌拉圭回合谈判期间持续展现了欧共体的立场，而欧共体是 TRIPS 中地理标志条款背后的推动力量。这种“融合”的定义也被那些在商标法中通过证明或集体商标来承认声誉共有利益的国家所接受。这种妥协的后果尚未得到充分的认可。两种不同的地理标志保护逻辑的仓促合并在多个层面上产生了一系列的连锁反应。一方面，声誉保护本身一直是国际地理来源标志保护讨论的一部分。本书的第一部分揭示了从这一领域的国际制度建立之初，它便是发展货源标记规则的目的。另一方面，原产地名称传统上按所指产品的质量与其原产地之间的因果关系来区分。因此，原产地名称定义在《里斯本协定》第 2 条中承认尽管产品的声誉可能是因这种联系而产生的，但生产地与产品质量之间的因果联系是认可和保护的基础。在 TRIPS 里，集体产生的声誉成为承认和保护的基础。地理标志的质量、特征或声誉必须“主要归因于”原产地的必要条件可能会引起冲突。

让我们从手工产品和地点之间看似客观的联系开始，慢慢了解这一方面，在这种联系中，产品的质量或特征主要可归因于地理来源。该协定的起草历史几乎没有什么帮助。在其形成之时，在多边层面上对联系要求的解释或应用经

---

❶ R. Knaak, “Case Law of the European Court of Justice on the Protection of Geographical Indications and Designations of Origin Pursuant to EC Regulation No. 2081/92” [2001] IIC 375, 378.

❷ *Bavaria NV*, *Bavaria Italia Srl v. Bayerischer Brauerbund eV* (C-343/07) [2009] ECR I-5491; [2009] ETMR 61, [95]-[98].

❸ Proposal for a Council Regulation on the Protection of Geographical Indications, [9]-[10].

验有限。但是，TRIPS 成员之间的后续实践是具有指示性的，特别是在专门的制度使用相似定义且某些司法管辖区出现了重合共识的情况下。❶ 应该强调的是，不必将以下包含对现有实践的描述性说明的段落解读为规范性指导，但它们确实说明了 TRIPS 语言的可操作性。因为第 22.1 条提到了“质量……或其他特征”，因此倾向于把这些标准放在一起考虑。人们普遍认为质量应凭经验来检验。“‘质量’的概念将包括商品的物理特征，即可以被客观衡量的商品属性。”❷ 了解这些标准的有用资源之一是法国国家原产地名称局（INAO）发布的一份申请人指南。与卓越的产品质量相反，它表明“重点必须放在将地理标志产品与其他产品区分开的特定质量上。它必须呈现出不同的质量，与地理来源（土壤、气候等）相联系”。❸ 这种独特的质量应与地理来源明确相关，因此，它可以说明肉的颜色是由当地特有的动物饲料，适应当地的植物品种或种类，或特定的土壤或气候特征所致，使产品具有独特的形状或味道。至于特征，涉及产品规范文件的第 510/2006 号条例第 4 条 2（b）还指“产品或食品的主要物理、化学、微生物或感官上的特征”。同样，INAO 指南对特征进行了延伸拓展，建议“可以对产品的各个部分（例如颜色、形状、质地、成分、香味、味道等）进行客观定义。对于被加工改变的产品，它的定义部分基于农业原料，部分基于加工后的产品”。❹ 这个定义更广泛地覆盖了包括特有的技术诀窍，比如有关育种的方法或作物周期的专门知识。因此，特征不仅包括物理、化学、微生物或感官上的产品特征，而且还包括具体的技术诀窍，例如与牲畜饲养相关的文化习俗或生产过程相关的技术。这两种要求偶尔会结合起来，并用“特征品质”或其他类似的混合用法，从而模糊了两者之间的界限。❺ 总而言之，按照风土逻辑，“质量……或其他特征”被解释为产品在经验上可验证的方面或与生产相关的专门知识，它与地理来源有因果关系，并且

---

❶ UNCTAD - ICTSD Resource Book on TRIPS, 290.

❷ INAO, “GI Applicants' Guide” (7 October 2005), 18 - 19, available at www. inao. gouv. fr.

❸ 同上，9 - 10. 也见 Correa, Commentary on TRIPS, 220（其他特征“可能包括例如商品的味道、质地、设计、外观等”）。

❹ WIPO, Draft Model Law for Developing Countries (TAO/I/INF. 1), 34 - 40; INAO, “Guide du Demandeur IGP - Version 2 de Février 2009”, 23 - 24, available at www. inao. gouv. fr.

❺ Bérard and Marchenay, From Localized Products to Geographical Indications, 5 - 6（对于这类产品，它们的“典型性来自它们根植于特定地区并因此也根植于文化的方式。历史底蕴、技能、知识、饮食习惯和传承都是他们提升的潜在杠杆”）。

能区分讨论中所涉及的产品（有时被称为特殊性或典型性）❶。验证这种典型性的方法有很多种，比如味道测试（例如，对烘焙过的咖啡或葡萄酒进行分类）和识别化学标记的实验室分析（例如，追踪与化妆品或奶酪有关的油脂）。❷

在这里，“主要归因于”显然被理解为要求产品质量或其他显著特征与原产地之间存在因果关系。正如欧盟一份关于 PDO 和 PGI 的指南所述：“这种联系必须解释为什么产品与一个地区而不是另一个地区相联系，即最终产品在多大程度上受到其生产地区特征的影响。”❸ 对欧盟葡萄酒行业原产地标记和地理标志作出详细规定的 607/2009 条例❹说明了这一要求。根据第 7 条（2）（c）和第 7 条（3）（c）的规定，产品规范应“描述”该地理区域之间的因果关系，包括自然因素和人文因素，以及产品的质量、特性或声誉的细节。另一份报告指出，对于“一个 PGI 产品（定义类似于 TRIPS），与地理区域的联系……必须是因果关系”。从这个意义上说，产品的特性或声誉可以“归因于”地理来源就足够了。❺ 但是，除了因果关系之外，“主要归因于”是否应具有进一步的规定性内容？“主要”的概念可以理解为与产品和地方之间联系的强度有关。❻ 值得一记的是欧共体在乌拉圭回合期间有意放松联系以达成令人满意的妥协，另一种解读更合适。卡洛斯·科雷亚（Carlos Correa）认为，

---

❶ S. Reviron, E. Thevenod - Mottet and N. El Benni, “Geographical Indications: Creation and Distribution of Economic Value in Developing Countries”, NCCR Working Paper No 2009/14 (March 2009), 6. Cf. L. Bertozzi, “Designation of Origin: Quality and Specification” (1995) 6 *Food Quality and Preference* 143, 145 -6（描述了奶酪老化过程中肽、游离氨基酸及其分解代谢产物的形成，然后用化学计量分析模型进行分析，以基于典型性和保障质量进行区分）; D. M. A. M. Luykx and S. M. van Ruth, “An Overview of Analytical Methods for Determining the Geographical Origin of Food Products” (2008) 107 *Food Chemistry* 897.

❷ European Commission, Protection of Geographical Indications of Origin, Designations of Origin and Certificates of Special Character for Agricultural Products and Foodstuffs: Guide to Community Regulations 2nd edn (2004), 13.

❸ European Commission, Protection of Geographical Indications of Origin, Designations of Origin and Certificates of Special Character for Agricultural Products and Foodstuffs: Guide to Community Regulations 2nd edn (2004), 13.

❹ Commission Regulation (EC) No 607/2009 of 14 July 2009 Laying Down Certain Detailed Rules for the Implementation of Council Regulation (EC) No 479/2008 as regards Protected Designations of Origin and Geographical Indications, Traditional Terms, Labelling and Presentation of Certain Wine Sector Products [2009] OJ L 193/60.

❺ London Economics et al., Evaluation of the CAP Policy, 3.

❻ 参见，如，Audier, “Protection of Geographical Indications in France”, 3（农产品和食品之间的联系，商品和原产地可以有不同的理解。技术、历史、文化和社会联系越强，生产者就越需要对用于指定产品的地理名称进行有效保护）; D. Gervais, “The Lisbon Agreement's Misunderstood Potential” (2009) 1 *WIPO Journal* 87, 93.

“主要”可能“被理解为暗示相关产品的部分生产可能在指定区域之外进行”[1]，即该产品应在很大程度上或实质上来源于该地区。只要基本或重要方面可归因于所讨论的地区，其他方面（例如原材料采购，某些准备或加工）都可能在该地区之外进行，就像欧盟 PGI 一样。这为定义带来了宝贵的灵活性，同时反映了许多地区产品现有的实践，这些地区产品是从外部采购某些原材料的。[2] 对地域概念不完全的承认告诫我们不要采取固化的或封闭的风土方法。最后值得注意的是，在因果关系的归因阶段，对独特性的宽泛理解极具诱惑危险。有人坚持认为，对于欧盟的已注册地理标志，“规范必须显示特定区域的特性如何以其他区域无法做到的方式影响产品”。[3] 同样，有人声称“地理标志与体现丰富文化和历史的独特产品相关”，而“地理标志”不仅确认了产品与特定地理区域之间的联系，而且通常也与在该区域已知的独特生产方法、特征或质量相关（着重点为作者所加）。[4]《里斯本协定》的经验表明，如此宽松的用法会带来风险。如果支持者声称地理标志产品确实是独一无二的，在其他地方无法准确地复制再生产，那么这种说法就很难作为证据加以证实。如果这将成为未来国际地理标志注册的门槛要求，申请人将如何证明这种独特性呢？鉴于仿制技术的日益成熟，这是否可行？[5] 或者，地理标志支持者是否声称在历史上与特定地区相关的地理标志产品的出现（来源故事和生产的社会经济条件）具有独特性？这是否提醒人们重视此类区域性产品商品化的条件，这些产品确实在市场上流通，但其历史环境和劳动力所在地在市场定价中增加了层次？尽管存在这些悬而未决的问题，但实践中，对于主要归因于产地的风土因素引起的质量和/或特征之间的联系似乎存在重合的共识。

相比之下，产品声誉来自原产地的要求尚未被广泛研究。根据国家反不正当竞争法，法律承认所需的全部要求是，根据对消费者和交易认知的评估，以地理名称销售的产品在市场上已具有声誉。与 TRIPS 的规定不同之处在于声誉必须以某种方式扎根于某个地方或主要归因于这个地方。声誉通常与手工技能

---

[1] Correa，Commentary on TRIPS，218.

[2] 欧洲 PGI 的两个例子就足够证明：Spanish Sobrasada sausages of Mallorca（猪是从外地采购的）and German Lubecker Marzipan（杏仁来自外地）。

[3] CEC，Fact Sheet：European Policy for Quality Agricultural Products（Luxembourg 2006）11.

[4] Giovanucci et al.，Guide to Geographical Indications，1，7.

[5] B. Beebe，“Intellectual Property and the Sumptuary Code”（2010）123 *Harvard Law Review* 809，870（然而，问题是，模仿技术现在可以令人信服地——而且合法地——模拟大多数地理上和历史上正宗商品的主要特征，结果这些主要特征不再是真实性的可靠信号。在失去了对真实性的主要信号生产的控制后，传统生产商因此转向……地理标志对真实性的非主要信号的生产建立法律控制）。

占主导地位的产品相关。[1] 在实践中，这种声誉联系通常适用于纺织品、玩具、工艺品和配方产品。INAO 指南再次成为实用的起点。它指的是三个要素：产品的历史，它过去的声誉和现在的声誉，可以是本地的，全国性的或国际的。[2] 作为探索产品历史起源和过去的声誉的一部分，社会经济的状况以及文化习俗与特定地区的生产有关。这被认为与“主要归因于”的因果关系相关。德国德累斯顿·斯托伦（Dresdner Stollen）果脯面包和蛋糕的 PGI 的规范通过对生产富含黄油的蛋糕的特殊配方比证明了这一点。

> 现在在德累斯顿市档案馆的一份 1530 年的文件中，“斯托伦”（Stollen）被称为“克里斯托伦”（Christstollen）。1490 年教皇伊诺森八世（Pope Innocent VIII）寄的“黄油信”（butter letter）……变得尤为著名。在那封信中，教皇法令为德累斯顿面包师取消了 1450 年在降临节（当时的斋戒期）期间用黄油烘焙面包的禁令。从 1727 年开始，圣诞节期间，“德累斯顿·斯托伦”（Dresdner Stollen）在奥古斯·特朗（Augustus the Strong）的撒克逊宫廷供应，1730 年，奥古斯·特朗让德累斯顿的面包师为 Zeithainer Lustlager 军事展览上的 24000 位客人烘烤了重达 1.8 吨的巨型“斯托伦”（Stollen）。从那时起，该地区的面包师和糕点师延续并监督着高质量“斯托伦”制作的传统食谱（其中一些可以追溯到中世纪），传统食谱在个人作坊中得以传承。[3]

或想想梅尔顿·莫布雷（Melton Mowbray）猪肉馅饼，在那里，圈地运动导致使用树篱来划定财产权。事实证明，这些树篱对喜欢猎狐的人来说很有诱惑力，这导致猎人经常猎狐，也增加了捕猎中猎人食用大量点心的需求。[4] 在其他情况下，声誉联系取决于根据自然地理和气候条件发展起来的技能和技术，这使声誉更容易与一个地区联系起来。葡萄牙“Alheira de Barroso - Montalegre”香肠的受保护地理标志给我们提供了一个例子。巴罗佐（Barosso）地区是相对偏僻的，所以饮食仅限于当地生产，同时还需要开发有效的保存技术。[用本地猪种制成的香肠] 的制备也依赖于该地区寒冷和干燥的气候，这迫使每个家庭在任何时候都生着一堆火，从而为烟熏肉提供了独一

---

[1] UNCTAD - ICTSD, Resource Book on TRIPs, 290 - 1.

[2] INAO, GI Applicants' Guide, 18 - 19.

[3] Dossier No. DE/PGI/0005/0704; Registered on 27/11/2010. All Dossiers can be accessed via the EU DOORS Database.

[4] Gangjee, "Melton Mowbray and the GI Pie in the Sky".

无二的条件——特征是轻且平缓的烟熏。❶

在这些见解的基础上，贝拉德（Bérard）和马切纳（Marchenay）认为地理标志所有产品的共同点是历史深度和共享技术诀窍，从而使它们能够与产地保持一个特定的关系，且被视为一个独特的类别。❷ 他们强调了诀窍或集体发展和持续技能的相对重要性。在他们看来，基于产地的共同生产和传播特定生产方法的知识是培育风土的关键。❸ 因此，产品的历史必须反映这一方面：

> 产品的历史深度通常被视为一个抽象的实体，在必要的情况下，它可以与当代现实脱节。事实上，历史根源需要对代际发展和相传的技能和实践予以确认。必须将历史的深度与已经传承到现在的集体技术诀窍联系起来，谨记技术诀窍的传递并不排除进化的可能性。否则，历史会变成证明（文化）遗产类产品的一种手段，而这根据的是某个地方的声誉而不是根据有关产品的特定质量。例如，在历史上著名区域内的地理位置不允许［地理标志］扩展其边界，除非有特定的、最新的产品技术诀窍证明是合理的。如果地点和技术诀窍之间出现分歧，则应认真考虑每种情况的特点。❹

与单纯的商业或市场声誉不同，此方法认可了代际间传播的技术诀窍，随着时间推移保持着产品的声誉，这使它“主要可以归因于”产地。对创造性/创新性努力的认可要优于试图创造神话的或传奇的产品与产地的联系，例如涉及神的干预或奇幻血统起源故事。❺ 在此基础上，声誉联系可以由当代声誉、历史声誉、产品历史以及（重要）社会经济的、文化的或环境的影响而产生的集体演化的生产技术的记录组成，这保证了能长期维持产品声誉。总而言之，虽然这些解释性方法为我们理解第22.1条的语言提供了另外的选择，但它们也日益显示出人的投入和创新的意识，对比只有自然地理，它通过不断激活（地理标志）的过程将产品与地点联系起来。如果在反不正当竞争法衍生的制度下，优先考虑消费者看或理解标志的方式，那么这些地理标志专用方法

❶ Dossier No. PT/PGI/0005/0237; Registered on 16/02/2007.

❷ Bérard and Marchenay, From Localized Products to Geographical Indications, 9-10.

❸ 同上，17-18.

❹ 同上，21-2.

❺ 关于神话起源故事的例子，参见 Das，“Prospects and Challenges of Geographical Indications in India”，180；S. Agarwal and M. J. Barone，“Emerging Issues for Geographical Indication Branding Strategies”，MATRIC Research Paper 05-MRP 9（2005），3.

将显示出，认可随着时间的推移在基础产品上投入的劳动力。它可以为解释为何将地理标志与在市场上的其他类型商业标志区别对待提供依据。我们将在下一章讨论这个主题。

5 保护范围：一个定义，两个级别

在 TRIPS 的起草历史中，对于两个保护级别没有令人满意的解释。记录中也没有任何正当理由说明为什么葡萄酒和烈性酒应该特别享有特权。[1] 然而，阐述第 23 条的范围很重要。它与《里斯本协定》第 3 条相呼应，建立了所谓的“绝对”保护等级，这无法由反不正当竞争的理论依据来维持。因此，认为第 23 条仅仅是为了防止诸如混淆、淡化、通用化或不当挪用等不正当竞争的情况的观点[2]是完全不准确的。它的规则试图把地理标志指定名称作为实物来保护，而不考虑其在特定环境中的含义，而这种结合语境的方法仍然是反不正当竞争保护的起点。其意图似乎打算将地理标志指定名称的使用权仅保留给那些有权在其本国（即地理标志的原产国）使用地理标志的人。任何外人使用都被视为是非法的。在此背景下，重点仍然是在这些非常规的条款上，因为第 22 条是围绕标准的反不正当竞争理论制定的，以禁止虚假或误导性的标志为依据。例如，第 22.2 条（a）中的规则旨在防止会在产品的地理来源方面误导公众的地理标志的使用，而根据第 22.3 条，由地理标志构成的商标可能会在产品来源上误导公众而失效。虽然有明确的共识认为这些规则是必要的，但第 23 条更难解释。

首先，谈判记录对这种分歧没有任何规范性指导。欧盟最初的提案包含了对所有产品的更高级别的保护。[3] 1990 年的《阿内尔草案》还包含了一个附带提案，根据该提案，应保护所有产品不受“任何僭用、模仿或唤起其他联想”，即使已指明产品的真实来源或使用的是翻译或附有诸如“类”“型”“式”“仿”或类似表达。[4] 这与第 23.1 条现行的措辞类似。但是，最终结果

---

[1] A. C. Lang, “On the Need to Expand Article 23 of the TRIPS Agreement” (2006) 16 *Duke Journal of Contemporary and International Law* 487, 494（TRIPS 第 3 部分中的保护等级制度毫无根据，在理论上站不住脚）。

[2] Chandola, “Basmati Rice”, 176（该条款的实际效果是允许利害关系人采取措施防止公众被误导，而无须证明公众被误导或存在不正当竞争行为）; Kamperman Sanders, “Art, Trade and Geographical Indications”, 86（第 23 条标准“甚至可以用来保护地理标志以免淡化其优质声誉”）。

[3] GATT (MTN. GNG/NG11/W/26), [3. f].

[4] GATT, “Status of Work in the Negotiating Group”, 23 July 1990 (MTN. GNG/NG11/W/76), Section 3. 2b. 1.

是第22条和第23条有两个不同的级别。在知识产权制度中实行差别对待并不罕见。假如条件是要超过一定的声誉门槛，驰名商标或有信誉的商标通常会得到更强的保护。版权法也区别对待，与文学、戏剧、音乐或艺术作品的核心类别相比，对相邻权的保护相对薄弱。然而，在这种情况下，对葡萄酒和烈性酒的特殊待遇是欧盟艰难谈判的结果，几乎没有人试图阐明原则性的区别。❶ 早在1988年，在不保护酒名且宣称可以不加区分使用酒名的国家中，葡萄酒和烈性酒被单独列出作为特别容易受到不公平贸易冲击的商品。❷ 欧盟的最初草案建议应为"原产地名称，特别是葡萄酒产品在其原产国所允许的范围内"提供保护。❸ 它还提出了一种通用化冻结措施，即"葡萄酒产品的原产地名称不应发展成通用名称"。❹ 这两项提案都无法通过，但表明了在早期阶段就在考虑给予特别待遇。这在欧盟1990年的草案文本中被重新提起。❺ 在第一部分中，我们详细讨论了在先前条约谈判中某些农产品被赋予特殊地位的原因，这些谈判概述了"特殊的气候和风土条件"的论点。这样的推理显然没有出现在正式的谈判记录中，但偶尔也会出现在评注中。雅克·奥迪耶（Jacques Audier）得出的结论是，特殊待遇"无疑源于人们认识到，它们的特征、身份和独特性与它们的地理标志密切相关。它们与历史、文化和经济利益的联系使得一般规则很难适用于它们"。❻ 正如谈判小组向贸易谈判委员会提交的进度报告所示，最后的规定是加强葡萄酒保护会获益的国家施加压力的结果，随后又增加了对烈性酒的保护。❼ 在整个过程中，葡萄酒的特殊待遇一直受到反对和质疑。❽ 地理标志的拥趸不得不再次为葡萄酒制定特殊的规则，作为谈判的妥协。因为没有正式官方对于差别待遇的解释，这给我们带来了压力。

关于第23条的范围，其决定性特征是不以任何误导性使用为必要条件，

---

❶ Gervais, TRIPS Agreement, 305; Chandola, "Basmati Rice", 172; H. Ilbert and M. Petit, "Are Geographical Indications a Valid Property Right? Global Trends and Challenges" (2009) 27 *Development Policy Review* 503, 507.

❷ GATT, (MTN. GNG/NG11/W/12/Rev. 1), [53].

❸ GATT, (MTN. GNG/NG11/W/26), Section III. D (3) (f).

❹ 同上。

❺ GATT, "Draft Agreement on Trade Related Aspects of Intellectual Property Rights", 29 March 1990 (MTN. GNG/NG11/W/68), 6-7.

❻ Audier, TRIPS Agreement, 26.

❼ GATT, "Progress of Work in Negotiating Groups: Stock Taking - Market Access", 7 November 1991 (MTN. TNC/W/89/Add. 1), 8-9. See also (MTN. GNG/TRIPS/1), [8].

❽ E. g. GATT, "Meeting of the Negotiating Group of 1 November 1990", 14 November 1990 (MTN. GNG/NG11/27), [4]; GATT, (MTN. GNG/NG11/28), [7]; GATT, "Meeting of the Negotiating Group of 16 and 22 October 1991", 18 November 1991 (MTN. GNG/TRIPS/3), [13].

并且“无须确立混淆或欺骗”。❶ 实际上，它甚至适用于“……不存在不正当竞争的地方”。❷ 因此，尽管在 TRIPS 起草过程中有类似的主张，对防止不正当竞争的坚定承诺也无法解释第 23 条的范围。

> ［欧盟提案］提出了一个狭隘的定义，该定义不包括所有地理标志，而仅包括那些产品特征可归因于其地理来源的标志。这些标志值得特别保护，因为它们反映了生产者长期进行的重要投入、财务和其他方面的结果……针对消费者欺骗的保护不足，商标保护由于注册和使用等正式要求，也不令人满意。但地理标志并不总是广为人知的，所以当将这些标志用于不同来源的产品时，公众不一定上当受骗。但是，此类标志通常在有关圈子中知名度高，特别是对于交易者而言，因此，它们的使用并非偶然。对于来源并非标志所指产地的产品使用这种地理标志始终是一种寄生行为，因此是不正当的，即使没有涉及消费者的欺骗行为。❸

仅当确定相关受众知道地理标志时，该行为才是寄生行为。否则，竞争对手仍然可能无意间使用与受保护的地理标志相类似的标志，陷入第 23 条的范围之中。而缺少的步骤是需要树立声誉（或仅仅是原始地理标志的意识）作为前提条件，然后才意味着消费者在两个标志之间建立联想。在建立了这种联想之后，另一个步骤是证明损害或“搭便车”行为，即使这个过程只有间接证据证明。

要理解这一区别，我们只需看看欧盟的泛欧共同体（CTM）商标注册体系，该体系为我们提供了正在实施的第 23.2 条的例证。❹ 西班牙葡萄种植者申请商标注册 CUVÉE PALOMAR，但被驳回了，在西班牙“el Palomar”是一个地方行政区域的名字，在巴伦西亚（Valencian）次级区域克拉里诺亚（Clariano），

---

❶ 参见 Regione autonoma Friuli – Venezia Giulia and Ors v. Ministero delle Politiche Agricole e Forestali（C – 347/03）［2005］ECR I – 3785（AGO），［86］.

❷ Geuze，“Protection of Geographical Indications under the TRIPS Agreement”，［9］；Wasescha “Recent Developments in the Council for TRIPS”，［12］；Communication from Bulgaria et al.（WTO/IP/C/W/353），［10］.

❸ GATT，“Meeting of the Negotiating Group 30 Oct – 2 Nov 1989”，4 December 1989（MTN. GNG/NG11/16），［53］.

❹ Art. 7（1）（j）of Council Regulation（EC）No. 40/94 of 20 December 1993 on the Community Trade Mark，［1994］OJ L 11，1（now Article 7（1）（j）of the similarly titled Regulation（EC）No. 207/2009［2009］OJ L 78，1））（应驳回“包含或包括地理标志来识别葡萄酒或烈性酒的商标注册……关于该葡萄酒……不具有该来源”）。

根据相关法律，是受注册原产地名称“巴伦西亚”保护的产区。因此，这个商标申请包含了不被允许使用的“字面上错误”的地理标志。申请人基于地名的模糊性提出反对（还提了其他反对意见），欧盟普通法院回应，“公众或相关行业的人不知道这个从注册原产地名称中受益的名字，或者这个名字有很多可以调整其在地理上指示性质的含义，这与申请被驳回的绝对理由无关”。❶在《1994 年欧盟 – 澳大利亚葡萄酒协议》的背景下，可以进一步梳理与这种绝对保护级别有关的矛盾。据估计，除了将在一段时间内逐步淘汰的 25 种通用葡萄酒名称外，澳大利亚还保留了数千种欧盟葡萄酒名称。❷ 该条约导致了对《1980 年澳大利亚葡萄酒和白兰地公司法》的修改。根据第 40D 条（2）（b），如果“葡萄酒名称包含已注册的地理标志，而该葡萄酒并非源自该地理标志注册有关的国家、地区或地点”，则该描述将被视为虚假陈述。❸ 在普罗旺斯一案中，被告出售了塔斯马尼亚州产的葡萄酒，标签上写着“普罗旺斯”（La Provence），法国香槟酒业协会（CIVC）对此表示反对。虽然“普罗旺斯”（Provence）和“普罗旺斯丘”（Côtes de Provence）是根据《葡萄酒协议》注册的名称，但没有证据证明被告在诉讼开始时对此有实际了解。即证据表明了被告没有恶意或“搭便车”的意图。❹ 原告声称，“普罗旺斯”（La Provence）是在《1980 年澳大利亚葡萄酒和白兰地公司法》第 40 条第 e 项下的误导性描述，及第 40 条第 c 项下的虚假描述。法院发现，“普罗旺斯”（La Provence）不太可能被误认为是注册名称“普罗旺斯丘”（Côtes de Provence），这不是误导使用。然而，法院认为，根据法律规定，这是字面上的虚假使用，不管它对消费者的影响如何。在这个案件的事实中，没有任何故意“搭便车”的证据，而且还发现了一个事实——误导性使用的可能性不大。在这些情况下，虚假就意味着字面上的虚假——如果一个名称是地图上的一个地方，而被告的酒不是来自那个地方，调查就到此为止。这很可能适用于几百个相对不为人知的欧洲注册名称中的任何一个。

这种方法的难点在于，文字（单词）被视为稳定的对象，这一点在澳大

---

❶ *Abadía Retuerta, SA v. OHIM*（T – 237/08）11 May 2010（GC），［131］（Unreported）.

❷ S. Stern，“Case Comment：First Test Case of the EC Australia Wine Treaty”（1997）EIPR 668.

❸ *Comité Interprofessionneldes Vinsde Côtesde Provenceand INAO v. Bryceand Another*（1996）69 FCR 450（Heerey J）.

❹ 同上，452［被告的葡萄园由普罗旺斯第五代酿酒师的儿子（Jean Miguet）于 1956 年建立……它是塔斯马尼亚州最古老的葡萄园。M Miguet 于 1975 年返回法国。在 1980 年被被告收购之前，该葡萄园还有许多其他所有者。年产量为 350 ~ 400 箱，其中 90% 以上在塔斯马尼亚州出售］。

利亚商标注册处对于“Feet First”的决定中得到了明显体现。[1] 当受保护的名称也具有日常的英语含义时会怎样呢？例如“柳条”（Wicker），第一（First），医生（Doctor），沙（Sand），狼（Wolf），号角（Horn）和块状（Lump）。在这里，申请人已经申请了“Feet First”作为葡萄酒商标，却发现 First 是德国单一葡萄园（Einzellagen）葡萄种植区的一个次区域，并列在受保护名称注册簿中。注册处最终采用了结合上下文的方法来确定普通英语用法在这里是否被错误投射或联系到地理来源。因此，申请人似乎是被允许使用，因为对这个名称的主要印象是口语或日常英语的用法，而不是地理上的用法。欧盟共同体商标注册局的上诉委员会的裁决试图调和绝对保护与根据背景产生的意义以及确立在先权利，在该裁决中，已注册的地理标志的存在是驳回商标申请的基础。[2] 在这种情况下，决策者将重点转向查究被告使用的标志的含义，这对绝对保护的可行性提出疑问。

由于根据第 23 条，举证责任不再由权利人承担，这就体现了重大的证据优势，使权利更容易得到行使。[3] 早年《巴黎公约》初期就规定严格防止任何在地理来源标志上的文字虚假使用，这个终极目标似乎在葡萄酒和烈性酒上（正式）实现。除第 23 条和第 24 条的例外情况外，不需要证明任何错误，例如误导、淡化或不恰当使用。产品也不强制必须在发生争议的司法管辖区享有声誉或知名度。它还禁止“型”或“类”的使用、翻译以及与非本土化的辅助词一起使用。无须证明错误的做法可能导致了其被描述为“绝对的”。

值得重申的是，第 23 条甚至超出了全国性反不正当竞争制度，这种制度需要一个门槛条件，例如在公众心目中的声誉，或者在索赔人和被告的标志之间建立联系。在这里，两个标志表面上的相似性或形态上的一致性，加上它们在类似的产品上的使用，这似乎触发了禁令，但也会引起 *First Feet* 案里看到的问题。根据第 23.2 条的规定，类似的标准也适用于已申请或已经注册了的商标，只要这商标字面上含有虚假的地理标志。这一规定已被纳入国家商标

---

[1] Ross & Veronica Lawrence［2005］ATMO 69（21 November 2005）.

[2] 例如，Reh Kendermann GmbH Weinkellerei（R 822/2010 - 2）OHIM 2nd BoA，27 September 2010（Unreported）（正在申请的商标 VAL DUNA，与匈牙利地理标志（1）Duna Borrégio'，（2）Duna melléki，（3）Duna - Tisza közi，没有足够的相似性）；Ivivi Pty Ltd（R 130/2009 - 2）OHIM 2nd BoA，9 June 2009（Unreported）（考虑到在更著名的巴罗萨地区内，一个鲜为人知的澳大利亚次区域可以在多大程度上阻止商标注册）。

[3] Proposal from Bulgaria et al.，“Work on Issues Relevant to the Protection of Geographical Indications”，17 May 2001（IP/C/W/247/Rev. 1），［5］（地理标志的原告不承担举证责任。根据第 23 条，不在该地理区域内生产的竞争者不得使用相应的名称，［特殊情况除外］，他们不得使用包含或包括地理标志的商标来识别葡萄酒或烈性酒）。

法，是目前驳回商标申请的依据。❶ 欧洲内部市场协调局上诉委员会（OHIM Board of Appeals）已经在相关案件中使用了一种比较方法，即将申请的标志与欧盟受保护质量及佐餐葡萄酒和烈性酒名录进行比较。❷ 这里，商标申请只会在申请葡萄酒或烈性酒商标时被驳回；而其他区域协议不同，即使对不同商品申请商标也可能被驳回或撤销。❸

这对本来就宽泛的范围引入了未被充分认识的限制。第 23 条似乎仅适用于类似或相同的商品，其中标志用于并非源自所涉地方的葡萄酒或烈性酒。在早期的乌拉圭回合提案、里斯本第2081/92 号条例中，都没有出现“僭用”或“唤醒”这样的宽泛语言。这意味着在不同产品上的不当使用或常见的淡化使用不受第 23 条的限制。❹ 这两个级别的概述为考虑是否应该对所有产品适用第 23 条的保护级别奠定了基础，我们将在第六章进行讨论。

6 通用的状态

根据 TRIPS 的地理标志规定，通用名称可能不受保护。TRIPS 第 24.6 条规定，“在该成员方领土内，以习惯用语作为该商品或服务的通用名称”无义务加以保护。这进一步证明了符号传播方法在很大程度上维护了国际地理标志的保护，表明这些标志是根据它们实际传达的信息来保护的。然而，在解释该规则时，几乎没有其他的指导方法。TRIPS 理事会的一名代表观察到，“由于没有关于如何作出这种决定的规则，因此有关当局很难处理地理标志和通用名称之间的权利冲突”。❺本节将简要地讨论历史背景下的通用用法。然后，它将为丰富第 24.6 条中的概述提供各种选择，而在文献中很少有这方面的研究。

---

❶ 参见，如，In re Bacardi & Co Ltd 48 USPQ 2d 1031（TTAB 1997），Fn 6（[因 TRIPS 而对美国商标法作出的] 修正案增加了一项绝对禁止注册，不能对含有地理标志的却并非产自该地理区域的葡萄酒和烈性酒的商标进行注册）。

❷ 参见，如，*René Barbier SA v. OHIM*（R1220/2000 - 2）2nd BoA，11 December 2002（“DUQUE DE VILLENA”）；*Amrut Distilleries Ltd v. OHIM*（R 635/2005 - 1）1st BoA，26 September 2005（“OLD PORT”）（申请人在此修改了商品，以将酒类从所申请的酒精饮料中排除，同时成功辩称，在这种情况下，所申请的标志包括船形标志，表明了“Port”的不同含义）。

❸ 参见，如，the “Saint Emilion” decision where the French wine appellation was applied for with regard to apparel before the Colombian registry and successfully opposed on the basis of the Andean Community Agreement. Editor's Note，“The Tenth Annual International Review of Trade Mark Jurisprudence”（2003）93 TMR 505，567.

❹ Noted by J. Hughes，“Champagne，Feta，and Bourbon - The Spirited Debate about Geographical Indications”（2006）58 *Hastings Law Journal* 299，318 - 19.

❺ TRIPS Council，（IP/C/M/37/Add. 1），[139].

起初，无保护状态的理论根据似乎很简单。地理标志是指示产品的特定地理来源和与该来源相关的信息的标志。在符号传播范式下，法律保护取决于其实现这一功能的能力。不论来源如何，命名一种产品大种类的既定做法显然会使此功能失效。

> 产品名称成为通用名称是客观过程的结果，最后，这个名称虽然指的是最初生产或销售该产品的地理位置，但已成为该产品的通用名称。该产品……［通用化的状态］是这种客观的通俗化过程或打破名称与地区之间联系的结果。❶

因此，通用名称“构成一般文化和美食种类的一部分，原则上任何生产者都可以使用”。❷ 然而，决定在一种情况下作为地理标志的特定名称在另一种情况下是否已成为通用名称的过程充满争议。❸ 它牵涉到原产国地理标志产品生产商、使用通用名称的竞争对手，以及在市场上依靠这些标识作为引导的消费者的利益。

欧洲法院确认菲达（Feta）在欧盟中并非通用名称后，便显示出这种利益冲突。❹ 丹麦、德国和法国的生产者通常使用这个词来表示一种浸在盐水中的白色奶酪。经过一段过渡期后，只有希腊在指定地区里按照指定的生产方法生产的生产者才有权使用“菲达”这个名称。可以理解的是，这并不符合所有人的利益，丹麦奶制品委员会主席汉斯·本德（Hans Bender）将这一决定形容为“法律废话”以及“对欧盟的非希腊菲达奶酪生产者来说是一个重大挫折”。❺ 英国一家“约克郡奶酪”生产者警告称，因为仅靠希腊一国无法满足

---

❶ *Alberto Severi v. Regione Emilia – Romagna*（C – 446/07）［2009］ECR I – 8041；［2009］ETMR 64，［50］–［51］（ECJ）.

❷ *Canadane Cheese Trading v. Hellenic Republic*（C – 317/95）［1997］ECR I – 4681，［28］（AG Colomer）.

❸ G. E. Evans and M. Blakeney，“The International Protection of Geographical Indications Yesterday Today And Tomorrow”，in G. Westkamp（ed.），*Emerging Issues In Intellectual Property*：*Trade*，*Technology and Market Freedom – Essays in Honour of Herchel Smith*（Edward Elgar，Cheltenham 2007），250，283（如今，在要求加强国际保护的谈判中，通用名称的问题可能会引起极大不适）；TRIPS Council，“Communication from Bangladesh et al.”，2 October 2001（IP/C/W/308/Rev. 1），［18］（“主张扩大［地理标志保护］的关键原因之一是希望阻止更多地理标志成为通用化标志”）。

❹ *Federal Republic of Germany and Kingdom of Denmark v. Commission of the European Communities*（Joined Cases C – 465/02 and C – 466/02）. 一般地，见 D. Gangjee，“Say Cheese：A Sharper Image of Generic Use through the Lens of Feta”［2007］EIPR 172.

❺ “The EU Feta Debate Concludes” Managing Intellectual Property – Weekly News（31 October 2005）.

全球需求，价格可能被迫上涨。❶ 有关重新包装成本的争论经常在这种情况下发生，因为第三方被剥夺了他们认为属于公共领域术语的使用权利。❷ 与此形成鲜明对比的是希腊农业部长辩护式的答复，他认为这种排他性使用是来之不易的，是随着时间的流逝而发展起来的并且“植根于希腊文化传统中”。❸因此，尽管确定通用状态是一种直接的、以事实为依据的法律判断准则，但在实践中，利益冲突的漩涡使得这种情况很罕见。

一个多世纪以来，这种决定伴随着人为重新组装语义以使一方或另一方受益的指控。以下四个案例有助于揭示一些潜在的问题。第一个，在 19 世纪英国的商品标志制度下，使用虚假商品描述（包括原产地描述）会受到处罚。当面对这项指控时，被告可提出辩护称这个词是通用的。随后，哈瓦那（Havana）（或其变种）在雪茄和烟草的地位受到那些希望这个名称通用化的人的质疑，尽管市场上这种雪茄存在价格差异。❹ 这表明第三方作出了通用化辩护的战术部署，他们企图利用产品有吸引力的声誉。第二个冲突点比较隐蔽。在欧洲，有证据表明通用状态存在相当大的分歧。❺ 作为最初执行第 2081/92 号条例的一部分，欧洲委员会必须起草一份指示性的和不穷尽的通用名称清单，由理事会决定加以确认。欧盟委员会的提议一开始就指出，“通用名称是一个敏感问题，总是会引起强烈反应”。❻ 事实证明，情况跟刚开始预设的一样，所列的六种奶酪名称［布里（Brie）、卡芒贝尔（Camembert）、车

❶ “Yorkshire Feta? Hard Cheese Says European Court” The Telegraph (26 October 2005), available at www. telegraph. co. uk. 由于非欧盟国家的生产商仍可以通用化地自由使用这个名称，因此这种担忧可能会被夸大。

❷ 参见 the statement of Michael Pellegrino, Vice – President, Kraft Cheese Division in Hearings before the Committee on Agriculture, House of Representatives on the Status of the World Trade Organization Negotiations on Agriculture, (108 – 5) 108th Congress (2003), 325 – 6 ［讨论卡夫在欧盟必须避免在非意大利奶酪上使用“帕马森”（Parmesan）］。

❸ “Greece Hails ‘Historic’ EU Ruling on its Staple Feta Cheese” EUBusiness – Food and Drink (25 October2005), available at www. eubusiness. com/.

❹ Special report from the Select Committee on Merchandise Marks Act (1862) Amendment Bill (1887), 203, [2781] – [2782], [2795] – [2797], [2832] – [2835]; F. G. Underhay, *Kerly's Law of Merchandise Marks*, 3rd edn (Sweet & Maxwell, London 1909), 29 – 30.

❺ 除了上面考虑的非达奶酪案，最近的诉讼案件包括 *Commission of the European Communities v. Federal Republic of Germany* (C – 132/05) [2008] ECR – I 957; [2008] ETMR 32 ［帕马森（Parmesan）已成为硬奶酪的通用名称］; *Bavaria NV, Bavaria Italia Srl v. Bayerischer Brauerbund eV* (C – 343/07) [2009] ECR I – 5491; [2009] ETMR 61 ［巴伐利亚（Bavaria）啤酒酿造过程的通用名称］。

❻ Proposal for a Council Decision to Establish an Indicative, Non – Exhaustive List of Names of Agricultural Products and Foodstuffs Considered Generic Names, as Referred to in Art. 3 Para. 3 of Council Regulation (EEC) No. 2081/92, COM (96) 38 final [4].

达（Cheddar）、艾丹姆（Edam）、艾曼塔尔（Emmentaler）、豪达（Gouda）］是难以理解的。理事会没有达到必要的多数同意，清单也被抛弃。一个相关的争议点涉及第2081/92号条例的第13条（3），该条规定受保护的名称“不得成为通用名称”。这是针对名称不受地域性权利的局限而被淡化的无助作出的回应。❶ 经济和社会委员会认为，这种强有力的保护是必要的，因为“不能仅仅因为没有得到适当保护，就让那些生产者精心照料和辛勤工作而建立的有声望的名称成为通用名称”。❷ 但消费者保护委员会（Committee for Consumer Protection）认为这是“思想警察试图通过立法控制语言演变的法令”。❸ 原产国生产者的利益似乎再一次与消费者和竞争者的利益发生冲突。对于地理标志的支持者来说，认可相关产品利益是很重要的，但事实证明法律难以规定标志的含义。第三个，国际食品法典委员会（Codex Alimentarius Commission）最近发起了有趣的开局谈判。该委员会旨在制定国际公认的食品生产标准。❹ 一项关于建立帕马森奶酪国际通用标准的提案遭到了意大利和欧盟的强烈抵制。这一问题已被无限期推迟，但这样的标准将大大削弱意大利帕马森雷加诺奶酪（Parmigiano Reggiano）作为欧盟法律规定下的欧盟PDO的价值。❺ 它强调了这种决定的政治经济层面，同时也强调了就指定名称的状态达成多边共识的困难。这可以描述为将通用状态国际化的尝试。第四个，最受嘲讽的收回尝试之一是关于所谓的欧盟“收回”（claw back）清单，这份名单包括41个在很多WTO成员国中以通用名称存在的名称，该清单是在WTO谈判的背景下起草的。欧盟正在寻求就这些名称/术语重新确立受国际保护的地理标志的地位，其中包括洛克福奶酪（Roquefort）、帕尔玛火腿（Parma）、里奥哈葡萄酒（Rioja）和菲

---

❶ This is a recurring theme in the literature；参见 WIPO，“The Need for a New Treaty and its Possible Contents”，［8］－［9］；J. Armistead，“Whose Cheese Is It Anyway? Correctly Slicing the European Regulation Concerning Protections for Geographic Indications”（2000）10 *Transnational Law & Contemporary Problems* 303，319（一个名称的通用化通常是一个国家由于缺乏有效的国际条约而无法执行地理标志保护的结果）。

❷ Opinion on the proposal for a Council Regulation（EEC）on the protection of geographical indications and designations of origin for agricultural products and foodstuffs［1991］OJ C 269，62，［1.7］.

❸ Ken Collins（Chairman），Opinion of the Committee on the Environment，Public Health and Consumer Protection annexed to the Report of the Committee on Agriculture，Fisheries and Rural Development on the Commission Proposals for Council Regulations（SEC（90）2415 final）and（SEC（90）2414）（30 October1991；Session Document A3－0283/91），28，29.

❹ Codex Alimentarius Commission，Report Of The Twenty－Seventh Session（Geneva，28 June－3 July 2004），Appendix X；Codex Alimentarius Commission，Report Of The Twenty－Eighth Session（Rome，4－9 July 2005），［167］－［176］.

❺ Dossier No. IT/PDO/0117/0016；Registered 06/09/2003.

达奶酪（*Feta*）。[1] 在这里，标志再次被视为可能在国际谈判中交换的静态物体。这可以描述为受保护的地理标志地位的国际化尝试。

此类争端具有以下共同点：国家保护的领土限制（或在某些情况下，在初始阶段本国不存在正式承认）；术语在跨越边境和市场时的易变性；面对这种情况，本国生产者的相对无助，以及通用名称通常是竞争对手的合法的主张。此外，给人的印象是过去的商标和反不正当竞争原理之间出现了二分法，即标志要么是特定贸易来源的特征，要么是描述性/通用性的，并且对所有人开放，这对地理标志是不利的。[2] 在国际范围内，这导致法律保护的“岛屿”散布在通用名称的“开放水域”之间。几十年来，人们经常用皮尔森啤酒的两个名称（Pilsner 或 Pilsen）的变体来说明这个问题。[3] 地理标志支持者就几个常见的问题对名称通用化的做法做出了回应：（1）僭用或者不当挪用——如果一个名称没有声誉，为什么外面的人要复制该名称；（2）对合法生产者的损害——这种使用导致名称意义的淡化以及其区分性的削弱；（3）以不真实的形式对消费者造成伤害——确定的风土条件假定了生产出不可仿制的产品，仿制相似物的销售者用“真品”错误地描述了它们的可替代性。[4] 抗辩通常出现在有争议的葡萄酒名称的背景下。

> 一个国家使用的地理来源标志开始在其他国家使用，不是因为这些标志在世界范围内广为人知并且其他使用者寻求“搭便车”，而是因为这个国家的公民移民到另一个国家并在本国使用过的相同产品上使用了相同的术语。大部分移民是由于 17 世纪至 20 世纪中期的政治、经济和其他原因

---

[1] EC Press Release, “WTO talks: EU Steps up Bid for Better Protection for Regional Quality Products” 28 August 2003 (IP/03/1178) available at europa. eu/press_room/index_en. htm. 关于各种批评，参见 M. Handler, “The EU's Geographical Indications Agenda and its Potential Impact on Australia” (2004) 15 *Australian Intellectual Property Journal* 173; Goebel, “The Road from Doha”, 991 -4.

[2] 这与这种判决的政治经济方面有关。W. Notz, “New Phases of Unfair Competition and Measures for Its Suppression National and International” (1920 -1) 30 *Yale Law Journal* 384, 392（战前，在大多数国家的法院判决有一个明显的趋势，即把原先被认为是独特和特殊的各种名称看作是通用名称或传统名称。许多地区名称、产地名称、优质标记，如波特、马德拉、皮尔森、卡门贝尔、索林根、谢菲尔德等，很少或几乎没有受到法院的保护）。

[3] Ladas, International Protection of Industrial Property, 1587, 1589; AIPPI Working Committee, Resolution on Question Q191, 2.

[4] 参见，如，WIPO, (TAO/I/8), [30]; S. Stern, “The Conflict between Geographical Indications and Trade Marks or Australia Once Again Heads Off Down the Garden Path”, Annual Conference of the IP Society of Australia and New Zealand (September 2004), 12; R. Benson, “Towards a New Treaty for the Protection of Geographical Indications” [1978] *Industrial Property* 127, 129（今天的通用名称是过去消费诈骗的化石）。

而导致的，许多情况下，在宣称有名称使用权的成员方的领土内尚未确立原产地名称保护，这个名称就已在别国存在。❶

因此，通常在经济移民或殖民主义的背景下，技术到哪里术语跟随到哪里的过程被认为是这种使用的长期且合法的依据。人们通常用他们离开的地方的名称给产品命名，而通用名称表明葡萄酒以及奶酪的质量大致相当，这为消费者提供了有用的信息。❷ 在文献中，这些相反的观点在被挑衅性地称为“过去罪恶的合法化”的争辩中针锋相对。❸ 地理标志支持者关注一般使用情况下的不当复制，而批评者则关注于受众对标志的认知并没有被损害。因此，游说保留通用用法“必须被视为是一种谈判立场，而不是犯罪，也不是罪过”。❹ 然而，虽然已确定的葡萄酒地理标志的通用化使用吸引了大部分的关注，但相对较新的或刚出现的地理标志也很脆弱。大吉岭茶❺和神户牛肉❻都受到名称通用化的威胁。发展中国家的地理标志也仍然很脆弱，因为经常遇到将通用名称作为抗辩理由以寻求行使地理标志的权利的情况。陷进纠纷会增加相当大的费

---

❶ Communication from Australia et al. , “Implications of Article 23 Extension”, 26 July 2002 (IP/C/W/360), [7].

❷ A. Stern, “The Protection of Geographical Indications in South Africa”, September 1999 (WIPO/GEO/CPT/99/3a), 2; Mekis, “Position of Chile's Vineyards”, 6; B. G. Drinkwater, “Protection and Use of Geographical Indications in Australia”, November 2003 (WIPO/GEO/DEL/03/4), 2; Kazmi, “Does It Make a Difference Where That Chablis Comes From?”, 471; Lindquist, “Champagne or Champagne?”, 313; T. Unwin, *Wine and the Vine: An Historical Geography of Viticulture and the Wine Trade* (Routledge, London 1991), 300 – 12.

❸ 概要地，参见 J. M. Cortes Martin, “The WTO TRIPS Agreement – The Battle between the Old and the New World over the Protection of Geographical Indications” (2004) 7 JWIP 287, 290, Fn13.

❹ N. Dawson, “Locating Geographical Indications: Perspectives from English Law” (2000) 90 TMR 590, 590.

❺ *Tea Board of India v. The Republic of Tea* (2006) 80 USPQ2d 1881 (TTAB) [一名“大吉岭新茶”(Darjeeling Nouveau) 的申请人辩称，印度茶叶委员会注册的“大吉岭”证明商标在美国变成通用名称了，是无效的，但申请人失败了]。对于在美国更多通用化异议成功的例子，参见 *French Republic v. Saratoga Vichy Co* 191 US 427 (1903) (Vichy spring water); *In re Cooperativa Produttori Latte e Fontina Valle D' Acosta* 230 USPQ 131 (TTAB 1986) (Fontina cheese); *Schweizerische Kaeseunion Bern v. Saul Starck Inc* 293 NYS 816 (1937) (Swiss cheese); *Institut Nat' l Des Appellations D'Origine v. Vinters Int' l Co.* 958 F2d 1574 (Fed Cir 1992) (Chablis for wine).

❻ D. Gangjee, Protecting Geographical Indications as Trade Marks: Prospects and Pitfalls (Report for the Institute of Intellectual Property, Tokyo 2006), available at www. lse. ac. uk/collections/law/staff/dev – gangjee. htm#reports.

用支出和诉讼的不确定性。[1] 在一个由互联网促成的符号生态系统中，语义内容比以往任何时候都更容易改变，因此值得更仔细地研究正式规则的具体设置、可采用的证据类别以及在特定情况下对判决依据产生影响的法律假设。未来关于通用化状态的争议应如何解决？

为了展示第 24.6 条的解释空间很大，因此有必要阐明一些迄今为止仍然被忽略的重要选择。第一，我们从谁的角度评估名称通用化状态？TRIPS 规定，原地理标志必须已经成为“通用语言中的习惯术语，作为此类商品的通用名称”。这是否包括销售链上的消费者和行业内的通行用法？消费者群体和行业内部是否应享有同等的权重？在回答这些问题时，菲达（Feta）案的判决考虑了“相关公众”是否理解这个词语通常用于描述盐水中的一种白色奶酪。确定判断准则适用的合适群体是一个重要的初步阶段，在注册过程中向欧盟委员会提供咨询建议的科学委员会[2]认为，由于该产品是奶酪，相关公众应该包括消费者以及餐馆等商业购买者。在这里，所有欧盟成员方的公众都是目标受众。[3] 当涉及行业共识时，商业主体可能在使用术语时更加谨慎。这必须与此处实行的内在激励措施相平衡——外部贸易商通常会从通用名称中获得商业利益。[4] 其他建议也提到了公众（通常是相关产品的消费者）和专家的认知。[5]

第二，通用化状态的转折点是什么？换句话说，确定何时达到此状态的基准是什么？在美国，这个判断标准是在注册商标法的背景下发展起来的，对大多数消费者而言，标志的“主要意义”是描述一个种类或门类的产品。[6] 这一多数派的做法与菲达的做法形成对比，在菲达案中，名称“只有在相关区域内大部分相关公众没将该标志视为地理标志时”才能达到通用的状态。[7] 这是

---

[1] D. Rangnekar, “The International Protection of Geographical Indications: The Asian Experience” (UNCTAD/ICTSD Regional Dialogue, Hong Kong SAR, November 2004), 20（概述了印度茶叶委员会应对此类异议的费用）。

[2] 成立了一个专家委员会，以协助欧盟委员会处理与地理标志注册有关的所有技术事务，包括确定通用状态。参见 Commission Decision of 21 December 1992 Setting Up a Scientific Committee for Designations of Origin, Geographical Indications and Certificates of Specific Character (93/53/EEC) [1993] OJ L13/16.

[3] Recital 23 of Commission Regulation (EC) No. 1829/2002 of 14 October 2002 Amending the Annex to Regulation (EC) No. 1107/96 with regard to the Name Feta [2002] OJ L277/10.

[4] 在欧洲商标法中被考虑的问题。参见 Björnekulla Fruktindustrier AB v. Procordia Food AB (C-371/02) [2004] ECR I-5791; [2004] ETMR 69, [AG82]-[AG83] (AG Léger).

[5] WIPO, Draft Model Law for Developing Countries (TAO/I/INF. 1) 30.

[6] Lanham Act § 14 (3), 15 USCA § 1064 (3). 也可参见 J. T. McCarthy, McCarthy on Trademarks and Unfair Competition, 4th edn (Thomson West, February 2011 update), § 12: 6.

[7] Recital 23 of Commission Regulation (EC) No 1829/2002.

一个很高的门槛，类似于德国法律[1]，旨在防止成为通用名称。那些继续将标志视为地理标志的人似乎比那些没有将标志视为地理标志的人更优先。这种标准再次出现在关于“巴伐利亚”（Bavaria）是否已经成为一种通过底部发酵生产的啤酒的通用名称的争论中。欧洲法院认为，由于受保护的地理标志的目的是：

> 防止第三方不当使用一个名称，以从该名称已获得的声誉中获利，并防止名称由于普遍使用而使其声誉因普及而消失……只有该产品的地理来源与能归因于来源的产品的特定质量、声誉或该产品的其他特性之间的直接联系已经消失，并且该名称已经不能再描述产品的风格或类型，该名字才会变成通用的。[2]（着重点为作者所加）

第三，如何认识法律涉及的对象？因为探究是基于消费者的理解，所以第一步是确定消费者的特征。路易斯·洛维莱克（Louis Lorvellec）挑衅地问这个典型的消费者是谁：“但是，法律是否应该从最无知的深井中寻找教育程度最低的消费者，以确定一个标志是否值得保护？”[3] 与此同时，菲利普·兹尔伯格（Philippe Zylberg）指出，葡萄酒行业的消费者对酒的了解程度越来越高，表明他们越来越有可能熟悉葡萄酒的特定来源。[4] 相比之下，在支持地理标志保护的制度里，有时消费者的理解似乎通过从产品标签中得出的推论，主动形成了非通用状态的扭曲认识。从该规章的第 20 条明显可以看出这一点，该规章在 2002 年重新认可了菲达（Feta）。[5] 当估测菲达名称在整个欧盟国家传播的信息时，欧盟委员会认为，由于非希腊奶酪标签（即在所谓的产品通用名称上）涉及希腊的形象和图像，这持续表明了该产品的希腊来源。这可能有点矫枉过正了。毕竟，写着“中餐馆”的招牌和写着“中国制造”的标签是有区别的。前者仅仅是一种基于历史起源在全世界的引申用法，而后者则更明确地表达了产品现在的来源。欧盟委员会和随后的欧洲法院似乎已经模糊了两者之间的区别。显然，我们需要做出选择。

---

[1] H. Harte - Bavendamm, “Ende der geographischen Herkunftsbezeichnungen? ‘Brüsseler Spitzen’ gegen den ergänzenden nationalen Rechtsschutz” [1996] GRUR 717, 718.

[2] *Bavaria NV*, *Bavaria Italia Srl v. Bayerischer Brauerbund eV* (C - 343/07) [2009] ETMR 61 (ECJ), [106] - [107].

[3] Lorvellec, “You've Got to Fight for Your Right to Party”, 72.

[4] Zylberg, “The Lisbon Agreement”, 62.

[5] Commission Regulation (EC) No. 1829/2002.

消费者对术语的使用和他们对术语的理解还有另一个区别。我们可以在多大程度上从前者推断后者？在美国商标法的背景下，评论者注意到，在商业环境下，消费者对标识的日常使用和理解可能存在差异。❶ 使用情况可能是消费者理解标志方式的一个重要指标，但它并不完全与他们对标志的理解重叠。❷在这里，有一种分析集中研究了对商标用语作为普通描述词在非商业日常语境中的使用。❸ 现行的商标法（有可能是地理标志法）的问题是它鼓励监管竞争对手的不规范使用，还有非竞争对手在表达或提供信息的环境下使用（比如报纸和词典）会被视为标志消亡的证据。这种做法带来了严重的问题，因为它要求（或至少鼓励）商标持有人采取昂贵的，甚至是有害的（如果不是不切实际的话）策略（从信函活动到诉讼），试图控制社会使用语言的方式。❹

有一个美国判决体现了这个问题，该判决涉及科学界和公共利益团体使用"星球大战"来表达对美国太空轨道武器的战略防御计划的担忧。法院认为，"政治宣传、报纸或非商业性、非贸易引用《星球大战》不会损害［卢卡斯电影公司］与商品和服务有关的排他财产权"。❺ 提出的解决方案是将此类非贸易用途与通用化分析区分开，从而减轻权利人触发诉讼的压力。与使用、理解之间的区分有关的是混合使用或双重使用的可能性，在这种情况下，通用化或起源特定的重要性随情况而变。正如法院在英国雪利酒案中所承认的那样，首先，即使是那些了解葡萄酒以及如果在酒吧里点一杯干雪利酒、期望这杯雪利要产自西班牙的人，在其他情况下也可能会使用"雪利酒"以及包括"雪利酒型"葡萄酒。❻ 任何通用化的决定在多大程度上会包含这种混杂因素？最后，决策过程是否还会考虑通用化是动态的过程并且是可逆的，因而通用名称可以重新获得地理标志的意义？❼

第四，确定通用状态时，哪一方承担举证责任？显然，这取决于争议的性质和地理标志状态。它是待决的申请还是因为丧失显著性而引发进入无效争议程

---

❶ 参见，如，J. B. Swann，"The Validity of Dual Functioning Trade Marks：Genericism Tested by Consumer Understanding Rather than by Consumer Use"（1979）69 TMR 357；R. H. Folsom and L. R. Teply，"Trade Marked Generic Words"（1980）89 *Yale Law Journal* 1323.

❷ I. Simonson，"An Empirical Investigation of the Meaning and Measurement of 'Genericness'"（1994）84 TMR 199.

❸ 参见，如，D. R. Desai and S. L. Rierson，"Confronting the Genericism Conundrum"（2007）28 *Cardozo Law Review* 1789.

❹ 同上，1791.

❺ *Lucasfilm Ltd v. High Frontier* 227 USPQ 967，969（DDC 1985）.

❻ *Vine Products Ltd v. Mackenzie & Co Ltd*（No. 3）［1967］FSR 402，423（Ch D）.

❼ 一个被认可的可能性，参见 *Bavaria NV*，*Bavaria Italia Srl v. Bayerischer Brauerbund eV*（C－343/07）［2009］ECR I－5491；［2009］ETMR 61，［AG117］（AG Maza'k）.

序？分配举证责任是至关重要的考虑因素，因为大部分费用与收集证据以建立或反驳通用状态有关。欧洲法院在最近的一次争端中认为，德国一方辩称帕马森奶酪（Parmesan）是通用名称，但没有提交足够的证据来完成这一举证责任。❶

第五个也是最后一个问题涉及决策者在决定这一状态时所参考的事实或证据类别。对这一问题的有限分析提出以下类别：（1）日常语言使用的证据（词典、新闻报道等）；（2）消费者调查；（3）行业意见调查；（4）专家意见；（5）该名称在法律上的地位（如海关或国内消费税类别）；（6）权利人作为或者不作为。❷ 在这些类别中，有更多的评估工作要完成。例如，我们怎样理解那些假定某些术语是通用化的立法呢？这里适合提及美国的一个方法，该方法通过行政法规将某些类别的葡萄酒地理标志认定为半通用化。❸ 奥迪亚（Audier）表达了他深层的担忧："如果'通用'状态是源于政府或行政决定，而该决定无法反映语言的使用情况，那么通用名称将仅仅是谈判的筹码。"❹ 欧洲法院在菲达（Feta）案中考虑了这个问题，简而言之是根据立法的性质，这可能没有太多的证据力。❺

与关税相关的立法将受到明显的官僚利益的影响，食品安全法规也是如此。这些法规的目的既不是直接探究，也不是反映消费者的共识，并且在这些纠纷中不应起决定性作用。对未解决的次要问题的审查表明，第 24.6 条的一般原则可以通过多种方式执行。尽管表面上致力于符号传播范式和发现市场意义，但这些选择表明，符号传播范式本身可能有足够的余地或将符号与通用状态隔绝或将其推向通用化的状态。它还强调了其中一些选择的建构性特点，这些选择可能会在声称衡量消费者共识的同时创造或构建消费者共识。

7　地理标志与商标之间的关系

地理标志可能受商标和专门地理标志制度的重叠保护，这种重叠表现在两个方面：（1）地理标志作为证明或集体商标，在注册商标体系得到承认和保

---

❶ *Commission of the European Communities v. Federal Republic of Germany*（C－132/05）［2008］ECR I－957；［2008］ETMR 32 at［52］－［57］（ECJ CFI）.

❷ 参见 Gangjee，"Say Cheese"；J. Audier，"Generic and Semi－Generic Denominations：Determination Criteria and Methods to Reduce their Effects"（2000）22 AIDV Bulletin 29.

❸ 同上。

❹ Audier，TRIPS Agreement，39，Fn 40.

❺ *Federal Republic of Germany and Kingdom of Denmark v. Commission of the European Communities*（C－465/02 and C－466/02），［88］，［91］－［92］（ECJ）.

护；（2）由于地理标志使用者和商标所有人在同一管辖范围内对同一标志提出竞争性主张而引发冲突。第一种重叠类型将在第六章第4节讨论。关于第二点，有人建议应适用优先原则和排他性原则。例如，如果前一个标志和后一个类似的标志之间可能存在混淆，前一个标志的权利持有人可以反对后一个标志，后者必须让步。[1] 在那些认为商标和地理标志在功能上相同的司法管辖区中，一项基于在先权优先的统一规则被认为"仅是公平问题"。[2] 该规则的形式公正性取决于这两种标志之间功能完全对等的假设。鉴于地理标志集体使用者在面对之前已注册的商标时根深蒂固的劣势，这是值得重新考虑的。在此，笔者试图证明：（1）"先到先得"（FITFIR）作为解决此类商标与地理标志冲突的主要规则，已经聚集了相当多的动力；（2）关于帕尔玛（Parma）火腿的两个案例研究说明了这种方法的不公平性；（3）目前的判决原理的状态更加丰富和更具有适应性，允许在适当情况下共存以作为替代解决方案。[3]

还有一种看法认为，在商标制度下，对所有申请人来说，属地原则与形式上的平等并不利于区域集体使用者。让他们遵循商标法的游戏规则，这种游戏规则是代价很大且不切实际的。如果地理符号能够被认可注册为商标，是因为他们具有符号上非描述的任意性（例如阿拉斯加菠萝），或者申请人向相关市场宣传，将原本是地理描述性标记（无效的保护对象）视为具有指示商业来源的标记（有效的保护对象）。[4] 咖啡连锁店星巴克（Starbucks）与埃塞俄比亚政府之间的争端就是一个很好的例子。当政府试图将 HARAR 和 SIDAMO 地理标志注册为普通商标时，由于星巴克事先就已经注册了商标，其中包括 SIDAMO，埃塞俄比亚政府的申请就出现了问题。同时，HARAR 的商标申请被驳回的理由是它是一个通用名称。[5] 因此，地区名称容易被市场触觉敏捷的人抢先注册。在没有地理标志保护历史的国家里的生产者联盟现在已经启动加入地理来源标志体系的复杂工作进程中，建立相互可接受的生产标准以及定义可接受的地理生产界限。在这个不断变化的时期，对在具有重要商业意义的市场

---

[1] 如，这已经被纳入 TRIPS 第22.3条。

[2] TRIPS Council, "Minutes of the Meeting on 5 – 7 March 2002", 22 March 2002 (IP/C/M/35), [155] (United States).

[3] 考虑得更全面的观点的总结，参见 D. Gangjee, "Quibbling Siblings: Conflicts between Trade Marks and GIs" (2007) 82 *Chicago – Kent Law Review* 1253.

[4] 同上，1259 – 60.

[5] Hughes 振振有词地指出，埃塞俄比亚政府作为申请者是可以被批评的。J. Hughes, "Coffee and Chocolate – Can We Help Developing Country Farmers Through Geographical Indications?", International Intellectual Property Institute, Washington, DC (2009) 106 – 115. 然而，笔者要指出的一点是，在这一过程的更上游，商标注册制度往往对含有地理标志的第三方申请无动于衷。

上抢先注册商标的行为持开放态度。一个相关的例子是日本的神户牛肉。神户牛肉已经被日本以外的美国、澳大利亚和加拿大的生产商注册为商标。[1] 因此，笔者不认同库尔（Kur）教授的乐观看法，“无论如何，很少有证据表明商标和地理标志之间的冲突可能会发生在大量的案件中”。[2] 2007 年年初，国际羊驼协会（International Alpaca Association）代表秘鲁育种者以及用羊驼和美洲驼毛生产纤维的生产商，反对美国一家农场申请将“ALPACAMARK”[3] 注册为证明商标。[4] 另一个例子是关于马拉巴尔（MALABAR）的，它最近在英国对包括胡椒在内的多种食品注册了商标，[5] 而马拉巴尔胡椒在印度注册为来自喀拉拉邦的地理标志。[6] 然后是印度受保护的地理标志阿萨姆（Assam）[7]，而美国佐治亚州亚特兰大市的一家公司已在美国针对相关的茶叶申请了 ASSAM BREEZE 商标。[8] 同样，ASSAM 已由中国台湾的注册人在澳大利亚注册为茶和其他饮料的复合商标（即文字和图形）。[9]

这些冲突往往展示了修辞和理论依据上的战术部署，是地理标志更广泛的政治象征。他们也引发了一个更根本的问题。对于处理类似案件的原则而言，地理标志与商标是否足够类似？如果它们不同，那么如何表达这种差异？因此，这最后一节起到桥梁的作用，因为有关地理标志为何应受到区别对待的规范性争论将在第六章中讨论。

7.1 用语上的“王牌”:先到先得原则（FITFIR）

FITFIR 原则已经被积极地提议作为这类冲突的最优解决方案。[10] 其根本原

---

[1] These registrations are considered in Gangjee, Protecting Geographical Indications as Trade Marks: The Prospects and Pitfalls.

[2] Kur, “Quibbling Siblings – Comments to Dev Gangjee's Presentation” 1325.

[3] US Trade Mark Serial Nos. 78425026, 78708488.

[4] “International Alpaca Association: (IAA) Opposes U. S. Certification Mark Registration” PIIPA Newsletter Vol. 5 (January 2007).

[5] UK Trade Mark No. 2413954.

[6] Presently registered as Serial No. 47 with the Geographical Indications Registry, India. 参见 www. ipindia. nic. in/girindia/.

[7] GI Serial No. 115.

[8] US Trade Mark Serial Nos. 85146967. ASSAM（阿萨姆）的排他使用已经被驳回，但这确实影响了阿萨姆这个地理标志持续表明来源于印度东部的能力。

[9] Australian Trade Mark No. 1000768.

[10] 一般参见 WIPO, “Possible Solutions for Conflicts between Trademarks and Geographical Indications and for Conflicts between Homonymous Geographical Indications”, 8 June 2000 (SCT/5/3); S. Stern, “Geographical Indications and Trade Marks: Conflicts and Possible Resolutions”, 13 June 2003 (WIPO/GEO/SFO/03/13), 4.

因在美国最高法院的联合药品（United Drug）判决中清楚阐明，在该判决中，购买者依赖于先前的标志来识别货物的原产地，这种依赖必须得到保护。❶ 因此，“FITFIR”是指优先原则和排他原则相结合的捷径。这意味着，首先受保护的标志（无论是商标还是地理标志）应优先于（优先原则）并防止（排他性原则）任何有冲突的后续标志的使用。这两个原则构成了商标法的核心。❷一位经验丰富的从业人员接着解释说，保留“在先权利的排他性是解决知识产权之间冲突的公平方法。严格适用于商标与地理标志之间的特定冲突，应继续成为国际标准”。❸ 这一看似公平的解决方案的积极推广是对欧盟做法的回应。欧洲国家“传统上采用了地理标志保护的概念，该概念假定地理标志比商标具有一定的优越性”。❹

这代表了美国在这一问题上的官方立场，从最近一系列自由贸易协定（FTAs）中有关商标和地理标志义务的配置就可见一斑。在美国－智利自由贸易协定的背景下，这一原则得到了有力的支持：

> 一般来说，我们赞成对商标和地理标志实行“先到先得”的原则。这可以作为一个有用的先例。❺

举例来说，美国－澳大利亚自贸协定第 17.2（4）条明确适用这一原则。这个问题依然存在，2003 年美国众议院农业委员会（Committee on Agriculture of the US House of Representatives）提出了 FITFIR 原则。❻ 它在各种各样的国际平台上受到了不同程度热忱的推动，这些平台是以非约束性声明和决议的形式推动的。这些说法中有些主张极端的立场。国际商标协会（INTA）“在解决地理标志与商标之间的冲突时，支持‘先到先得’的原则”。❼这种支持是非常强有力的，以至于 INTA“明确表示，后申请的地理标志和先申请的商标之间的

---

❶ *United Drug Co v. Theodore Rectanus Co* 248 US 90（1918）.

❷ F. Z. Hellwig，“Why the Principles of Priority and Exclusivity cannot be Compromised – The Trademark Owner's Perspective on Geographical Indications and First in Time，First in Right”（INTA Policy Paper）.

❸ B. Goebel，“Why Should Famous TMs Deserve Greater Protection against GIs?”，AIDV Conference on TM – GI Conflicts for Wines & Spirits（Reims，18 – 19 March 2004），11.

❹ Goebel，“The Road from Doha”，973.

❺ US – Chile Free Trade Agreement，Report of the Industry Sector Advisory Committee on Consumer Goods（ISAC – 4）February 2003，para. V（c）.

❻ Hearings before the Committee on Agriculture，House of Representatives on the Status of the World Trade Organization Negotiations on Agriculture，（108 – 5）108th Congress（2003），127，341，361.

❼ INTA，Resolution on the Protection of Geographical Indications and Trade Marks（24 September 1997），available at www. inta. org/.

共存是不可接受的选择”。[1] 还有一些人笼统地提到了 FITFIR 的首要地位，但愿意考虑不同程度的能削弱这一原则首要地位的其他因素。这包括 1994 年政府间国际葡萄和葡萄酒办公室（OIV）[2] 大会的决议，1998 年在里约热内卢举行的第 37 届国际工业产权保护协会（AIPPI）上关于 Q62 的决议[3]，以及国际葡萄酒法律协会（AIDV）的决议草案。[4] 通过这一过程，人们一再声称，FITFIR 原则在解决此类纠纷时，是清晰、可预测和公平的灯塔，但这将问题大大简单化了。它的理论演变表明，FITFIR 原则假定该类型案件（商标之间的冲突）是发生在一个单一司法管辖区内。这些方面都与这里所讨论的国际争端的类型不一致。

7.2 帕尔玛火腿和 FITFIR 的不公平

有两个非常类似的争议是关于尝试将帕尔玛火腿（Parma ham）注册为商标，它们都引入 FITFIR 原则（而非共存注册）作为解决方案，却导致了不公平。每个案例中的冲突都发生在注册商标制度内。这两个案子的商标申请人为意大利财团（the Italian Consorzio），他们的公司位于帕尔玛，成立于 1963 年，生产一种独特的风干火腿。[5] 该财团尝试注册证明或集体商标，但发现类似商品上的类似标志已被注册了商标。两者实现了共存注册。因此，这不是一个酸葡萄心理或二元选择的故事。这些决定之所以具有启发性，因为它们表明了在现有法律范围内法律理论上对共存注册发展安全避风港的可能性。

在美国的帕尔玛香肠案中[6]，双方的主张都具有合法性。一位前意大利人在 1969 年注册了“帕尔玛品牌”（Parma Brand）商标，用于包括熏火腿在内的各种肉制品。这个名字是为了纪念他的家乡而取的，但是肉是从美国来的。与此同时，意大利帕尔玛（Parma）生产商面临着一个无法逾越的出口障碍。由于 20 世纪 60 年代末暴发非洲猪流感，美国政府禁止从意大利进口猪肉产品。禁令直到 1989 年才取消。在先商标注册证明了财团尝试注册类似措辞的证明商标的障碍，所以它除了挑战在先商标，别无选择。其形式为，根据

---

[1] INTA，“Comments on WIPO SCT/6/3 Working Paper for the March 12 – 16，2001 Conference in Geneva”，[5].

[2] 参见 Recital 5 of Resolution OIV/ECO 3/94.

[3] AIPPI，“Question Q62：Appellations of Origin，Indications of Source and Geographical Indications – Resolution”［1998］*Annuaire* 389.

[4] AIDV Draft Resolution on Trade Marks and Geographical Indications（August 2004）.

[5] Dossier No. IT/PDO/0117/0067；Registered on 05/02/2008.

[6] *Consorzio del Prosciutto di Parma v. Parma Sausage Products* 23 USPQ 2d 1894（1992 TTAB）；1992 WL 233379（TTAB）1.

《兰汉姆法案》(the Lanham Act) 第2 (a) 条的含义规定，在先注册商标具有地理欺骗性。为了取得成功，财团必须证明:❶ (1) 注册商标是“在地理上具有欺骗性的错误描述”，即该名称传达了一个已知的特定的地理来源，相关公众对原产地建立了商品 - 地点的联想，而商品实际上不是起源于那里 (地理上的错误描述); (2) 错误描述严重性，即很可能影响客户的购买决定。该案取决于“地理欺骗的这个法律问题的确立时间，即注册的签发日期或审理日期”。❷ 没有足够的证据表明在1989年以前，财团的产品已经建立了商品 - 地方的联系。委员会认为，确定地理欺骗性的生效日期应为商标注册日期，即1969年，即当时的商标不具有欺骗性。

商标审判与上诉委员会 (TTAB) 承认，他们的推理可能会导致“起初看似是反常的结果，即，即使目前已证明某商标欺骗公众，委员会也不能取消该标志的注册”。❸ 然而，该立法框架在商标持有人的所有权利益和防止欺骗的公共利益之间寻求平衡。委员会的结论揭示了在这类案件中尝试在两种诉求间作出选择的复杂性:

> 我们坦率地承认，这一案件给我们带来了难以解决的局面。一方面，原告付出了很大的努力来推广来自帕尔玛的熏火腿，并显然使得这个产品享誉全球。原告还广泛使用和推广含有“Parma”一词的认证标志，由于被告的注册，而面临无法在美国注册的困局。此外，在美国市场上没有帕尔玛熏火腿已经22年，这并不是原告的过错，事实上是原告积极寻求改变。另一方面，被告使用“帕尔玛品牌”(Parma Brand) 商标已经超过35年，并拥有其注册超过20年。当时的注册，商标既不是在地理上欺骗性的错误描述，也不是地理上的欺骗。❹

委员会的结论是，在这种情况下，作出的决定有利于被告是比较公平的。这个故事的题外话是财团确实设法注册了他们的商标❺，而被告的商标继续存

---

❶ *Consorzio del Prosciutto di Parma v. Parma Sausage Products* 23 USPQ 2d 1894 (1992 TTAB); 1992 WL 233379 (TTAB), 4.

❷ 同上。

❸ 同上，6.

❹ 同上，11.

❺ 参见，如“PROSCIUTTO DI PARMA”(Reg. No. 2014629) and “PARMA HAM”(Reg. No. 2014628). 其基础是商业使用和5年后的不可竞争性。

在于注册簿中。在加拿大帕尔玛争端中出现了类似的共存谈判❶，其进程非常相似。

7.3 描述性的合理使用和共存

在详细阐述了这种冲突之后，❷下面仅简要介绍一下为什么在商标法里普遍存在的“描述性使用”的抗辩中，商标和地理标志的共存是可能的。在最近关于地理标志的WTO争端解决专门小组报告中证实了这一点。❸最初的咨询请求总结了欧盟、美国以及澳大利亚之间这一争端的核心：

> 经修订的第2081/92号条例，并没有就地理标志提供国民待遇，也没有对与地理标志相似或相同的既存商标提供足够的保护。这种情况似乎与TRIPS所规定的欧洲共同体承担的义务不一致。❹

就我们的目的而言，第2081/92号条例第14（2）条所体现的共存，侵犯了TRIPS第16.1条中商标持有人的所有权（防止在后标志侵权使用）。欧共体的答复是根据TRIPS第17条，这一规定有理由被认为是允许的、有限的例外：

> 成员方可以对商标授予的权利规定有限的例外，例如合理使用描述性术语，但前提是此类例外考虑了商标所有人和第三方的合法利益。

这些论点围绕着两个核心问题：（1）第14（2）条是一个有限的例外吗？（2）欧盟条例是否充分考虑了商标所有人和第三方的合法利益？

针对第一个问题，地理标志中不可或缺的地理核心在确定此类标志的描述

❶ *Consorzio del Prosciutto di Parma v. Maple Leaf Meats Inc* ［2001］ 2 FC 536 (Federal Court of Canada, Trial Division). On relevant issues, the decision was upheld by the Federal Court of Appeals in *Consorzio del Prosciutto di Parma v. Maple Leaf Meats* ［2002］ FCA 169 (2 May 2002). Co-existence was made possible by recognising the Italian Consorzio as a public authority and registering the mark under S 9 (1) (n) (iii) of the Canadian Trade Marks Act (RSC, 1985, c. T-13), although this route may no longer be possible for other IGO collectives. See *Maple Leaf Foods Inc v. Consorzio Del Prosciutto Di Parma* 2009 FC 1035 (15 October 2009).

❷ 参见Gangjee，“Quibbling Siblings”.

❸ European Communities - Protection of Trademarks and Geographical Indications for Agricultural Products and Foodstuffs, 15 March 2005 (WT/DS174/R). The complainant in this dispute was the United States. As part of the same proceedings, a similar complaint by Australia resulted in Panel Report (WT/DS290/R).

❹ Request for Consultations by the United States, 7 June 1999 (WT/DS174/1), 1.

性方面发挥了重要作用。在这里，共存规定了商标权的小幅让步（这与从例外中受益的数量有限的群体的另外一种解释相反），因为地理标志是在符合条件的情况下授予的，而商标所有者则保留了对其他第三方的权利。最后，在混淆风险很高的情况下，欧盟法律禁止在先商标与在后地理标志共存，而商标处在优势地位。❶ 针对第二个问题，专门小组将 TRIPS“合法利益”的概念发展为“一项规范性主张，要求在相关公共政策或其他社会规范的支持下保护‘正当’利益”。❷ 在平衡地理标志使用者、商标所有人和公众消费者的合法利益时，专门小组强调地理标志既兼顾了品牌（显著的）方面又兼顾了地理上的描述方面，这一事实并没有导致地理标志生产者的利益不合法。地理标志的区分功能并未取代描述功能。因此，TRIPS 第 17 条允许共存。美国最高法院❸和欧洲法院❹的最新判决还表明，对有争议的标志以品牌方式或有区别的方式使用，不会对其同时具有描述性的功能造成致命影响。尽管 FITFIR 原则的支持者言辞激烈地规劝，在 TRIPS 下，适当合格的共存仍然是一个可行的选择。更有趣的是，这两类标志之间的冲突迫使我们更加仔细地思考地理标志与商标之间的异同。

8 结 论

TRIPS 的地理标志制度并非完全是一个整合的项目，也不像它所宣称的那样是一系列确定的规则，尽管该制度取得了一定的改进，许多评论者对其赞誉有加。跨学科的学术研究往往过于吹捧，认为 TRIPS 的地理标志规则具有清晰和明确的优点。我们需要认识到，这些规则在很多大程度上仍然是一项进行中的工作以及是否有可解释的余地。作为对这种趋势的纠正，从历史的角度审视是无价的。本章旨在反驳学术界的观点，即 TRIPS 的地理标志概念上是一个稳定的实体，有明确的规则。尽管如此，作为一个话语形成的场所，TRIPS 仍然具有重要意义。国际地理标志保护的架构是由在此框架内发生的有影响力的辩论和分歧所形成的，从而使这一平台具有独特的权威性。认识到这一重要功能并不会降低双边谈判以及随后制定的包含地理标志条款的自由或特惠贸易协定

---

❶ （WTO/DS174/R），143 -5.

❷ 同上，146.

❸ *K. P. Permanent Make - Up Inc v. Lasting Impression Inc* 543 US 111（2004）.

❹ *Gerolsteiner Brunnen & Co v. Putsch*（C - 100/02）［2004］ ECR I - 691；［2004］ ETMR 40（ECJ）.

的影响。[1] 相反，这里的论点是，TRIPS 继续作为一个参照点，为制定国际地理标志保护提供语言和概念资源。

本章不仅回顾了 TRIPS 多大程度是在妥协基础上建立起来的，还确定了导致这些让步的因素。第 22.1 条中的地理标志的定义受到之前在 WIPO 主持下的谈判以及欧盟第 2081/92 号条例的影响，将风土和声誉逻辑融合在一起。结果，在定义的核心层存在相当大的歧义，例如用于界定原产地并指定产品与地点之间联系的方法。第 22.1 条设计得很灵活以及适应性强，但这可能是以牺牲一致性为代价，除非可以发展出对这种联系更具说服力的规范性解释。在这里，随着时间的流逝，人文因素、对集体的投入和创新的认识是具有潜力的。否则，防止不正当竞争的逻辑（通常被认为是第 22～24 条的基础）只能让我们止步不前。特别是第 23 条通过“绝对”保护体现了对某些地理标志的区别对待。批评者对这种级别保护提出了一个合理的问题——如果“Prosciutto di Parma”（帕尔玛火腿）和“Pisco”（皮斯科白兰地）是市场上用于表示有关产品信息的标志，依照防止不正当竞争的既定原则以及考虑标志的含义，为什么不将它们视为商标或未注册商标呢？[2] 第 22 条和第 23 条中的不同方法反映了一种基本的二分法，即根据标志的实际指示功能来保护标志和通过保留与其自身有关的标志来保护产品。正如我们在第一章中所看到的，这种差别待遇最突出的论证是令人耳目一新且坦诚的，言辞上是令人信服的，并且这是建立在来自贸易谈判证据的基础上的。据称，由于地理标志保护的某些方面没有遵循反不正当竞争法中标志保护的传统逻辑，因此这种特殊待遇仅仅是欧洲出于行业利益进行游说的结果。挥之不去的疑虑是地理标志全都与欧洲农业和葡萄种植游说团体根深蒂固的利益有关，他们寻求隔离于公开竞争之外。随着这些争论在国际贸易谈判的背景下展开，这种框架也在知识产权话语中占主导地位。这种批评确实产生了动力，必须认真对待。然而，它并没有穷尽所有差别

---

[1] GIs 对于每个地理标志而言，仍然很重要，因为列出的相互保护条款和通用地位出现在这些协议当中。参见，M. Handler and B. Mercurio，“Intellectual Property”，in S. Lester and B. Mercurio（eds.），*Bilateral and Regional Trade Agreements*：*Commentary and Analysis*（Cambridge University Press，2009），308，317；D. Vivas－Eugui and C. Spennemann，“The Treatment of Geographical Indications in Recent Regional and Bilateral Free Trade Agreements”，in M. Perez Pugatch（ed.），*The Intellectual Property Debate*：*Perspectives from Law*，*Economics and Political Economy*（Edward Elgar，Cheltenham 2006），305.

[2] 有代表性的论述，参见 K. Raustiala and S. R. Munzer，“The Global Struggle over Geographical Indications”（2007）18 *European Journal of International Law* 337，340（认为“国际法中的地理标志保护是合理的，这是因为商标保护是合理的：主要是为了保护消费者免受混淆并降低他们的搜索成本。但是，我们认为，TRIPS 对葡萄酒和烈性酒的当前保护级别——即使明确指出了产品的生产地，也不允许该地区以外的生产商提及保护的地理标志——是没有根据的，而且远远超出了任何现有的财产理论所能支持的范围”）。

对待的理由。目前，包括几个发展中国家生产者在内的更广泛的利益相关团体都对地理标志产生了兴趣，同时出现了更令人信服的关于加强保护的规范性解释。虽然不正当竞争原则不能为保护范围提供完整的解释，但现在的其他解释是由再分配议程驱动的，并以更密切关注区域产品具体情况的政策论点为基础。他们认为，与专利或版权法中对复制产品或生产过程的禁止相反，防止与这些区域产品相关的标志被复制在规范上是合乎需要的。在这种方法下，地理标志保护的概念化采用了混合形式，介于知识产权里创意/发明的种类（认可在产品中投入的技能、努力和创新）和知识产权里营销/品牌的种类（认可标识传达一些特定内容的能力）之间。我们在最后一章讨论这些观点，看看它们是否可以重新构建国际地理来源标志保护的基础。

第六章 TRIPS 的未来

1 当代争论的重要性

在思考了 TRIPS 过去在概念上的传承及其对现在的影响后，再来看看它的未来会怎样？作为本书的倒数第二章，本章更具思辨性，地理标志的法律作为一种包含符号和某些类型的地域性产品为客体的混合体，本章探讨了重新定位的地理标志法律的含义。它首先概述了当今对现有 TRIPS 制度拟议修改的辩论，该制度基于我们熟悉的两种意见的分界线。主张地理标志是商标或其他商业标志的功能相似物可以通过反不正当竞争规则进行保护的人，与主张地理标志有权得到差别对待的人之间，存在着根深蒂固的分歧。后者越来越依赖于基于原则或基于政策的论据来证明独立制度的存在并解释其特征。这些辩论发生在 TRIPS 理事会，他们的主要议题是扩大第 23 条的保护范围到所有产品，以及建立多边地理标志注册制度，刚开始这个制度仅限于葡萄酒和烈性酒，但未来几年可能开放给所有的产品。

鉴于双方都有大量的新成员支持——这些新成员是那些没有积极参加以前地理来源标志辩论的人——这些审议为从根本上重新考虑地理标志保护开辟了讨论的空间。当保护的对象被理解为符号或指定名称（大吉岭）时，更多传统的国际规则可以通过借鉴反不正当竞争原则中的常见论据来解释。然而，如果地理标志保护的另一个对象是产品（西孟加拉北部地区集体种植的香茶），由于我们重视这些地区产品，因此将其指定为受保护的对象，这一解释可能与反不正当竞争规则产生偏差。绕开不正当竞争解释的合理化，我们需要其他独立的正当理由来支持这些在知识产权保护伞下共同开发的产品。

我们必须欢迎这个思考替代或补充地理标志的认识论的机会。这些争论拓宽了要考虑的因素，并吸收了各种价值观，而不是狭隘地构想出信息高效传递的动力以作为保护标志的理论基础。❶ 虽然这些较新的正当性论证也存在模糊和矛盾，但其具有规范性指导的可能性，不应在没有公平地被听取的情况下予以驳回。这些谈判对地理标志保护制度的建立也有重要的影响，因为未来似乎越来越多地以注册为基础。注册制度的公共管理逻辑出现了某些很容易被忽视的问题。

2 将第23条拓展到所有产品

在撰写本书时，100多个世贸组织成员已提交请求，要求将第23条规定的葡萄酒和烈性酒的保护范围扩大到所有符合第22.1条定义的产品。❷ 对欧盟而言，地理标志的扩大使用与农业改革特别是取消农业补贴的WTO的谈判，有着结构性的共鸣。❸ 这里存在的设定是地理标志代表质量和产地，并在此基础上产生价格差异。由于消费者愿意为此类商品支付更高的价格，由此鼓励了农民进行投资，从生产无差异大宗商品转向生产更高质量的个性化产品。❹ 考虑到全球对地域产品的需求以及相应的支付溢价的意愿，发展中国家也一直在

---

❶ 最近，国际知识产权政策制定中注入了这样的价值观，请考虑适应“发展维度”。参见WIPO大会文件，“Proposal by Argentina and Brazil for the Establishment of a Development Agenda for WIPO”, 27 August 2004（WO/GA/31/11）. Cf. M. Sunder, “The Invention of Traditional Knowledge”（2007）70 *Law and Contemporary Problems* 97, 102（The “space for discussing intellectual property's distributive and social effects is expanding” beyond neo - classical price theory and a focus on economic incentives or efficiency）; L. Helfer, “Regime Shifting: The TRIPS Agreement and New Dynamics of International Intellectual Property Law Making”（2004）29 *Yale Journal of International Law* 1（reviewing the strategic processes by which IP issues are shifted to more receptive fora, such as the World Health Organization or the Food and Agriculture Organization, amenable to the distinct logics of biodiversity conservation, public health priorities and human rights agendas）. 如世界卫生组织或粮食及农业组织的战略过程，以适应生物多样性保护，公共卫生优先事件和人权议程的独特逻辑。

❷ 由阿尔巴尼亚等国的通信，“Draft Modalities for TRIPs Related Issues”, 19 July 2008（TN/C/W/52）. A full list of the 109 countries can be found in “Groups in the TRIPS Negotiations”，可在以下网址找到：www. wto. org/english/tratop_e/trips_e/trips_groups_e. htm.

❸ 欧共体已将在农业谈判中的改善市场准入问题与公平竞争问题联系起来，即更有效地防止农产品被僭用。WTO农业委员会，“EC Comprehensive Negotiating Proposal”, 14 December 2000（G/AG/NG/W/90）, [3].

❹ 由保加利亚等国的通信，“The Extension of the Additional Protection for Geographical Indications to Products other than Wines and Spirits”, 24 June 2002（IP/C/W/353）, [4]；由保加利亚等国的通信，“Geographical Indications - The Significance of ‘Extension’ in the TRIPS Agreement and its Benefits for WTO Members”, 9 July 2003（TN/C/W/14）, 2；由保加利亚等国的通信，“Doha Work Programme - The Extension of the Additional Protection for Geographical Indications to Products other than Wines and Spirits”, 14 December 2004（TN/C/W/21/Rev. 1）, [8].

考虑其地域特产的出口可能性，这可以通过加强地理标志保护加以促进。在这种背景下，成员方向 TRIPS 理事会提交了相当具体的建议，比如用更简明扼要的“商品”取代了第 23 条中的“葡萄酒”或“葡萄酒和烈性酒”。[1] 关于扩大使用的讨论集中在两个有先后关系的问题上——一方面是程序和合法性支持，另一方面是扩大使用的优点。在扩大使用的合法性支持上的分歧尤其严重。[2] 由于这些审议的程序基础具有持久的争议性，因此地理标志的扩大使用在不久的将来不太可能会取得进展。[3] 然而，扩大使用的辩论本身是重要的，因为它为我们提供了机会去重新考虑地理标志保护的基础。这些赞成扩大使用的论点可在下文中加以分析：（1）存在两个级别的保护；（2）第 22 条的不足之处；（3）第 23 条的利益。这些广为流传的论点并非没有受到质疑，对这些观点的辩论在文献中也有记载。[4] 本章的分析更具针对性，会重点放在第三个标题上。虽然第 22 条确实给地理标志产品的生产者带来了某些负担，但这是

---

[1] 如，来自欧盟委员会（EC）的通信，“Geographical Indications”, 14 June 2005（TN/C/W/26）.

[2] 总干事的报告，“Issues Related to the Extension of the Protection of Geographical Indications Provided for in Article 23 of the TRIPS Agreement [and] those Related to the Relationship between the TRIPS Agreement and the Convention on Biological diversity”, 9 June 2008（TN/C/W/50），[2]（这项工作的特点仍然是对扩大地理标志使用的优点和多哈回合中是否同意这是谈判的一部分持不同看法）。

[3] 支持者的提议基于以下各项的组合：（1）现有的 TRIPS 条款，例如第 24.1 条（旨在根据第 23 条加强对单个地理标志的保护）和第 24.2 条（TRIPS 理事会审查地理标志规定的适用，并能采取措施促进并实现更长远的目标）；以及（2）WTO 多哈部长级宣言第 12 段和第 18 段。然而，这些解读存在争议。关于概述，参见 A. C. Lang，“On the Need to Expand Article 23 of the TRIPS Agreement”（2006）16 *Duke Journal of Comparative & International Law* 487，504.

[4] 关于概述，参见 S. Fusco，“Geographical Indications：A Discussion of the TRIPS Regulation after the Ministerial Conference of Hong Kong”（2008）12 *Marquette Intellectual Property Law Review* 197；E. C. Creditt，“Terroir vs. Trademarks：The Debate over Geographical Indications and Expansions to the TRIPS Agreement”（2009）11 *Vanderbilt Journal of Entertainment & Technology Law* 429. 关于扩大使用的观点，参见 F. Addor and A. Grazioli，“Geographical Indications beyond Wines and Spirits：A Roadmap for a Better Protection for Geographical Indications in the WTO/TRIPS Agreement”（2002）5 JWIP 865；J. M. Cortes Martin，“TRIPS Agreement：Towards a Better Protection for Geographical Indications?”（2004）30 *Brooklyn Journal of International Law* 117；I. Calboli，“Expanding the Protection of Geographical Indications of Origin under TRIPS：Old Debate or New Opportunity?”（2006）10 *Marquette Intellectual Property Law Review* 181；M. Ritzert，“Champagne is from Champagne：An Economic Justification for Extending Trade Mark - Level Protection to Wine - Related Geographical Indications”（2009）37 *American Intellectual Property Law Association Quarterly Journal* 191. 关于对扩大使用的批评，参见 T. L. Staten，“Geographical Indications Protection under the TRIPS Agreement：Uniformity Not Extension”（2005）87 *Journal of the Patent & Trade Mark Office Society* 221；D. L. Snyder，“Enhanced Protections for Geographical Indications Under TRIPS：Potential Conflicts Under the U. S. Constitutional and Statutory Regimes”（2008）18 *Fordham IP, Media & Entertainment Law Journal* 1297；M. Handler and R. Burrell，“GI Blues：The Global Disagreement Over Geographical Indications”, in K. Bowrey, M. Handler and D. Nicol（eds.），*Emerging Challenges in Intellectual Property*（Oxford University Press, Melbourne 2011）.

不足以令人信服的加强保护的理由。商标所有权人以及在贸易过程中使用未注册商标的其他人同样也承担着其中很多负担。❶ 如果我们想让把地理标志作为首选类别的权利持有者的生活更轻松，就必须为这样做提供独立的理由。

关于第一个论点，第22条和第23条中存在着两种不同级别的保护，许多人认为这是无法解释的。为什么第23条要保留对受限制的葡萄酒和烈性酒类的优惠待遇呢？那些支持扩大使用的人认为"没有对这一区别有系统上的或逻辑上的解释"❷，也"没有任何商业、经济或法律理由将有效的保护局限于葡萄酒和烈性酒的地理标志上，或没有任何理由不为所有其他产品的地理标志提供这样的保护"。❸ 这将认可发展中国家的利益，能"更有效地保护"更广泛的产品，如"大米、丝绸、咖啡、茶、烟草、苹果、菠萝、棉花、香草、蜂蜜、牛肉、棕榈油、肉桂、地毯、陶瓷、白银或木制工艺品"。❹ 德维恩·兰格卡（Dwijen Rangnekar）指出，地理标志产品"往往来自农村、农业和手工业等经济领域"，而亚伦·朗（Aaron Lang）则认为"这种差距……使发展中国家承受不合理的负担"。❺ 这些反对者挥舞着奥卡姆剃刀来反对扩大保护范围的要求。他们首选的解决方案是第22条保护的级别适用于所有地理标志的产品以及删除第23条的规定。❻ 由于TRIPS的条款是在更广泛的贸易政策议程背景下形成的，所以额外的保护是"历史谈判和葡萄酒行业特有的具体情况作用的结果"。它被认为是乌拉圭回合的一项重大让步，而不是因为对其内在优点有任何信念。❼ 很快就可以看出，仅仅存在两个级别的保护并不能成为扩大保护的充分基础。这引出了第二类涉及第22条保护级别不足的论点。

在第二个论点下，关注点一方面涉及与第22条有关的不确定性和费用，

---

❶ 智利也提出这个问题，参见 TRIPS Council，"Minutes of the Meeting of 17 – 19 September 2002"，8 November 2002（IP/C/M/37/Add. 1），[144].

❷ 来自保加利亚等国的通信，"Implementation of Art 24. 1"，2 December 2000（IP/C/W/204/Rev. 1），[7].

❸ 来自保加利亚等国的通信，（TN/C/W/14），1.

❹ 来自保加利亚等国的通信，（TN/C/W/21/Rev. 1），[4] and Fn 2.

❺ 分别参见 D. Rangnekar，"The Socio – Economics of Geographical Indications – A Review of Empirical Evidence from Europe" UNCTAD – ICTSD Issue Paper No. 8（2004），1；Lang，"On the Need to Expand Article 23"，497.

❻ TRIPS Council，"Minutes of Meeting on 25 – 27 June 2002"，10 September 2002（IP/C/M/36/Add. 1），[164]（Chile）；TRIPS Council，"Minutes of the Meeting on 25 – 27 and 29 November and 20 December 2002"，5 February 2003（IP/C/M/38），[156]（Argentina）.

❼ WTO，"Issues Related to the Extension of the Protection of Geographical Indications Provided for in Article 23 of the TRIPS Agreement to Products Other Than Wines and Spirits"，18 May 2005（TN/C/W/25），[9].

另一方面涉及保护范围的狭窄。根据第 22 条，地理标志所有权人必须忍受昂贵的维权程序去证明消费者混淆了不同标志，他们往往需要支付民意调查的费用。来自发展中国家的规模较小、资源有限的生产者对这些支出和相关结果的不确定性有着强烈的不满。❶ 有证据可以证明这一点，印度茶叶委员会（Indian Tea Board）提供的数据显示，保留监管机构和为保护大吉岭提起诉讼的成本高达数十万美元。❷ 第 23 条的“绝对”标准的扩大使用将消除法律上的不确定性，只要通过要求生产者和贸易商在决定是否在产品上使用地理标志时，回答一个简单的问题：产品是否来自该地区，是否具有地理标志指定的特定质量？这很容易检查，不会导致任何额外的费用。❸作为回应，反对者认为地理标志是私有的知识产权——基于（地理标志法）与商标法平行的这种法律分类而再次提出的可能站不住脚的假设——那些从私有财产中获益的人必须承担监管费用。❹ 他们还振振有词地建议地理标志需要首先在国内得到认可，然而在国内确立一个地理标志将涉及投资和相关成本。❺ 至于确定性，仍然需要对保护的范围作出确定。例如，帕马森雷加诺奶酪（Parmigiano Reggiano）这个地理标志的保护范围是否覆盖到了像帕马森（Parmesan）这样的音译名，更泛泛地说，是什么构成了翻译？❻ 最后，他们认为第 22 条提供了充分的保护。它的规定必须首先在所有成员的国家法律中生效，然后才需要利用这些规定。❼ 他们建议采用证明商标或集体商标，这是一个已经摆在桌面上的选择。❽ 正如我们将在下面的第 4 节中看到的，融入商标制度有一些重要的限制和条件。谈到

---

❶ 来自保加利亚等国的通信，（IP/C/W/353），［13］；TRIPS Council，“Minutes of the Meeting on 5 – 7 March 2002”，22 March 2002（IP/C/M/35），［166］（Turkey）；Addor and Grazioli，“Geographical Indications beyond Wines and Spirits”，881.

❷ K. Das，“Socio – economic Implications of Protecting Geographical Indications in India”，Centre for WTO Studies，India（August 2009），27 – 8；D. Giovannucci，E. Barham and R. Pirog，“Defining and Marketing “Local” Foods：Geographical Indications for US Products”（2010）13 JWIP 94，105.

❸ TRIPS Council，（IP/C/M/38），［71］（瑞士）。

❹ 同上，［78］（澳大利亚）。有趣的是，提出这一观点的美国和澳大利亚等国家也支持最近起草的《反假冒贸易协定》（ACTA），该协定主要涉及国家机构和海关当局，尤其是为了支持私人主体保护无形财产。参见 H. G. Ruse – Khan，“A Trade Agreement Creating Barriers to International Trade? ACTA Border Measures and Goods in Transit”，Max Planck Institute for Intellectual Property，Competition & Tax Law Research Paper No. 10 – 10.

❺ TRIPS Council，（IP/C/M/38），［77］（澳大利亚），［111］（危地马拉），［113］（智利）。

❻ 同上，［183］.

❼ 同上，［76］（澳大利亚）；来自阿根廷等国的通信，“Implications of Article 23 Extension”，8 November 2002（IP/C/W/386），［6］；TRIPS Council，（IP/C/M/37/Add. 1），［121］，［166］（新西兰）。

❽ WTO，“Issues Related to Extension”，［38］.

有限的保护范围，亚伦·朗总结了对“搭便车”的抱怨，并以“美国制造的帕尔玛式（Parma－style）火腿”为例：

> 达到让消费者混淆的必要条件使得合法标记的商品容易受到“搭便车”的寄生行为的影响。这种对合法地理标志的利用不仅不公平地让后来的生产商富裕起来，而且“将相当大的市场份额从合法生产商和制造商手中转移”。这亏待了那些辛苦维护正品声誉和质量的人。❶

在前一章分析第23条时，已经评论了类似的论点。他们发现几个代表团的意见中提到了这一点。❷ 一个著名的回击是，这种使用是建立在移民的历史模式的基础之上的，移民带来了熟悉的术语以及制造技术和专门知识。❸ 关于挪用或“搭便车”的控诉是针对号称不配得到好处的人，而且也提到这种“搭便车”的有害后果。如果外面的生产商开始以授权合法的方式使用“戈贡佐拉”（Gorgonzola，指法国戈贡佐拉奶酪，戈贡佐拉风味奶酪），这将使得任何特定的语义内容失去特殊性，并随着时间的推移无法阻挡地为名称通用化铺平道路。❹ 由于很难证明这种去地域化或其他有条件的使用具有误导性，第22条可能约束不了这种行为。发展中国家甚至在有机会开始以出口为导向的市场活动之前，就发现它们的地理标志的来源或质量已经变得不重要了。

第三个论点考虑了根据第23条扩大“绝对”保护的好处。由于消费者越来越重视原产地和相关产品的质量，加强保护的确定性将鼓励生产者在出口市场寻找新的机会。简而言之，集体组织和推广地理标志会得到激励。❺ 一个附带的观点认为扩大使用将有利于消费者的选择，让消费者信任在产品上的地理标志，以及与标志相关的特征和特定的生产过程，而不是让消费者去猜测这个标志是否是一个通用的、具有某种质量的标志或仅仅唤起消费者对第三方标志的联想。❻ 后一种论点受到质疑，原因是第22条之外是否还增加了其他任何

---

❶ Lang,“On the Need to Expand Article 23”, 490－1.

❷ 如，TRIPS Council，（IP/C/M/37/Add. 1），［115］（保加利亚）；来自瑞士的声明，“Joint Statement by the GI－Friends Group”, 13 July 2004（TN/C/4），2；来自保加利亚等国的通信，（IP/C/W/353），［13］.

❸ 来自阿根廷等国的通信，（IP/C/W/386），［7］.

❹ 如，来自瑞士的声明，（TN/C/4），2；来自保加利亚等国的通信，（IP/C/W/353），［13］；来自保加利亚等国的通信，（TN/C/W/21/Rev. 1），［7］，［13］.

❺ TRIPS Council，（IP/C/M/38），［69］（瑞士）；来自保加利亚等国的通信，（TN/C/W/21/Rev. 1），［8］.

❻ 参见，如，TRIPS Council，（IP/C/M/35），［166］（土耳其）.

价值，第 22 条应能够囊括所有误导使用，从而使消费者信任标志。与此同时，扩大使用可能会迫使外地生产商重新贴标签，并将生产集中在原产国的生产商手中（例如，市场上只有希腊菲达羊奶酪），这将限制消费者选择，使其处于不利地位。[1] 前一种观点由于以下两个理由受到攻击：首先，加强法律保护可能不足以形成足够的激励，因为产品规范需要被制定，生产商需要根据这些规范生产，并且他们也需要在产品营销上投入巨资。[2] 法律规则本身并不是万能药。这句话是一个重要的事先警告，但它强调了商业成功的其他因素，而不是直接讨论第 23 条的好处。其次，第 24 条中的例外情况的存在，可能使第 23 条对个别地理标志的好处失效，例如作为通用名称使用或先前商标不受现规定的制约。[3] 除了这些论点外，还对扩大使用增加消费者的费用和行政执行费用进行了辩论。[4] 然而，在重新审视的大多数论点中，可以发现某种基本假设。这些论点假定了一个特定的起点：如果我们继续扩大保护范围，对那些受影响的人会有什么实际影响？扩大保护范围会带来某些好处吗？他们没有认真考虑扩大使用在原则上或政策上是否具有正当性的问题，而是首先重新审视第 23 条存在的规范基础。正是在这个阶段，以下论点的重要性不言而喻。这些为加强保护寻找合理性的努力明里暗里地赞同这样一种观点，即符合第 22.1 条的地域产品类别应获得与普通商标货物不同待遇的做法是可取的。近年来，大部分实用性的争论在 TRIPS 理事会和学术研究中都浮出了水面。作为补充理由，它们支持了第 23 条使之不超出不正当竞争的支持框架。

地理标志保护的其他方面在 WTO 的讨论中也被认可了，与会代表们提到了这些地理标志产品与文化遗产是相互联系的，还与代际融合的创造性技能或传统知识有关联。这些问题早在 1989 年就出现了，当时欧洲共同体代表正在拟订一项建议草案：

> 他希望，能够更充分地利用农业方面的相对优势而从中受益的国家……将承认共同体能在自身相对优势中充分获益的合法性，这种相对优势尤其体现在积累专门知识、经验以及其具体的土壤和气候条件。共同体

---

[1] WTO，“Issues Related to Extension”，［62］. 但是，这种对名称的有限垄断不会阻止竞争对手广泛生产盐水奶酪替代品，也不会阻止零售商（如超市）在同一货架上摆放该奶酪。

[2] 这个观点主要来自 J. Hughes，“Coffee and Chocolate – Can We Help Developing Country Farmers Through Geographical Indications?”，International Intellectual Property Institute，Washington，DC（2009）. 同样参见 TRIPS Council，（IP/C/M/38），［87］（新西兰）和［113］（智利）.

[3] 来自保加利亚等国的通信，（IP/C/W/386），［10］（澳大利亚）.

[4] 一般性介绍，参见 WTO，“Issues Related to Extension”（TN/C/W/25）.

> 所寻求的实质是充分保护其人民的劳作、投入和商誉不被第三方不公平地利用。❶

过去20年来，对这种认可的需求增强。WTO对各国地理标志立法的审查强调了“人的创造力和人的因素”是决定是否有资格获得保护的主要标准之一。成员们“强调了人的因素与诸如质量、传统生产方法、葡萄栽培实践以及生产、准备和栽培方法等问题的相关性”。❷ 瑞士指出，与私有商标权利不同，地理标志“是国家、州（市）或社区遗产的一部分”。❸ 谈及专门的地理标志立法，印度的立场是地理标志“被认为是所有从事创造（此类）产品活动的人的财产或遗产”。❹ 泰国代表支持扩大地理标志的保护，因为“地理标志往往与文化和祖先的传统知识有关”。❺ 在扩大使用辩论的过程中，一个更具活力的对传统知识的理解被提出来，同时也驳斥了“努力投入建立任何与地理来源有关的产品的声誉是没有创造性的观点，（因为他）未能认识到，有时这种声誉是基于几十年甚至几个世纪的创造力，包括传统知识的发展”。❻ 另外，这样的主张也遭到了抵制，关于地理标志作为文化遗产这方面的论点也引起了争议，一些成员强调移民人口的习惯用法将屈从于对地理标志所传达含义的“真实性”的监控。❼ 扩大使用的支持者回应指向现有的安全阀门，包括通用名称的豁免和“祖父条款”的使用，但是，地理标志保护在这些术语中引起争论体现了重新定位保护这些标识的基础的努力的重要性。

除了认可和促进文化遗产和传统知识之外，相互关联的政策目标还包括创造就业、农村发展和生物多样性保护。

> “地理标志扩大使用”的好处以及由此产生的对地理标志更好的保护将促进当地农村社区的可持续发展、边缘地区的就业、支持建立其他经济

---

❶ GATT, “Minutes of Negotiating Group of 12 - 14 July 1989”, 12 September 1989 (MTN. GNG/NG11/14), [53].

❷ WTO, “Review under Article 24. 2 of the Application of the Provision of the Section of the TRIPS Agreement on Geographical Indications”, 24 November 2003 (IP/C/W/253/Rev. 1), [44].

❸ WTO, “Review under Article 24. 2 - Switzerland's Response to the Checklist”, 16 February 1999 (IP/C/W/117/Add. 13), 10, Fn11.

❹ See the response to Q. 13 in TRIPS Council, “Review of Legislation - India”, 8 October 2003 (IP/Q/IND/1).

❺ TRIPS Council, (IP/C/M/38), [180].

❻ WTO, “Issues Related to Extension”, [13].

❼ 同上注，[14].

活动，如旅游业、保护传统知识和生物多样性。在这些部门放宽限制的时候，“扩大使用”将有助于使地理标志成为推销和宣传优质产品的有价值的工具，从而提供新的市场机会。❶

在 WTO 出现这些较新的论点代表了一种大趋势，因为这些论点是在国家或地域制度的范围内提出的，也是在这一领域的跨学科学术研究范围内调查的。因此，目前为证明地理标志保护合法合理的努力可分为以下相互关联的标题，其中只有前两项与商标原则重叠：❷

（1）消费者关心准确地贴标签及减少搜索成本；

（2）生产者关心保护集体发展的声誉，并有动力去投入提升质量；

（3）认识到地方或民族文化遗产的某些方面与地理标志保护或有时甚至与消费有关；

（4）认可随着时间的推移，维持和改进这些产品的技术诀窍或传统知识；

（5）强调在实现农业政策目标方面的作用；

（6）与地理标志保护相关的环境效益，例如通过鼓励利用非主流植物品种或动物品种来保护生物多样性；

（7）强调农村发展的潜力或发展中国家的经济；

（8）满足消费者对地域性产品日益增长的需求，这种地域性产品通常认为是质量好的标志。

---

❶ 瑞士的陈述，(TN/C/4)，2.

❷ European Commission，“Why do Geographical Indications Matter to Us?”，Brussels，30 July 2003 (MEMO/03/160)（地理标志是欧盟和发展中国家文化遗产、传统生产方法和自然资源的关键）F. Fischler，“Quality Food，CAP Reform and PDO/PGI”，SPEECH/04/183，Siena（17 April，2004）（地理标志在农村的“更新”中起着重要作用，因为它们确保以保护本地植物品种，回报当地人民，支持农村多样性和社会凝聚力以及在生产、加工和其他相关服务中促进新工作机会的方式生产农产品。现在人们的需求得到满足，而自然资源和传统技能得到了保护，并代代相传）；A. Lôrincz – Fejes，“Protection of Geographical Indications：Point of View of the Hungarian Government”，7 July 2003（WIPO/GEO/SFO/03/6)，[13]（地理标志“构成不同政策的一部分，并与之相关：消费者保护、竞争、农业、文化和知识产权政策”）；D. Barjolle and E. Thé venod – Mottet，DOLPHINS Final Report：Work Programme 6 – Policies Evaluation DOLPHINS Concerted Action，Contract QLK5 – 2000 – 0593，European Commission (June 2003)，10（地理标志包含了很多文化遗产的内容）；FAO Committee on Commodity Problems，“Geographical Indications for Tea”，Hangzhou，14 – 16 May 2008（CCP：TE 08/5)，[9]（强调它们对农村环境和农村经济的重要性）；J. Kuanpoth and D. Robinson，“Protection of Geographical Indications：The Case of Jasmine Rice and Thailand”[2009] IPQ 288（强调减少贫困和可持续利用生物资源的潜力）；D. Rangnekar，“The Law and Economics of Geographical Indications：Introduction to Special Issue”(2010) 13 JWIP 77，77（[来自南半球国家（发展中国家)] 对更强有力的权利需求源于内源性的农村发展，本土社群的权利保护以及对具有文化象征意义的产品进行小众营销的各种机会）。

最近的一项研究总结了这种观念的转变：地理标志“不只是商业或法律工具，它们是多功能的”。❶ 我们现在也转向这样的论点。

3 规范性论点对扩大使用的支持

虽然详细讨论所有合理性依据超出了本章的范围，但这里的目的是评估它们对现行法律制度的意义。这些依据并没有为支持地理标志保护而广泛吸收所有观点，在关于地标保护范围和保护形式上，这些依据采用了指导性的争论观点，因此，它们能在更具体的方面发挥作用。在商标或不正当竞争学说中也有与传统地理标志保护类似的解释，即根据符号传播逻辑，市场中各种符号保护是建立在清晰明确的标志指代的基础上的。然而，第 23 条的“绝对”保护标准，或国际适用的规则——一旦注册了地理标志，就禁止未来的名称通用化——在具体争端中也不能以标志在语义上的大众认可为基础进行解释。在司法管辖范围内的消费者如何在特定时间点实际感知该标志似乎并不重要。甚至在不正当竞争的更广的概念中也不能解释这些规则，因为预防淡化或僭用标准通常要求保护的标识必须有一个现存的声誉，目标受众可能会将地理标志和被告的标志/标识联系起来，这可能会对地理标志造成损害和/或有利于被告。简而言之，标识的外延和内涵指射的功能在传播理论的范式中仍然很重要。

这些先决条件都不需要在加强保护标准下加以证明。实际上，这些制度设计是为本国的地理标志生产者保留相关标识，从而大大降低了与地理标志相关的权利对受众感知的依赖。当然，通过保留标识的使用，未来一旦地理标志在新市场上出现并运行，可能标志着它的来源或质量从而再次采用了传播逻辑。然而，今天的防范性的保护不能建立在未来潜在消费者的理解基础之上。虽然第 23 条比较特别，但在其他一些特定背景下标识得到了相当广泛的保护，这是在符号传播逻辑范式之外，并以其他的理论为基础的。❷ 由于焦点已不再是

---

❶ D. Giovannucci, T. Josling, W. Kerr, B. O'Connor and M. Yeung, *Guide to Geographical Indications: Linking Products and their Origins* (International Trade Centre, Geneva 2009), xvii.

❷ 一个例子是《巴黎公约》第 6 条之三的广泛保护，其目的是保护徽章、旗帜和其他国家标志。参见 *American Clothing Associates NV v. OHIM* (C-202/08 P) [2009] ECR I-6933; [2010] ETMR 3（确认此类标志的广泛保护，不需要以混淆之虞为构成要件）。另一个是新兴的公共政策争论，是围绕着预防与重大体育赛事有关的所谓“隐性营销”的更多争议性措施。在这里，官方赞助商被授予使用奥林匹克标志等的广泛权利，以换取大笔赞助费，使比赛能够举行并支持促进体育运动的政策。非常感谢 Michael Handler 提供的这个例子，参见 P. Johnson, Ambush Marketing: *A Practical Guide to Protecting the Brand of a Sporting Event* (Sweet and Maxwell, London 2007); D. Cran and S. Griffiths, "Ambush Marketing: Unsporting Behaviour or Fair Play?" [2010] *Entertainment Law Review* 293.

该标识的当代意义，我们的研究转向考虑其他解释以说明为何有关产品值得通过适当的法律制度予以鼓励和支持。前几章已经考虑了三种解释：（1）具有封闭边界和生物物理确定性的风土概念作为如下论点的基础：如果独特的产品来自独特的地方，那么“外部”使用是不合法的（第三章）；（2）以国家利益为基础的务实互利的谈判，如构成《里斯本协定》背景的双边协定所列的受保护条款清单所示（第四章）；和（3）在国际贸易谈判中加强地理标志保护几乎是不加掩饰的贸易保护主义的疑虑，而且它们的主要受益者是欧洲生产者（第一章和第五章）。前几段中较新的观点，例如基于传统知识认识或农村发展的观点，有可能为地理标志应得到不同待遇的理由提供更多有价值的解释。

起初，一些以取得特殊政策成果为前提的理由可能过于具体，无法在所有 TRIPS 成员方中普遍适用。考虑一下地理标志可以成为实现农业政策目标的有用载体的广泛主张。尽管这些先例可以追溯到 19 世纪对葡萄酒行业的监管，但最近这一观点的复兴与欧盟共同农业政策（CAP）的结构性改革有关。为了应对 WTO 贸易自由化的压力以及减少对农民生产的直接补贴，发生了从注重产品数量到注重产品质量的相应转变。❶ 这是由于人们相信消费者愿意为这些地域性产品支付溢价。❷ 因为欧洲农业部门要应付当初为确保第二次世界大战后的粮食安全而设计的重建生产最大化模式的挑战，所以它尤其受到这种发展的影响，这种“商品向高质量和适销对路的巨大转变不仅是由公共政策推动的，而且是由于农民和食品行业日益认识到，无差异商品的市场正在萎缩，他们有必要作出反应调整”。❸ 地理标志产品作为所谓第二支柱项目中具有更广泛驱动力的一部分，欧盟一直在探索地理标志产品的潜力以协助实现这一转变，发展小众的高质产品类别，包括有机农业和传统特产。❹ 对这一思路令人信服的反驳是，将其归为一系列特殊的欧洲关注点，这不会影响致力于生产主

---

❶ European Commission, “Green Paper on Agricultural Product Quality: Product Standards, Farming Requirements and Quality Schemes”, Brussels, 15 December 2008 (COM (2008) 641 final), 4（随着全球化的发展，来自新兴国家生产成本较低的产品给欧盟农民带来了更大的压力。农产品和有附加价值的产品的竞争日益激烈。面对这些新的商业挑战，欧盟农民最有力的武器就是“质量”）。

❷ CEC, Fact Sheet: European Policy for Quality Agricultural Products (Luxembourg 2006)（欧洲和世界各地的消费者对这些食品质量表现出越来越大的兴趣。确保农民和种植者能够最大程度地利用他们的产品所能提供的附加价值符合［欧盟］的利益）。

❸ A. Profeta, R. Balling, R. Schoene and A. Wirsig, “The Protection of Origins for Agricultural Products and Foods in Europe: Status Quo, Problems and Policy Recommendations for the Green Book” (2009) 12 JWIP 622, 622 - 3.

❹ London Economics et al., Evaluation of the CAP Policy on Protected Designations of Origin (PDO) and Protected Geographical Indications (PGI) (Final Report for the European Commission, November 2008).

义模式的国家，比如凯恩斯集团（Cairns group）的农业出口国。[1] 老生常谈的说法是，适用于特定背景的政策论点可能并不普遍适用。

在这个阶段，有必要考虑国际贸易谈判中有关农业政策争论的相关方面，即农业的“多功能”得到承认。这一概念作为继续提供农业补贴或国家支持的基础在 WTO 的审议中得到了突出运用，其目的是在更广泛的贸易自由化背景下对农民进行补偿，从而提供非市场公共产品，如社会或环境福利。最简单地说，(多功能性）承认农业在商品生产之外的作用，包括保护、美化环境、休闲娱乐、资源保护和农村景观的维持；这些因素据称对农业和农村社区的长期可持续性起着至关重要的作用。[2] 最初的重点是通过国家支持来刺激非商品的生产，正如经济合作与发展组织（OECD）在 2001 年的一份报告中指出，“多功能的关键要素是：(1）农业共同生产的多种商品和非商品产出的存在；(2）一些非商品性的产出具有外部效应或公共产品的特征，其结果是这些产品没有市场或市场运行差”。[3]

最新的理论观点提供了更多的可能性，多功能(multifunctionality）这一术语与多维度排序的程序、机构和各类主体的互动有关，这种互动是以人文作用的自然/半自然资源为中心的，也不能简化为任何单一的分析视角。[4] 尽管这一概念及其具体应用继续被审议，涉及新自由主义的农业商品化和生产主义的政策争论在欧盟以外与更加多元化的利害相关方有关。[5] 在这个更广泛的农业政策环境中，地理标志可以被视为一种法律工具，其可能实现极具吸引力的多功能目标。让我们考虑与这一概念相关的两个理想结果——生物多样性保护和农村或贫困地区发展的潜力。

---

[1] C. Lister，“A Sad Story Told Sadly：The Prospects for U. S. – EU Food Trade Wars”（1996）51 *Food & Drug Law Journal* 303，309；H. N. Niska，“The European Union TRIPS over the US Constitution：Can the First Amendment Save the Bologna that has a First Name?”（2004）13 *Minnesota Journal of Global Trade* 413，416（由于欧洲国家长期以来一直有意识地努力避免其他农业市场特有的农业规模经济，欧洲各国政府声称，它们的农民需要大量补贴或更有力的地理标志保护才能生存）。

[2] J. Clark，“Geographies of Multifunctional Agriculture：Developing Governance Explanations”（2010）4 *Geography Compass* 803. 也参见 H. Renting et al.，“Exploring Multifunctional Agriculture. A Review of Conceptual Approaches and Prospects for an Integrative Transitional Framework”（2009）90 *Journal of Environmental Management* S112.

[3] OECD，Multifunctionality – Towards an Analytical Framework（Paris 2001），13.

[4] Clark“Geographies of Multifunctional Agriculture”，804.

[5] J. Dibden，C. Potter and C. Cocklin，“Contesting the Neoliberal Project for Agriculture：Productivist and Multifunctional Trajectories in the European Union and Australia”（2009）25 *Journal of Rural Studies* 299［有证据表明，市场规则的兼容性与农业环境可持续性（以及在较小程度上的社会可持续性）在澳大利亚和欧盟都饱受质疑，尤其是在地域范围上。然而，这种争论的性质和用语是不同的，因为它是在截然不同的宏观经济和社会政治背景下形成的］；J. Dibden and C. Cocklin，“‘Multifunctionality’：Trade Protectionism or a New Way Forward?”（2009）41 *Environment and Planning* 163.

一些评论者确认与地理标志相关的产品之间存在潜在的协作增效的关系——这些产品通常被视为手工生产，依赖于农业原材料，因此出产于农村地区——以及这也符合保护生物多样性的目标。[1] 有人提出“地理标志提供了参与可持续利用生物多样性资源所需要的（基于市场的）激励”。[2] 由于基于注册的地理标志体系中的产品规范确定了自然和人文因素，因此人们对于它们“有助于维持总体的生物多样性，特别是遗传资源”的能力持乐观的态度。[3]菲利普·马尔凯内（Philippe Marchenay）梳理了专门的地理标志保护更深入的影响。虽然植物品种等遗传资源更易于非原地保护，但地理标志促进了原地保护。

> [他们] 努力通过有经济效益的动态保护手段来保护相关的资源。这些民族生态系统不仅产生了辨识度高的、特定的本地产品，还发挥了一系列不同的作用，例如为濒危物种提供庇护，维持野生动植物的多样性，以及景观美化等。某些产品通过复杂的（生态）结构得到了支持，这些结构在不同层面上维持着生物多样性，从整个景观到当地的品种或物种，再到微生物生态系统。[4]

如果有证据表明生物多样性增强了地理标志保护，必须记住，两者之间没有必要的相关性。环境或生态保护不是这些法律制度的主要动机。根据欧盟最近的一项评估：

> [虽然] 一些研究表明受保护的原产地名称 - 受保护的地理标志规范下的某些做法与环境相关的农业实践有一些联系，如通过要求某种动物饲养体系或最大放养密度 [以及] 地理标志产品在保护生物多样性和独特

---

[1] 一般参见 L. Bérard, M. Cegarra, M. Djama and S. Louafi (eds.), *Biodiversity and Local Ecological Knowledge in France* (INRA - CIRAD, Paris 2005); V. Boisvert, “From the Conservation of Genetic Diversity to the Promotion of Quality Foodstuff: Can the French Model of ‘Appellation d'Origine Contrôlée'be Exported?”, CAPRi Working Paper No. 49 (April 2006).

[2] T. W. Dagne, “Harnessing the Development Potential of Geographical Indications for Traditional Knowledge - based Agricultural Products” (2010) 5 *Journal of Intellectual Property Law and Practice* 441, 451.

[3] L. Bérard and P. Marchenay, “Local Products and Geographical Knowledge: Taking Account of Local Knowledge and Biodiversity” (2006) 58 *International Social Science Journal* 109, 109.

[4] P. Marchenay, “The Challenge of Conserving Local Practices, Knowledge, and the Living World”, in L. Bérard, M. Cegarra, M. Djama and S. Louafi (eds.), *Biodiversity and Local Ecological Knowledge in France* (INRA - CIRAD, France 2005), 89, 94 - 5. See also J. Larson, “Geographical Indications, In Situ Conservation and Traditional Knowledge”, ICTSD Policy Brief (October 2010).

> 文化景观方面显示出积极成果……另外，也有地理标志的例子证明在相关的环境影响下，就可持续性发展而言，生产方法与标准农业实践并没有完全不同。在某些情况下，一个受保护的原产地名称生产区的耕作制度和自然价值可能会有很大的差异。❶

不仅所期望的结果和所选择的法律载体之间没有必然的联系，甚至以注册为基础保护的某些特征可能与生物多样性保护议程背道而驰。正式的产品规范的起草导致了实践操作和可能性上的缩小。“如果产品的规范中没有包括某些品种或物种，那么该产品的成功推广可能会导致生物多样性的丧失。”❷ 同样，兰格卡（Rangnekar）观察到：“采用龙舌兰单一品种酿造龙舌兰酒，使得龙舌兰的遗传基础非常狭窄，而龙舌兰的种植容易受到病原体的侵害，并且依赖于高剂量的各种化学品保护植物。”❸ 这个局限性提醒我们不要把过多的期望寄托在地理标志上。我们需要知道地理标志保护制度的目标和具体机制，在考虑政策期望时，我们更应该区别对待。

人们对地理来源标志保护的发展更感兴趣。其正式确认见于第 510/2006 号条例❹第 2 条，其中承认“应鼓励实现农业生产多元化”，而“推广具有某些特点的产品对发展农村经济大有益处，特别是在条件较差或偏远地区。因为这可以提高农民的收入，从而使农村人口留在这些地区”。联合国粮食及农业组织（FAO）等国际组织也在积极研究这一发展潜力❺，它们正在进行两项分析——地理标志在发达经济体内提高农村和欠发达地区收入的潜力，以及探索

---

❶ EC Staff Working Paper, Impact Assessment Report on Geographical Indications – Accompanying the Proposal for a Regulation of the European Parliament and of the Council on Agricultural Product Quality Schemes (Brussels 2010), 15.

❷ B. Roussel and F. Verdeaux, “Natural Patrimony and Local Communities in Ethiopia: Advantages and Limitations of a System of Geographical Indications” (2007) 77 *Africa* 130, 144.

❸ D. Rangnekar, “Geographical Indications and Localisation: A Case Study of Feni” (ESRC Report 2009), 42.

❹ Council Regulation (EC) No. 510/2006 of 20 March 2006 on the Protection of Geographical Indications and Designations of Origin for Agricultural Products and Foodstuffs [2006] OJ L93/12.

❺ The Food Quality and Standards Service began a programme in 2007 – The Specific Quality Linked to Origin and Traditions Programme. 参见 www.fao.org/ag/agn/agns/projects_SQP_en.asp；并参见 FAO, “Promotion of Traditional Regional Agricultural and Food Products: A Further Step towards Sustainable Rural Development”, 26th FAO Regional Conference for Europe, 26–27 June 2008 (ERC/08/4).

增加对发展中国家的出口收入的前景。[1] 这种关注似乎是通过对分配正义的关切而保持的，即欠发达的地区和群体能否可以从这种形式的知识产权中获益。[2] 一般论证分三个阶段进行，目前每一阶段的细节正在不断充实。第一，假设消费者重视并愿意为地理来源标志产品支付溢价。第二，这应该转化为提高相关生产者的收入。第三，这实际上将实现农村的可持续发展，确保财富沿着生产链进行分配，在农村地区创造就业，这可能有助于遏制农村人口外流。

初步研究（主要是在发达国家市场的背景下进行的）表明，有理由对前两个阶段保持谨慎乐观的态度，而对第三个阶段的研究则描绘了更为复杂的情况。从第一阶段开始，就有一些主要来自欧洲的证据表明，消费者被地域性产品所吸引。[3] 这样：

> 近年来，欧洲食品生产和消费可能出现两种明显的趋势。首先，人们可能注意到对具有地理标识和反映传统生产方法、使用当地原材料和尊重当地环境的农产品和食品的需求发生了变化……其次，对已被授予了以［受保护的原产地名称或受保护的地理标志］形式指定的质量标签的农产品的需求已经发生了变化。[4]

---

[1] J. D. van der Ploeg, "High Quality Products and Regional Specialities: A Promising Trajectory for Endogenous and Sustainable Development", in OECD, The Future of Rural Policy – From Sectorial to Place – Based Policies in Rural Areas (OECD Publications, Paris 2003), 205; European Commission, "Geographical Indications – Background Paper to the Green Paper on Agricultural Product Quality", DG Agriculture and Rural Development Working Document (October 2008); S. Wagle, "Geographical Indications as Trade – Related Intellectual Property: Relevance and Implications for Human Development in Asia – Pacific", UNDP Asia – Pacific Trade and Investment Initiative Discussion Paper, Colombo (2007); S. Reviron, E. Thevenod – Mottet and N. El Benni, "Geographical Indications: Creation and Distribution of Economic Value in Developing Countries", NCCR Working Paper No. 2009/14 (March 2009); Das, "Socio – Economic Implications of Protecting Geographical Indications in India"; D. Rangnekar and S. Kumar, "Another Look at Basmati: Genericity and the Problems of a Transborder Geographical Indication" (2010) 13 JWIP 202.

[2] S. Bowen, "Development from Within? The Potential for Geographical Indications in the Global South" (2010) 13 JWIP 231, 234（就生产力而言，地理标志经常与边缘或条件较差的地区相关）; M. Vittori, "The International Debate on Geographical Indications (GIs): The Point of View of the Global Coalition of GI Producers – oriGIn" (2010) 13 JWIP 304, 305.

[3] K. van Ittersum, M. Meulenberg, H. van Trijp and M. Candel, "Consumers' Appreciation of Regional Certification Labels: A Pan – European Study" (2007) 58 *Journal of Agricultural Economics* 1; S. Marette, "The Collective – Quality Promotion in the Agribusiness Sector: An Overview", Centre for Agricultural and Rural Development Iowa State University, Working Paper 05 – WP406 (2005).

[4] D. Skuras and E. Dimara, "Regional Image and the Consumption of Regionally Denominated Products" (2004) 41 *Urban Studies* 801.

原产地是质量和其他与产品相关的各种理想关联的标志。目前，人们正在尝试研究原产地标识对市场的影响。越来越多的实证研究考虑了受保护的原产地名称或受保护的地理标志标签对消费者支付更高价格的意愿的影响。❶ 这种需求的驱动因素被认为包括收入增加，对食品质量和安全性的担忧，对高级或特定感官质量的需求，这些产品作为文化遗产的象征，对正宗性的渴望，以及支持本国生产者的购买。❷ 正如几个案例研究所证明的那样，这种消费者需求与产品能否收取溢价的能力相关。❸ 根据一个综合分析：

在 18 个案例中，有 14 个受保护的原产地名称/受保护的地理标志产品的价格高于其比价参考产品的价格。正向溢价范围从希腊锡蒂亚橄榄油（Sitia Lasithi Kritis）、西班牙特鲁埃尔火腿（Jamon de Teruel）和阿利坎特牛轧糖（Turron de Alicante/Jijona）的 5% 到法国布雷斯家禽（Volaille de Bresse）的 300% 不等。然而，大多数受保护的原产地名称/受保护的地理标志产品的生产成本比同类比价产品更高……由于成本较高，较高的价格并不一定意味着更高的利润。然而，案例研究中收集的证据表明，受保护的原产地名称/受保护的地理标志产品通常比其他同类比较的产品更有利可图。❹

咖啡正逐渐成为人们关注的焦点，因为它有可能体现在风土逻辑上，而且对发展中国家的咖啡种植者也很重要，否则他们就会看到消费者愿意支付很少

---

❶ 如，C. Fotopoulos and A. Krystallis, "Quality Labels as a Marketing Advantage: The Case of the 'PDO Zagora' Apples in the Greek market" (2003) 37 *European Journal of Marketing* 1350; H. Resano - Ezcaray, A. I. Sanjua'n - Lo'pez and L. M. Albisu - Aguado, "Combining Stated and Revealed Preferences on Typical Food Products: The Case of Dry - Cured Ham in Spain" (2010) 61 *Journal of Agricultural Economics* 480.

❷ FAO, "Promotion of Traditional Regional Agricultural and Food Products", [12]; C. Bramley, E. Biénabe and J. Kirsten, "The Economics of Geographical Indications: Towards a Conceptual Framework for Geographical Indication Research in Developing Countries", in WIPO (ed.), The Economics of Intellectual Property: Suggestions for Further Research in Developing Countries and Countries with Economies in Transition (WIPO, Geneva 2009), 109.

❸ Giovanucci et al., Guide to Geographical Indications, 10; EC, Impact Assessment Report, 14 - 15; D. Barjolle and E. Thévenod - Mottet, "Economic Aspects of Geographical Indications", in L. Bérard, M. Cegarra, M. Djama and S. Louafi (eds.), *Biodiversity and Local Ecological Knowledge in France* (INRA - CIRAD, France 2005), at 213 - 215; J. Suh and A. MacPherson, "The Impact of Geographical Indication on the Revitalisation of a Regional Economy: A Case Study of 'Boseong' Green Tea" (2007) 39 *Area* 518; H. Vakoufaris, "The Impact of Ladotyri Mytilinis PDO Cheese on the Rural Development of Lesvos Island, Greece" (2010) 15 *Local Environment* 27.

❹ London Economics et al., Evaluation of the CAP Policy, 258.

的咖啡溢价。❶ 目前正在考虑的一项措施是通过使用地理来源标志突出咖啡的来源来实现咖啡的去商品化（在期货市场中的），因为单一来源的咖啡零售价格较高。然而，当涉及争论的第三部分时，研究结果表明，需要一种对背景环境更敏感的措施。初步研究已经确定了一些关键因素，这些因素往往会影响地理来源标志保护有效实现农村发展目标的能力。

近年来，实证质化研究不断丰富细节，这强调了导致地理标志成败的因素。制度设计的问题变得很重要，以及一系列门槛问题需要被确认。首先，谁加入这些注册和管理地理标志产品的集体组织？为什么？模型预测到那些希望生产高成本、高质量产品的企业可能无法与注重价格的零售行业竞争。这些市场竞争者对基于差异化的产品质量作为长期生存策略具有浓厚的兴趣。此外，“与内部发展相比，合伙和联盟也是一种更快能重新定位的方式，而且成本更低，不那么不可逆转，也比合并更成功。网络为边做边学提供了环境。当信息通过网络传递时，它变得更加自由和丰富，会产生新的联系和新的意义，它们会被讨论和评估”。❷ 然而，机会主义行为的风险源于这种相互依赖，促使相互合作建立控制机制，例如产品规范和检验构架。一项对秘鲁曼特科索奶酪（Mantecoso）产品链的案例研究表明，这种纵向（如生产者和加工者之间）或横向（如生产者之间的协作）的协调对小农业生产者具有特殊的优势，因为它让生产者通过强调质量、身份和信任等因素，在一定程度上避免直接的基于成本的竞争。❸ 不过由于动机和方法不同，很难一概而论。

> 例如，在一个案例（拉里樱桃）中，资质［即注册所需的产品规范的起草］是由许多但协调良好的市场竞争参与者作为地域战略的一部分来控制管理的。在另一个案例［意大利吉贝洛区古拉泰勒火腿（Culatello

---

❶ B. Daviron and S. Ponte, *The Coffee Paradox: Commodity Trade and the Elusive Promise of Development* (Zed Books, London 2005); Hughes, “Coffee and Chocolate – Can We Help Developing Country Farmers through Geographical Indications?”; A. Arslan and C. P. Reicher, “The Effects of the Coffee Trade Marking Initiative and Starbucks Publicity on Export Prices of Ethiopian Coffee”, Kiel Working Paper No. 1606 (March 2010); R. Teuber, “Geographical Indications of Origin as a Tool of Product Differentiation: The Case of Coffee” (2010) 22 *Journal of International Food and Agribusiness Marketing* 277.

❷ Reviron et al., “Geographical Indications: Creation and Distribution of Economic Value in Developing Countries”, 18. Cf. S. O'Reilly, M. Haines and F. Arfini, “Food SME Networks: Process and Governance – The Case of Parma Ham” (2003) 3 *Journal on Chain and Network Science* 21, 24［影响成员方加入该体系的最重要因素与中小企业支持品牌发展（例如产品差异化，促销和增加消费者需求）的能力有限有关。市场准入和信息也很重要］。

❸ P. Van de Kop, D. Sautier and A. Gerz (eds.), *Origin – Based Products: Lessons for Pro – Poor Market Development* (KIT, Amsterdam 2006), 91.

di Zibello)] 中，地方政府的干预有助于供应链策略更具有地域特色。在第三个案例［兰开夏郡奶酪（Lancashire cheese)］中，一个生产者凭借意识到的营销优势主导整个资格认证过程，实际利用体系结构（预先存在的关联）和规范（欧盟 PDO 名称）来实现预期的结果（一个官方名称，未来可能会给一系列产品中的一个产品带来营销上的利益）……该资质被用作一个公司追求营销策略的一部分。❶

研究人员研究了这三种不同的发展轨迹，确定了每个地理来源标志应用的社会经济背景等因素（该地区是否有集体行动和代表机构的传统）以及产品的经济和文化意义，这有助于说明注册的不同参与程度和动机。正在考虑的另一个问题是地理来源标志保护的利益在供应链上分配的程度。卡斯图里·达斯（Kasturi Das）指出了一个“棘手的问题”，即确保“从产品因地理标志状态而获得的利益（如果有的话）公平地分配给实际的生产者/工匠”。❷ 正如对南非路易波士茶叶（Rooibos tea）的案例研究显示，大多数“生产者不是小农业生产者或弱势群体，而是大型生产者。因此，一个基础广泛的行业监管机构将倾向于重构在供应链中存在的权力关系”。❸ 该研究还建议，治理结构的组织和领导至关重要，而“公平贸易”等标签可能被用来补充地理来源标志的注册。有影响力的参与者在供应链中操纵生产标准的可能性是显而易见的。莎拉·鲍恩（Sarah Bowen）通过龙舌兰酒规范的起草过程说明了这一点。主要的生产公司都是跨国公司，而负责管理该产品的墨西哥国家机构则相对弱势。在确定龙舌兰酒的质量标准时，这种紧张关系是不言而喻的。

龙舌兰酒产业的历史以种植龙舌兰的农民与龙舌兰酒公司之间的激烈冲突和不断加剧的不平等为特征。四个关键问题说明了质量标准的松动：降低蓝龙舌兰糖的最低要求比例，继续大量出口龙舌兰酒，最近加入了增添味道的龙舌兰酒，以及最近关于“成熟”龙舌兰酒定义的争议。❹

这种对地理来源标志保护好处的假设性探索对发展中国家特别有帮助，否则，发展中国家夸夸其谈地支持保护就有脱离社会经济和物质现实的危险。地

❶ A. Tregear, F. Arfinib, G. Bellettic and A. Marescottic, “Regional Foods and Rural Development: The Role of Product Qualification” (2007) 23 *Journal of Rural Studies* 12, 19.

❷ K. Das, “Prospects and Challenges of Geographical Indications in India” (2010) 13 JWIP 148, 149.

❸ Van de Kop et al., Origin - Based Products, 93 - 4.

❹ Bowen, “Development from Within?”, 238.

理标志制度建立需要时间和精力。如果要使该制度持续运作，就需要对机构结构进行投资并产生运营成本。从案例研究中总结出的经验教训表明，要取得长期成功，有四个至关重要的因素：（1）维持、营销和监控地理标志的强大组织和制度结构；（2）在一个地理标志地域内生产者和企业的公平参与、共享成本、效益和决策权；（3）长期致力于推广和商业化产品的强大市场合作伙伴；（4）有效的法律保护，首先要有健全的地方地理标志制度。❶ 令人鼓舞的是这些因素的细节和细微差别开始显现。关于有效的体制结构、授权给机构的办法和适当的市场条件这些方面的文献的扩展和深化，应有助于地理标志实现它们有能力实现的价值的公平分配。

最后，我们通过对地理标志与传统知识（TK）之间关系的简要评估来总结对规范性论证的调查。作为对当前法律学说盲点的回应，国际知识产权话语中出现了“资本化”这一术语❷。在现行法律学说中，只有特定形式的创造性和发明性的活动归属于特定类别（通常为个人）的权利持有者。正如丹尼尔·热尔韦所描述的：

> 以版权、商标、外观设计和专利形式的知识产权保护通常适用于：“可识别的作者、发明人或其他创作者（将获得单独奖励）；可辨认的作品、发明或其他物体；被定义的限制性行为”。传统知识并不完全符合知识产权的这三个特征。很少有知名的作家或发明家的创作、发明和知识代代相传和改进。知识有时是易变的，很难为专利申请的目的而限定或确定为一个或多个受版权保护的作品。最后，原住民社区想要阻止的行为类型不一定是财产化所提供的行为类型。❸

一些评论者指出，与传统的知识产权保护方式相比，基于注册的地理标志

---

❶ Giovanucci et al., Guide to Geographical Indications, xviii - xix. For other such meta analyses, see Barjolle and Thévenod - Mottet, “Economic Aspects of Geographical Indications”, 213, 215 - 16; London Economics et al., Evaluation of the CAP Policy, Chapter 6.

❷ “最近对传统知识的定义总结如下：它指的是传统背景下的智力活动所产生的知识的内容或实质，并且包括构成传统知识诀窍、技能、创新、做法、教导和学问，以及体现传统的土著和地方社区的生活方式的知识，或者包含在经过几代人传承并随着环境、地理条件和其他因素的变化而不断发展的经过整理的知识体系。它不限于任何特定的技术领域，可能包括农业、环境和医学知识，以及任何与文化表达和遗传资源相关的传统知识。”参见 Art. 3（2）of WIPO, “The Protection of Traditional Knowledge: Revised Objectives and Principles”, 15 September 2010 (WIPO/GRTKF/IC/17/5), Annex, 33.

❸ D. Gervais, “Traditional Knowledge & Intellectual Property: A TRIPS Compatible Approach” [2005] *Michigan State Law Review* 137, 141.

制度的特点对传统知识产品的保护更为有利。地理标志是集体知识产权的一种形式。它们可以包括集体进化的传统；在起草产品规范时认可集体决策过程；承认创造商誉所需的几代人的努力；允许通过对规范进行修订使生产技术得以发展；有效期可能不受限制；不能在规定的原产地以外转让；并且是一种以市场为基础的机制以激励手工或传统生产方法的传承延续。[1]

笔者想在此分享的见解既简单又可能有争议。到目前为止，在传统知识背景下地理标志的文献讨论已经将地理标志评估为在现有知识产权类别内实现传统知识保护目标的工具。地理标志在传统知识的故事中起了一定的作用，它们是别人聚会上的客人。相比之下，笔者提出的观点是，增强的或“绝对的”地理标志保护可以在其承认某种形式的传统知识的基础上得到解释——第三章中确定的技能或本土知识，并可能被纳入第五章的 TRIPS 定义。加强地理标志保护能够从根本上得到重塑——至少对希望符合第 23 条保护级别的一部分产品而言——这与集体产生的、代际传播的和不断发展的知识的认可有关。这种重新考虑是建立在本书的历史研究上的，它追溯了作为葡萄酒原产地保护的一个关键维度的人文知识和技术诀窍被逐渐认可，以及在 TRIPS 定义中给予更多“人文因素”的空间。以第 23 条所规定的另一种办法，不管公众的感知如何，通过将标识或名称保留给“原本”的生产者集团使用，而不是通过专利或商业秘密等垄断性的法律制度保护相关的技术知识。这利用了在特殊的地理标志制度中作为法律监管的对象在标志和产品之间不停变换，并绕开了传统知识争论中被视为弱点的问题。有人认为地理标志保护制度不保护传统知识的基本内容，所以西班牙卡瓦起泡酒生产商可以学习和利用类似于香槟的制作方法。不过这可能不是一个问题。第三章证明了地名中的不严密之处，以及说明了通常纳入地理标志规范的外部影响或外地原材料的问题。因此，通过保留标志的使用来奖励与地理上特定技能相关的努力和创新，而不是保护知识本身，可能会达到适当的平衡。这使得技术可以自由借用、调整和改进。对于与地理标志生产相关的本地知识，这种传播流动性更好。这还需要满足准入条件，即寻求第

[1] D. R. Downes, “How Intellectual Property Could be a Tool to Protect Traditional Knowledge” (2000) 25 *Columbia Journal of Environmental* Law 253, 268 – 272; Sunder, “The Invention of Traditional Knowledge”, 114 – 15; Addor and Grazzioli, “Geographical Indications Beyond Wines and Spirits”, 893 – 5; S. Singhal, “Geographical Indications and Traditional Knowledge” (2008) 3 *Journal of Intellectual Property Law and Practice* 732; Dagne, “Harnessing the Development Potential of Geographical Indications for Traditional Knowledge – based Agricultural Products”, 446 – 7; D. Zografos, “Can Geographical Indications be a Viable Alternative for the Protection of Traditional Cultural Expressions”, in F. Macmillan and K. Bowrey (eds.), *New Directions in Copyright Law*, Vol. 3 (Edward Elgar, Cheltenham 2006), 37, 55.

23 条保护水平的地理标志产品必须证明存在与该产品相关的不断发展的本地知识体系。以上，这些最近的基础论点中的每一个都有可能解释为什么在 TRIPS 制度下地理标志与商标被区别对待。

4 国际注册及其影响

在编写本书时，拟议的葡萄酒和烈性酒多边通知和登记注册制度出人意料地恢复了。在 TRIPS 理事会“特别会议”上进行了十多年停滞不前的磋商之后，2011 年年初出现了一份综合草案。它仍然是非常试探性的措辞，文本选项标记在括号内。❶ 与扩大使用的争论不同，这里谈判的必要合法性更加明确了。然而，注册的性质和注册的法律效力仍然产生相当大的分歧。❷ 迄今为止有三项提议推动了讨论的进展。美国和其他国家已经提交了一份“联合提案”，这些国家对加强地理标志保护的国际制度持怀疑态度。❸ 欧盟不得不修改其原有的“TRIPS plus”提案并收敛其野心，很多国家也加入了这一进程，这些国家统称为“W52”集团。❹ 最后，中国香港提出了一个注册提案作为这两种选择之间的折中办法。❺

从这些讨论中产生了许多问题❻，但其中有两个问题是争论的核心。W52 集团赞成建立一套 WTO 注册制度，该制度建立一种假设（基于某些理由可以反驳），即已注册的地理标志将得到整个 WTO 成员方的保护。因此，随附的注册建议就申请、通知、反对期间、拒绝注册理由等程序方面作了更详细的说明。联合提案的支持者希望建立一个只提供信息的注册制度，作为自愿加入制度的一部分，每个成员首先将其受保护地理标志的清单送交 WTO，以便列入

---

❶ TRIPS Council，“Report by the Chairman to the Trade Negotiations Committee”，21 April 2011（TN/IP/21）.

❷ 最初是基于第 23.4 条内置的指令，烈性酒因为 WTO 被添加进去，“Doha Ministerial Declaration”，20 November 2001（WT/MIN（01）/DEC/1），[18].

❸ 提议的原始版本于 2005 年提交，于 2008 年修改。关于最新的版本，参见 Argentina et al.，“Proposed Draft TRIPS Council Decision on the Establishment of a Multilateral System of Notification and Registration of Geographical Indications for Wines and Spirits”，31 March 2011（TN/IP/W/10/Rev. 4）.

❹ 来自欧共体的通信，“Geographical Indications” 14 June 2005（TN/IP/W/11）. 关于之前的提议参见 Fusco，“Geographical Indications：A Discussion of the TRIPS Regulation”，Fn 46.

❺ 来自中国香港的通信，“Multilateral System of Notification and Registration of Geographical Indications under Article 23.4 of the TRIPS Agreement”，23 April 2003（TN/IP/W/8）.

❻ 关于全面性的回顾，参见 WTO，“Discussions on the Establishment of a Multilateral System of Notification and Registration of Geographical Indications for Wines and Spirits：Compilation of Issues and Points”，23 May 2003（TN/IP/W/7/Rev. 1）.

秘书处管理的数据库。随后，参与的成员在根据其国内法作出地理标志保护决定时必须查询数据库，非参与成员将被鼓励，但其没有义务查询数据库。因此，分歧转向了注册的法律效力以及注册是否对整个 WTO 成员方具有约束力（普遍适用）还是只对那些选择加入该体系的国家具有约束力的问题。❶ 香港的提案试图选择一种中间道路，即被公告的地理标志只接受 WTO 的正式审查，这确立所有权的初步证据，符合第 22.1 条中关于 TRIPS 的定义以及在原产地/国的保护。然后，可以在国家法院、裁判庭或行政机构的诉讼程序中推翻这些假设，他们的判决裁定或决定将以国内法为依据，因此只会在自己领土上产生有限的影响。

在此背景下，最近拟定的关于多边注册制度的草案文本遵循六点顺序：（1）向 WTO 提出申请的通知；（2）注册，包括在管理该体系的 WTO 秘书处角色的性质；（3）与注册的法律效力有关的争议较大的方面，包括因此强加给会员的义务；（4）体系运行的费用和成本；（5）对发展中国家的特殊待遇（特殊和差别待遇）；（6）参与，考虑该制度是否完全是自愿的，或者一个有效期的注册是否会对所有 WTO 成员产生一些影响。❷ 虽然这些问题很重要并且激起了对注册保护适用性的有益讨论，但笔者关注涉及更基本的转折或临界点的注册制度，这个注册制度到目前为止其尚未被充分重视。这些发展凸显了对基于注册的保护形式的越来越多的承诺，这将确定国际地理标志保护的未来。

本书记录并说明了过去一个世纪以来存在的多种形式的地理来源标志保护。其中一些形式，特别是那些在不正当竞争制度下制定的，不需要书面规范。相反，产品细节在争议时变得越来越清楚（例如，当法官确定是否已经发生假冒时），类似于确定版权争议中保护对象的边界的方式。在恢复多边注册的同时，必须考虑逐步巩固欧盟葡萄酒、烈性酒和食品❸的独立制度，以及修改里斯本注册体系的提议（第三章）。与（未注册）版权保护或（基于注册的）商标保护不同，地理来源标志保护已经存在了一个多世纪却没有相应的被广泛接受和制度嵌入的形式，因为指示地理来源的标识由大范围的民事、行政和刑事法律监管。虽然这种逐渐过渡到以基于注册的保护形式的做法并不排

---

❶ 主席报告，“Multilateral System of Notification and Registration of Geographical Indications for Wines and Spirits”, 22 March 2010（TN/IP/20），[13]（正如主席最近确认的，“注册和参与的法律效果/后果的议题是绊脚石，解决这些问题，特别是关于注册的法律效果/后果的问题，将有助于在其他领域取得进展”）。

❷ 草案作为主席报告的附件（TN/IP/21）。

❸ 参见“Annex B：Geographical Indications”, in EC Staff Working Paper, Impact Assessment Report for a Communication on Agricultural Product Quality Policy（Version 08 -4 -09）（2009）44 -46.

除其他制度对标识在市场上使用的监管，但随着时间的推移，它在概念上应该会使这些制度黯然失色。正如我们在前几章中看到的，将生产技术扁平化并将其确定在注册表单上的必要性引发了很多尚未解决的问题。由谁提出申请，以及由谁核实申请人是否有能力以具有代表性的身份运作？规范中体现了谁的利益和偏好？如何适应生产技术的变化？适应变化和进一步改善到何种程度？新的技术发展何时彻底改变产品的“手工”特性？定义生产边界的算法是什么？是否应该对大部分非农业产品，例如工艺品和纺织品，采用单独的确定边界的技术？当谈到基于TRIPS的定义，在确定产品和地点之间的联系时，风土的竞争逻辑和基于声誉的方法是如何协调的？最后，证明和集体商标还是专门的制度，这两种基于注册的制度哪种会更有效？这些都是有待未来研究的开放性问题。

为了强调更广泛地参与注册制度的必要性，最后一个问题在这里进一步展开。许多现有的文献比较了基于注册的专门地理标志制度与替代商标制度（通常是证明或集体商标），这种比较不是很令人满意。而这些文献是一个单薄且高度抽象并有不同观点的合集。这些积累起来表明了专门的地理标志体系在注册阶段更加繁重，随后涉及更多的监管，也提供了更好的保护。该体系更密切地参与产品规范的创建和维护。

> 公共导向或专门的地理标志保护体系可能是官僚化的，但往往将地理标志视为一种公共产品，因此承担了与保障和实施地理标志保护相关的成本。私有化导向的制度，例如那些主要依赖商标法的制度……可以更容易建立和得到响应，但责任和成本，尤其是检测和执行，由地理标志［申请人］自身承担。❶

通常，这种类型的比较将证明商标与地理标志制度进行对比。集体商标本质上是以俱乐部的形式运作的，而会员资格的标准或先决条件可能要模糊得多。获授权使用商标的人员类别、成员资格条件和商标的使用条件是在申请中必须注明的重要方面。只要这些条件是清晰明确的，就不会详细审查这些条件的内容。与此同时，单独的商标仍然是一种可能的保护形式❷并且偶尔会被使

---

❶ Giovanucci et al., Guide to Geographical Indications, 14.

❷ AIPPI, “Resolution on Q. 118 – Trade and Service Marks and Geographical Indications” (1994) Annuaire 408 at [4.1]（然而，AIPPI注意到，在一些国家，法律并没有提供对集体商标或证明商标的保护或任何其他适当的保护，货源标记或原产地名称作为单独的商标进行保护）；USPTO, “Geographical Indication Protection in the United States”, 5 – 6（最后，在美国制度下，可以将地理标志作为［单独的］商标来保护）。

用，但这些是最不透明的注册形式。它们的使用是基于注册人和地域生产者之间的标准许可协议，尽管可能存在对不使用撤销的疑问。由于有争议的商标是由被许可人而不是商标所有人使用，仅凭这一点是否足以维持商标，就会产生歧义。还有一种可能性是，有一个不够格的或没有代表性的申请人将地理来源标志注册为商标，然后有选择地许可其使用。❶ 因此，鉴于传统文献以及主要考虑到证明商标，综合这些差异看起来是这样：❷

- 每个标识传达的信息是不同的。对于地理标志而言，它不仅是地理来源，而且在许多制度中传达了关于特定产品质量和客观验证的生产方法的信息。商标只是表明质量始终如一，这瓶可乐的味道尝起来和上一瓶一模一样。
- 作为一个相关问题，一个专门的地理标志制度的存在标志着对产品和地点之间联系的制度承诺。这个专门的制度是围绕一系列不同的注册问题和政策结果而设计的，这些与商标法只有部分重叠。产品与产地之间的联系表明，地理标志与商标法的中立或淡然态度相反，而带商标的商品的生产地点将随着外包趋势、劳动力成本和税收制度的波动而变化。
- 法律利益的性质往往不同。商标被归类为私有财产权；基于对某些共同制定的生产标准的遵守，地理标志通常与使用该标志的权利相关联。
- 申请过程中存在程序性和行政制度上的不同。地理标志通常没有时间限制，而商标通常是10年的周期。对于地理标志制度，费用结构也有所不同，在某些情况下不需要初次申请或续展费用，反映了国家非常关注这些标志的识别。
- 在保护范围方面也存在较大差异，地理标志被授予绝对保护，包括有权防止的限制使用，例如指示真实的原产地或“式”/“型”的使用这

---

❶ A concern recognised in the UK IPO Manual of Trade Mark Practice (2011), Chapter 4, Section 2.1.4.

❷ A. F. R. de Almeida, “Key Differences between Trade Marks and Geographical Indications” (2008) EIPR 406; J. M. Cortes Martin, “The WTO TRIPS Agreement – The Battle between the Old and the New World over the Protection of Geographical Indications” (2004) 7 JWIP 287, 309 – 11; Rangnekar “Socio – Economics of Geographical Indications”, 16 (Table 2); F. Gevers, “Geographical Names and Signs Used as Trade Marks” (1990) EIPR 285, 286 – 7; WIPO, (SCT/9/4); I. Kireeva and B. O'Connor, “Geographical Indications and the TRIPS Agreement: What Protection is Provided to Geographical Indications in WTO Members?” (2010) 13 JWIP 275, 288; EU – China Trade Project, Q&A Manual: European Union Legislation on Geographical Indications (December 2007).

些情况。虽然许多商标体系为享有适当声誉的商标提供反淡化保护，但是当多方共同使用标志时，淡化是否损害表示单一销售来源标志的显著性是不确定的。❶

- 地理标志一经注册，便可以防止将来的通用化的影响，而商标仍然容易受到这种影响。
- 这两种类型的标识均开放给符合标准的任何人，并且不应允许注册人不合理地排除希望使用该标识的人，这一原则似乎已经逐渐趋于一致。
- 总体而言，国家对地理标志体系的参与程度或公共/准公共监督程度更高。相比之下，根据商标法，“很少有公众能保证该商标不仅是一种私人营销手段”。❷
- 证明或集体商标具有与围绕私有产权和私有利益设计的制度相关的灵活性和适应性。无须国家干预即可设置和修改标准。费用和成本由注册人而非纳税人承担。此外，世界上大多数国家存在这种保护形式。❸
- 同样，在商标制度内注册的地理来源标志必须遵守其规则。这包括受到事先商标注册的限制；需要在该管辖区使用以维持注册状态；涉及地名的需要获得显著性；限制保护范围以及与注册、私人监管和证明混淆使用相关的费用。❹

虽然这在描述上有用，但它不能帮助我们在更具体的情况下评估每一种方法的优点。对此，近期有两个值得关注的发展。第一个是用与背景联系更紧密的方法来比较各种体系。第二个涉及国家在专门地理标志系统中的作用的初步探究。当前，人们更关心选择某一方法胜于另一种方法导致了实用主义的结果。因此，对于采取更具战略性的方法注册，盖尔·埃文斯（Gail Evans）考虑了“获得有效的地理标志或（商标）的法律要求，以及在不同的生产条件

---

❶ 关于重新诠释团体标志独特性的问题，参见 D. Gangjee，“The Business End of Collective and Certification Marks”，in I. Simon Fhima（ed.），*Trade Mark Law and Sharing Names*：*Exploring Use of the Same Mark by Multiple Undertakings*（Edward Elgar，Cheltenham 2009），79；P. M. Brody，“Geographical Indications and Dilution：Reinterpreting ‘Distinctiveness’ Under the Lanham Act”（2010）100 TMR 905.

❷ R. W. Benson，“Regulation of American Wine Labeling：In Vino Veritas?”（1978）11 *University of California Davis Law Review* 115，122 –3.

❸ B. M. Bashaw，“Geographical Indications in China：Why Protect GIs with Both Trade Mark Law and AOC – Type Legislation?”（2008）17 *Pacific Rim Law and Policy Journal* 73；M. Ricolfi，“Is the European GIs Policy in Need of Rethinking?”［2009］IIC 123.

❹ O'Connor，“10 Years Later”，12 –16.

和经济发展水平下，不同形式的商业化可能在多大程度上促进农产品的销售”。[1] 她的结论是，商标制度“为生产者们提供了必要的灵活性，使他们能够获得消费者的认可，从而建立起基于地理来源的产品声誉，随后地理标志制度提供的更广泛的保护将更好地维持产品溢价”。[2]

其他国家则开始探索在多大程度上能成功移植欧洲专门的模式。在埃塞俄比亚，学者们注意到了在基层建立生产者团体方面制度上的困难，需要利益相关者参与进来，并通过与零售商和消费者建立联系来促进网络的建立并作用于市场，因此利润才能返还给种植者和农民。[3] 一项研究比较了在欧盟注册为 PGI 的哥伦比亚咖啡和选择采用商标的埃塞俄比亚优质咖啡的命运，这项研究表明，每个制度都会提供不同的保护。因此，建议采用累加保护策略。[4] 一个相关的新成立的学术团体着重于研究国家在注册过程中作为监督者、促进者和调解者的作用。

第三章对法国葡萄酒危机的历史分析提出了公众或国家参与的最初原因。即使在专门体系中，最初教训也表明，国家应该促进甚至发起行动，但要让利益相关者在此过程中贯彻到底。

> 而将人们联系起来，建立结构化的集体营销策略以及监管集体组织的成本很高……自上而下的方法很少会成功，因为它可能没有充分考虑运营商的担忧和商业风险。地方当局或非政府组织可以发起一个商业项目，但它们必须让私人运营商建立并推动该项目，因为后者必须承担商业和投资风险。[5]

---

[1] G. E. Evans, “The Comparative Advantages of Geographical Indications and Community Trade Marks for the Marketing of Agricultural Products in the European Union” [2010] IIC 645, 646 – 7.

[2] 同上，647.

[3] Roussel and Verdeaux, “Natural Patrimony and Local Communities in Ethiopia”, 144 – 6.

[4] L. Schübler, “Protecting ‘Single – Origin Coffee’ within the Global Coffee Market: The Role of Geographical Indications and Trade Marks” (2009) 10 *Estey Centre Journal of International Law & Trade Policy* 149. 几个地理标志集体利用了这种重叠，将其标志注册为商标。参见 WIPO, “Technical and Procedural Aspects Relating to the Registration of Certification and Collective Marks”, 15 May 2009 (SCT/21/3), Annex [这些包括帕尔玛火腿（Parma Ham）的公爵皇冠（Ducal Crown）（标志），格拉娜·帕达诺奶酪（Grana Padano），慕尼黑啤酒（Münchner beer），阿斯蒂起泡酒（Asti sparkling wine），希托普斯葡萄酒（Hilltops wine），牙买加蓝山咖啡（Jamaica Blue Mountain coffee），大吉岭茶（Darjeeling tea）和普洱茶（Pu'er tea].

[5] Reviron et al., “Geographical Indications: Creation and Distribution of Economic Value in Developing Countries”, 19.

国家还帮忙提升能力，帮助个体手工生产者做出适应新产品特性的转型，如质量控制、数量、规律性和付款条件等，以适应更广泛的营销活动。[1] 各国还应在利益相关者之间发生冲突时扮演调解人的角色。因此，以意大利库拉泰勒火腿（Culatello di Zibello）为例，火腿手艺人坚持使用较长时间的季节性的传统方法制作，而中间商则主张允许时间更短的全年生产。地方政府达成了妥协，即根据不同做法标准采用两个不同的名称。[2] 还需要密切注意国家支持与国家干预或寻租之间的语境上敏感的界限。在世界上许多地方，政府雇员的腐败或对生产者的担忧漠不关心仍然是一个真正的威胁，在这些地方，地理来源标志保护可能会发挥最大的作用。[3] 因此，需要更多地关注每一种注册制度类型中市场与国家之间的相互作用，以及体制设计的问题。

5 结 论

通过将第 22 条至第 24 条中的地理标志条款与第 15 条至第 21 条中规定商标保护最低标准的条款并列比较可看出，TRIPS 强调在知识产权法中对这两类标识的区别对待。然而，它的谈判历史并没有解释为什么会出现这种情况。本章通过探讨从不正当竞争预防的原则中得出的理由不充分之处，重新构建了区别对待的认识基础。相反，它考虑的是，地理标志专门制度是否暗暗地承认另一种潜在的对象——这些标识所指的产品。如果产品——以及生产这些产品的人——具有足够的价值或重要性，那么不管相关标识在特定受众面前的接受情况如何，它应该保留给原产国的生产者组织。本章更详细地考虑了评价基本产品的一些理由，特别是那些与农业政策目标的实现、生物多样性的保护、农村发展战略或发展中国家的利益有关的理由。本章还考虑了一种不同的变形的传统知识论点是否可以帮助加强地理标志保护。以经验驱动、富有洞察力和跨学科的文献研究正在开始发展并挑战这些主张。最后，很明显我们似乎即将致力于一种制度形式的地理标志保护，选择在国家层面建立注册制度，并将其纳入未来的国际注册制度。本章最后提出了一些问题，这些问题需要在我们向基于注册保护过渡的过程中加以解决。

---

[1] Van de Kop et al., Origin - Based Products: Lessons for Pro - Poor Market Development, 90 - 1.

[2] Tregear et al., "Regional Foods and Rural Development", 16.

[3] 一般参见 Hughes, "Coffee and Chocolate"; Bashaw, "Geographical Indications in China", 100 - 1.

第七章
结论：重构地理标志法

本书试图涉猎无人关注的领域，回答为什么在国际知识产权法体系中地理标志能被列为独特的类型。探索这一领域的理由十分明显。第一，地理标志在知识产权教义里是一个近乎本质上就有争议的概念，尽管地理来源标志一个世纪以来一直以这种或那种形式存在着。第二，它们在政治经济学语境下和国际贸易谈判框架下还是显得十分具有争议。第三，规范地理标志的标识使用和避免误用的规则与地方产品生产者、消费者和政策制定者都是十分相关的。不过，这些规则——主要是 TRIPS 第 22 ~ 24 条——还是模糊不清的。第四，注册商标体系已经被证实是有效的替代方案。所以，地理标志作为独立类别的理论基础长期被忽视。这包括特定类别的产品和原产地之间的独特或唯一的关联。不同的学科从不同的角度对这种关联性作出有益又有趣的探讨。本书将从法律的视角重新思考并重构这种关联。

历史学已经作出许多有价值的论述。我们先结合法学来回答地理标志是否属于知识产权范畴的问题。货源标记在欧盟专门法出台之前就已经出现了。地理来源标志最早是和今日广为熟知的商标联系在一起的。正如最初的《巴黎公约》和《马德里协定》的谈判代表描述的那样，基于当今的理解，货源标记是表明地理来源的标识，也足以支撑因此形成的集体声誉，因此，在知识产权体系中单独列出这一有价值的无形权利是很有必要的。

确保这些原产地标记清晰地传播销售，防止和打击假冒及误导性的使用，有益于广大的消费者和诚实守信的生产者。国际层面通过集体商标制度和反不正当竞争法来保护与地域相关的声誉。不过，地理标志对于地理的独特描述和使用过程中的集体利益，使得地理标志难以融入现有的注册商标体系之中。

因此，货源标记处于防止不正当竞争的“原始汤”里，各个国家制定了不同的法律法规防止第三方在国际贸易中滥用标识的行为。这些防止标识滥用的行为被不同的法律规制，具体的制度安排与目的论目标都大相径庭。除了概念上的分歧，原产地标记（origin marking）方法也与各个领域的不同利益紧密相关。因此，从这个角度，集体声誉随着时间的流逝而不断消亡。而且，由于国际保护的客体是货源标记，重点在于防止误导性的使用，超越地域国界的限制，还是有其固有局限性的。既然含义不是固定不变的，并且符号随着时间和空间（包括通用化使用或限定性使用）可以获得新的内涵，这种因情况而异的保护被认为差强人意。货源标记代表着一种产品与来源地之间简化的关联，而风土则意味着某一产品更紧密地植根于其产地来源，因而更强化反对来源地以外人的使用。在这一阶段，支持保护货源标记的传播逻辑，与商标法相同，与风土逻辑在不同层面。保护声誉仍然是法律的核心内容，变化的是如何确定有权使用这一标记的主体和程序，以及确定保护客体和保护范围的基础。

与货源标记制度相反，原产地名称制度与商标和反不正当竞争法律制度具有截然不同的目标，因此应该区别对待。这一机制最早源于法国的葡萄酒行业的法律规定。这段历史十分有用，因为有三个原因。第一，它为我们提供了必要的背景，以从总体上更好地理解葡萄酒作为地理标志核心之保护客体的影响和局限。对于葡萄酒和其他范围更广的农产品而言，与地理因素相关的物理环境和合乎时宜的技术工艺（savoir faire）保证了可靠来源的产品，确定了原产地的合法使用者以及界定了产地范围。由于标准已经经过实证测试，具有一定的稳定性，产品特性也相对固定。“风土”强调产品的技术标准。当谈到“具有声誉的”产品（工艺品、玩具、纺织品或者烹饪食品）或者具有区域声誉的服务，例如金融业或按摩业时，这一保护体系就显得十分有问题。这些产品是放在反不正当竞争法律框架之下，按照个案的实际情况来一一审理的，侧重于保护消费行为，确定有权使用这些标识的主体，界定产地范围。第二，它揭示了不同法律规定下“风土”的不同诠释，对产品与产地的关联性作出不同的法律规定。这些有关风土的内容变化，也体现在《里斯本协定》中。逐渐承认人文因素，是一个显著的进步，它在削弱关联性的决定性作用的同时，强调了该产地的人的行为的价值。第三，这段发展历程让我们开始关注有交叉但又不尽相同的两个认知框架，这直接影响了保护范围。如果最初的框架是基于陈述事实或传播逻辑，由反不正当竞争法来保障的话，原产地名称体系优先考虑的是人、产品与产地的关联性中的历史和质量维度。消费者在特定语境下使用某种标记的感受如何，已经不再是判断使用是否合法的决定性依据了。这个要求已经修正为仿冒商品与原产地产品之间的差异，以及如何根据产地和生产技术规范来确定价格。在国家层面，不同国家的立法在这两个模式之间可能存在相当大的重合。风土是质量的基础，因此也促成了产品的声誉。然而，当谈到国际保护时，这种重合就不再是假定性的了。因为标志与特定的产地和标准的生产技术规范发生了分离，这可能发生在通用化使用的情境里，也可能是一个标志在地理标志尚未为人所知的法域内已经被作为商标主张权利。根据“风土”，产地范围之外的使用仍然属于侵权行为，但是在传播学语境下也许是被允许的，尽管存在着争议。

继续讨论原产地名称体系，《里斯本协定》正式承认了这种改变，因此规定了一种专门的保护类型。要探讨这种转变，一个关注的根本问题是如何确定适格的客体。在原产地名称法律制度形成过程中，《里斯本协定》签署国似乎含蓄地承认了从原产地名称转向法国法中的受监控原产地名称，人文因素与自然因素一并获得承认，客体的保护范围进一步扩大。然而，一个最初只是为了保护农产品——特别是基于不同产地的葡萄酒——的体系，如果将保护范围扩展至那些与自然地理（physical geography）联系并不密切的产品，可能会冒不符合立法本意的风险。如果原产地名称代表着人和特定地点在社会—经济和文化维度的互动，这就需要自然地理的决定性作用。否则，地理标志可能转变为历史标志或文化—地理标志，而这所要求的基础依据全然不同。然而，《里斯本协定》并不要求这些产品是独特的或者不可模仿的。仔细研究《里斯本协定》可以帮助我们理顺有关保护范围的争论，把保护范围分解为以下几个规范以分别对抗：（1）虚假描述；（2）淡化；（3）滥用和盗用；（4）有利于“绝对”保护。

我们必须认识到“绝对保护”的最大效果是什么，与之前的国际条约或者国家反不正当竞争法不同，特定公众对标记的理解已经不再是保护的依据了。如果要归纳一些熟悉的理论依据，那么什么是新的标准呢？一种可能的替代标准已经被证实是不尽如人意的。那就是我们想避开“风土与环境的独特条件”作为确定某一产品取决于某一产地的主要理论依据，主要是出于以下理由：原产地很难作为达成共识的标准，创新意味着产品会随着时间不断变化——与地理因素的单一决定作用相反——人文技艺在地区产品的发展历程中越来越重要。假如我们不再自信地依赖自然的造化来清晰地确定某一地域才能生产独特的产品，那么为什么我们还要赋予其扩展的或绝对权利，杜绝其他地方的相同或类似产品呢？《里斯本协定》采纳的模式是第二种可能的解释——基于相互的便利和利益而接受多边条约的义务。你们保护我们的（产品），那么我们也保护你们的（产品）。这要求每个国家在考虑是否加入该协定之前进行一番实用主义的演算。第三个解释更直接，绝对保护是受各国利益和保护主义冲动所驱动的。

以上这些原因与第六章确定的原因相呼应。认识到地方或国家文化遗产与地理标志生产是相关的，有时与地理标志消费也相关。承认专业技术或传统知识的保存并发展，强调在实现农业政策目标中的作用，高度认可与地理标志保护有关的环境收益，例如鼓励使用非主流的植物品种或动物品种来保育生物多样性；强调对发展中国家经济或乡村发展的重要性；回应消费者日益增长的对高质量的地方特色特产的需求。值得特别提及的是基于传播逻辑的反不正当竞争范式不能解释这种绝对保护，如果没有其他政策或原则的支持的话，这些都属于竞争者。地理来源标志的支持者希望将地理标识作为具体的客体，具有现实或潜在价值，不管特定的受众如何理解。这主要是得益于受风土影响的产品与产地的关联的概念。虽然没有明确表示，但相应的认识框架已经初步运行。

那些认为在更广泛的反不正当竞争法框架内（这本身就是一个悬而未决的问题）规制地理标识的支持者，会质疑为什么扩大保护的拥护者希望制定背离传播逻辑的规则。同时，支持对地方产品进行更广泛保护的人开始探索能说明保护地方产品重要性的其他理论依据了。

这本书最后对 TRIPS 的地理标志条款的问题进行深入分析。TRIPS 确立的地理标志保护制度不是一成不变的，也不是现有规则的集合。第二部分论述的是与现有学术共识不同的理解，因为现有共识认为 TRIPS 的地理标志规定是一个概念清晰稳定的机制，相关条款规则也十分清晰。尽管如此，TRIPS 依然具有作为各种规则集大成者的重要意义。国际地理标志保护的轮廓，正是通过这个框架下具有影响力的辩论和分歧得以确立，使得这个平台具有独特的权威性。不过，这个平台是基于之前的各种妥协而形成的。第 22.1 条对地理标志的定义深受之前 WIPO 谈判的影响，也受到欧盟第 2081/92 号条例关于“风土”与“声誉”相关性的影响。因此，在定义的核心内容方面还十分含糊不清，例如：如何界定原产地的产地范围，以及如何确定产品与产地之间的关联性。第 22.1 条规定比较灵活，包容性强，但是这是建立在缺乏统一性的代价上，除非能发展出对关联性更有说服力的方法。这里，承认集体投入与创新中的人文因素具有发展的潜力。否则，常被视为第 22 ~ 24 条的基础的反不正当竞争法逻辑，会把我们的思路带偏。第六章十分详细地分析了增加产品价值的理论基础，特别是实现农业政策目标、生物多样性保护、农村发展战略或者对发展中国家的好处。第六章也思考了不同传统文化理论能否支持扩大保护地理标志。如今，一种实证的、深入的跨学科的文献方式开始发展出新的论据。最后，我们越来越倾向于承认地理标志保护的制度安排，即选择在国家层面实行登记制度，进而扩展至未来的国际注册。本章最后也提出了一些问题。这些问题是在向以注册为基础的保护转变中需要解决的。

地理标志的国际保护在可见的未来还会出现许多分歧，是时候从那些熟悉但没有实际价值的、无休无止的法理争论和根深蒂固的立场中抽离出来了，因为还有更有趣更重要的问题要解决。这些问题的法律对策将会影响人们的日常生活，影响消费者的购买习惯，通过传统和可靠性的保护参与到地方政治中。法律人不应该忽视其他学科围绕原产地产品所做的研究，因为这些学科能很好地突破历史的沉闷和法律思维（推理、解释和论证）的局限。通过回顾过去，本书试图解释现在，以期勾画一个更美好的未来。

参考文献

Articles

Addor, F. and Grazioli, A., "Geographical Indications beyond Wines and Spirits: A Roadmap for a Better Protection for Geographical Indications in the WTO/TRIPS Agreement" (2002) 5 JWIP 865.

Agdomar, M., "Removing the Greek from Feta and Adding Korbel to Champagne: The Paradox of Geographical Indications in International Law" (2008) 18 *Fordham IP Media and Entertainment Law Journal* 541.

Akerlof, G. A., "The Market for 'Lemons': Quality Uncertainty and the Market Mechanism" (1970) 84 *Quarterly Journal of Economics* 488.

Alkin, T., "Should there be a Tort of 'Unfair Competition' in English Law?" (2008) 3 *Journal of Intellectual Property Law and Practice* 48.

Amar, M., "Des Marques Collectives" (1901) 5 *Annuaire* 112.

Armistead, J., "Whose Cheese Is It Anyway? Correctly Slicing the European Regulation Concerning Protections for Geographic Indications" (2000) 10 *Transnational Law & Contemporary Problems* 303.

Audier, J., "Generic and Semi-Generic Denominations: Determination Criteria and Methods to Reduce their Effects" (2000) 22 *AIDV Bulletin* 29.

"Local, Honest and Constant Uses - Summary Contribution to a Definition" (1996) 6 *AIDV Bulletin* 5.

Aylward, D., "Towards a Cultural Economy Paradigm for the Australian Wine Industry" (2008) 26 *Prometheus* 373.

Banks, G. and Sharpe, S., "Wine, Regions and the Geographic Imperative: The Coonawarra Example" (2006) 62 *New Zealand Geographer* 173.

Barham, E., "Translating Terroir: The Global Challenge of French AOC Labeling" (2003) 19 *Journal of Rural Studies* 127.

Bashaw, B. M., "Geographical Indications in China: Why Protect GIs with Both Trade Mark Law and AOC-Type Legislation?" (2008) 17 *Pacific Rim Law and Policy Journal* 73.

Beebe, B., "Intellectual Property and the Sumptuary Code" (2010) 123 *Harvard Law Review* 809.

"The Semiotic Analysis of Trade Mark Law" (2004) 51 *University of California Los Angeles Law Review* 621.

Beier, F – K., "Case Comment: Court of Justice – Case No. C – 3/91 'Turron'" [1994] IIC 73.

"The Need for Protection of Indications of Source and Appellations of Origin in the Common Market" [1977] *Industrial Property* 152.

Beier, F – K. and Knaak, R., "The Protection of Direct and Indirect Geographical Indications of Source in Germany and the European Community" (1994) IIC 1.

Bendekgey, L. and Mead, C., "International Protection of Appellations of Origin and Other Geographical Indications" (1992) 82 TMR 765.

Benson, R. W., "Toward a New Treaty for the Protection of Geographical Indications" [1978] *Industrial Property* 127.

Bérard, L. and Marchenay, P., "Local Products and Geographical Knowledge: Taking Account of Local Knowledge and Biodiversity" (2006) 58 *International Social Science Journal* 109.

"Localized Products in France: Definition, Protection and Value – Adding" [2007] *Anthropology of Food* S2.

Beresford, L., "Geographical Indications: The Current Landscape" (2007) 17 *Fordham Intellectual Property Media & Entertainment Law Journal* 979.

"Trade Marks and Geographical Indications 101: What Trade Mark Owners Should Know" (2008) 1 *Landslide* 19.

Bertozzi, L., "Designation of Origin: Quality and Specification" (1995) 6 *Food Quality and Preference* 143.

BIRPI, "The Protection and International Registration of Appellations of Origin" [1957] *Industrial Property* 49.

Blakeney, M., "Geographical Indications and Trade" (2000) 6 *International Trade Law and Regulation* 48.

"Proposals for the International Regulation of Geographical Indications" (2001) 4 JWIP 629.

Bohmrich, R., "Terroir: Competing Perspectives on the Roles of Soil, Climate and People" (1996) 7 *Journal of Wine Research* 33.

Bone, R., "Hunting Goodwill: A History of the Concept of Goodwill in Trade Mark Law" (2006) 86 *Boston University Law Review* 547.

Bouamra – Mechemache, Z. and Chaaban, J., "Determinants of Adoption of Protected Designation of Origin Label: Evidence from the French Brie Cheese Industry" (2010) 61 *Journal of Agricultural Economics* 225.

Bowen, S., "Development from Within? The Potential for Geographical Indications in the Global South" (2010) 13 JWIP 231.

Bramley, C. and Kirsten, J. F., "Exploring the Economic Rationale for Protecting Geographical

Indicators in Agriculture" (2007) 46 *Agrekon* 69.

Brauneis, R. and Schechter, R. E., "Geographic Trade Marks and the Protection of Competitor Communication" (2006) 96 TMR 782.

Brody, P. M., "Geographical Indications and Dilution: Reinterpreting 'Distinctiveness' Under the Lanham Act" (2010) 100 TMR 905.

"'Semi – Generic' Geographical Wine Designations: Did Congress Trip Over TRIPS?" (1999) 89 TMR 979.

Broude, T., "Taking 'Trade and Culture' Seriously: Geographical Indications and Cultural Protection in WTO Law" (2005) 26 *University of Pennsylvania Journal of International Economic Law* 623.

Brouwer, O., "Community Protection of Geographical Indications and Specific Character as a Means of Enhancing Foodstuffs Quality" (1991) 28 *Common Market Law Review* 615.

Buchanan, J. M., "An Economic Theory of Clubs" [1965] *Economica* 1.

Burrell, R. and Gangjee, D., "Trade Marks and Freedom of Expression: A Call for Caution" [2010] IIC 544.

Calboli, I., "Expanding the Protection of Geographical Indications of Origin under TRIPS: 'Old' Debate or 'New' Opportunity?" (2006) 10 *Marquette Intellectual Property Law Review* 181.

Carty, H., "Dilution and Passing Off: Cause for Concern" [1996] *Law Quarterly Review* 632.

Chandola, H. V., "Basmati Rice: Geographical Indication or Mis – Indication" (2006) 9 JWIP 166.

Chen, J., "A Sober Second Look at Appellations of Origin: How the United States Will Crash France's Wine and Cheese Party" (1996) 5 *Minnesota Journal of Global Trade* 29.

Clark, J., "Geographies of Multifunctional Agriculture: Developing Governance Explanations" (2010) 4 *Geography Compass* 803.

Conrad, A., "The Protection of Geographical Indications in the TRIPS Agreement" (1996) 86 TMR 11.

Coombe, R., Schnoor, S. and Al Attar Ahmed, M., "Bearing Cultural Distinction: Informational Capitalism and New Expectations for Intellectual Property" (2007) 40 *University of California – Davis Law Review* 891.

Cornish, W. R., "Genevan Bootstraps" [1997] EIPR 336.

Cortes Martin, J. M., "TRIPS Agreement: Towards a Better Protection for Geographical Indications?" (2004) 30 *Brooklyn Journal of International Law* 117.

"The WTO TRIPS Agreement – The Battle between the Old and the New World over the Protection of Geographical Indications" (2004) 7 JWIP 287.

Cotton, A. P., "123 Years at the Negotiating Table and Still No Dessert? The Case in Support of TRIPS Geographical Indication Protections" (2007) 82 *Chicago – Kent Law Review* 1295.

Cran, D. and Griffiths, S., "Ambush Marketing: Unsporting Behaviour or Fair Play?" (2010)

Entertainment Law Review 293.

Creditt, E. C., "Terroir vs. Trademarks: The Debate over Geographical Indications and Expansions to the TRIPS Agreement" (2009) 11 *Vanderbilt Journal of Entertainment & Technology Law* 429.

Cushing, G. D., "On Certain Cases Analogous to Trade Marks" (1891) 4 *Harvard Law Review* 321.

Dagne, T. W., "Harnessing the Development Potential of Geographical Indications for Traditional Knowledge – based Agricultural Products" (2010) 5 *Journal of Intellectual Property Law and Practice* 441.

Das, K., "International Protection of India's Geographical Indications with Special Reference to 'Darjeeling' Tea" (2006) 9 JWIP 459.

"Prospects and Challenges of Geographical Indications in India" (2010) 13 JWIP 148.

Dawson, N., "Locating Geographical Indications: Perspectives from English Law" (2000) 90 TMR 590.

de Almeida, A. F. R., "The TRIPS Agreement, the Bilateral Agreements Concerning Geographical Indications and the Philosophy of the WTO" [2005] EIPR 150.

Desai, D. R. and Rierson, S. L., "Confronting the Genericism Conundrum" (2007) 28 *Cardozo Law Review* 1789.

Devletian, A., "The Lisbon Agreement" [1973] *Industrial Property* 308.

"The Protection of Appellations and Indications of Origin" [1957] *Industrial Property Quarterly* 6.

"The Protection of Appellations of Origin and Indications of Source" [1968] *Industrial Property* 107.

Dibden, J. and Cocklin, C., " 'Multifunctionality': Trade Protectionism or a New Way Forward?" (2009) 41 *Environment and Planning* 163.

Dibden, J., Potter, C. and Cocklin, C., "Contesting the Neoliberal Project for Agriculture: Productivist and Multifunctional Trajectories in the European Union and Australia" (2009) 25 *Journal of Rural Studies* 299.

Dinwoodie, G., "Trade Marks and Territory: Detaching Trade Mark Law from the Nation – State" (2004) 41 *Houston Law Review* 885.

Downes, D. R., "How Intellectual Property Could be a Tool to Protect Traditional Knowledge" (2000) 25 *Columbia Journal of Environmental Law* 253.

Duguid, P., "Developing the Brand: The Case of Alcohol, 1800 – 1880" (2003) 4 *Enterprise and Society* 405.

"French Connections: The International Propagation of Trade Marks in the Nineteenth Century" (2009) 10 *Enterprise & Society* 3.

"Networks and Knowledge: The Beginning and End of the Port Commodity Chain, 1703 – 1860"

(2005) 78 *Business History Review* 453.

Economides, N., "The Economics of Trade Marks" (1988) 78 TMR 523.

Editor's Note, "The Tenth Annual International Review of Trade Mark Jurisprudence" (2003) 93 TMR 505, 567.

Études Générales, "De la Protection Internationale des Marques d'Origine" [1896] *Propriété Industrielle* 21.

"La Marque Collective" [1934] *Propriété Industrielle* 31.

"La Marque Collective (Part II)" (1934) *Propriété Industrielle* 64.

"La Question des Fausses Indications de Provenance et l'Arrangement de Madrid" [1920] *Propriété Industrielle* 18 (Part I), 31 (Part II), 40 (Part III), 53 (Part IV).

"Un Exemple de Marque Collective la Marque 《Unis – France》" [1934] *Propriété Industrielle* 191.

Evans, G. E., "The Comparative Advantages of Geographical Indications and Community Trade Marks for the Marketing of Agricultural Products in the European Union" [2010] IIC 645.

Folsom, R. H. and Teply, L. R., "Trade Marked Generic Words" (1980) 89 *Yale Law Journal* 1323.

Fotopoulos, C. and Krystallis, A., "Quality Labels as a Marketing Advantage: The Case of the 'PDO Zagora' Apples in the Greek Market" (2003) 37 *European Journal of Marketing* 1350.

Franklyn, D. J., "Debunking Dilution Doctrine: Toward A Coherent Theory of the Anti – Free – Rider Principle in American Trademark Law" (2004 – 5) 56 *Hastings Law Journal* 117.

Fusco, S., "Geographical Indications: A Discussion of the TRIPS Regulation after the Ministerial Conference of Hong Kong" (2008) 12 *Marquette Intellectual Property Law Review* 197.

Gade, D. W., "Tradition, Territory, and Terroir in French Viniculture: Cassis, France, and Appellation Contrôlée" (2004) 94 *Annals of the Association of American Geographers* 848.

Gangjee, D., "Melton Mowbray and the GI Pie in the Sky: Exploring Cartographies of Protection" (2006) 3 *IPQ* 291.

"Quibbling Siblings: Conflicts between Trade Marks and Geographical Indications" (2007) 82 *Chicago – Kent Law Review* 1253.

"Say Cheese: A Sharper Image of Generic Use through the Lens of Feta" [2007] EIPR 172.

Gangjee, D. and Burrell, R., "Because You're Worth It: L'Oréal and the Prohibition on Free Riding" (2010) 73 *Modern Law Review* 282.

Gervais, D., "Reinventing Lisbon: The Case for a Protocol to the Lisbon Agreement (Geographical Indications)" (2010) 11 *Chicago Journal of International Law* 67.

"The Lisbon Agreement's Misunderstood Potential" (2009) 1 *WIPO Journal* 87.

"Traditional Knowledge & Intellectual Property: A TRIPS Compatible Approach" [2005] *Michigan State Law Review* 137.

Gevers, F., "Geographical Names and Signs Used as Trade Marks" [1990] EIPR 285.

Gielen, C., "WIPO and Unfair Competition" [1997] EIPR 78.

Giovannucci, D., Barham, E. and Pirog, R., "Defining and Marketing 'Local' Foods: Geographical Indications for US Products" (2010) 13 JWIP 94.

Goebel, B., "Geographical Indications and Trade Marks – The Road from Doha" (2003) 93 TMR 964.

Goldberg, S. D., "Who Will Raise the White Flag? The Battle between the United States and the European Union over the Protection of Geographical Indications" (2001) 22 *University of Pennsylvania Journal of International Economic Law* 107.

Haight Farley, C., "Conflicts between U. S. Law and International Treaties Concerning Geographical Indications" (2000) 22 *Whittier Law Review* 73.

"Why We Are Confused About the Trade Mark Dilution Law" (2006) 16 *Fordham Intellectual Property Media & Entertainment Law Journal* 1175.

Hancock, D., "Commerce and Conversation in the Eighteenth – Century Atlantic: The Invention of Madeira Wine" (1998) 29 *Journal of Interdisciplinary History* 19.

Handler, M., "Case Comment: The WTO Geographical Indications Dispute" (2006) 69 *Modern Law Review* 70.

"The EU's Geographical Indications Agenda and its Potential Impact on Australia" (2004) 15 *Australian Intellectual Property Journal* 173.

Harte – Bavendamm, H., "Ende der geographischen Herkunftsbezeichnungen? 'Brüsseler Spitzen' gegen den ergänzenden nationalen Rechtsschutz" [1996] GRUR 717.

Heath, C., "A Hungarian Chapter to the Budweiser Saga" [2009] IIC 328.

Helfer, L., "Regime Shifting: The TRIPS Agreement and New Dynamics of International Intellectual Property Law Making" (2004) 29 *Yale Journal of International Law* 1.

Henning – Bodewig, F., "A New Act against Unfair Competition in Germany" [2005] IIC 421.

Henning – Bodewig, F. and Schricker, G., "New Initiatives for the Harmonisation of Unfair Competition Law in Europe" [2002] EIPR 271.

Higgins, D. and Gangjee, D., " 'Trick or Treat?' The Misrepresentation of American Beef Exports in Britain during the Late Nineteenth Century" (2010) 11 *Enterprise and Society* 203.

Hughes, J., "Champagne, Feta, and Bourbon – The Spirited Debate about Geographical Indications" (2006) 58 *Hastings Law Journal* 299.

Hutt, P. B., "Government Regulation of the Integrity of the Food Supply" (1984) 4 *Annual Review of Nutrition* 1.

Hutt, P. B. and Hutt II, P. B., "A History of Government Regulation of Adulteration and Misbranding of Food" (1984) 39 *Food, Drug, Cosmetic Law Journal* 2.

Ilbert, H. and Petit, M., "Are Geographical Indications a Valid Property Right? Global Trends and Challenges" (2009) 27 *Development Policy Review* 503.

Iselin, J. F., "Des Indications de Provenance" [1897] *Annuaire* 266.

Jokuti, A., "Where is the What if the What is in Why? A Rough Guide to the Maze of Geographical Indications" [2009] EIPR 118.

Jordan, R., Zidda, P. and Lockshin, L., "Behind the Australian Wine Industry's Success: Does Environment Matter?" (2007) 19 *International Journal of Wine Business Research* 14.

Josel, K. H., "New Wine in Old Bottles: The Protection of France's Wine Classification System beyond Its Borders" (1994) 12 *Boston University International Law Journal* 471.

Josling, T., "The War on Terroir: Geographical Indications as a Transatlantic Trade Conflict" (2006) 57 *Journal of Agricultural Economics* 337.

Kamperman Sanders, A., "Incentives for Protection of Cultural Expression: Art, Trade and Geographical Indications" (2010) 13 JWIP 81.

Kazmi, H., "Does it Make a Difference where that Chablis Comes From? Geographic Indications in TRIPS and NAFTA" (2001) 12 *Journal of Contemporary Legal Issues* 470.

Kireeva, I. and O'Connor, B., "Geographical Indications and the TRIPS Agreement: What Protection is Provided to Geographical Indications in WTO Members?" (2010) 13 JWIP 275.

Knaak, R., "Case Law of the European Court of Justice on the Protection of Geographical Indications and Designations of Origin Pursuant to EC Regulation No. 2081/92" [2001] IIC 375.

Kolia, M., "Monopolising Names: EEC Proposals on the Protection of Trade Descriptions of Foodstuffs" [1992] EIPR, 233.

"Monopolizing Names of Foodstuffs: The New Legislation" [1992] EIPR 333

Krieger, A., "Revision of the Lisbon Agreement for the Protection of Appellations of Origin" [1974] *Industrial Property* 387.

Kuanpoth, J. and Robinson, D., "Protection of Geographical Indications: The Case of Jasmine Rice and Thailand" (2009) 6 IPQ 288.

Kur, A., "Quibbling Siblings – Comments to Dev Gangjee's Presentation" (2007) 82 *Chicago – Kent Law Review* 1317.

Landes, W. M. and Posner, R. A., "Trade Mark Law: An Economic Perspective" (1987) 30 *Journal of Law and Economics* 265.

Lang, A. C., "On the Need to Expand Article 23 of the TRIPS Agreement" (2006) 16 *Duke Journal of Contemporary and International Law* 487.

Lehman, B., "Intellectual Property under the Clinton Administration" (1993 – 4) 27 *George Washington Journal of International Law and Economics* 395.

Lemley, M. A., "Property, Intellectual Property, and Free Riding" (2005) 83 *Texas Law Review* 1031.

Lenzen, L. C., "Bacchus in the Hinterlands: A Study of Denominations of Origin in French and American Wine – Labeling Laws" (1968) 58 TMR 145.

Lindquist, L. A., "Champagne or Champagne? An Examination of US Failure to Comply with the Geographical Provision of the TRIPS Agreement" (1999) 27 *Georgia Journal of International and Comparative Law* 309.

Lister, C., "A Sad Story Told Sadly: The Prospects for U. S. – EU Food Trade Wars" (1996) 51 *Food & Drug Law Journal* 303.

Lloyd, E., "On the Law of Trade Marks: Nature of the Right to Use a Trade Mark (I)" (1860 – 1) 5 *Solicitor's Journal and Reporter* 486.

Long, C., "Dilution" (2006) 106 *Columbia Law Review* 1029.

Lorvellec, L., "You've Got to Fight for Your Right to Party: A Response to Professor Jim Chen" (1996) 5 *Minnesota Journal of Global Trade* 65.

Luykx, D. M. A. M. and van Ruth, S. M., "An Overview of Analytical Methods for Determining the Geographical Origin of Food Products" (2008) 107 *Food Chemistry* 897.

Maher, M., "On Vino Veritas? Clarifying the Use of Geographic References on American Wine Labels" (2001) 89 *California Law Review* 1881.

Marie – Vivien, D., "From Plant Variety Definition to Geographical Indication Protection: A Search for the Link Between Basmati Rice and India/Pakistan" (2008) 11 JWIP 321.

"The Role of the State in the Protection of Geographical Indications: From Disengagement in France/Europe to Significant Involvement in India" (2010) 13 JWIP 121.

McCarthy, J. T. and Colby Devitt, V., "Protection of Geographical Denominations: Domestic and International" (1979) 69 TMR 199.

McKenna, M. P., "The Normative Foundations of Trade Mark Law" (2007) 82 *Notre Dame Law Review* 1839.

Mesneir, J., "Semantic Analysis and Draft Definition of the Word 'Terroir'" (1997) 12 *AIDV Bulletin* 4.

Misegades, K., "The Scope of the Law of Unfair Competition" (1932) 14 *Journal of the Patent and Trademark Office Society* 763.

Mitchell, O. R., "Unfair Competition" (1896) 10 *Harvard Law Review* 275.

Moran, W., "Rural Space as Intellectual Property" (1993) 12 *Political Geography* 263.

"The Wine Appellation as Territory in France and California" (1993) 83 *Annals of the Association of American Geographers* 694.

Nieuwveld, L. B., "Is This Really about What We Call Our Food or Something Else? The WTO Food Name Case over the Protection of Geographical Indications" (2007) 41 *International Lawyer* 891.

Niska, H. N., "The European Union Trips over the US Constitution: Can the First Amendment Save the Bologna that has a First Name?" (2004) 13 *Minnesota Journal of Global Trade* 413.

Nguyen, X – T. N., "Nationalizing Trade Marks: A New International Trade Mark Jurisprudence?" (2004) 39 *Wake Forest Law Review* 729.

Notz, W., "New Phases of Unfair Competition and Measures for Its Suppression National and International" (1920 – 1) 30 *Yale Law Journal* 384.

Nye, J. V., "The Myth of Free - Trade Britain and Fortress France: Tariffs and Trade in the Nineteenth Century" (1991) 51 *Journal of Economic History* 23.

O'Reilly, S., Haines, M. and Arfini, F., "Food SME Networks: Process and Governance - The Case of Parma Ham" (2003) 3 *Journal on Chain and Network Science* 21.

Ohde, H. J., "Zur demoskopischen Ermittlung der Verkehrsauffassung von geo - graphischen Herkunftsangaben" [1989] GRUR 98.

Ostertag, M., "International Unions for the Protection of Industrial, Literary and Artistic Property" (1926) 25 *Michigan Law Review* 107.

Paly, A., "Organisation of the AOC Wine Industry in France" (2001) 26 *AIDV Bulletin* 2.

Pey, J., "Protection des Marques Communales, Régionales, Nationales" [1901] *Annuaire* 119.

Phillips, J. and Simon, I., "Geographical Indications: The Biggest Threat to Trade Marks?" (Spring 2004) *Marques Newsletter* 2.

Plaisant, R., "The Revision of the International Treaty Provisions Dealing with Appellations of Origin and Indications of Source" [1980] *Industrial Property* 182.

Pollack, L. W., "'Roquefort' - An Example of Multiple Protection for a Designation of Regional Origin under the Lanham Act" (1962) 52 TMR 755.

Posner, R. A., "Misappropriation: A Dirge" (2003) 40 *Houston Law Review* 621.

Prats, B., "The Terroir is Important" (1983) 8 *Decanter* 16.

Profeta, A., Balling, R., Schoene, R. and Wirsig, A., "The Protection of Origins for Agricultural Products and Foods in Europe: Status Quo, Problems and Policy Recommendations for the Green Book" (2009) 12 JWIP 622.

Prošek, J. and Vilimská, M., "The Protection of Appellations of Origin in Czechoslovakia" (1975) *Industrial Property* 99.

Rangnekar, D., "The Intellectual Properties of Geography" [2009] EIPR 537.

"The Law and Economics of Geographical Indications: Introduction to Special Issue" (2010) 13 JWIP 77.

Rangnekar, D. and Kumar, S., "Another Look at Basmati: Genericity and the Problems of a Transborder Geographical Indication" (2010) 13 JWIP 202.

Raustiala, K. and Munzer, S. R., "The Global Struggle over Geographical Indications" (2007) 18 *European Journal of International Law* 337.

Renaud, J. R., "Can't Get There from Here: How NAFTA and GATT Have Reduced Protection for Geographical Trademarks" (2001) 26 *Brooklyn Journal of International Law* 1097.

Renting, H. et al., "Exploring Multifunctional Agriculture. A Review of Conceptual Approaches and Prospects for an Integrative Transitional Framework" (2009) 90 *Journal of Environmental Management* S112.

Resano - Ezcaray, H., Sanjuán - López, A. I. and Albisu - Aguado, L. M., "Combining Stated and Revealed Preferences on Typical Food Products: The Case of Dry - Cured Ham in Spain"

(2010) 61 *Journal of Agricultural Economics* 480.

Ricolfi, M., "Is the European GIs Policy in Need of Rethinking" [2009] IIC 123.

Ritzert, M., "Champagne Is from Champagne: An Economic Justification for Extending Trade Mark – Level Protection to Wine – related Geographical Indications" (2009) 37 *American Intellectual Property Law Association Quarterly Journal* 191.

Rogers, E., "Industrial Property" (1929) 27 *Michigan Law Review* 491.

"Some Historical Matters Concerning Trade Marks" (1910) 9 *Michigan Law Review* 29.

Rose, B., "No More Whining about Geographical Indications: Assessing the 2005 Agreement between the United States and the European Community on the Trade in Wine" (2007) 29 *Houston Journal of International Law* 731.

Roussel, B. and Verdeaux, F., "Natural Patrimony and Local Communities in Ethiopia: Advantages and Limitations of a System of Geographical Indications" (2007) 77 *Africa* 130.

Schechter, F., "The Rational Basis of Trade Mark Protection" (1926 – 7) 40 *Har vard Law Review* 813.

Schricker, G., "Protection of Indications of Source, Appellations of Origin and other Geographic Designations in the Federal Republic of Germany" [1983] IIC 307.

"The Efforts towards Harmonization of the Law of Unfair Competition in the European Economic Community" [1973] IIC 201.

Schüßler, L., "Protecting 'Single – Origin Coffee' within the Global Coffee Market: The Role of Geographical Indications and Trade Marks" (2009) 10 *Estey Centre Journal of International Law & Trade Policy* 149.

Senftleben, M., "The Trade Mark Tower of Babel – Dilution Concepts in International, US and EC Trade Mark Law" [2009] IIC 45.

Shalov, D. B., "Will the European Union Prove to be Lactose Intolerant?" (2004) 11 *Cardozo Journal of International and Comparative Law* 1099.

Sherman, B., "Regulating Access and Use of Genetic Resources: Intellectual Property and Biodiscovery" [2003] EIPR 301.

Simon Fhima, I., "Dilution by Blurring: a Conceptual Roadmap" (2010) 7 IPQ 44.

Simonson, I., "An Empirical Investigation of the Meaning and Measurement of 'Genericness'" (1994) 84 TMR 199.

Simpson, J., "Cooperation and Conflicts: Institutional Innovation in France's Wine Markets, 1870 – 1911" (2005) 79 *Business History Review* 527.

"Selling to Reluctant Drinkers: the British Wine Market, 1860 – 1914" (2004) 57 *Economic History Review* 80.

Singhal, S., "Geographical Indications and Traditional Knowledge" (2008) 3 *Journal of Intellectual Property Law and Practice* 732.

Skuras, D. and Dimara, E., "Regional Image and the Consumption of Regionally Denominated

Products" (2004) 41 *Urban Studies* 801.

Snyder, D. L., "Enhanced Protections for Geographical Indications Under TRIPS: Potential Conflicts Under the U. S. Constitutional and Statutory Regimes" (2008) 18 *Fordham IP, Media & Entertainment Law Journal* 1297.

Stanziani, A., "Information, Quality and Legal Rules: Wine Adulteration in Nineteenth Century France" (2009) 51 *Business History* 268.

"Wine Reputation and Quality Controls: The Origin of the AOCs in 19th Century France" (2004) 18 *European Journal of Law and Economics* 149.

Staten, T. L., "Geographical Indications Protection under the TRIPS Agreement: Uniformity Not Extension" (2005) 87 *Journal of the Patent & Trade Mark Office Society* 221.

Stern, S., "Are GIs IP" [2007] EIPR 39.

"Case Comment: First Test Case of the EC Australia Wine Treaty" [1997] EIPR 668.

Stevenson, I., "The Diffusion of Disaster: the Phylloxera Outbreak in the Départernent of the Hérault, 1862 - 80" (1980) 6 *Journal of Historical Geography* 47.

Suh, J. and MacPherson, A., "The Impact of Geographical Indication on the Revitalisation of a Regional Economy: A Case Study of 'Boseong' GreenTea" (2007) 39 *Area* 518.

Sunder, M., "The Invention of Traditional Knowledge" (2007) 70 *Law and Contemporary Problems* 97.

Swann, J. B., "The Validity of Dual Functioning Trade Marks: Genericism Tested by Consumer Understanding Rather than by Consumer Use" (1979) 69 TMR 357.

Taubman, A., "Thinking Locally, Acting Globally: How Trade Negotiations over Geographical Indications Improvise 'Fair Trade' Rules" (2008) 5 *IPQ* 231.

Teil, G., "The French Wine 'Appellations d'Origine Contrôlée' and the Virtues of Suspicion" (2010) 13 JWIP 253.

Tessensohn, J. and Yamamoto, S., "Japan: Trade Marks - Japan's New Regional Collective Trade Mark System will Protect Famous Goods and Services from Regional Communities" [2006] EIPR N145.

Teuber, R., "Geographical Indications of Origin as a Tool of Product Differentiation: The Case of Coffee" (2010) 22 *Journal of International Food and Agribusiness Marketing* 277.

Thiedig, F. and Sylvander, B., "Welcome to the Club? An Economical Approach to Geographical Indications in the European Union" (2000) 49 *Agrar - wirtschaft* 428.

Tilmann, W., "Zur Bestimmung des Kreises der an einer geographischen Her - kunftsangabe Berechtigten" [1980] *GRUR* 487.

Torsen, M., "Apples and Oranges (and Wine): Why the International Conversation Regarding Geographical Indications is at a Standstill" (2005) 87 *Journal of the Patent and Trade Mark Office Society* 31.

Tregear, A., Kuznesof, S. and Moxey, A., "Policy Initiatives for Regional Foods: Some Insights from Consumer Research" (1998) 23 *Food Policy* 383.

Tregear, A., Arfinib, F., Bellettic, G. and Marescottic, A., "Regional Foods and Rural Development: The Role of Product Qualification" (2007) 23 *Journal of Rural Studies* 12.

Trinchieri, T., "Moyens d'Obtenir de Nouvelles Adhésions, Particulièrement l'Adhésion de l'Italie à l'Arrangement de Madrid sur les Fausses Indications de Provenance" [1902] *Annuaire* 17.

Trotta, G., "The Stresa Convention on the Uses of Names of Cheeses and the WIPO Draft Treaty on the Protection of Geographical Indications" [1977] *Industrial Property* 113.

Tunc, A., "Unfair Competition - French and European Approaches" (1974 - 5) 1 *Monash University Law Review* 34.

Tushnet, R., "Copy this Essay: How Fair Use Doctrine Harms Free Speech and How Copying Serves It" (2004) 114 *Yale Law Journal* 546.

"Gone in 60 Milliseconds: Trade Mark Law and Cognitive Science" (2008) 86 *Texas Law Review* 507.

Ulin, R. C., "Invention and Representation as Cultural Capital: Southwest French Winegrowing History" (1995) 97 *American Anthropologist* 519.

Ulmer, E., "The Law of Unfair Competition and the Common Market" (1963) 53 TMR 625.

"Unfair Competition Law in the European Economic Community" [1973] IIC 188.

Vakoufaris, H., "The Impact of Ladotyri Mytilinis PDO Cheese on the Rural Development of Lesvos Island, Greece" (2010) 15 *Local Environment* 27.

van Caenegem, W., "Registered Geographical Indications: Between Rural Policy and Intellectual Property - Part I" (2003) 6 JWIP 699.

"Registered Geographical Indications: Between Rural Policy and Intellectual Property - Part II" (2003) 6 JWIP 861.

"Registered GIs: Intellectual Property, Agricultural Policy and International Trade" [2004] EIPR 170.

van Ittersum, K., Meulenberg, M., van Trijp, H. and Candel, M., "'Consumers' Appreciation of Regional Certification Labels: A Pan - European Study" (2007) 58 *Journal of Agricultural Economics* 1.

van Leeuwen, C. and Seguin, G., "The Concept of Terroir in Viticulture" (2006) 17 *Journal of Wine Research* 1.

Vialard, A., "Regulating Quality Wines in European and French Law" (1999) 19 *Northern Illinois University Law Review* 235.

Vittori, M., "The International Debate on Geographical Indications (GIs): The Point of View of the Global Coalition of GI Producers - oriGIn" (2010) 13 JWIP 304.

Wadlow, C., "Unfair Competition in Community Law - Part 1: The Age of the 'Classical Model'" [2006] EIPR 433.

"Unfair Competition in Community Law - Part II: Harmonization becomes Gridlocked" [2006]

EIPR 469.

Waldron, J. , "From Authors to Copiers: Individual Rights and Social Values in Intellectual Property" (1993) 68 *Chicago – Kent Law Review* 841.

Wang, M – C. , "The Asian Consciousness and Interests in Geographical Indications" (2006) 96 TMR 906.

Weigend, G. G. , "The Basis and Significance of Viticulture in Southwest France" (1954) 44 *Annals of the Association of American Geographers* 75.

Welkowitz, D. S. , "Re – examining Trade Mark Dilution" (1994) 44 *Vanderbilt Law Review* 531.

Whalen, P. , "'A Merciless Source of Happy Memories': Gaston Roupnel and the Folklore of Burgundian Terroir" (2007) 44 *Journal of Folklore Research* 21.

"'Insofar as the Ruby Wine Seduces Them': Cultural Strategies for Selling Wine in Inter – War Burgundy" (2009) 18 *Contemporary European History* 67.

Wilf, S. , "The Making of the Post – War Paradigm in American Intellectual Property Law" (2008) 31 *Columbia Journal of Law and the Arts* 139.

Wilkof, N. and Uzrad, S. , "In the Matter of the Appellation of Origin for 'Jaffa'" (2008) 3 *Journal of Intellectual Property Law and Practice* 17.

Wyatt, D. , "Free Movement of Goods and Indications of Origin" (1975) 38 *Modern Law Review* 679.

Xiaobing, W. and Kireeva, I. , "GI Protection in China: New Measures for Administration of Geographical Indications of Agricultural Products" (2010) 5 *Journal of Intellectual Property Law & Practice* 778.

Zhao, W. , "Understanding Classifications: Empirical Evidence from the American and French Wine Industries" (2005) 33 *Poetics* 179.

Zylberg, P. , "Geographical Indications v. Trade Marks: The Lisbon Agreement: A Violation of TRIPS?" (2002 – 3) 11 *University of Baltimore Intellectual Property Law Journal* 1.

Books and book contributions

Audier, J. , *TRIPS Agreement – Geographical Indications* (EC Office for Official Publications, Luxembourg 2000).

Auriol, E. , Lesourd, J. – B. and Schifizzi, S. , "France", in K. Anderson (ed.), *The World's Wine Markets: Globalization at Work* (Edward Elgar, Cheltenham 2004), 64.

Barjolle, D. and Thévenod – Mottet, E. , "Economic Aspects of Geographical Indications", in L. Bérard, M. Cegarra, M. Djama and S. Louafi (eds.), *Biodiversity and Local Ecological Knowledge in France* (INRA – CIRAD, Paris 2005), 213.

Beier, F – K. , "The Contribution of AIPPI to the Development of International Protection against Unfair Competition", in *AIPPI* – 1897 – 1997 *Centennial Edition* (AIPPI Foundation, Basle

1997), 299.

"The Protection of Indications of Geographical Origin in the Federal Republic of Germany", in H. C. Jehoram (ed.), *Protection of Geographic Denominations of Goods and Services* (Sijthoff & Noordhoff, Netherlands 1980), 11.

Belson, J., *Certification Marks* (Sweet and Maxwell, London 2002).

Bently, L., "From Communication to Thing: Historical Aspects of the Conceptualisation of Trade Marks as Property", in G. Dinwoodie and M. Janis (eds.), *Trade Mark Law and Theory: A Handbook of Contemporary Research* (Edward Elgar, Cheltenham 2008), 3.

"The Making of Modern Trade Marks Law: The Construction of the Legal Concept of Trade Mark (1860 – 80)", in L. Bently, J. C. Ginsburg and J. Davis (eds.), *Trade Marks and Brands: An Interdisciplinary Critique* (Cambridge University Press, 2008), 3.

Bérard, L., Cegarra, M., Djama, M. and Louafi, S. (eds.), *Biodiversity and Local Ecological knowledge in France* (INRA – CIRAO, Paris 2005).

Bérard, L. and Marchenay, P., "A Market Culture: Produits de Terroir or the Selling of Culture", in S. Blowen, M. Demossier and J. Picasd (eds.), *Recollections of France: Memories, Identities and Heritage in Contemporary France* (Berghahn Books, New York 2000), 154.

From Localized Products to Geographical Indications: Awareness and Action (CNRS, Bourg – en – Bresse 2008).

BIRPI, *L'Union Internationale pour la Protection de la Propriété Industrielle – Sa Fondation et son Développement* (Bureau de l'Union, Berne 1933).

Biss, A. and Smith, O., *The Wines of Chablis* (Writers International, Bournemouth 2000).

Blakeney, M., *Trade Related Aspects of Intellectual Property Rights: A Concise Guide to the TRIPS Agreement* (Sweet & Maxwell, London 1996).

Bodenhausen, G. H. C., *Guide to the Application of the Paris Convention for the Protection of Industrial Property* (Bureau de l'Union, Geneva 1968).

Boon, M., *In Praise of Copying* (Harvard University Press, Cambridge MA 2010).

Bozérian, J., *La Convention Internationale du* 20 *mars* 1883 *pour la Protection de la Propriété Industrielle* (impr. de C. Pariset, Paris 1885).

Bramley, C., Biénabe, E. and Kirsten, J., "The Economics of Geographical Indications: Towards a Conceptual Framework for Geographical Indication Research in Developing Countries", in WIPO (ed.), *The Economics of Intellectual Property: Suggestions for Further Research in Developing Countries and Countries with Economies in Transition* (WIPO, Geneva 2009), 109.

Calmels, E., *De la Propriété et de la Contrefaçon* (Cosse, Paris 1856).

Campbell, C., *Phylloxera: How Wine was Saved for the World* (Harper Perennial, London 2004).

Capus, J., *L'Evolution de la Législation sur les Appellations d'Origine: Genèse des Appellations Contrôlées* (L. Larmat, impr. de Le Moil et Pascaly, Paris 1947).

Cegarra, M. and Verdaux, F., "Introduction", in L. Bérard, M. Cegarra, M. Djama and S. Louah (eds.), *Biodiversity and Local Ecological Knowledge in France* (INRA - CIRAD, 2005), 19.

Coddington, C. E., *A Digest of the Law of Trade Marks* (Ward and Peloubet, New York 1878).

Correa, C. M., *Trade Related Aspects of Intellectual Property Rights: A Commentary on the TRIPS Agreement* (Oxford University Press, 2007).

Corte - Real, A., "The Conflict Between Trade Marks and Geographical Indications - The Budweiser Case in Portugal", in C. Heath and A. Kam - perman Sanders (eds.), *New Frontiers of Intellectual Property Law: IP and Cultural Heritage, Geographical Indicators, Enforcement, Overprotection*, IIC Studies, Vol. 25 (Hart, Oxford 2005), 149.

Cottier, T., "The Agreement on Trade - Related Aspects of Intellectual Property Rights", in P. F. J. Macrory, A. E. Appleton and M. G. Plummer (eds.), *The World Trade Organization: Legal, Economic and Political Analysis*, Vol. I (Springer, New York 2005), 1041.

Daviron, B. and Ponte, S., *The Coffee Paradox: Commodity Trade and the Elusive Promise of Development* (Zed Books, London 2005).

Demossier, M., "Culinary Heritage and Produits de Terroir in France: Food for Thought", in S. Blowen, M. Demossier and J. Picasd (eds.), *Recollections of France: Memories, Identities and Heritage in Contemporary France* (Berghahn Books, New York 2000), 141.

de Marafy, M., *Grand Dictionnaire International de la Propriété Industrielle*, Vol. 6 (Chevailier - Marescq et cie, Paris 1892).

de Planhol, X., *An Historical Geography of France* (Cambridge University Press, 1994). Families (Martinus Nijhoff, The Hague 2006).

Deffontaines, J - P., "The Terroir, a Concept with Multiple Meanings", in L. Bé rard, M. Cegarra, M. Djama and S. Louafi (eds.), *Biodiversity and Local Ecological Knowledge in France* (INRA - CIRAO, 2005), 38.

di Franco, L., *Le Indicazioni di Provenienza dei Prodotti* (Cavotta, Naples 1907).

Dinwoodie, G. B., Hennessey, W. O. and Perlmutter, S., *International Intellectual Property Law and Policy* (Lexisnexis, New Jersey 2001).

Dion, R., *Histoire de la Vigne et du Vin en France des Origines au XIXe Siècle* (Clavreuil, Paris 1959).

Donzel, L., *Commentaire et Critique de la Convention Internationale du* 20 *Mars* 1883 (Marchal & Billard, Paris 1891).

Drahos, P., "Introduction", in P. Drahos and R. Mayne, (eds.), *Global Intellectual Property Rights: Knowledge, Access and Development* (Palgrave MacMillan, New York 2002).

Drahos, P. and Braithwaite, J., *Information Feudalism: Who Owns the Knowledge Economy* (Earthscan, London 2002).

Dufourmantelle, M., *De la Concurrence déloyale à l'aide de fausses indications sur la provenance des produits* (impr. de Berger - Levrault, Nancy 1895).

Dunant, P., *Traité des Marques de Fabrique et de Commerce, des Indications de Provenance et des Mentions de Récompenses Industrielles en Suisse, Comprenant l'Étude du Droit Comparé et du Droit International* (Ch. Eggimann, Geneva 1898).

Echols, M., *Geographical Indications for Food Products: International Legal and Regulatory Perspectives* (Kluwer, Alphen aan den Rijn 2008).

Evans, G. E. and Blakeney, M., "The International Protection of Geographical Indications Yesterday Today And Tomorrow", in G. Westkamp (ed.), *Emerging Issues In Intellectual Property: Trade, Technology and Market Freedom – Essays in Honour of Herchel Smith* (Edward Elgar, Cheltenham 2007), 250.

FAO and SINER – GI, *Linking People, Places and Products: A Guide for Promoting quality Linked to Geographical Origin and Sustainable Geographical Indications*, 2nd edn (FAO, Rome 2009 – 10).

Foulkes, C. (ed.), *Larousse Encyclopedia of Wine*, 2nd edn (Hamlyn, London 2001).

Gangjee, D., "The Business End of Collective and Certification Marks", in I. Simon Fhima (ed.), *Trade Mark Law and Sharing Names: Exploring Use of the Same Mark by Multiple Undertakings* (Edward Elgar, Cheltenham 2009), 79.

Gastambide, A – J., *Traité Théorique et Pratique des Contrefaçons en Tous Genres* (Legrand et Descauriet, Paris 1837).

Gervais, D., *The TRIPS Agreement. Drafting History and Analysis*, 3rd edn (Sweet & Maxwell, London 2008).

Giovannucci, D., Josling, T., Kerr, W., O'Connor, B. and Yeung, M., *Guide to Geographical Indications: Linking Products and their Origins* (International Trade Centre, Geneva 2009).

Greeley, A. P., *Foreign Patent and Trade Mark Laws: A Comparative Study* (John Byrne & Co, Washington DC 1899).

Guérillon, R., *Les Appellations d'Origine: Loi du 6 Mai 1919* (Journal l'Epicier, Paris 1919).

Guy, K. M., "Rituals of Pleasure in the Land of Treasures: Wine Consumption and the Making of French Identity in the Late Nineteenth Century", in W. J. Belasco and P. Scranton (ed.), *Food Nations: Selling Taste in Consumer Societies* (Routledge, London 2002), 34.

When Champagne Became French: Wine and the Making of a National Identity (Johns Hopkins University Press, Baltimore 2003).

Halliday, J. and Johnson, H., *The Art and Science of Wine* (Mitchell Beazley, London 1994).

Handler, M. and Burrell, R., "GI Blues: The Global Disagreement Over Geographical Indications", in K. Bowrey, M. Handler and D. Nicol (eds.), *Emerging Challenges in Intellectual Property* (Oxford University Press, Melbourne 2011).

Handler, M. and Mercurio, B., "Intellectual Property", in S. Lester and B. Mercurio (eds.), *Bilateral and Regional Trade Agreements: Commentary and Analysis* (Cambridge University

Press, 2009), 308.

Hanson, A., *Burgundy* (Mitchell Beazley, London 2003).

Harle, R., "*AIPPI* and the Appellations of Origin, Indications of Source and Geographical Indications", in *AIPPI* – 1897 – 1997 *Centennial Edition* (AIPPI Foundation, Basle 1997), 255.

Heath, C., "Geographical Indications: International, Bilateral and Regional Agreements", in C. Heath and A. Kamperman Sanders (eds.), *New Frontiers of Intellectual Property Law: IP and Cultural Heritage, Geographical Indicators, Enforcement, Overprotection*, IIC Studies, Vol. 25 (Hart, Oxford 2005), 97.

"The Budweiser Cases – A Brewing Conflict", in C. Heath and A. Kamperman Saunders (eds.), *Landmark Intellectual Property Law Cases and their Legacy* (Kluwer Law International, Alphenaan den Rijn 2011), 181.

Heiss, M. L. and Heiss, R. J., *The Story of Tea: A Cultural History and Drinking Guide* (10 Speed Press, Berkeley 2007).

Henning – Bodewig, F., "International Unfair Competition Law", in R. M. Hilty and F. Henning – Bodewig (eds.), *Law Against Unfair Competition: Towards a New Paradigm in Europe?* (Springer, Berlin 2007), 53.

Unfair Competition Law: European Union and Member States (Kluwer Law International, The Hague 2006).

Hermitte, M – A., "Les appellations d'origine dans la genè se des droits de la proprié té intellectuelle", in P. Moity – Maïzi, C. de Sainte Marie, P. Geslin, J. Muchnik and D. Santier (eds.), "Systèmes Agroalimentaires Localisé s: Terroirs, Savoir – faire, Innovations" (2001) 32 *Etudes et Recherches sur les Systèmes Agraires et le Développement* 195.

Hilty, R. M., "The Law against Unfair Competition and its Interfaces", in R. M. Hilty and F. Henning – Bodewig (eds.), *Law Against Unfair Competition: Towards a New Paradigm in Europe?* (Springer, Berlin/New York 2007), 1.

Hobsbawm, E. and Ranger, T. (eds.), *The Invention of Tradition* (Cambridge University Press, 1983).

Hopperger, M. and Senftleben, M., "Protection against Unfair Competition at the International Level – The Paris Convention", the 1996 Model Provisions (eds.), *Law Against Unfair Competition: Towards a New Paradigm in Europe?* (Springer, Berlin/New York 2007), 61.

Jaton, L., *La Répression des Fausses Indications de Provenance et les Conventions Internationales* (Librairie Générale de Droit & de Jurisprudence, Paris 1926).

Johnson, H., *The Story of Wine* (Mitchell Beasley, London 1989).

Johnson, P., *Ambush Marketing: A Practical Guide to Protecting the Brand of a Sporting Event* (Sweet and Maxwell, London 2007).

Kamperman Sanders, A., *Unfair Competition Law* (Clarendon Press, Oxford 1997).

Kaufmann, P. J., *Passing off and Misappropriation: An Economic and Legal Analysis of the Law of*

Unfair Competition in the United States and Continental Europe, IIC Studies, Vol 9 (Max Planck, Munich 1986).

Kerly, D. M., *The Law of Trade Marks, Trade Name and Merchandise Marks* (Sweet & Maxwell, London 1894).

Knaak, R., "The Protection of Geographical Indications According to the TRIPS Agreement", in F-K Beier and G Schricker (eds.), *From GATT to TRIPS - The Agreement on Trade - Related Aspects of Intellectual Property Rights*, IIC Studies, Vol. 18 (Weinheim, New York 1996), 117.

Kramer, M., "The Notion of Terroir", in F. Allhoff (ed.), *Wine & Philisophy: A Symposium on Thinking and Drinking* (Blackwell, Oxford 2008).

Lacour, L., *Des Fausses Indications de Provenance: Contribution a L'étude de la Propriété Industrielle en Droit Français* (Rousseau, Paris 1904).

Ladas, S. P., *Patents, Trademarks and Related Rights: National and International Protection* (Harvard University Press, Cambridge MA 1975).

The International Protection of Industrial Property (Harvard University Press, Cambridge MA 1930).

Lagarde, G., "Place of Origin: France", in H. L. Pinner (ed.), *World Unfair Competition Law: An Encyclopedia*, Vol II (Sijthoff Leyden, Holland 1965), 636.

Landes, W. M. and Posner, R. A., *The Economic Structure of Intellectual Property Law* (Harvard University Press, 2003).

Lawson, F. H. and Rudden, B., *Law of Property*, 3rd edn (Oxford University Press, 2002).

Lopez, R. A., *Crafting Mexico: Intellectuals, Artisans, and the State After the Revolution* (Duke University Press, Durham NC 2010).

Loubère, L. A., *The Wine Revolution in France - The Twentieth Century* (Princeton University Press, 1990).

P. Marchenay, "The Challenge of Conserving Local Practices, Knowledge, and the Living World", in L. Bérard, M. Cegarra, M. Djama and S. Louafi, (eds.), *Biodiversity and Local Ecological Knowledge in France* (INRA - CIRAO, Paris 2005), 89.

Martino, T., *Trade Mark Dilution* (Oxford University Press, 1996).

McCarthy, J. T., *McCarthy on Trademarks and Unfair Competition*, 4th edn (Thomson West, February 2011 update).

Mostert, F. W., *Famous and Well - Known Marks: An International Analysis*, 2nd edn (INTA, New York 2004).

Mullins, M. G., Bouguet, A. and Williams, L. E., *The Biology of the Grapevine* (Cambridge University Press, 1992).

Nair L. R. and Kumar, R., *Geographical Indications: A Search for Identity* (Lexis Nexis, New Delhi 2005).

Nims, H. D., *The Law of Unfair Business Competition* (Baker, Voorhis & Co, New York 1909).

Nützenadel, A., "A Green International? Food Markets and Transnational Politics, c. 1850 - 1914", in A. Nützenadel and F. Trentmann (eds.), *Food and Globalization: Consumption, Markets and Politics in the Modern World* (Berg, Oxford and New York 2008), 153.

O'Connor, B., *The Law of Geographical Indications* (Cameron May, 2004).

Ojima, A., *Detailed Analysis of TRIPS* (Japan Machinery Center for Trade and Investment, Tokyo 1999).

Olszak, N., *Droit des Appellations d'Origine et Indications de Provenance* (TEC & DOC, Paris 2001).

Parry, B., "Geographical Indications: Not All Champagne and Roses", in L. Bently, J. C. Ginsburg and J. Davis (eds.), *Trade Marks and Brands: An Interdisciplinary Critique* (Cambridge University Press, 2008), 361.

Paul, H. W., *Science, Vine and Wine in Modern France* (Cambridge University Press, 1996).

Pelletier, M. and Vidal - Naquet, E., *La Convention d'Union pour la Protection de la Propriété Industrielle du* 20 *Mars* 1883 (Larose & Forcel, Paris 1902).

Pottage, A. and Sherman, B., *Figures of Invention: A History of Modern Patent Law* (Oxford University Press, 2010).

Pouillet, E., *Traité des Marques de Fabrique et de la Concurrence Déloyale en tous Genres*, 2nd edn (Marchal et Billard, Paris 1883).

Rangnekar, D., "Protecting In dications of Geographical Origin in Asia: Legal and Practical Issues to Resolve", in R. Meléndez - Ortiz and P. Roffe (eds.), *Intellectual Property and Sustainable Development: Development Agendas in a Changing World* (Edward Elgar, Cheltenham 2009), 273.

Reddy, W. M., *The Rise of Market Culture: the Textile Trade and French Society*, 1750 - 1900 (Cambridge University Press, 1984).

Ricketson, S., "The Union Label Case: An Early Australian IP Story", in A. T. Kenyon, M. Richardson and S. Ricketson (eds.), *Landmarks in Australian Intellectual Property Law* (Cambridge University Press, Melbourne 2009), 15.

Robinson, J. (ed.), *The Oxford Companion to Wine*, 2nd edn (Oxford University Press, 1999).

Roubier, P., *Le Droit de la Propriété Industrielle*, Vol. 2 (Editions du Recueil Sirey, Paris 1954).

Schechter, F. I., *The Historical Foundations of the Law Relating to Trade Marks* (Columbia University Press, New York 1925).

Sell, S. K. *Private Power, Public Law: The Globalization of Intellectual Property* (Cambridge University Press, New York 2003).

Sherman, B. and Bently, L., *The Making of Modern Intellectual Property Law: The British Experience*, 1760 - 1911 (Cambridge University Press, 1999).

Simon, A. L., *The History of Champagne* (Ebury Press, London 1962).

Singer, B., *Trade Mark Laws of the World and Unfair Trade* (Hammond Press, Chicago IL 1913).

Spence, M., *Intellectual Property* (Oxford University Press, 2007).

Staunch, S. and Arend, K., "Before Articles 22 - 24", in P. T. Stoll, J. Busche and K. Arend (eds.), *WTO - Trade - Related Aspects of Intellectual Property Rights* (Martinus Nijhoff, Leiden and Boston 2009).

"Section 3: Geographical Indications", in P. J. Stoll, J. Busche and K. Arend (eds.), *WTO - Trade - Related Aspects of Intellectual Property Rights* (Martinus Nijhoff, Leiden and Boston 2009).

Stoll, P - T., Busche, J., and Arend, K. (eds.), *WTO - Trade - Related Aspects of Intellectual Property Rights* (Martinus Nijhoff, Leiden and Boston 2009).

Streber, A. C., *Die Internationalen Abkommen der Bundesrepublik Deutschland zum Schutz Geographischer Herkunftsangaben* (Max Planck Institute, Cologne 1994).

Taillefer, A. and Claro, C., *Traité des Marques de Fabrique et de la Concurrence Déloyale en Tous Genres, d'Eugène Pouillet*, 6th edn (Marchal et Godde, Paris 1912).

Tilmann, W., *Die Geographische Herkunftsangabe* (C. H. Beck - Verlag, Munich 1976).

UNCTAD - ICTSD *Resource Book on TRIPs and Development* (Cambridge University Press, Cambridge/New York 2005).

Underhay, F. G., *Kerly's Law of Merchandise Marks*, 3rd edn (Sweet & Maxwell, London 1909).

Unwin, T., *Wine and the Vine: An Historical Geography of Viticulture and the Wine Trade* (Routledge, London 1991).

Van de Kop, P., Sautier, D. and Gerz, A. (eds.), *Origin - Based Products: Lessons for Pro - Poor Market Development* (KIT, Amsterdam 2006).

van der Ploeg, J. D., "High Quality Products and Regional Specialities: A Promising Trajectory for Endogenous and Sustainable Development", in OECD, *The Future of Rural Policy - From Sectorial to Place - Based Policies in Rural Areas* (OECD Publications, Paris 2003), 205.

Vidal, D., "In Search of 'Basmatisthan': Agro - nationalism and Globalisation", in J. Assayag and C. J. Fuller (eds.), *Globalising India: Perspectives from Below* (Anthem, London 2005), 47.

Vivas - Eugui, D. and Spennemann, C., "The Treatment of Geographical Indications in Recent Regional and Bilateral Free Trade Agreements", in M. Perez Pugatch (ed.), *The Intellectual Property Debate: Perspectives from Law, Economics and Political Economy* (Edward Elgar, Cheltenham 2006), 305.

Wadlow, C., *The Law of Passing Off: Unfair Competition by Misrepresentation*, 3rd edn (Sweet & Maxwell, London 2004).

"Unfair Competition by Misappropriation: The Reception of International News in the Common Law World", in C. W. Ng, L. Bently and G. D. Agostino (eds.), *The Common Law of Intellectual Property: Essays in Honour of Professor David Vaver* (Hart, Oxford 2010), 307.

Warner, C. K., *The Winegrowers of France and the Government since* 1875 (Columbia University Press, New York 1960).

Watal, J., *Intellectual Property Rights in the WTO and Developing Countries* (Kluwer, The Hague 2001).

White, R. E., *Soils for Fine Wines* (Oxford University Press, New York 2003).

Wilson, J. E., *Terroir: The Role of Geology, Climate, and Culture in the Making of French Wines* (Mitchell Beazley, London 1998).

WIPO, *Introduction to Intellectual Property – Theory and Practice* (Kluwer Law International, London 1997).

Model Provisions on Protection against Unfair Competition: Articles and Notes (WIPO Publication No 832, Geneva 1996).

Protection against Unfair Competition: Analysis of the Present World Situation (WIPO Publication No. 725 (E), Geneva 1994).

The Paris Convention for the Protection of Industrial Property From 1883 – 1983 (WIPO, Geneva 1983).

Zografos, D., "Can Geographical Indications be a Viable Alternative for the Protection of Traditional Cultural Expressions", in F. Macmillan and K. Bowrey (eds.), *New Directions in Copyright Law*, Vol. 3 (Edward Elgar, Cheltenham 2006), 37.

Reports

Barjolle, D. and Thévenod – Mottet, E., DOLPHINS Final Report: Work Programme 6 – Policies Evaluation DOLPHINS Concerted Action, Contract QLK5 – 2000 – 0593, European Commission (June 2003).

Codex Alimentarius Commission, Report Of The Twenty – Seventh Session (Geneva, 28 June – 3 July 2004).

Codex Alimentarius Commission, Report Of The Twenty – Eighth Session (Rome, 4 – 9 July 2005).

Concerted Action, DOLPHINS WP4: Final Report – Link between Origin Labelled Products and Consumers and Citizens (Key Action No. 5; July 2002).

Gangjee, D., Protecting Geographical Indications as Trade Marks: Prospects and Pitfalls (Institute of Intellectual Property, Tokyo 2006).

Hearings before the Committee on Agriculture, House of Representatives on the Status of the World Trade Organization Negotiations on Agriculture, (108 – 5) 108th Congress (2003).

London Economics et al., Evaluation of the CAP Policy on Protected Designations of Origin

(PDO) and Protected Geographical Indications (PGI) – (Final Report for the European Commission, November 2008).

O'Connor & Co, Geographical Indications and TRIPS: 10 Years Later...A Roadmap for EU GI Holders to Gain Protection in Other WTO Members – Part I (Report commissioned for EC (DG Trade) 2007).

Geographical Indications and TRIPS: 10 Years Later...Part II – Protection of Geographical Indications in 160 Countries around the World (Report commissioned for European Commission (DG Trade) 2007).

OECD, Appellations of Origin and Geographical Indications in OECD Member Countries: Economic and Legal Implications (COM/AGR/APM/TD/WP (2000) 15/FINAL).

Food Safety and Quality Issues: Trade Considerations (COM/AGR/CA/TD/TC (98) 151/FINAL).

Multifunctionality – Towards an Analytical Framework (Paris 2001).

Papers and Correspondence relative to Conference at Brussels on Industrial Property and Merchandise Marks 92 PP 155 [C. 9014], 1895.

Papers and Correspondence relative to Conference at Madrid on Industrial Property and Merchandise Marks 67 PP 725 [C. 6023], 1890.

Arrangement between Great Britain, Spain, France, Switzerland and Tunisia for Prevention of False Indications of Origin on Goods, Madrid, April 1891 Treaty Series No. 13 [C. 6818], 1892.

Papers relative to Conference at Rome on Industrial Property; Correspondence relating to Fraudulent Use of Trade Marks 60 PP 413 [C. 4837], 1886.

Rangnekar, D., Geographical Indications and Localisation: A Case Study of Feni (ESRC Report 2009).

Reports from His Majesty's Representatives Abroad on the Laws in Force in the Principal Foreign Countries to Prevent the Sale or Importation of Goods Bearing a False Indication of Origin 86 PP 739 [Cd 5531] 1911.

Report of the Imperial Economic Committee 13 PP 799 [Cm 2493], 1925.

Report on Proceedings Concerning Brazilian Practices Affecting Trade in Cognac (EU Trade Barrier Regulations Committee, 1997).

Report on the Lack of Protection of the Wines with Geographical Indication "Bordeaux" and "Médoc" (EU Trade Barrier Regulations Committee, 2003).

Report on Unfair Competition, Particularly in Relation to False Marks and Indications [1922] League of Nations Official Journal 625.

Report on Unfair Competition, Particularly in Relation to False Marks and Indications Reports Relative to Legislation in Foreign Countries on the Subject of Trade Marks 54 PP 585 [C. 596], 1872.

Trade Marks: Hearings before the House Committee on Patents, 72d Cong., 1st Sess 15 (1932).

Trade Marks: Special report from the Select Committee on Merchandise Marks Act (1862) Amendment Bill (1887), 203.

US – Chile Free Trade Agreement, Report of the Industry Sector Advisory Committee on Consumer Goods (ISAC – 4) February 2003.

Preparatory documents and resolutions

AIDV, Draft Resolution on Trade Marks and Geographical Indications (August 2004).

AIPPI, "Question Q62: Appellations of Origin, Indications of Source and Geographical Indications – Resolution" [1998] *Annuaire* 389.

"Resolution on Appellations of Origin at the 23rd Congress of Stockholm, 26 – 31 May 1958" [1958] *Annuaire* 44.

"Resolution on Q. 118 – Trade and Service Marks and Geographical Indications" [1994] *Annuaire* 408.

"Resolution on Q62: International Protection of Appellations of Origin and Indications of Source" [1975] *Annuaire* 137.

AIPPI Working Committee, Resolution on Question Q191: Relationship between Trademarks and Geographical Indications (2006).

Collins, K. (Chairman), Opinion of the Committee on the Environment, Public Health and Consumer Protection annexed to the Report of the Committee on Agriculture, Fisheries and Rural Development on the Commission Proposals for Council Regulations (SEC (90) 2415 final) and (SEC (90) 2414) (30 October 1991; Session Document A3 – 0283/91).

EC Special Eurobarometer, European Union Citizens and Agriculture from 1995 to 2003 (September 2004).

European Commission, "Green Paper on Agricultural Product Quality: Product Standards, Farming Requirements and Quality Schemes" COM (2008) 641 final (Brussels, 15 October 2008).

INTA Resolution, Protection of Geographical Indications and Trade Marks, 24 September 1997.

Opinion on the proposal for a Council Regulation (EEC) on the Protection of Geographical Indications and Designations of Origin for Agricultural Products and Foodstuffs [1991] OJ C 269/62.

Opinion of the European Economic and Social Committee on Geographical Indications and Designations [2008] OJ C 204/57.

Proposal for a Council Regulation (EEC) on the Protection of Geographical Indications and Designations of Origin for Agricultural Products and Foodstuffs (SEC (90) 2415 final; 6 February 1991) [1991] OJ C 30/9; as amended by (COM (92) 32 final; 18 March1992) [1992] OJ C 69/15.

Proposal for a Regulation of the European Parliament and of the Council on Agricultural Product Quality Schemes, COM (2010) 733 final (Brussels, 10 December 2010).

Trade Marks: Hearings before the House Committee on Patents, 72d Cong., 1st Sess. 15 (1932).

USPTO, "Geographical Indication Protection in the United States", available at www. uspto. gov/ ip/global/geographical/index. jsp.

Papers, Policy Briefs and Guides

Agarwal, S. and Barone, M. J., "Emerging Issues for Geographical Indication Branding Strategies", MATRIC Research Paper 05 – MRP 9 (2005).

Andrerson, K., Norman, D. and Wittwer, G., "Globalisation and the World's Wine Markets: Overview", CIES Discussion Paper No. 143, Adelaide University (2002).

Arslan, A. and Reicher, C. P., "The Effects of the Coffee Trade Marking Initiative and Starbucks Publicity on Export Prices of Ethiopian Coffee", Kiel Working Paper No. 1606 (March 2010).

Benavente, D., "The Economics of Geographical Indications: GIs modelled as Club Assets", Graduate Institute of International and Development Studies Working Paper No. 10/2010.

Boisvert V., "From the Conservation of Genetic Diversity to the Promotion of Quality Foodstuff: Can the French Model of '*Appellation d'Origine Contrôlée*' be Exported?", CAPRi Working Paper No. 49 (April 2006).

CEC Fact Sheet: European Policy for Quality Agricultural Products (Luxembourg 2006).

Das, K., "Socio – economic Implications of Protecting Geographical Indications in India", Centre for WTO Studies, India (August 2009).

European Commission, "Geographical Indications – Background Paper to the Green Paper on Agricultural Product Quality", DG Agriculture and Rural Development Working Document (October 2008).

Green Paper on Agricultural Product Quality: Product Standards, Farming Requirements and Quality Schemes (COM (2008) 641 final) (Brussels, 15 December 2008).

Protection of Geographical Indications of Origin, Designations of Origin and Certificates of Special Character for Agricultural Products and Foodstuffs: Guide to Community Regulations, 2nd edn.

Proposal for a Council Decision to Establish an Indicative, Non – Exhaustive List of Names of Agricultural Products and Foodstuffs Considered Generic Names, as Referred to in Art. 3 Para. 3 of Council Regulation (EEC) No. 2081/92, COM (96) 38 final.

"Why do Geographical Indications Matter to Us?" (MEMO/03/160) (Brussels, 30 July 2003).

EC Staff Working Paper, Impact Assessment Report on Geographical Indications – Accompanying the Proposal for a Regulation of the European Parliament and of the Council on Agricultural Product Quality Schemes (Brussels 2010).

Escudero, S., "International Protection of Geographical Indications and Developing Countries",

Working Paper No. 10, South Centre (July 2001).

FAO, "Promotion of Traditional Regional Agricultural and Food Products: A Further Step towards Sustainable Rural Development", 26th FAO Regional Conference for Europe, 26 – 27 June 2008 (ERC/08/4).

FAO Committee on Commodity Problems, "Geographical Indications for Tea", Hangzhou, 14 – 16 May 2008 (CCP: TE 08/5).

Fischler, F., "Quality Food, CAP Referrs and PDO/PGI", SPEECH/04/183, Siena (17 April 2004).

Flandreau, M. and Accominotti, O., "Does Bilateralism Promote Trade? Nineteenth Century Liberalization Revisited", CEPR Discussion Paper No. 5423 (2005).

Goebel, B., "Why should Famous TMs Deserve Greater Protection against GIs?", AIDV Conference on TM – GI Conflicts for Wines & Spirits (Reims, 18 – 19 March 2004).

Hellwig, F. Z., "Why the Principles of Priority and Exclusivity cannot be Compromised – The Trade Mark Owner's Perspective on Geographical Indications and First in Time, First in Right", INTA Policy Paper.

Hughes, J., "Coffee and Chocolate – Can We Help Developing Country Farmers Through Geographical Indications?", International Intellectual Property Institute, Washington DC (2009).

"Notes on the Origin of Intellectual Property: Revised Conclusions and New Sources", Cardozo Legal Studies Research Paper No. 265 (11 July 2009). INAO, "GI Applicants' Guide", (7 October 2005).

"Guide du Demandeur d'une Appellation d'Origine (AOC/AOP)" (30 March 2009).

"Guide du Demandeur 1GP – Version 2 de Février 2009".

Larson, J., "Geographical Indications, In Situ Conservation and Traditional Knowledge", ICTSD Policy Brief (October 2010).

Marette, S., "The Collective – Quality Promotion in the Agribusiness Sector: An Overview", Centre for Agricultural and Rural Development Iowa State University, Working paper 05 – WP406 (2005).

Rangnekar, D., "The Socio – Economics of Geographical Indications: A Review of the Empirical Evidence from Europe", UNCTAD – ICTSD Issue Paper No. 4 (May 2004).

"Re – Making Place: The Social Construction of Geographical Indications" (2010).

"The International Protection of Geographical Indications: The Asian Experience", UNCTAD/ICTSD Regional Dialogue, Hong Kong SAR (November 2004).

Reviron, S., Thevenod – Mottet, E. and El Benni, N., "Geographical Indications: Creation and Distribution of Economic Value in Developing Countries", NCCR Working Paper No. 2009/14 (March 2009).

Ruse – Khan, H. G., "A Trade Agreement Creating Barriers to International Trade? ACTA Border Measures and Goods in Transit", Max Planck Institute for Intellectual Property, Competition &

Tax Law Research Paper No. 10 – 10.

Simpson, J. , "Old World versus New World: The Origins of Organizational Diversity in the International Wine Industry, 1850 – 1914", Universidad Carlos III de Madrid, Working Papers in Economic History (WP 09 – 01) (February 2009).

Stern, S. , "The Conflict between Geographical Indications and Trade Marks or Australia, Once Again Heads off Down the Garden Path", Annual Conference of the IP Society of Australia and New Zealand (September 2004).

Tregear, A. , "What is a 'Typical Local Food'? An Examination of Territorial Identity in Foods Based on Development Initiatives in the Agrifood And Rural Sectors", Centre for Rural Economy, Working Paper 58 (January 2001).

USPTO, "Geographical Indication Protection in the United States", available at www. uspto. gov/web/offices/dcom/olia/globalip/pdf/gi_system. pdf.

Wagle, S. , "Geographical Indications as Trade – Related Intellectual Property: Relevance and Implications for Human Development in Asia – Pacific", UNDP Asia – Pacific Trade and Investment Initiative Discussion Paper, Colombo (2007).

WIPO and BIRPI Documents

(*Arranged Chronologically*)

Actes de la Conférence Internationale pour la Protection de la Propriété Industrielle (Ministère des Affaires Etrangères, Impr. Nationale, Paris 1880) . Conférence Internationale de l'Union pour la Protection de la Propriété Industrielle (Impr. Héritiers Botta, Rome 1886).

Procès – Verbaux de la Conférence de Madrid de 1890 de l'Union pour la Protection de la Propriété Industrielle (Impr. Jent et Reinert, Berne 1892).

Actes de la Conférence de Bruxelles 1897 et 1900 (Bureau International de l'Union, Berne 1901).

Actes de la Conférence de Washington (Bureau International de l'Union, Berne 1911).

Actes de la Conférence de la Haye (Bureau International de l'Union, Berne 1926) .

Actes de la Conférence Réunie à Londres (Bureau International de l'Union, Berne 1934).

Actes de la Conférence de Lisbonne (Bureau International de l'Union, Geneva 1963) .

Lisbon Council, "Report of the Second Session", December 1967 (AO/II/5) .

Lisbon Council, "Report of the Fourth Session", September 1969 (AO/IV/5).

Lisbon Council, "Problems Arising from the Practical Application of the Lisbon Agreement", July 1970 (AO/V/5).

Lisbon Council, "Report of the Fifth Session", September 1970 (AO/V/8) .

Lisbon Council, "Territorial Extension of the Lisbon Union", June 1971 (AO/VI/4) .

Lisbon Council, "Report on the Activities of the Lisbon Union and Financial Questions", June 1972 (AO/VII/3).

WIPO, "Present Situation and Possible New Solutions", 28 June 1974 (TAO/I/2) . WIPO,

"Texts of International Instruments Concerning the Protection of Appellations of Origin and Other Indications of Source", 28 June 1974 (TAO/I/3).

WIPO, "Draft of the Model Law for Developing Countries on Appellations of Origin and Indications of Source", 30 October 1974 (TAO/I/ INF. 1).

WIPO, "Report Adopted by the Committee of Experts", 15 November 1974 (TAO/I/ 8).

WIPO, "Draft Treaty on the Protection of Geographical Indications", 25 August 1975 (TAO/II/2).

WIPO, "Revision of the Lisbon Agreement or Conclusion of a New Treaty", 25 August 1975 (TAO/II/3).

WIPO Director General's Memorandum, "Basic Proposals - Supplement to PR/DC/3", 30 August 1979 (PR/DC/4).

WIPO, "The Need for a New Treaty and its Possible Contents", 9 April 1990 (GEO/CE/I/2).

WIPO, "Report Adopted by the Committee of Experts", 1 June 1990 (GEO/CE/I/3).

Baeumer, L., "Protection of Geographical Indications under WIPO Treaties and Questions Concerning the Relationship between those Treaties and the TRIPS Agreement", October 1997 (WIPO/GEO/EGR/97/1 Rev).

Geuze, M., "Protection of Geographical Indications under the TRIPS Agreement and Related Work of the World Trade Organisation", October 1997 (WIPO/GEO/EGR/97/2).

Gevers, F., "Topical Issues in the Protection of Geographical Indications", October 1997 (WIPO/GEO/EGR/97/5).

Audier, J., "Protection of Geographical Indications in France and Protection of French Geographical Indications in Other Countries", October 1997 (WIPO/GEO/EGR/97/8 Rev).

WIPO, "International Protection of Geographical Indications: The Present Situation and Prospects for Future Developments", 1 September 1999 (WIPO/GEO/CPT/99/1).

Tran Wasescha, T-L., "Recent Developments in the Council for TRIPS (WTO)" 1 September 1999 (WIPO/GEO/CPT/99/2).

Stern, A., "The Protection of Geographical Indications in South Africa", September 1999 (WIPO/GEO/CPT/99/3a).

Rademeyer, H., "The Protection of Geographical Indications in South Africa", September 1999 (WIPO/GEO/CPT/99/3b).

Vital, F., "Protection of Geographical Indications: The Approach of the European Union", September 1999 (WIPO/GEO/CPT/99/5).

Harte-Bavendamm, H., "Geographical Indications and Trade Marks: Harmony or Conflict?", 1 September 1999 (WIPO/GEO/CPT/99/6).

Girardeau, J-M., "The Use of Geographical Indications in a Collective Marketing Strategy: The Example of Cognac", September 1999 (WIPO/ GEO/CPT/99/7).

van Niekerk, J., "The Use of Geographical Indications in a Collective Marketing Strategy: The Example of the South African Wine Industry", 1 September 1999 (WIPO/GEO/CPT/99/8).

WIPO, "Questions to be Examined With a View to the Modification of the Regulations under the Lisbon Agreement", 10 May 2000 (LI/GT/1/2).

WIPO, "Possible Solutions for Conflicts between Trade Marks and Geographical Indications and for Conflicts between Homonymous Geographical Indications", 8 June 2000 (SCT/5/3).

WIPO, "Notes Concerning the Proposals for Modification of the Regulations under the Lisbon Agreement", 19 January 2001 (LI/GT/2/3).

Lisbon Working Group, "Report Adopted by the Working Group", 12 July 2000 (LI/GT/1/3).

WIPO, "Protection of Geographical Indications: General Introduction, International Protection and Recent Developments", June 2001 (WIPO/GEO/ CIS/01/1).

Wenger, F., "The Role of National Administrations in the protection of Geographical Indications: The Example of France", June 2001 (WIPO/GEO/ CIS/01/3).

Cisneros, E. R., "The Protection of Geographical Indications in Mexico", September 2001 (WIPO/GEO/MVD/01/7).

WIPO, Report of the Second WIPO Internet Domain Name Process – The Recognition of Rights and the Use of Names in the Internet Domain System (3 September 2001).

De Sousa, D., "Protection of Geographical Indications under the TRIPS Agreement and Related Work of the World Trade Organization (WTO)", November 2001 (WIPO/GEO/MVD/01/2).

de Javier, L., "Appellations of Origin in the Viticultural Sector: The Vision of the Wine Producers", November 2001 (WIPO/GEO/MVD/01/3).

Mekis, F., "Appellations of Origin, Position of Chile's Vineyards in the Concert of the New World, and in Relation to the Negotiations with the European Union", October 2001 (WIPO/GEO/MVD/01/4).

d'Imperio, G. R., "Protection of the Geographical Indications in Latin America", November 2001 (WIPO/GEO/MVD/01/5).

García Muñoz – Nájar, A., "Some Notes on the Protection of Appellations of Origin in Countries with Emerging Economies: the Adean Community", November 2001 (WIPO/GEO/MVD/01/6).

Taubman, A., "The Way Ahead: Developing International Protection for Geographical Indications: Thinking Locally, Acting Globally", November 2001 (WIPO/GEO/MVD/01/9).

WIPO, "Document SCT/6/3 Rev. on Geographical Indications: Historical Background, Nature of Rights, Existing Systems for Protection and Obtaining Protection in Other Countries", 2 April 2002 (SCT/8/4).

WIPO, "Report to the 7th Session of the SCT", 27 May 2002 (SCT/7/4).

WIPO, "The Definition of Geographical Indications", 1 October 2002 (SCT/9/4).

WIPO, "Introduction to Geographical Indications and Recent Developments in WIPO", 12 June 2003 (WIPO/GEO/SFO/03/1).

Meltzer, E., "Geographical Indications: Point of View of Governments", 30 June 2003 (WIPO/GEO/SFO/03/3).

Lôrincz – Fejes, A., "Protection of Geographical Indications: Point of View of the Hungarian Government", 7 July 2003 (WIPO/GEO/SFO/03/6).

Das, N. K., "Protection of Darjeeling Tea", 3 July 2003 (WIPO/GEO/ SFO/03/8).

Castellucci, F., "Geographical Indications: The Italian Scenario for the Wine Sector", 24 June 2003 (WIPO/GEO/SFO/03/10).

Stern, S., "Geographical Indications and Trade Marks: Conflicts and Possible Resolutions", 13 June 2003 (WIPO/GEO/SFO/03/13).

Bénard, Y., "Geographical Indication around the World", 22 July 2003 (WIPO/ GEO/SFO/ 03/20/Rev.).

WIPO, "Article 6ter of the Paris Convention: Legal and Administrative Aspects", 14 October 2003 (SCT/5/3).

Brand, F., "Protection of Geographical Indications: The Experience of Switzerland", 18 November 2003 (WIPO/GEO/DEL/03/3).

Drinkwater, B. G., "Protection and Use of Geographical Indications in Australia", November 2003 (WIPO/GEO/DEL/03/4).

Wagle, S., "Protection of Geographical Indications and Human Development: Economic and Social Benefits to Developing Countries", November 2003 (WIPO/GEO/DEL/03/7).

Ozanam, N., "Protection of Geographical Indications – Food Products – The Example of Champagne Industry, France", November 2003 (WIPO/GEO/ DEL/03/11. rev).

WIPO General Assembly Document, "Proposal by Argentina and Brazil for the Establishment of a Development Agenda for WIPO", 27 August 2004 (WO/GA/31/11).

WIPO, "New Types of Marks", 1 September 2006 (SCT/16/2).

Geuze, M., "Let's Have Another Look at the Lisbon Agreement", 18 June 2007 (WIPO/GEO/ BEI/07/10).

Lisbon Assembly, "Report of the Twenty Third Session", 29 September 2008 (LI/A/23/2).

Gurry, F., "Commemoration Speech, Ceremony to Mark the 50th Anniversary of the Adoption of the Lisbon Agreement", 31 October 2008.

Ficsor, M., "Challenges to the Lisbon System", 31 October 2008 (WIPO/GEO/ LIS/08/4).

WIPO, "Possible Improvements of the Procedures under the Lisbon Agreement", 10 February 2009 (LI/WG/DEV/1/2 Rev).

WIPO, "The Protection of Traditional Knowledge: Revised Objectives and Principles", 22 January 2010 (WIPO/GRTKF/IC/16/5 Prov).

WIPO, "Summary of Replies to the Questionnaire on Trade Mark Law and Practice (SCT/11/ 6)", 25 January 2010 (WIPO/STrad/INF/1 Rev).

WIPO, "Technical and Procedural Aspects Relating to the Registration of Certification and Collective Marks", 15 February 2010 (SCT/23/3).

WIPO, "Results of the Survey on the Lisbon System", 18 June 2010 (LI/WG/ DEV/2/2) (Lisbon Survey).

WIPO, "Study on the Relationship between Regional Systems for the Protection of Geographical Indications and the Lisbon System and the Conditions For, and Possibility of, Future Accession to the Lisbon Agreement by Competent Intergovernmental Organizations", 6 August 2010 (LI/WG/DEV/2/3).

WIPO, "The Protection of Traditional Knowledge: Revised Objectives and Principles", 15 September 2010 (WIPO/GRTKF/IC/17/5).

WTO and GATT Documents

(*Arranged Chronologically*)

GATT, "Meeting of the Negotiating Group of 10 June 1987", 23 June 1987 (MTN. GNG/NG11/2).

GATT, "Compilation of Written Submissions and Oral Statements", 5 February 1988 (MTN. GNG/NG11/W/12/Rev. 1).

GATT, "Guidelines and Objectives Proposed by the EC", 7 July 1988 (MTN. GNG/NG11/W/26).

GATT, "Meeting of the Negotiating Group of 5 – 8 July 1988", 29 August 1988 (MTN. GNG/NG11/8).

GATT, "Meeting of the Negotiating Group of 12 – 14 September 1988", 13 October 1988 (MTN. GNG/NG11/9).

Communication from Switzerland, "Standards and Principles Concerning the Availability, Scope and Use of Trade Related Intellectual Property Rights", 11 July 1989 (MTN. GNG/NG11/W/38).

GATT, "Minutes of Negotiating Group of 12 – 14 July 1989", 12 September 1989 (MTN. GNG/NG11/14).

GATT, "Meeting of the Negotiating Group 30 Oct – 2 Nov 1989", 4 December 1989 (MTN. GNG/NG11/16).

GATT, "Synoptic Tables Setting Out Existing International Standards and Proposed Standards and Principles", 2 February 1990 (MTN. GNG/ NG11/W/32/Rev. 2).

GATT, "Draft Agreement on Trade Related Aspects of Intellectual Property Rights", 29 March 1990 (MTN. GNG/NG11/W/68).

GATT, "Status of Work in the Negotiating Group", 23 July 1990 (MTN. GNG/ NG11/W/76).

GATT, "Meeting of the Negotiating Group of 1 November 1990", 14 November 1990 (MTN. GNG/NG11/27).

GATT, "Progress of Work in Negotiating Groups: Stock Taking – Market Access", 7 November 1991 (MTN. TNC/W/89/Add. 1).

GATT, "Meeting of the Negotiating Group of 16 and 22 October 1991", 18 November 1991 (MTN. GNG/TRIPS/3).

WTO, Communication from Switzerland, "Report (1996) of Council for TRIPS", 6 November 1996 (IP/C/8).

WTO, "Review under Article 24. 2 – Switzerland's Response to the Checklist", 16 February 1999 (IP/C/W/117/Add. 13).

Communication from the US, "Suggested Method for Domestic Recognition of Geographical Indications for WTO Members", 11 March 1999 (IP/C/W/134).

EC, "Response to the Checklist of Questions: Review under Art 24. 2", 26 March 1999 (IP/C/W/117/Add. 10).

Communication from New Zealand, "Geographical Indications and the Art 24. 2 Review", 18 September 2000 (IP/C/W/205).

Communication from Bulgaria et al., "Implementation of Art 24. 1", 2 December 2000 (IP/C/W/204/Rev. 1).

WTO Committee on Agriculture, "EC Comprehensive Negotiating Proposal", 14 December 2000 (G/AG/NG/W/90).

Proposal from Bulgaria et al., "Work on Issues Relevant to the Protection of Geographical Indications", 17 May 2001 (IP/C/W/247/Rev. 1).

TRIPS Council, "Communication from Bangladesh et al.", 2 October 2001 (IP/C/W/308/Rev. 1).

WTO, "Doha Ministerial Declaration", 20 November 2001 (WT/MIN (01) /DEC/1).

TRIPS Council, "Minutes of the Meeting on 5 – 7 March 2002", 22 March 2002 (IP/C/M/35).

Communication from Bulgaria et al., "The Extension of the Additional Protection for Geographical Indications to Products other than Wines and Spirits", 24 June 2002 (IP/C/W/353).

TRIPS Council, "Minutes of Meeting on 25 – 27 June 2002", 10 September 2002 (IP/C/M/36/Add. 1).

Communication from Australia et al., "Implications of Article 23 Extension", 26 July 2002 (IP/C/W/360).

TRIPS Council, "Minutes of the Meeting on 17 – 19 September 2002", 8 November 2002 (IP/C/M/37/Add. 1).

Communication from Argentina et al., "Implications of Article 23 Extension", 8 November 2002 (IP/C/W/386).

TRIPS Council, "Minutes of the Meeting on 25 – 27 and 29 November, and 20 December 2002", 5 February 2003 (IP/C/M/38).

Communication from Hong Kong, China, "Multilateral System of Notification and Registration of Geographical Indications under Article 23. 4 of the TRIPS Agreement", 23 April 2003 (TN/IP/W/8).

WTO, "Discussions on the Establishment of a Multilateral System of Notification and Registration of Geographical Indications for Wines and Spirits: Compilation of Issues and Points", 23 May 2003

(TN/IP/W/7/Rev. 1).

WTO, "Main Dedicated Intellectual Property Laws and Regulations Notified under Art. 63. 2 of the Agreement", 7 July 2003 (IP/N/I/CHE/G/6).

Communication from Bulgaria et al. , "Geographical Indications – The Significance of 'Extension' in the TRIPS Agreement and its Benefits for WTO Members", 9 July 2003 (TN/C/W/14).

TRIPS Council, "Review of Legislation – India", 8 October 2003 (IP/Q/IND/1).

WTO, "Review under Article 24. 2 of the Application of the Provisions of the Section of the TRIPS Agreement on Geographical Indications", 24 November 2003 (IP/C/W/253/Rev. 1).

Statement by Switzerland, "Joint Statement by the GI – Friends Group", 13 July2004 (TN/C/4).

Communication from Bulgaria et al. , "Doha Work Programme – The Extension of the Additional Protection for Geographical Indications to Products other than Wines and Spirits", 14 December 2004 (TN/C/W/21/Rev. 1).

WTO, "Issues Related to the Extension of the Protection of Geographical IndicationsProvided for in Article 23 of the TRIPS Agreement to Products Other Than Wines and Spirits", 18 May 2005 (TN/C/W/25).

Communication from the EC, "Geographical Indications", 14 June 2005 (TN/C/W/26) [Also (TN/IP/W/11)].

Report by the Director General, "Issues Related to the Extension of the Protection of Geographical Indications Provided for in Article 23 of the TRIPS Agreement [and] those Related to the Relationship between the TRIPS Agreement and the Convention on Biological Diversity", 9 June 2008 (TN/C/W/50).

Communication from Albania et al. , "Draft Modalities for TRIPs Related Issues", 19 July 2008 (TN/C/W/52).

Report by the Chairman, "Multilateral System of Notification and Registration of Geographical Indications for Wines and Spirits", 22 March 2010 (TN/IP/20) . Argentina et al. , "Proposed Draft TRIPS Council Decision on the Establishment of a Multilateral System of Notification and Registration of Geographical Indications for Wines and Spirits", 31 March 2011 (TN/IP/W/10/Rev. 4).

TRIPS Council, "Report by the Chairman to the Trade Negotiations Committee", 21 April 2011 (TN/IP/21).

UK National Archive Documents

Meeting of a Committee of Experts on 3 December1956 to Discuss System of Registration of Appellations of Origin (BT 209/1131).

Proposed System of Registration of Appellations of Origin (BT 209/1132).

Revision at Lisbon: Preparatory Work on the Agenda (BT 209/785).

索　　引

（索引页码为原书页码）

译后记

翻译德夫·甘杰教授的著作《地理标志法的重构》既令人向往，又充满挑战。2017 年我在牛津大学拜访甘杰教授，与甘杰教授就国际地理标志法律制度和中国地理标志的发展进行了探讨。甘杰教授是全球地理标志研究领域的权威学者，原著是其在博士论文的基础上修改而成的，其理论思想之深邃，内容覆盖之广泛，行文用语之高雅，使得翻译难度很大。从获得作者本人的授权，获得剑桥大学出版社的授权，合作翻译，多次校译，到交付出版，历时四年。

近年来，中国地理标志产业进入新的发展快车道，对乡村振兴、文化保育、可持续发展的积极作用不断显现。国际地理标志贸易也越来越受到重视，国内不同行业越来越关注地理标志立法，特别是国际相关法律制度，《里斯本协定》（日内瓦文本）已经生效，《中欧地理标志协定》也已生效，中国地理标志立法已经列入议事日程，我们团队也获得广东省人大常委会委托项目“关于省地理标志保护立法重点问题研究”，此时出版本译著，恰逢其时。即使原著出版于 2012 年，甘杰教授的理论高度和深度使原著成为引用率很高的著作，仍然有研究和学习的价值。

感谢伯明翰大学法学院诸晨炜副教授，诸教授不仅是我研究地理标志的引路人，也是我们翻译团队和甘杰教授之间的牵线人。感谢另外两名译者段晓梅女士和赖晓敏女士。我们一起留学英国，因共同的研究旨趣而结缘，在我提出希望合作翻译时，两位欣然接受，而且无条件地支持。我承担第一章、第三章、第七章的翻译，段晓梅承担第二章、第四章的翻译，赖晓敏承担第五章、第六章的翻译。两人在繁重的工作之余还抽空翻译，多次参与全书的校译，十分认真负责。没有她们，就没有本译著的问世。

感谢“国际地理标志未来领军人才培养计划”首期学员，来自暨南大学法学院/知识产权学院的法律硕士生王姣敏同学、陈祖婷同学、冯蕊同学从读者的视角通读并校对，法学本科生杨苒菲同学参与了索引核对，来自暨南大学外国语学院的法语语言文学专业研究生刘莹同学翻译原著中的法文内容。从她们的身上，我看到了中国地理标志未来研究人员的专业精神和学术潜质。

感谢知识产权出版社的黄清明编辑和张利萍编辑的专业支持。三位译者的合译著作存在很多的统稿工作，两位编辑能够在各种版本和各种字体中耐心细致地准确分辨出需要修正和添加的内容，而且提出不少修改意见，为本译著的顺利出版付出了艰辛的努力。

囿于水平有限，我们虽然组织了多次校译，但译著仍然存在翻译不够准确通俗的字句，在“信达雅”的翻译要求中，我们尽量保证“信”和“达”，在能力范围内争取“雅”。原著的学术思想享誉世界，阅读原著就如同与大师在进行一场有关历史人文法律的时空对话，是一种精神洗礼和享受。如果读者没有从译著中获得如我们同样的感受，所有责任在于译者。欢迎各位读者批评指正，如有翻译不准确的地方，请通过邮件 jleelawyer@ yahoo. com 联系我们并提出您的宝贵修改意见。

李静

广州·暨南园

2022 年 7 月 11 日